DE LA MÉSOPOTAMIE
À LA PERSE

La grande histoire des civilisations

DE LA MÉSOPOTAMIE À LA PERSE

avec la collaboration de :

Pierre Amiet, Daniel Arnaud, R. D. Barnett, Hélène Benichou-Safar, Dominique Beyer, Jean Bottéro, Guillaume Cardascia, Vadime Elisseeff, Abdel Majid Ennabli, Jean-Daniel Forest, Roman Ghirshman, Philippe Gignoux, Jean-Louis Huot, Guy Jucquois, René Labat, Gilbert Lafforgue, René Largement, Jean-Claude Margueron, Jean de Menasce, Mohammad Djafar Moïnfar, Gérard Nahon, André Parrot, Paul Petit, Gilbert Picard, Maurice Vieyra, Ernest Will.

LE GRAND LIVRE DU MOIS

AVANT-PROPOS

Dans sa conception d'ensemble tout comme dans l'organisation des différents volumes qui la composent, *La Grande Histoire des civilisations* s'inspire de la démarche adoptée par Fernand Braudel dans son ouvrage doublement classique (il était destiné à un usage scolaire, il est devenu une référence obligée), *La Grammaire des civilisations*. Nous nous sommes en effet fixé pour principe, d'où le titre même de la collection, de rendre à l'histoire, si l'on peut dire, chaque civilisation envisagée.

Sans doute les civilisations, plus que toute autre réalité collective, ont-elles pour principale caractéristique de rester fidèles à elles-mêmes dans la durée ; elles n'en connaissent pas moins, comme tout ce qui vit, le changement. Leur existence est faite de progrès et de déclins, de crises et de réveils. Il en va, toutes proportions gardées, comme d'une représentation théâtrale où la toile de fond demeurerait immuable tandis que, sur le devant de la scène, ne cesseraient de se succéder les péripéties et de se modifier les éclairages.

Cette comparaison, qui pourrait paraître un peu *far-fetched* (en français de tous les jours : tirée par les cheveux), s'applique particulièrement bien au présent volume. « De la Mésopotamie à la Perse » doit s'entendre tout d'abord d'un vaste balayage à travers l'espace : d'ouest en est, de l'Irak à l'Iran actuels. La « toile de fond », à vrai dire, est plus vaste encore : si l'on s'en tient à notre géographie politique contemporaine, elle s'étend à l'ouest jusqu'à la Turquie, descend vers le sud jusqu'en Israël via la Syrie et le Liban, sans compter d'autres prolongements plus au nord et surtout plus à l'est. Les spécialistes de ce qu'il est désormais convenu de nommer « le Proche-Orient ancien » parlent quelquefois, d'une façon plus imagée, de l'« Asie antérieure ».

Ce balayage dans l'espace correspond aussi, pour l'essentiel, à un balayage dans le temps ; après la Mésopotamie, la Perse. Comme si souvent dans l'histoire, un astre se meurt quand un autre se lève, parce qu'un autre se lève. L'événement qui vit s'effondrer l'Assyrie et s'épanouir la Perse fut assez brutal: il se situe vers la fin du VIIe siècle avant J.-C. La civilisation mésopotamienne, vieille de plusieurs millénaires, était frappée à mort, même si elle devait survivre en Babylonie pendant encore près de six cents ans.

Mais bien d'autres péripéties avaient précédé, sinon préparé, ce dénouement. S'en tenir aux Assyro-Babyloniens et aux Perses serait simplifier à l'excès une histoire étonnamment complexe. Qu'il s'agisse de migrations ou d'invasions, d'autres ethnies, d'autres peuples interviennent, rarement d'une façon pacifique. Même si apparaissent entre eux bien des points communs (les échanges, par terre mais aussi par mer, ont toujours été très intenses dans cette région du globe), ils possèdent les uns et les autres des coutumes, des croyances qui leur sont propres et qui forment autant de civilisations ou de traits de civilisation distincts sur lesquels les recherches en cours ne cessent d'apporter des informations nouvelles. D'où le plan, nécessairement fragmenté, de cet ouvrage.

Premier chapitre, premier bloc. Ou plutôt premier ensemble, car rien ne possède ici la cohérence et la compacité relatives auxquelles une histoire plus récente nous a habitués. De Sumer, au tout début du IIIe millénaire, jusqu'au triomphe des Mèdes, en 610 avant notre ère, voici, au fil du temps, la Mésopotamie. Les « pièces jointes » qui accompagnent ce premier chapitre, ainsi que le tout dernier du livre, sont autant de coups de projecteur donnés sur tel ou tel sujet ou tel ou tel aspect qui ont paru demander un examen plus approfondi, en complément ou en prolongement de l'étude principale.

Le deuxième chapitre fait un sort particulier et mérité à un peuple d'origine indo-européenne, les Hittites, dont l'existence ne fut découverte que très tardivement par les historiens et qui joua, face à l'Égypte et à l'Assyrie, un rôle de tout premier plan. Autres acteurs, autres chapitres : conçues dans le même esprit, deux autres monographies traitent successivement des Hébreux (chap. III), des Phéniciens (chap. IV) et de la Syrie (chap. V).

Le sixième et dernier chapitre est consacré à la Perse ancienne, c'est-à-dire à la Perse jusqu'à l'arrivée, vers les années 640-650, des envahisseurs arabes. C'est là le second bloc, le second grand pilier sur lequel repose ce livre à l'architecture foisonnante et contrastée, à la mesure de la geste tumultueuse qu'il retrace.

Jacques BERSANI
directeur de collection

N.B.: L'éditeur tient à remercier Pierre Garrigue, doyen honoraire de l'Inspection générale d'histoire et de géographie, pour son amicale assistance et ses très précieux conseils.

TABLE DES MATIÈRES

CHAPITRE I

La Mésopotamie ancienne		11
Introduction	*Jean-Louis Huot*	12
L'Écriture cunéiforme	*Daniel Arnaud*	27
Sumer	*André Parrot*	35
Akkad	*Gilbert Lafforgue*	45
L'Assyrie	*Gilbert Lafforgue, Guillaume Cardascia*	53
Babylone	*Gilbert Lafforgue, Guillaume Cardascia*	78
La Religion assyro-babylonienne	*René Largement*	97
La Littérature assyro-babylonienne	*René Labat*	110
Les Araméens	*R.D. Barnett*	122
Les Scythes	*Vadime Elisseeff*	127

Pièces jointes
Hammourabi — *Guillaume Cardascia* 138
Nabuchodonosor II — *Guillaume Cardascia* 139
Écritures et traditions — *Jean Bottéro* 141
Culte officiel et culte sacramentel — *Jean Bottéro* 145
Gilgamesh — *Jean-Daniel Forest* 149

CHAPITRE II

Les Hittites — *Maurice Vieyra* 153
Pièce jointe
La Glyptique dans le monde hittite — *Dominique Beyer* 172

CHAPITRE III

Les Hébreux — *Gérard Nahon* 175

CHAPITRE IV

Les Phéniciens — *Paul Petit, Hélène Benichou-Safar* 205
Pièce jointe
Carthage — *Gilbert-Charles Picard, Abdel Majid Ennabli* 221

CHAPITRE V

La Syrie — *Jean-Claude Margueron* 234
Pièces jointes
Mari — *Jean-Claude Margueron* 255
Ugarit — *René Largement* 266

CHAPITRE VI

La Perse
Histoire — *Philippe Gignoux* 272
Langues et littératures — *Mohammad Djafar Moïnfar, Jean de Menasce* 286
Les arts — *Pierre Amiet, Ernest Will* 294

Pièces jointes

Les Mèdes *Roman Ghirshman* 334
Les Achéménides *Gilbert Lafforgue* 341
Les Parthes *Philippe Gignoux, Guy Jucquois* 346
Les Sassanides *Philippe Gignoux* 355
Le Zoroastrisme *Jean de Menasce* 359

BIBLIOGRAPHIE 369

INDEX 373

CHAPITRE I

LA MÉSOPOTAMIE ANCIENNE

Beaucoup plus encore que pour la civilisation égyptienne, c'est son écriture qui a fait que la civilisation mésopotamienne est venue, ou plus exactement revenue, jusqu'à nous. Vers le milieu du XIXe siècle, un grand archéologue anglais estimait qu'une caisse de trois pieds de côté aurait suffi à contenir, vingt ans plus tôt, tout ce qui restait non seulement de Ninive, mais de Babylone elle-même. Ce qu'omettait de préciser Henri Austen Layard, parce qu'il s'agissait pour lui d'une évidence, c'est le contenu de la caisse : essentiellement des tablettes. Des tablettes qui, telles la fameuse mâchoire de Cuvier ou la non moins célèbre madeleine de Proust, allaient permettre, grâce aux efforts conjugués d'épigraphistes héroïques, de reconstituer – sites, statues, fresques, armes et bijoux – tout un passé disparu.

Même s'il est loin d'avoir encore livré tous ses mystères, ce passé se laisse aujourd'hui décrire d'une façon relativement continue, du règne de Sargon à Nabuchodonosor. À ceci près que l'organisation politique en cités-États ou en États-cités (qui n'ont rien à voir – est-il besoin de le souligner ? – avec ce que sera plus tard la cité grecque), les conflits, les renversements d'alliance, le flux et le reflux incessant des mouvements ethniques obligent, à maintes reprises, à rompre avec la linéarité du récit. Si fort est quelquefois le brouillage, comme l'on dit pour la radio ou la télévision, qu'il arrive à tel ou tel historien de parler en désespoir de cause (c'est notamment le cas pour les trois derniers siècles du IIe millénaire) d'un « temps de la confusion ». Et l'on se condamnerait à ne rien comprendre au sujet si l'on oubliait, par exemple, que Ninive et Babylone se développent dans le temps d'une manière à peu près parallèle ou que deux langues et à travers elles deux peuples, le sumérien et l'akkadien, loin de s'affronter, coexistent paisiblement par le biais de la même écriture. Parallélisme encore, mais à une échelle beaucoup plus vaste : celui qui exista sur tant de siècles, indépendamment des relations qui furent à tel ou tel moment les leurs, entre la Mésopotamie et l'Égypte. Lorsqu'un spécialiste réputé, à l'érudition par ailleurs irréprochable, soutient, dans une formule qui a fait mouche, que « l'histoire commence à Sumer », est-il saisi par l'enthousiasme... ou bien tenté par l'humour ? Il en va de l'histoire des hommes en général comme de celle de la science en particulier. La même découverte a pu être faite, au même moment, par deux savants qui ignoraient tout l'un de l'autre. Où situer la naissance de l'écriture : dans la vallée du Nil ou dans celle de l'Euphrate ? Et si l'écriture, comme l'humanité elle-même, avait eu plusieurs pères à la fois ? L'histoire est tellement plus belle quand elle est plurielle !

J. B.

INTRODUCTION

La Mésopotamie fut, dès le VIe millénaire et parallèlement à l'Égypte, un haut lieu de civilisation. La Bible en a gardé la trace : le jardin d'Éden, Paradis terrestre de la Genèse, est situé du côté de l'Orient. Les premières fouilles eurent lieu dès décembre 1842, quelques décennies après la redécouverte de l'Égypte, et l'archéologie mésopotamienne fut longtemps à l'avant-garde de l'archéologie proche-orientale. Après cent cinquante ans d'efforts, les résultats sont riches et nuancés. Les méthodes de fouille se sont améliorées et la problématique s'est transformée.

1 Un espace géographique

L'historien grec Polybe (IIe s. av. J.-C.) appelait la vallée alluviale du Tigre et de l'Euphrate la Mésopotamie ou « pays entre les fleuves ». C'est, en effet, le trait majeur de l'Iraq. Ces deux fleuves (Purattu et Idiglat, en akkadien) prennent leur source dans les montagnes d'Arménie et coulent presque parallèlement sur quelque mille kilomètres avant de se jeter dans le Golfe. Le Tigre, le plus court, reçoit tous ses affluents du Zagros iranien (Zab, Diyala). L'Euphrate, le plus long, reçoit ses principaux affluents (Balikh et Habour) en territoire syrien. Les deux fleuves coulent dans la vaste dépression qui s'allonge entre les derniers plis du Zagros iranien à l'est et les hautes terres du désert de Syrie et de Jordanie à l'ouest. Dès que les fleuves entrent en Babylonie proprement dite, à la latitude de Bagdad, à partir de la limite nord de fructification du palmier-dattier, l'agriculture est soumise au régime des crues des deux fleuves. C'est dire l'importance de l'irrigation. Sur les 32 500 km^2 cultivés en 1955 en Iraq, 84 p. 100 étaient susceptibles d'être inondés à un moment ou à un autre, et le contrôle des crues commande tout le système d'irrigation, c'est-à-dire de la production agricole. Ces crues peuvent être irrégulières, car elles dépendent de l'abondance de l'eau issue de la fonte des neiges en Arménie. Si le débit moyen du Tigre est de 1 300 m^3/s à Samarra, il peut monter, comme en 1941, à 130 000 m^3/s. L'Euphrate ne débite en moyenne que 860 m^3/s à Hit, mais il peut en débiter 4 000 m^3/s. Ces crues sont d'autant plus dangereuses, et nécessitent un contrôle d'autant plus strict, qu'elles peuvent se produire en même temps. De plus, par suite des dépôts d'alluvions et de l'horizontalité de la plaine, le lit des fleuves est souvent plus élevé que les terres qu'ils irriguent. L'eau est donc abondante, mais difficile à contrôler. En revanche, les alluvions de la vallée sont extrêmement fertiles (sauf dans le Sud où des problèmes de salinisation viennent entraver l'effort agricole). L'ensoleillement est souvent excessif. Dans la plus grande partie du pays, à l'exception du Nord auquel la proximité des montagnes anatoliennes assure un climat plus modéré, la température se situe, de mai à septembre, entre 40 et 50 ^{0}C.

La présence des couches sédimentaires entraîne une disparition quasi totale du socle rocheux. On ne trouve de pierre que dans le nord du pays (carrières de gypse). Le matériau de construction de prédilection a donc été, et cela jusqu'à l'époque contemporaine, la terre, pisé ou brique séchée au soleil. Le problème majeur était l'absence de bois de construction, le palmier ne pouvant en tenir lieu.

Le pays mésopotamien est donc riche de potentialités agricoles (soleil, eau, bonnes terres) mais il est impératif qu'un travail soutenu vienne contrôler et corriger les excès de la nature. L'archéologie nous apprend que le premier effort d'irrigation (c'est-à-dire l'apport artificiel d'eau à un sol) a été réalisé en Mésopotamie, dès le VIIe millénaire. En ce cas, on pourrait reprendre pour le compte de ce pays l'expression qu'Hérodote appliquait à l'Égypte et au Nil, et affirmer que la Mésopotamie est un don du Tigre et de

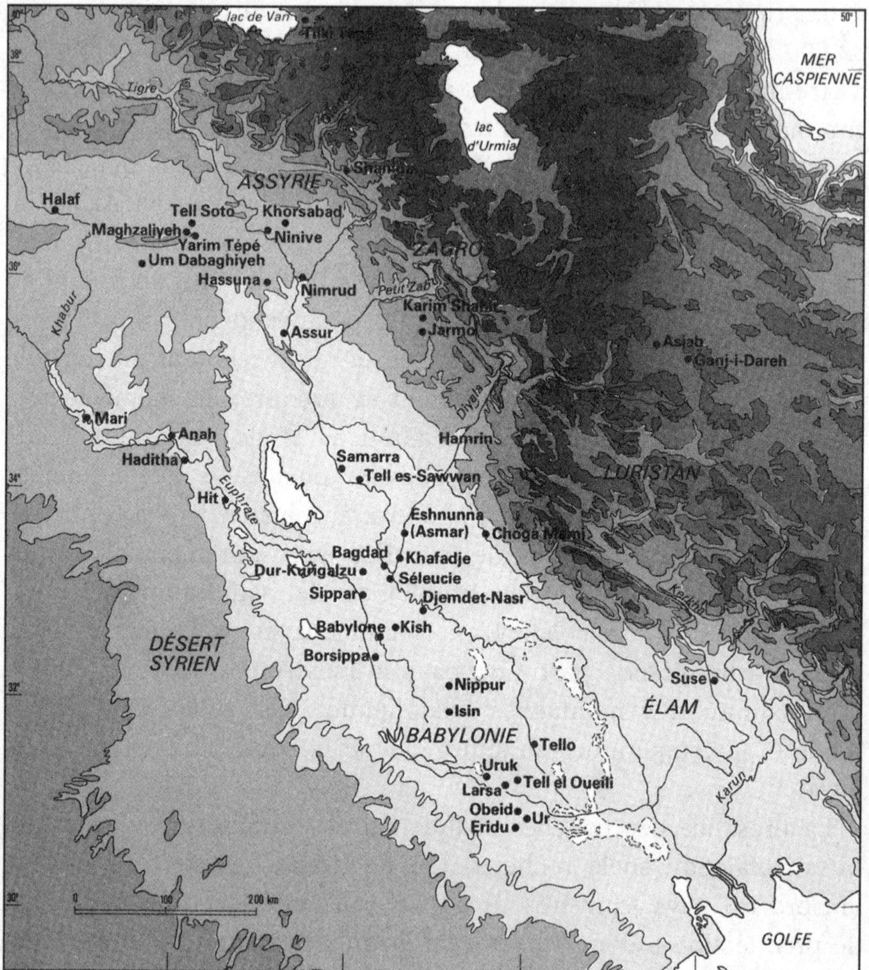

Les principaux sites de Mésopotamie.

l'Euphrate. En effet, en raison du climat, la quasi-totalité du pays est aride, et seuls les fleuves l'empêchent d'être un désert humain. Mais cela n'est obtenu qu'au prix d'un dur travail.

On peut estimer, pour simplifier, que le climat n'a guère changé depuis plus de dix mille ans. Excessif, il ne permet une agriculture extensive sèche que dans la partie septentrionale de la Mésopotamie, la grande steppe appelée Djezireh, qui s'étend d'Alep à Mossul. Au sud de ces vastes plaines, dans ce qui constitue la

Babylonie, de la latitude de Samarra et Bagdad à celle de la côte du Golfe, on passe insensiblement d'un climat semi-aride à un climat aride. Depuis la haute Antiquité, le seul changement notable est celui de la ligne de rivage du Golfe dont l'histoire est toujours l'objet de discussions. Les transgressions et régressions marines ont alterné depuis la dernière glaciation. Le niveau de la mer a monté de près de 20 m entre le Xe et le VIIe millénaire, repoussant le rivage loin à l'intérieur des terres, et l'on ne s'étonne pas de voir naître, sur cette côte, le mythe du déluge, dans un pays où, de surcroît, les crues de printemps du Tigre et de l'Euphrate sont redoutables. La Bible a conservé (Gen., VI, 5-9 et 17) la trace d'une inondation catastrophique que certains archéologues, jadis, cherchaient à identifier. À l'époque d'Obeid (de 6000 à 4000 av. J.-C.), le Golfe s'est avancé beaucoup plus au nord qu'aujourd'hui. À l'époque sumérienne (3000-2000 av. J.-C.), les anciennes villes, Ur et Uruk, étaient au bord de la mer qui unit ce pays aux rivages lointains d'Oman et de l'Inde. Aujourd'hui, le Golfe a reculé de 250 km, laissant derrière lui des marécages où la terre et l'eau se mêlent de façon inextricable.

2 L'archéologie en Mésopotamie

Les premiers travaux archéologiques sur le sol mésopotamien furent menés par P. E. Botta, consul de France à Mossoul, dont les recherches à Quyundjik et à Khorsabad en 1843-1844 permirent les premières découvertes archéologiques des sites assyriens. À cette époque, on ne connaissait guère de l'Ancien Orient que ce qu'en disait la Bible. L'Anglais H. Layard, dès 1845, travaillait à Nimrud et Assur et fut remplacé en 1851 par H. Rawlinson. La rivalité franco-anglaise battait alors son plein et les consuls ou les agents politiques tenaient lieu d'archéologues. On s'intéressait surtout à la découverte des reliefs sculptés et des tablettes cunéiformes. L'architecture de briques crues fut la grande victime de ces entreprises fébriles, menées au bénéfice des grands musées européens, sous la surveillance discrète et lointaine de l'empire ottoman. Les découvertes furent sensationnelles : à Khorsabad, les

dates	Mésopotamie	Égypte
7000	culture de Hassuna	
6800	culture de Jarmo (Kurdistan)	
6500	culture de Halaf	
		culture du Fayoum
4000	Uruk XVIII : fin de l'époque d'Obeid	
		Nagada
3500	Uruk XIV : début de la période d'Uruk	
3000	Uruk V-IV : période d'Uruk récent	Narmer
	Uruk III : période de Djemdet Nasr	unification de l'Égypte
2800	Protodynastique I	Époque thinite
2700	Protodynastique II	début de l'Ancien Empire
		IIIe dynastie
2600	Protodynastique III A	IVe dynastie
2500	Protodynastique III B	
2340	Empire d'Akkad	fin de l'Ancien Empire
2200	invasion des Guti	
		1re période intermédiaire
2150	Gudea de Lagash	
2111	2111-2094 : IIIe dynastie d'Ur (époque néo-sumérienne)	
		début du Moyen Empire
2003	chute de l'Empire d'Ur	1990 : début de la XIIe dynastie
1822	1822-1763 : Rim-Sin, hégémonie de Larsa	
1792	1792-1750 : Hammurabi de Babylone	
1782	1782-1750 : Zimri-Lim de Mari	fin de la XIIe dynastie
		2e période intermédiaire
1760	Ire dynastie de Babylone	domination des Hyksos
1594	prise de Babylone par les Hittites	1550-1309 : XVIIIe dynastie
	dynastie kassite	1468-1438 : Thoutmès III
		1412-1402 : Thoutmès IV
1400	fondation de Dur-Kurigalzu	
1375	1375-1347 : Burnaburiash II, roi de Babylone	
1365	1365-1330 : Assuruballit Ier (Moyen Empire assyrien)	1364-1347 : Aménophis IV (Akhénaton)
1307	1307-1275 : Adad-Nirari Ier, roi d'Assyrie	1309-1194 : XIXe dynastie
1274	1274-1245 : Salmanasar Ier, roi d'Assyrie	1290-1224 : Ramsès II
		1224-1214 : Merneptah
1234	prise de Babylone par les Assyriens	1182-1151 : Ramsès III
1150	IIe dynastie d'Isin à Babylone	
1050	1050-1032 : Assurbanipal Ier, roi d'Assyrie	XXIe dynastie « tanite »
912	912-891 : Adad-Nirari II, roi d'Assyrie	XXIIe dynastie « bubastite »
884	884-858 : Assurnasirpal II, roi d'Assyrie	
745	745-727 : Téglat-Pileser III, roi d'Assyrie	
721	721-705	Sargon II, roi d'Assyrie
705	705-681 : Sennachérib, roi d'Assyrie	
	681-669 : Assarhaddon, roi d'Assyrie	Assarhaddon, roi d'Égypte
668	668-627 : Assurbanipal, roi d'Assyrie	XXVIe dynastie « saïte »
612	destruction de Ninive par les Mèdes et les Babyloniens	610-595 : Néchao II
605	605-562 : Nabuchodonosor II, roi de Babylone	
587	déportation des Juifs à Babylone	570-526 : Amasis
539	prise de Babylone par les Perses	
		525 : prise de l'Égypte par les Perses

pays bibliques	monde égéen
	Néolithique ancien
Chalcolithique	Néolithique moyen
	Néolithique récent
Bronze ancien	
	Minoen ancien
Bronze moyen	Minoen moyen
Bronze récent	Minoen récent
les Hébreux en Palestine	Mycénien guerre de Troie
1000-970 : David 970-933 : Salomon	Sub-minoen époque proto-géométrique époque géométrique
fondation de Samarie 874-852 : Achab, roi d'Israël 845-818 : Jéhu, roi d'Israël	
721 : prise de Samarie par les Assyriens 685 : échec assyrien devant Jérusalem	époque proto-attique
la Palestine sous protectorat égyptien 598 : prise de Jérusalem par les Babyloniens destruction de Jérusalem par les Babyloniens, déportation des Juifs à Babylone	Solon à Athènes

grands taureaux androcéphales du palais de Sargon II, à Ninive, les reliefs d'Assurbanipal dont la belle série des chasses, orgueil du British Museum. Dans le Sud, les Anglais exploraient les tells de basse Mésopotamie (Loftus, Taylor). Dès 1877, le consul français de Bosrah, E. de Sarzec, commença l'étude de Tello d'où il rapportait au Louvre la superbe série des statues de Gudéa, révélant ainsi au monde la culture sumérienne, dont la Bible ne parlait pas.

À la fin du siècle dernier, on entreprend sur tout le territoire mésopotamien de grandes explorations, en particulier à Babylone, Assur et Suse. La recherche se concentrait en effet sur quelques grands sites prestigieux. Les archéologues allemands, formés à l'école de l'architecture, dotèrent alors la recherche archéologique de méthodes plus assurées et menèrent à bien des dégagements minutieux. Ce fut le cas à Babylone avec R. Koldewey (1899-1917) et surtout à Assur avec W. Andrae (1903-1914). La Première Guerre mondiale interrompit cet effort.

L'Empire ottoman disparu, l'Iraq fut placé sous mandat

anglais et l'activité archéologique reprit de façon soutenue. De vastes opérations furent conduites sur des sites de grande dimension. On peut citer les recherches anglaises à Ur (L. Woolley) et allemandes à Uruk (Jordan, Nöldeke), ou encore les fouilles américaines dans la basse vallée de la Diyala (H. Frankfort). La « chasse au trésor » n'était évidemment plus la préoccupation principale de ces chercheurs, mais l'effort portait toujours sur le dégagement des monuments, la récolte d'objets, et l'établissement d'une chronologie assurée. Pour les périodes historiques, la Mésopotamie bénéficiait de l'éclairage apporté par de nombreux textes cunéiformes sur tablettes, déchiffrées dès le milieu du XIXe siècle pour l'assyro-babylonien. Pour les périodes antérieures à l'apparition de l'écriture, on cherchait à établir la succession chronologique des cultures préhistoriques d'après l'étude des productions céramiques.

Après la Seconde Guerre mondiale, le rythme des travaux fut plus lent. De nombreuses équipes iraquiennes participèrent désormais à l'effort international. Certains chantiers anciens furent repris (Larsa, Uruk, Nippur, Nimrud, etc.). D'autres s'ouvrirent, qui firent parfois figure de pionniers et marquèrent profondément l'ensemble de l'archéologie proche-orientale (R. Braidwood à Jarmo). Les périodes les plus anciennes firent l'objet d'études plus attentives. Inaugurée à Jarmo, la collaboration des archéologues, des géologues, des anthropologues, des botanistes et des zoologues est devenue la règle. L'optique générale a changé. On s'intéresse désormais aux modes de vie ou à la structure sociale des habitants d'une région. Ce qui était jadis une archéologie des musées, recherchant surtout les chefs-d'œuvre de la création artistique, devient peu à peu une anthropologie s'attachant à situer les hommes dans leur environnement, à comprendre leurs relations avec les objets et le monde qui les entourent. En Mésopotamie comme d'ailleurs dans le reste du monde, l'archéologie est en train de subir une profonde transformation. La préhistoire fait l'objet d'études paléo-économiques ou paléo-sociologiques. On cherche à définir les modalités des changements de société. Les périodes historiques font l'objet d'études de même nature. Mais, sur tous ces points, la recherche en Mésopotamie est sans doute moins avancée que dans d'autres régions du monde, ce qui est d'autant plus regrettable que le développement économique de l'Iraq moderne a entraîné une destruction accélérée des vestiges anciens, difficilement contrebalancée par la multiplication des fouilles de sauvetage (Hamrin, Haditha, Eski Mossoul). Si la guerre entre l'Iraq et l'Iran (1980-1988) n'a pas ralenti l'activité archéologique, les événements dramatiques de 1990-1991 (guerre du Koweït) ont totalement interrompu la recherche internationale sur le terrain.

3 Les principaux résultats

Les premiers villages

Laissant de côté l'énorme période préhistorique antérieure à l'apparition des premiers villages, on peut tenter de retracer le développement de l'ancienne Mésopotamie à partir de l'époque des premiers villages. La révolution néolithique, pour reprendre l'expression de Gordon Childe, ne s'est pas produite en Mésopotamie, mais dans les pays du Levant. Cependant, ces bouleversements du comportement humain gagnèrent vite la Djezireh iraqienne plus à l'est, comme en témoignent les données récemment obtenues sur des sites du nord de l'Iraq, Qermez Dere et Nemrik, à l'ouest et au nord de la ville moderne de Mossul. Toutefois, alors que le Levant a su évoluer très rapidement vers la production de subsistance, les plaines du nord de l'Iraq semblent ne pas suivre du même pas. En réalité, les habitants de Qermez Dere et Nemrik sont encore très proches des chasseurs-cueilleurs. La culture matérielle n'offre que des échos assourdis des modifications fondamentales de néolithisation « primaire » du Levant.

Cependant, à partir du VIIIe millénaire, la Djezireh iraqienne commença à se couvrir de villages dont les habitants pratiquaient l'agriculture et l'élevage. Dans ces steppes du nord (région de Mossul, moyenne vallée du Tigre), les archéologues soviétiques ont dégagé, à Maghzalia, l'un de ces villages (actif entre 7500 et 7000). Si l'alimentation des habitants repose encore en grande partie sur la chasse, ils connaissent cependant les animaux domestiques et pratiquent l'agriculture, récoltant du blé amidonnier et de l'orge à deux rangs. À Maghzalia, sur les pentes méridionales du Djebel Sinjar, l'agriculture sèche est possible, car la pluviosité naturelle est suffisante. On ne fabrique pas encore de céramique, mais on sait construire des maisons rectangulaires en pisé sur fondations de pierres sèches. À un certain moment de son existence, le village s'est entouré d'un imposant mur défensif en pierre.

À partir de 7000 avant J.-C., les villages se multiplient en Djezireh et témoignent d'une grande unité culturelle. La céramique est désormais connue, qui permet de classer et de comparer les « cultures » préhistoriques. Alors se met en place une civilisation villageoise dont - pour l'essentiel - les traits perdurent de nos jours (« culture de Hassuna » : sites de Shimshara, Yarim Tepe ou Hassuna lui-même).

Sur cette toile de fond, un fait de première importance se produisit au milieu du VIIe millénaire : des villages s'installèrent plus au sud, au centre de l'Iraq, dans la région de la ville actuelle de Samarra, où la faiblesse des précipitations empêche le développement des cultures sans le recours à l'irrigation. Il fallait pratiquer l'apport d'eau artificiel. Les habitants de ces nouveaux villages (tell es-Sawwan, à côté de Samarra, ou Choga Mami, au pied du Zagros) en connaissent les techniques, car ils cultivent des espèces (lin et orge à six rangs) dont les graines prouvent, par leurs dimensions, qu'elles ont été irriguées. Dans d'autres domaines également, ces grosses agglomérations témoignent d'avancées majeures. À Sawwan comme à Choga Mami, l'architecture est raffinée et les maisons se conforment à des modèles très types. Les maçons utilisent un matériau standard et rationnel, la brique de terre crue moulée, dont les dimensions calculées permettent un projet préalable. Les plans des édifices sont à peu près identiques, et l'on observe l'apparition de « types », qu'il s'agisse d'habitations ou de greniers. À la même époque apparaissent les premiers villages de Mésopotamie du Sud (Oueili), qui pratiquent l'irrigation.

Au début du VIe millénaire, la culture syrienne de Halaf, en une lente expansion vers l'est, supplante celle de Hassuna. Elle est caractérisée par une céramique peinte et une architecture dont le trait le plus saillant est la présence d'édifices circulaires (les *tholoi*) de 5 à 6 m de diamètre en moyenne, qui sont sans doute un mode d'habitat particulier, coexistant avec une architecture rectangulaire. Ces tholoi sont des maisons d'habitation et non des sanctuaires, comme le pensaient les premiers fouilleurs. Cette culture d'Halaf est relativement plus mal connue que celle de Hassuna. On devine que les fondements économiques des villages halafiens ne devaient guère différer de ceux de l'époque précédente. Toutefois, l'extension des productions halafiennes est beaucoup plus vaste que celle des productions hassuniennes. En s'appuyant sur les attestations fournies par la céramique, on constate que les cultures halafiennes sont regroupées dans le nord de l'Iraq et la région du Habur en Syrie. Dans ces deux régions, elles se sont développées localement. L'aire de circulation des biens de la culture halafienne est donc beaucoup plus vaste que celle de l'époque de Hassuna mais on ne peut déceler très clairement la raison de cette évolution. Par ailleurs, on constate la présence d'agglomérations halafiennes très loin des steppes syro-iraquiennes qui s'étendent au pied des montagnes anatoliennes : vallée de Hamrin en Iraq oriental, haute vallée du grand Zab (Gird Banahilk) et jusqu'aux sources du Tigre (Giriki Haciyan), au lac de Van (Tilki Tépé) et à l'ouest jusqu'à la côte méditerranéenne (Ras Shamra, Mersin). La céramique halafienne est très reconnaissable (parfois polychrome, et souvent ornée de motifs ressemblant à des bucranes), et son étude a permis de souligner la profonde unité entre tous les sites de la steppe syro-iraquienne. Peu à peu, cette culture de Halaf fut remplacée par une autre culture matérielle, dite d'Obeid, dont les affinités avec la culture d'Obeid de Mésopotamie méridionale sont évidentes.

Au milieu du VIIe millénaire, la basse Mésopotamie - jusque-là probablement inoccupée, mais cela est encore discuté - est mise aussi en culture (époque d'Obeid). Sur ces terres basses et salées, où le sol et l'eau se mêlent de façon inextricable, des villageois s'installent parce qu'ils maîtrisent, eux aussi, les premières techniques d'irrigation, indispensables sous ces latitudes. Mais dans cette région, qui deviendra plus tard le pays de Sumer, les premiers villages sont aujourd'hui fossilisés sous d'énormes masses de sédiments récents, et fort mal connus. Les travaux français à Oueili – malheureusement interrompus par la crise internationale – commençaient d'éclairer l'évolution de ces villages de l'époque d'Obeid. Du milieu du VIIe au milieu du IVe millénaire, on suit les étapes assez rapides qui conduisirent ce site vers un système de plus en plus standardisé et de mieux en mieux adapté aux conditions particulières du bas Iraq. Dès avant 6000, les habitants construisent – en brique de terre crue moulée – de vastes maisons (plus de 100 m^2) à plusieurs pièces, dont le toit est supporté par des rangées de poteaux de bois sur bases de briques (ce sont les plus anciennes salles hypostyles connues). Le plan raffiné de ces édifices cultive la symétrie. Des greniers collectifs s'élèvent sur des infrastructures de murets croisés qui ménagent les vides sanitaires nécessaires. Une céramique extrêmement soignée, proche de celle de Choga Mami et de Samarra, répond, par un décor géométrique compliqué, à des nécessités sociales dont le sens nous échappe totalement, mais qui ne sont pas du ressort du simple décor ornemental. Les villageois cultivent le palmier-dattier, l'orge et le blé. À côté de rares ovins, mal adaptés à ce pays marécageux, les cochons (37,6 p. 100) et surtout les bovidés (45,5 p. 100) sont nombreux. La chasse ne joue plus qu'un rôle négligeable dans l'alimentation. Mais on pêche beaucoup dans les canaux et les bras multiples de l'Euphrate. Au sein de ces villages obéidiens d'agriculteurs éleveurs et pêcheurs apparaissent, selon des modalités que nous ignorons encore en grande partie, les premières villes.

Les premières villes

Du village à la ville, le passage ne s'est pas fait brutalement, mais on peine à en retracer les étapes. La ville n'est pas un gros village, mais un centre de relations et de décisions où se rencontrent les hommes et où s'échangent les marchandises, où se diffusent les idées. En basse Mésopotamie, l'archéologie note l'émergence des villes non seulement en remarquant l'apparition de grands bâtiments publics, mais encore d'outils nouveaux : le sceau-cylindre et surtout l'écriture. Ainsi, à Uruk, on voit se développer l'écriture (même si l'apparition de la comptabilité, puis celle de l'écriture pictographique sont actuellement mieux suivies à Suse), on voit naître une architecture monumentale et on observe une capacité d'invention remarquable dans ce domaine (emploi de matériaux artificiels, utilisation massive de la pierre dans les fondations, et du mortier de gypse).

La région d'Uruk fait preuve d'un certain expansionnisme. À Suse II, la céramique peinte disparaît et le matériel caractéristique d'Uruk (céramique, glyptique, petits objets) fait irruption dans les niveaux contemporains de l'époque d'Uruk. Bien plus, des établissements proprement « urukiens » sont fondés à la même époque sur le moyen Euphrate en Syrie (Habuba Kabira, Djebel Aruda, Tell Qannas) et jusqu'en Anatolie (Hassek Hüyük) et en Iran (Godin V). À l'époque d'Uruk, la basse Mésopotamie est vraiment la région la plus dynamique du Proche Orient. Si les premiers textes sont indéchiffrables, il n'y a aucune raison archéologique de douter que la population d'Uruk n'ait été alors constituée des ancêtres de ceux qui écriront, dans le courant du IIIe millénaire, en sumérien. Dès l'époque d'Uruk, la société semble fortement hiérarchisée. Dans l'iconographie apparaît un personnage clef, qualifié dans la littérature archéologique, de façon conventionnelle, de « roi-prêtre », sorte de chef religieux, civil et militaire de la grande cité d'Uruk, toujours vêtu d'une longue jupe, le torse nu, portant la barbe. Sans qu'on puisse en décrire les modalités de façon précise, il semble indubitable que la maîtrise des techniques d'irrigation a joué un grand rôle dans la « montée en puissance » de la basse Mésopotamie à cette époque, et dans son développement économique par rapport aux autres régions. Le Nord, en effet, à la même époque (culture de Gawra) ne fait que poursuivre une évolution progressive qui ne témoigne d'aucune innovation subite. L'écriture, en particulier, ne fait son apparition que plus tardivement.

La cité-État

Durant la majeure partie du IIIe millénaire, la Mésopotamie vécut sous le régime politique de la cité-État. À partir de 2700 avant J.-C. environ, les textes se font plus nombreux et deviennent compréhensibles. Durant cette période (2900-2350 av. J.-C.) dite des Dynasties archaïques, la Mésopotamie méridionale est peuplée de Sumériens, mais quelques groupes sémitiques s'infiltrent, surtout dans le nord et le centre du pays. Les grands personnages de la cité se font statufier en position d'orants. Des stèles commencent à perpétuer le souvenir de tel ou tel événement guerrier. Sur la stèle des vautours (Louvre) retrouvée à Tello, en Iraq du Sud, le roi de Lagash, Eannatum, magnifie sa victoire sur la ville voisine et rivale d'Umma. Il défile à la tête de ses soldats qui piétinent les vaincus. Sur l'autre face, le dieu Ningirsu capture les ennemis du roi de Lagash dans un vaste filet.

La société d'une grande cité sumérienne vers le milieu du IIIe millénaire nous est particulièrement bien connue, grâce à la découverte de la nécropole d'Ur en basse Mésopotamie, exhumée par l'archéologue L. Woolley entre les deux guerres mondiales. Au milieu de tombes banales, certaines sépultures reflètent bien la richesse extraordinaire du sommet de la hiérarchie sociale. Autour des défunts s'entassent un matériel luxueux (bijouterie en or, argent, et lapis-lazuli, armes et vaisselles) et tout un peuple de serviteurs et de valets, victimes probables d'un suicide collectif, et enfin des animaux de trait. La présence de matériaux inconnus en Mésopotamie (par exemple le lapis-lazuli, originaire d'Afghanistan oriental) atteste la vigueur du commerce lointain, dont les cités sumériennes étaient les organisatrices et les bénéficiaires.

L'unification de la Mésopotamie

Ces riches cités furent unifiées, vers 2340 avant J.-C., en un État militaire fondé par le Sémite Sargon d'Akkad. La recherche archéologique n'a pas encore réussi à identifier sa capitale, mais l'art royal de l'époque, retrouvé sur de nombreux sites mésopotamiens, illustre la naissance d'une véritable propagande au service du souverain. Sur la pierre, la victoire royale devient le thème presque unique. Le petit-fils de Sargon, Naram-Sin, se fit même représenter, sur une stèle retrouvée à Suse, coiffé de la tiare à cornes, attribut divin. À la même époque, le répertoire de la glyptique sur cylindre comprend des scènes admirablement exécutées, sources de premier plan pour notre compréhension de la mythologie suméro-akkadienne (combats de héros mythiques contre des animaux et des monstres, scènes mythologiques, images divines). Mais la construction politique des rois akkadiens s'écroula rapidement sous les coups des montagnards descendus du Zagros. À la fin du IIIe millénaire, l'ancienne cité d'Ur sut réunifier la Mésopotamie (IIIe dynastie d'Ur, 2100-2000 av. J.-C.). À cette époque, l'art mésopotamien n'échappa pas à un certain académisme, mais il illustre le dernier éclat d'une vieille civilisation qui nous a livré, pour cette période, une grande abondance de textes de tout ordre. La plupart des grands sanctuaires furent rebâtis à ce moment, et le roi Ur-Nammu construisit les premières ziggourats, ou tours à étage, dont la destination demeure obscure.

À partir du début du IIe millénaire, le centre de gravité du monde oriental se déplaça vers l'ouest. Si, sous le roi Hammourabi (XVIIIe siècle), la ville de Babylone réussit à imposer son autorité à l'ensemble de la Mésopotamie (code d'Hammourabi), il semble que l'élan créateur ait quitté cette vieille terre. Toutefois, certains sanctuaires, reconstruits à cette époque, témoignent de l'habileté des architectes du pays des deux fleuves (sanctuaire de l'E. Babbar ou temple du dieu du Soleil à Larsa).

Sous les rois kassites (XVIe-XIIIe s.), la Mésopotamie centrale et méridionale semble entrer dans une sorte de léthargie politique. Cette époque nous a laissé de belles stèles en pierre, dites *kudurru*, et des chefs-d'œuvre de sculpture animalière. Mais la capitale, Dur-Kurigalzu, est à peine fouillée.

Pendant ce temps, une nouvelle puissance émerge peu à peu dans le nord de la Mésopotamie, surtout à partir du règne de Tukulti-Ninurta Ier (1244-1208). Alors que la fin du IIe millénaire est marquée dans tout le Proche-Orient par les conséquences d'une crise multiforme (invasion des Peuples de la mer, chute de l'Empire hittite), le pays assyrien, sur les bords du Tigre, n'a guère été atteint. L'archéologie assyrienne est peu documentée, mis à part les informations provenant d'Assur même. Peut-être les fouilles en cours dans la région de Haditha sur l'Euphrate moyen apporteront-elles des lueurs nouvelles sur une époque encore obscure. Mais, à partir des grands rois du IXe siècle, Assurnazirpal II et Salmanasar III, l'Assyrie fait preuve d'un dynamisme redoutable, qui se traduit par une expansion militaire. De cette période, on connaît surtout les principaux monuments des grandes capitales, Assur, puis Nimrud, Khorsabad, Ninive enfin. Mais l'archéologie a peut-être trop mis l'accent sur les aspects publics ou politiques de la vie assyrienne, au détriment d'une étude de la vie matérielle populaire, et de ses fondements économiques. Les grands sites du Ier millénaire comme ceux du IIe ont bénéficié d'une attention soutenue, portée aux grands temples, aux palais royaux, aux manifestations de l'art officiel, aux nécropoles. Mais, en dehors des capitales, les sites fouillés sont rares. Pour les périodes historiques, l'archéologie mésopotamienne a peut-être été influencée par l'abondance et la richesse des textes, et elle a souvent eu tendance à ne fournir que l'illustration officielle, à travers un art somptueux, d'une vie politique et culturelle par ailleurs bien connue. Les reliefs sculptés royaux néo-assyriens sont une source documentaire magnifique. Ils nous donnent une information sans égale sur l'armée assyrienne, son équipement, sa tactique, sa stratégie. Mais le paysan ou l'artisan assyriens, qui ne sont pas l'objet de la même attention de la part des sculpteurs royaux, demeurent dans l'ombre. De telles observations sont également valables pour la dernière période de l'histoire mésopotamienne, l'époque néo-babylonienne, pendant laquelle, pour un court moment, Babylone est redevenue le centre du monde (612-559 av. J.-C.). On ne connaît guère que certains quartiers de la capitale, telle qu'elle fut restaurée par le roi Nabuchodonosor II (604-562 av. J.-C.). Encore les archéologues allemands du début de ce siècle eurent-ils le grand mérite de s'attacher non seulement au dégagement de la plupart des temples, de l'enceinte, du palais royal, mais également d'un vaste quartier d'habitation, le Merkès, dont la régularité, l'aspect hiérarchisé et ordonné, peut surprendre.

L'archéologie mésopotamienne, vieille maintenant de près de cent cinquante ans d'expérience, a considérablement évolué. Partie d'une « chasse au trésor » qui eut au moins le mérite de sauvegarder certains monuments à une époque où les autorités locales s'en désintéressaient, elle a su mettre en place les grands cadres chronologiques dont elle avait besoin, puis restituer les traits principaux de l'évolution des hautes périodes, pour lesquelles les textes écrits n'existent pas. Elle doit désormais s'adapter à une problématique nouvelle, devenir vraiment anthropologique. Il lui reste, en particulier, à appliquer ces méthodes nouvelles aux périodes historiques, sans se laisser éblouir par les richesses d'une culture matérielle qui fit de la Mésopotamie, pendant près de trois mille ans, un des hauts lieux de l'humanité.

JEAN-LOUIS HUOT

L'ÉCRITURE CUNÉIFORME

L'écriture cunéiforme (appelée ainsi d'après son signe de base, en forme de « coin », en latin *cuneus*) a constitué le système graphique principal, et longtemps unique, du Proche-Orient asiatique, entre la fin du IVe millénaire et le début de notre ère. Elle fut l'outil essentiel des cultures de ce vaste espace géographique. Nous croyons savoir, d'après les données dont nous disposons, que l'écriture mésopotamienne fut inventée à Uruk (Warka, Iraq), vers — 3200, par un administrateur, ou un groupe d'administrateurs, au service du sanctuaire principal de la ville. La civilisation de Sumer (dont Uruk était une des plus puissantes métropoles) connaissait alors une éclatante prospérité ; les grands organismes économiques, et d'abord les temples, grands propriétaires fonciers, se durent d'améliorer leurs méthodes de gestion : l'écriture fut donc ainsi uniquement conçue pour être un outil de management.

1 La création du système

Les signes de l'écriture cunéiforme sont environ d'un peu moins d'un millier : ce sont des dessins abstraits, c'est-à-dire que leur sens ne peut être deviné mais doit être appris (ainsi pour « fils ») ;

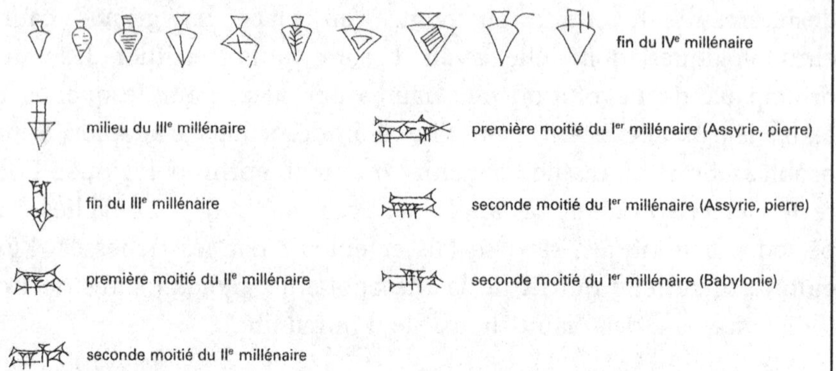

Ce signe, avec toutes ses variantes, représente évidemment un « vase », soit comme idéogramme soit comme « déterminatif » précédant les noms de récipients. Il ne fut utilisé phonétiquement qu'à partir de la seconde moitié du IIe millénaire pour noter les sons *dug* ou *lud*, prononciations de ce signe en sumérien.

Naissance et évolution du signe « vase ».

un dixième seulement sont des silhouettes, complètes ou partielles, de réalités concrètes (ainsi : « vase »). Cependant, même dans ce cas, l'identification précise ne va pas de soi, car à la signification première s'ajoutaient déjà des significations secondes : par exemple, « main » note aussi « responsabilité ». D'ailleurs, ces derniers signes sont souvent surchargés de motifs géométriques qui en modifiaient le sens de base. Indiscutablement, le système urukéen primitif est déjà idéogrammatique. Son fonctionnement se fondait sur une économie maximale, d'où son opacité pour nous. N'étaient notés que les éléments nécessaires, tels que noms, adjectifs, verbes ; le reste (prépositions, préfixes, suffixes, etc.) devait être restitué par le lecteur ; c'était ce qui correspondait à la destination pratique des documents : enregistrer puis combiner. Comme telle, l'écriture d'Uruk, que tout Sumer adopta immédiatement, est un système abouti qui se suffit à lui-même. Les siècles suivants l'améliorèrent mais en respectèrent les principes.

Une telle perfection aurait-elle pu être atteinte d'un seul élan ? Les créations graphiques se sont, indiscutablement, inspirées de « marques » déjà employées isolément. On a l'exemple de « mouton », une croix inscrite dans un cercle : c'était le signe qui désignait les bêtes pour la tonte ou la boucherie. On a invoqué aussi la ressemblance de quelques silhouettes primitives avec des « jetons » d'argile, répandus dans tout le Proche-Orient, du IXe au IVe millénaire avant J.-C. Toutefois, ces petits objets (à l'usage ou aux usages inconnus) ne paraissent avoir été combinés nulle part en un système. Certains signes ont pu aussi bien avoir pour prototypes un langage gestuel.

2 L'évolution vers le système classique

Le système cunéiforme classique mit un millénaire environ pour s'élaborer ; il resta, ensuite, inchangé jusqu'à sa disparition. Avec le temps, le gabarit des documents courants s'agrandit : les premiers avaient environ 2,5 cm de côté ; ils eurent désormais une dizaine de centimètres de hauteur, sur 5 de largeur environ, et furent ainsi faciles à manipuler. Évidemment, l'argile se prêtait à tous les formats, selon les besoins ; on connaît les tablettes parallélépipédiques de plus de 35 centimètres de hauteur, mais aussi des tablettes lenticulaires, des prismes, des cylindres, des cônes. Par ailleurs, l'habitude de regrouper les signes dans des cartouches disparut et les cunéiformes furent désormais écrits sur une ligne. Le sens de l'écriture (et, peut-on supposer, celui de la lecture aussi) changea. Au lieu d'être alignés de haut en bas, les cunéiformes le furent de gauche à droite. Mais on ne connaît vraiment ni la raison de ce basculement ni même sa date, antérieure en tout cas au XVIe siècle.

Le stock des signes (d'abord des plus spécialisés, comme ceux qui notaient des animaux exotiques) fut réduit à moins de six cents. Leurs tracés ne furent plus linéaires mais composés d'une combinaison de « coins », traces laissées dans l'argile humide par un roseau taillé en biseau : à ce moment, seulement, l'on peut, en toute rigueur, parler d'écriture « cunéiforme ». On réduisit ensuite le nombre de ces « coins », jusqu'au point où la simplification aurait conduit à confondre des signes de forme voisine. Pour les mêmes raisons, de rapidité et de facilité, on ne chercha à conserver que les « coins » horizontaux (de gauche à droite) et verticaux (de haut en bas), les plus naturellement aisés à imprimer dans l'argile. On avait soulagé ainsi la mémoire visuelle, tout en améliorant le rendement des scribes.

L'écriture cunéiforme est donc une écriture en trois dimensions ; elle le resta et ne connut aucun essai de transposition sur un support souple, comme le papyrus, par exemple. Plus : les signes gravés dans des matériaux durs (métal ou pierre) reproduisirent les « coins » de l'argile. Seule innovation : à partir du milieu du IIe millénaire, concurremment avec les tablettes traditionnelles, on écrivit sur des tablettes de bois ou d'ivoire recouvertes de cire ; elles avaient le double avantage d'être plus légères, avec un espace utile plus grand, et d'être réutilisables : on pouvait y effacer un texte pour le remplacer par un autre, quand l'argile, une fois sèche, ne souffre aucun repentir.

En contrepartie de la diminution du nombre des signes, on généralisa le principe du *rebus* : les mots de même prononciation (même si aucun rapport de sens ne les unissait) furent notés par le même cunéiforme. Le procédé servit particulièrement pour les particules grammaticales, dont la représentation aurait été difficile à imaginer : la préposition « à » fut écrite par l'idéogramme « frapper », car l'une et l'autre se prononçaient /ra/. Il était facilité, et presque suggéré, par la structure du sumérien, dont les racines sont monosyllabiques. Désormais, on commença d'introduire dans les textes les éléments grammaticaux laissés auparavant de côté. La nécessité d'écrire l'akkadien, langue sémitique qui gagnait peu à peu dans l'usage, accéléra le processus : un syllabaire phonétique se créa ainsi. Inversement, les idées de sens voisin mais de prononciation différente furent conventionnellement représentées par une combinaison identique de « coins » : le même signe notait « bâton » (lu /pa/) et « chef » (lu /ugula/) ou bien « aller » (lu /du/) et « se tenir debout » (lu /gub/). Enfin, le champ d'application de l'écriture s'élargit très lentement : ce ne fut vraiment qu'après — 1850 qu'elle enregistra massivement textes littéraires, divinatoires et religieux, lettres et contrats. Cependant, des domaines comme la musique ou les techniques (y compris l'art d'écrire !) lui restèrent toujours étrangers. Les catalogues de bibliothèques (qu'elles fussent privées, de temple ou de palais) reflètent ce déséquilibre. Les deux mille titres environ qu'abritait la plus grande jamais réunie, celle du roi assyrien Assurbanipal (VIIe s. av. notre ère), concernent en pourcentage surtout les outils de travail du scribe - listes de signes, dictionnaires, encyclopédies - et les ouvrages de référence nécessaires au devin : traités d'hépatoscopie, d'astrologie, etc. La littérature (au sens actuel du mot) y est chichement représentée et ne jouissait, apparemment, d'aucun prestige particulier auprès des « intellectuels ».

3 Le système classique

Héritier d'une histoire millénaire, le système classique est complexe et pis : incohérent. Aucune réfection, même partielle, n'y mit de l'ordre. Les signes y sont désormais régulièrement distribués horizontalement, à partir de la gauche, sans ligatures, sans espaces entre les mots, sans ponctuation, sans soulignement possible et sans alinéa. Tous sont de taille identique ; des traits distinguent, de temps en temps, les paragraphes. Les documents de grande largeur sont quelquefois partagés en colonnes, remplies de gauche à droite au recto et de droite à gauche au verso. Les indications générales (titre, date, nom du scribe, etc.) sont toujours placées en fin de texte. Dessins et schémas, de tracé malaisé et d'aspect peu attrayant, restèrent rarissimes.

S'il avait théoriquement à sa disposition cinq cent quatre-vingt-dix-huit signes, un scribe n'en employait guère couramment plus de cent cinquante. Chacun d'eux, sauf exception, est à la fois un idéogramme (aux sens multiples, souvent) et représente phonétiquement une ou plusieurs syllabes (de une à plus de dix). Ces « valeurs » sont issues de la prononciation des mots sumériens que note le signe : si la même combinaison de « coins » peut écrire /ud/ et /had/, c'est parce qu'il écrit aussi « jour » (lu ud) et « dessécher » (lu had). Aucun procédé mnémotechnique ne permet de retrouver ces « valeurs » ; il faut les mémoriser.

Les syllabes sont ouvertes, soit consonne-voyelle (ba), soit voyelle-consonne (ab) ; elles sont plus rarement fermées (bab) ; dans ce second cas, on peut toujours leur substituer une combinaison de syllabes ouvertes (ba-ab, qu'on lit (/bab/). Il existe des signes-voyelles mais aucun signe qui permettrait d'écrire une consonne isolée. Le nombre de racines homophones du sumérien étant élevé, l'application sans frein du rébus aurait conduit à d'insupportables difficultés de lecture : il existe ainsi plus de vingt idéogrammes se prononçant /du/, donc autant de manières théoriques d'écrire cette syllabe. Sagement, même si les modes ont pu changer, l'usage a normalement retenu, pour chaque époque, une graphie et une seule pour chaque son. Même ainsi, le syllabaire resta toujours à la fois foisonnant et insuffisant. Il propose, par exemple, deux signes distincts pour /ba/ et /pa/, mais un seul pour /bu/ et /pu/ ; la série /ta/, /te/, /ti/, /tu/ est complète, mais dans la série parallèle en d (/da/, /de/, /di/, /du/), /de/ et /di/ sont graphiquement confondus ; /bab/ existe, mais ni /beb/ ni /bib/ ni /bub/. Les mêmes réflexions s'appliquent aux signes dans leur emploi comme idéogrammes : le système a retenu des cunéiformes uniques pour des réalités fréquentes (« dire », « roi », « grand ») mais aussi pour des réalités peu usuelles (« souris »). En revanche, il faut une suite de deux cunéiformes pour écrire « champ » ou « vieillard », et jusqu'à cinq pour « armée ». Un procédé analogue aux « clés » de l'écriture chinoise avait été ébauché : « manger » s'écrivait par « pain » dans « bouche », « boire » par « eau » dans « bouche ». Mais cette tentative avorta et resta limitée.

Un scribe pouvait n'utiliser que des idéogrammes, comme ce fut souvent le cas pour les textes savants. Il gagnait ainsi du temps et de l'espace : un texte syllabique aurait été de plusieurs fois plus long. Il pouvait recourir cependant uniquement aux graphies syllabiques, s'il voulait s'assurer que le lecteur prononçât bien exactement, ce que ne garantissaient pas les idéogrammes. Aussi les œuvres poétiques sont-elles souvent ainsi écrites. Mais, dans la pratique, on mêlait idéogrammes pour les mots courants et syllabogrammes pour les autres, dans un rapport de un à trois environ.

Comprendre un document cunéiforme, dans cette écriture mixte en particulier, était donc malaisé. Le lecteur devait reconnaître, sans secours extérieur, pour chaque signe, s'il était un idéogramme (il fallait alors en préciser le sens) ou s'il était à lire syllabiquement (il fallait alors en préciser le son), en se fondant sur sa connaissance de la langue et sur le contexte, à mesure qu'il le découvrait. Quelques procédés allégeaient un peu sa tâche : normalement, une ligne contenait une unité ou une sous-unité de sens, soit une proposition indépendante, soit une principale ou une subordonnée, etc. Quelques « classificateurs » lui montraient la nature de certains mots qu'il allait lire (pour ceux qui se plaçaient avant) ou qu'il venait de lire (pour ceux qui se plaçaient après). Leur nombre, une vingtaine, était réduit ; ils désignaient des catégories limitées (noms propres, toponymes, animaux, métaux, bois, vases, etc.). Leur emploi, quoique courant, n'était pas obligatoire. Chacun, d'ailleurs, gardait, dans d'autres contextes, un sens plein : le classificateur pour les animaux aquatiques signifiait autrement « poisson ». Enfin, on complétait quelquefois les idéogrammes par des « compléments phonétiques » : ces signes précisaient syllabiquement la prononciation souhaitée de l'idéogramme, dans la plupart des cas partiellement et même, rarement, complètement. En réalité, chaque scribe était à la fois scripteur et lecteur, et il mettait à profit, dans ces rôles alternatifs, les habitudes graphiques de son temps, une sorte d'« orthographe », apprise dans les écoles scribales.

Les scribes éprouvaient pour l'écriture cunéiforme admiration et respect ; don divin à leurs yeux, elle était un des cinquante éléments fondateurs de la civilisation. Or, en plus de son emploi quotidien, elle se prêtait d'elle-même à toutes les manipulations. Certaines restèrent de simples jeux graphiques. Mais certaines débouchèrent sur l'ésotérisme et la mystique : on utilisait toutes les possibilités de sens de chaque signe composant, par exemple, un nom divin ; au prix de raffinements de subtilité se révélait alors une réalité, occultée par l'usage banal du système, et l'on croyait atteindre à une vérité plus profonde du cosmos, dont l'écriture passait pour l'authentique reflet.

4 La diffusion de l'écriture cunéiforme

L'intérêt capital de cette invention fut immédiatement compris bien au-delà des frontières de Sumer. Peut-être aurait-ce été à l'imitation de l'écriture mésopotamienne et, en même temps, en réaction contre elle qu'auraient été créés, un peu après, le système de l'Élam (qui disparut bientôt) et celui de l'Égypte. À partir de la fin du IIIe millénaire, le cunéiforme se propagea peu à peu dans tout le Proche-Orient, à l'est, par l'Élam, à l'ouest, successivement, par la Syrie, la Phénicie (Byblos), l'Anatolie, enfin, au milieu du IIe millénaire, par Chypre et l'Égypte (lettres de Tell el-Amarna). Mais le système graphique fut importé non pas seulement comme une simple écriture ; partout, il apporta avec lui les deux langues qu'il écrivait déjà, le sumérien et l'akkadien, et, du même coup, toute la culture écrite de la Mésopotamie, établissant un cosmopolitisme intellectuel dans tout le Levant, du XIVe au XIIe siècle.

Les civilisations les plus vigoureuses mirent ensuite à profit la capacité d'adaptation du cunéiforme (il l'avait déjà prouvée, presque dès sa création, en apprenant à noter l'akkadien) pour écrire leurs propres idiomes, au prix de quelques aménagements mineurs : aussi bien les langues de type agglutinant, comme l'élamite et le hourrite (parler des populations au nord et au nord-est de la Syrie), que des langues indo-européennes, comme le hittite et les dialectes apparentés.

5 La fin de l'écriture cunéiforme

L'alphabet consonantique, inventé au milieu du IIe millénaire, fut utilisé en Canaan et à Ugarit, mais il resta cantonné dans des travaux d'intérêt local. Il ne devint pas un véritable rival de la prestigieuse écriture cunéiforme ; rien n'indique une évolution, même lente, en ce sens. Le reflux vint d'ailleurs. Vers — 1190, toute la région fut bouleversée par des troubles internes et des invasions. Les scribes cunéiformistes, leurs écoles et leur culture partagèrent le destin de leurs employeurs et disparurent avec eux, sauf en Mésopotamie. Une fois sédentarisés, les nouveaux pouvoirs recommencèrent à écrire mais ils empruntèrent l'écriture de leurs voisins immédiats : les Araméens et les Israélites, l'alphabet des Phéniciens qui avait survécu à la tourmente, les Phrygiens, celui des Grecs. Puis l'aramaïsation gagna même la Mésopotamie ; là, langue et alphabet araméens entrèrent en concurrence avec le cunéiforme. Le royaume d'Urartu, en Anatolie orientale, avait certes adopté l'écriture mésopotamienne au moment de sa constitution au VIIIe siècle ; mais il disparut au siècle suivant, comme, un peu plus tard, l'Assyrie, détruite en 612. Restait alors la Babylonie seule.

Au VIe siècle, les Perses, maîtres du Proche-Orient, prirent acte de la situation et choisirent comme moyen de communication pour leur empire celui qui l'était déjà dans la pratique : l'alphabet araméen. La Babylonie voyait son écriture perdre, de fait, son statut d'écriture d'État. La région elle-même entrait, en même temps, dans une irrémédiable décadence économique et démographique, ses terres salinisées, les courants internationaux d'échange ne passant plus par elle. À partir du IVe siècle, le cunéiforme ne fut plus que l'écriture des vieux sanctuaires et de ceux, de plus en plus rares, qui les fréquentaient. Certes, ces foyers de culture traditionnelle résistèrent encore étonnamment longtemps, puisque la dernière tablette cunéiforme est datée de 75 de notre ère. Puis, eux qui brûlaient depuis trente-trois siècles s'éteignirent.

DANIEL ARNAUD

SUMER

Le terme de Sumer se rapporte à l'une des plus importantes périodes de l'histoire mésopotamienne, une des plus brillantes aussi, si l'on songe à la civilisation et à l'art qu'elle évoque, dont nous sommes d'ailleurs encore tributaires après plusieurs milliers d'années. Est-il nécessaire de rappeler que c'est à ce monde révolu que l'on doit, entre autres, le système sexagésimal, la division de l'heure en soixante minutes, de la minute en soixante secondes ? Ce seul exemple suffit, puisqu'il pèse sur la destinée humaine et nous touche tous directement dans l'existence quotidienne. Le nom akkadien *Shumeru*, dont nous avons tiré Sumer, s'appliquait à la région à laquelle ses habitants avaient donné le nom de *Kengi*, ou plus simplement de *Kalam*, le pays. Dans son acception étroite, celui-ci s'étendait de Nippur au nord, aux rives du golfe Persique au sud, avec de part et d'autre les deux grands fleuves, Euphrate à l'ouest, Tigre à l'est.

1 Structure politique

La date de l'établissement des Sumériens en Mésopotamie n'est pas encore fixée de toute certitude. Le seul point qui ne prête pas à contestation c'est qu'ils ne sont pas des autochtones. Ils venaient d'ailleurs, de l'Est très vraisemblablement, probablement de l'Iran. Certains ont pourtant supposé que l'origine était à chercher dans l'une ou l'autre des contrées du golfe Persique, en l'espèce l'île de Bahrein. L'arrivée au pays du Tigre et de l'Euphrate aurait alors eu lieu par mer. De toute façon, on la situe au IVe millénaire, soit au début (Henry Frankfort), soit à la fin (la plupart des spécialistes). Nous pensons que la Genèse (XI, 1) a conservé une précieuse tradition quand elle écrit : « Partis de l'Orient, les hommes trouvèrent une plaine dans le pays de Shinear (la Babylonie) et ils s'y installèrent. » La migration est donc très explicitement consignée. Elle peut être fixée dans l'une ou l'autre des périodes archéologiques, qui ont reçu l'appellation d'Uruk ou de Djemdet-Nasr et que les travaux ont définies avec la plus grande précision, grâce à leurs caractéristiques. À notre avis, il s'agirait plutôt de la phase de DjemdetNasr qui vit aussi l'invention de l'écriture. Découverte primordiale qui allait permettre la fixation par écrit de noms : villes, hommes, dieux, par conséquent la naissance de l'histoire. Fondations fermes qui assurent une chronologie, relative d'abord, absolue ensuite.

Il ne fait pas de doute qu'en Mésopotamie les Sumériens se trouvèrent devant une civilisation déjà très élaborée et solidement installée. Leur dynamisme leur permit de s'imposer sans discussion et de transformer en vassaux les premiers propriétaires du pays : Subaréens et Sémites, qui n'eurent qu'à s'incliner devant ces nouveaux venus dont on sait mieux ce qu'ils ne sont pas - en aucun cas des Sémites - que ce qu'ils sont : leur langue est du type dit agglutinant, trait distinctif qui interdit malheureusement d'aller bien avant dans la connaissance d'une population dont les créations attestent en tous les domaines la marque du génie. Ces colonisateurs avant la lettre commencèrent à s'implanter solidement en des cités que l'on a appelées parfois des cités-États, parce qu'elles étaient bien plus que des agglomérations disparates. Elles avaient déjà vocation pour un commandement élargi : Ur, Lagash, Uruk, Eridu. Les fouilles ont révélé là des installations qui avaient tous les traits d'une civilisation urbaine, en pleine possession des structures de la vie collective. Celle-ci n'avait été possible que par la présence de fortes personnalités dont l'ascendant s'était imposé à leurs compatriotes, qui avaient reconnu en eux des chefs possédant un pouvoir quasi absolu, avec le titre de roi (*lugal*, homme grand) ou de prince (*ensi*, lu autrefois *patesi*). Cette fonction politique s'accompagnait de prérogatives religieuses spirituelles. Le chef politique était en effet un prêtre, tant qu'il fut admis que le même homme pouvait cumuler la double charge de maître de la cité et de représentant sur terre de la divinité. Naturellement ce régime de cités-États était dominé par des rivalités, funestes en fin de compte et sources perpétuelles de conflits. Tout normalement, on devait en arriver à une organisation différente et au système dynastique : un roi possédant le pouvoir sur toute la région et le conservant plus ou moins longtemps.

Il est heureux qu'au XVIIIe siècle avant J.-C. des scribes aient songé à consigner les traditions qui se rapportaient aux premiers temps de l'histoire. Le prisme W.B. 444 (initiales du mécène anglais Weld-Blundell qui le possédait) énumère les rois qui se succédèrent en Babylonie, des origines à la fin de la dynastie d'Isin (XVIIIe s., Mésopotamie). Ce prisme est complété par une tablette du même collectionneur (W.B. 62), qui donne les noms des rois antédiluviens, car le Déluge, cataclysme historique (aux environs de l'an 3000), marque une coupure dans la civilisation mésopotamienne. Cinq cités antédiluviennes sont mentionnées : Eridu, Bad-tibira, Larak,

Sippar, Shuruppak. Après un certain Ubar-Tutu, roi de Shuruppak, on lit : « Le déluge arriva. Après que le déluge fut arrivé, la royauté descendit du ciel. La royauté fut à Kish. »

Si avant l'inondation cinq cités sont répertoriées, leurs huit rois totalisent 241 200 années, ce qui est évidemment légendaire. Il n'en est pas moins certain que tout n'est pas fantaisiste dans les renseignements rapportés, puisque deux des rois sumériens de Shuruppak, Ubar-Tutu et Ziusudra, sont cités par ailleurs. Fixés après le Déluge par le prisme W.B. 444, voici quatre-vingts rois appartenant à quatorze dynasties mésopotamiennes, ce qui serait relativement satisfaisant, mais avec une totalisation de 22 045 années de règne, ce qui ne l'est plus du tout. Il faut pourtant observer que ces chiffres astronomiques diminuent ou disparaissent au fur et à mesure que l'on descend le cours de l'histoire. Il n'en reste pas moins qu'il est impossible d'accepter sans plus certaines des données consignées par les scribes, mais pas davantage de les récuser systématiquement. Les fouilles ont définitivement confirmé l'existence de plusieurs souverains considérés longtemps comme légendaires : Mesannipadda d'Ur, Ansir, probablement le Ansud de Mari, Lugalzaggisi d'Uruk, par exemple. On s'aperçoit en outre que le siège de certaines dynasties se trouve plus ou moins au-delà de la région géographique strictement sumérienne, avec Kish (I, II, III), Awan qui est en Elam, Hamasi, à l'est de Kerkuk, Mari, sur le moyen Euphrate, Akshak, l'Opis des Grecs, non loin de Séleucie. Cette indication est précieuse car elle permet de comprendre pourquoi la civilisation sumérienne a pu s'imposer hors du foyer par excellence qui rayonnait autour d'Ur (deux dynasties) ou d'Uruk (trois dynasties), dès l'instant où elle avait l'appui politique. Ce dernier se manifesta sans solution de continuité pendant quelque trois siècles et demi. C'est ce que nous appelons l'époque présargonique (2800-2450), parce qu'elle précède Sargon, fondateur de la dynastie sémitique d'Agadé (2450-2200).

L'hégémonie sumérienne va prendre fin, mais la civilisation qui l'a accompagnée ne disparaîtra en aucune façon. Elle sera seulement nuancée, du fait des caractéristiques d'une race nouvelle, plus sensible, plus exubérante dans ses manifestations. Ce style de vie, dont nous verrons qu'il a marqué profondément l'art, suscitera l'adversité. Des nomades et des barbares, les Guti, vont renverser la dynastie et provoquer la réaction des anciens maîtres. Les gens d'Uruk (V) et d'Ur (III) sont à nouveau au pouvoir. Voici revenue pour le monde sumérien l'ère des grandes réalisations, des grands desseins, en tout point dignes des ancêtres. À côté des métropoles, des cités qui ne peuvent revendiquer aucune dynastie sont tout aussi brillantes. Qu'on songe à Lagash, où des princes, tels Gudéa, Ur-Ningirsu, sont les égaux des plus grands. Pourtant, c'est Ur qui, de la *mer supérieure* (Méditerranée) à la *mer inférieure* (golfe Persique), plante les étendards sumériens. Shulgi (Dungi), pendant un règne de quarante-huit ans, n'a pas rencontré un seul adversaire à sa taille. Avec lui, la IIIe dynastie d'Ur laisse dans l'histoire le souvenir d'une race indomptable et indomptée. Pourtant la fin n'est pas éloignée. Ibi-Sin, dernier de la lignée, devait succomber (2016 av. J.-C.) après des soubresauts assez compliqués. C'était la rentrée en force des Sémites, avec les gens d'Isin, de Larsa et surtout ceux de Babylone, siège de la dynastie amorrite dont Hammurabi (1792-1750) devait être le plus illustre représentant. C'en était fait des Sumériens, éliminés de la scène politique, dont seule la langue allait se perpétuer, et uniquement dans le domaine religieux.

2 Civilisation et art

Même si le foyer sumérien était cantonné en un secteur assez restreint, son influence avait débordé bien au-delà des frontières d'une région. Des sculptures découvertes à Assur auraient pu sortir tout aussi bien d'Ur ; un gros vase en stéatite recueilli à Mari, orné de l'aigle léontocéphale, ferait songer irrésistiblement aux produits d'Obeid, tellement l'inspiration est identique, mais tout autant la technique d'exécution. L'art sumérien est un des plus grands du monde. Il est le témoignage le plus impressionnant laissé à l'humanité par le génie créateur d'un peuple fixé au berceau de la civilisation. Sans difficulté il peut rivaliser avec les productions de l'ancien Empire égyptien : même densité, même simplification de lignes. L'essentiel est l'élimination du superflu. Voilà ce qui prime pour ces artistes restés anonymes et qui n'auront pas hésité à demeurer des mois sinon peut-être des années devant un bloc de pierre pour y fixer le masque féminin de Warka ou en extraire la silhouette d'un des dynastes de Mari. Dans ce pays où la pierre était rare sinon inexistante, il fallait faire venir les matériaux de contrées lointaines. On utilisa abondamment le gypse, plus courant mais moins noble. Les sculpteurs ont triomphé de tous les obstacles. C'est finalement par centaines que l'on recense les statuettes déposées en ex-voto dans les chapelles des sanctuaires. À travers tout le IIIe millénaire, elles furent exécutées à la demande de donateurs plus ou moins fortunés, partant plus ou moins exigeants. Elles représentent les fidèles dans l'attitude de l'adoration, la plupart du temps debout, mains jointes, très rarement les divinités, tout au moins en ronde bosse. Des inscriptions permettent souvent les identifications : Lamgi-Mari, Iku-Shamagan (rois de Mari), Ebih-il, Idi-nârum, Nani, Salim, Gumbad, Meshigurru, Su-wada (hauts fonctionnaires de Mari), Lugal-kisalsi d'Uruk, Kurlil d'Obeid. Du côté des femmes, Ur-Nanshe, la « grande chanteuse » de Mari, au temps d'Iblul-Il. Toutes ces statues sont de l'époque sumérienne présargonique : des rois, des fonctionnaires. Les dieux n'apparaissent que très rarement en ronde bosse. Seule exception à Tell Asmar (Ashnunnak), où peut-être l'on reconnaîtra parmi le groupe des adorants sortis d'une *favissa* le dieu Abu et la déesse parèdre. Toutes ces productions reflètent une indéniable parenté, mais il y a pourtant des marques locales, reflet de la race. À Mari, la statuaire est toujours, sinon presque toujours, caractérisée par le sourire qui chasse des visages toute sévérité. Constatation identique avec les gens de la Diyala (Asmar, Khafadje, Agrab, Ishchali), où la bonhomie éclate partout, proscrivant la dureté qui est l'apanage du caractère sumérien.

La période néo-sumérienne qui suit accentue l'adoucissement qu'avait entraîné l'intermède agadéen. Pourtant le vieux fonds sumérien se trouve à nouveau affirmé. On n'en doutera pas en contemplant l'un ou l'autre des Gudéa de Lagash : maître d'une cité, exerçant les prérogatives du pouvoir avec un sérieux qui exclut toute fantaisie. Les sculpteurs, qui disposent maintenant de roches dures (diorite, dolérite), moins dures (stéatite, calcite), mais pourtant moins aisées à travailler que le gypse ou la brèche des temps présargoniques, doivent faire preuve d'une virtuosité sans égale et dompter, avec les instruments de l'époque, une matière qui n'admet pas la facilité. Les sculpteurs d'aujourd'hui se demandent d'ailleurs quels furent les procédés mis en œuvre pour obtenir des résultats aussi parfaits. Aucun défaut à la statue A de Gudéa, pas davantage à celle d'Ur-Ningirsu son fils. « Densité, simplicité, majesté », voilà les qualités qu'un critique contemporain, Frank Elgar, leur reconnaissait un jour, et qui font que ces silhouettes hiératiques, quoique figées, sont cependant frémissantes de vie. C'est bien cet héritage que l'on retrouve sur les grandes statues de Mari : le gouverneur Ishtup-ilum inspiré de la stature des Gudéa de Lagash, même aussi avec la déesse au vase jaillissant - dont le visage adouci et prêt au sourire anime un corps qui, ruisselant de l'eau de la fertilité, demeure pourtant immobile dans sa verticalité.

La sculpture en ronde bosse reste fidèle au sérieux ancestral. On le retrouve encore plus nettement affirmé dans les bas-reliefs, où tout proclame l'ordre sumérien. Ordre fait de clarté et de rigueur sans défaillance. Deux stèles en sont l'illustration frappante : la stèle des Vautours à Lagash, la stèle d'Ur-Nammu à Ur. Dans les deux cas, l'histoire est racontée sans complaisance, découpée en registres, lointains prototypes de nos bandes dessinées. Il n'y a qu'à suivre les images et en observer l'ordonnance logique. La victoire de Lagash sur Umma sa voisine, où les dieux participent aux combats des humains ; le zèle du roi d'Ur, officiant devant le couple divin (Nannar et Ningal) et travaillant humblement à la construction de la *ziggurat*. Les dieux protecteurs des rois, la royauté mandataire des puissances célestes ; Église et État étroitement unis, tel était le spectacle qui s'offrait à tous et dont l'art portait témoignage.

Civilisation étonnamment « engagée » et qui en tous les domaines affirmait sa puissance et son excellence. Les Sumériens étaient partout les premiers, grâce à des chefs, en l'espèce des rois, qui avaient fait du mécénat un des ressorts de leur gouvernement. Seul un appui sans réserve du pouvoir a permis ces étonnantes réalisations. Faut-il rappeler le ruissellement de métal jaune que révéla la découverte des tombes d'Ur ? Non seulement en quantité mais aussi en qualité. Une civilisation qui a, à son actif, le casque de Meskalamdug, les têtes de taureau, figures de proue des harpes d'or, occupe la première place au milieu des conquêtes de l'humanité. Surtout si l'on replace ces créations dans le monde du IIIe millénaire où il semble que la perfection ait été atteinte du premier coup, sans vraiment d'apprentissage.

Une victoire remportée dans un autre domaine fut celle dont l'architecture fut l'occasion. La Mésopotamie manquait de pierre, il fallut donc utiliser au maximum un matériau abondant, la terre. La quasi-totalité des constructions est en briques « crues », c'est-à-dire séchées au soleil, les dalles cuites au feu étant réservées pour les sols ou certains parements. La plus spectaculaire réussite était la ziggurat, cette tour à étages, à volumes dégressifs. Création sumérienne par excellence, dont la Bible (Genèse, XI, 1-9) a gardé le souvenir avec le récit de la tour de Babel. Ces monuments gigantesques, obtenus par l'accumulation d'éléments « préfabriqués », pouvaient, pour les plus importants, s'élever à plusieurs dizaines de mètres de hauteur. Il semble que chaque ville dut avoir sa ziggurat, mais l'érosion en a fait disparaître plusieurs. Lagash revendiquait son « epa aux sept zones », mais, malgré tous les efforts, son emplacement exact n'a pu être retrouvé. Par contre, sont encore visibles aujourd'hui les ziggurats d'Ur (20 m de hauteur), d'Uruk, de Nippur, d'Eridu, qui remontent à la grande époque sumérienne. Elles étaient des édifices religieux, un temple étant régulièrement construit à leur sommet, un autre (ou d'autres) à la base. Ici des sanctuaires de « manifestation », là des sanctuaires d'« accueil ». Dès l'époque d'Ur III, Mari était doté d'une construction identique et d'une fonction semblable. Orgueil des rois, dont les résidences terrestres ne laissaient rien à désirer, par l'ampleur, on peut le dire, par le confort qu'on y trouvait. Actuellement, le palais présargonique de Mari (IIIe millénaire) est en cours de dégagement, resté invisible parce que recouvert par l'habitation spectaculaire, plus récente (XVIIIe s. av. J.-C.) des derniers rois de Mari (300 chambres et cours, 2,5 ha d'un seul tenant), mais dont la construction fut entreprise certainement dès la IIIe dynastie d'Ur, dont les gouverneurs contrôlaient Mari. À côté des ziggurats et des palais, l'architecture sumérienne était riche aussi de ses temples, habitations des dieux, peuplés de statues et statuettes, ex-voto des fidèles, mais encore ornés d'épaisses colonnes que des mosaïques de cônes, aux extrémités peintes de couleurs différentes, drapaient comme l'auraient fait des tapis. Ici encore l'homme avait triomphé des difficultés et demandé à la terre le service que la pierre inexistante lui refusait. Les colonnes bigarrées d'Uruk demeurent toujours l'exemple le plus saisissant de l'ingéniosité et de la patience de l'homme.

3 Religion

Le monde sumérien est entièrement dominé par la religion. Une séparation entre l'Église et l'État serait proprement impensable. Le roi est le mandataire de la divinité dont il fait respecter les lois. À notre sens, le roi chef d'État est en même temps prêtre et même grand prêtre. C'est la raison pour laquelle, au cœur du palais, résidence royale, il y a un temple, maison du dieu. Les deux fonctions sont réunies dans la même personne, tout au moins dans les premiers temps. Le vase d'Uruk avec son défilé de tributaires montre, en tête du cortège, un personnage qui ne saurait être que le roi sur le point de pénétrer dans le domaine d'Inanna, pour y officier religieusement. Ce n'est que plus tard, à la suite d'une évolution et sans doute aussi d'une lutte entre les deux pouvoirs, qu'on verra apparaître, explicitement désignés, le roi et le prêtre. À plusieurs reprises, on trouve, par exemple à Tello, nommés « Entéména, prince de Lagash, Enétarzi, prêtre de Ningirsu ». Cette dualité ne dut pas s'effectuer sans douleur, car chacun tenait à ses prérogatives, et il dut y avoir des hauts et des bas. Toujours à Tello, sur les plaques « généalogiques », Ur-Nanshe est seul à officier, mais un de ses successeurs, Entéména, a dû, sur le vase d'argent, indiquer qu'« en ce jour-là, Dudu était prêtre de Ningirsu » ; le personnage faisait d'ailleurs montre d'indépendance puisqu'il avait, sans aucune référence à son souverain, voué en son nom un relief à Ningirsu. Par contre, on constatera que

Hammurabi, roi de Babylone, au sommet de son code, apparaît seul devant Shamash : roi et dieu, face à face.

Le monde mésopotamien et plus spécialement sumérien est abondamment pourvu de divinités chargées de présider à la bonne marche du cosmos. Polythéisme avec une hiérarchie soigneusement établie et généralement respectée, tant que des bouleversements politiques n'entraînaient pas des modifications dans les préséances. Il ne fait pas de doute que Marduk avait bénéficié d'une remarquable promotion, en raison de la fortune qui favorisa Babylone. Pourtant la dogmatique commandait, et il était difficile d'aller contre la volonté des prêtres et des théologiens.

Au sommet de la pyramide, An, maître du ciel, qu'accompagnait Antum. Légèrement dessous, Enlil, souverain de la terre, à Nippur, suivi de sa parèdre Ninlil. La troisième personne de cette triade cosmique, Enki (Ea pour les Sémites), dans sa ville sainte d'Eridu, règne sur la masse des eaux douces, réservoir des sources. Nul doute que l'Ancien Testament n'ait gardé la marque de cette distribution tripartite du monde, quand, dans le Décalogue, on trouve l'interdiction de reproduire les choses qui sont en haut dans le ciel, ici-bas sur la terre et dans les eaux plus basses que la terre (*Exode*, XX, 4). Plus profond encore que ce monde inférieur, il y avait « la terre d'en bas », le monde infernal, domaine de Nergal et d'Ereshkigal. On ne sera pas étonné que les habitants des espaces désertiques aient voué une vénération spéciale aux luminaires : la lune qui guidait les caravanes et marquait les mois, Nannar (Sin) qui résidait à Ur ; Utu-Babbar, le soleil (Shamash), patron de Larsa ; Inanna (Ishtar), adorée à Uruk sous un double aspect, puisque, étoile du matin, astre du soir, elle présidait à la guerre et à l'amour. À côté de ces divinités majeures, un bataillon de puissances contrôlait la nature et ses manifestations : Ningirsu célébré à Lagash, dans son E-ninnu (maison des cinquante) ; Ninurta, voué à la guerre et à la chasse ; Dumuzi-Tammuz, dieu de la végétation disparaissant puis renaissant ; Ningishzida, protecteur de Gudéa ; Nisaba, déesse de l'écriture. Outre ces divinités plus ou moins puissantes, s'agitaient des dizaines sinon des centaines de génies, Igigi et Anunnaki, régentant le ciel et la terre et naturellement le destin des humains.

De cette multitude, agitée par des sentiments où la concorde ne régnait pas précisément, la littérature s'est emparée, pour raconter les réactions en face des grands problèmes de l'existence, c'est-à-dire la vie et la mort. Ce sont des épopées, telle celle de la descente d'Ishtar aux Enfers, les lamentations sur les ruines de villes saccagées (Ur, Lagash), le récit du Déluge dans une version sumérienne, plus ancienne par conséquent que la relation akkadienne, plusieurs mythes (Enki et Ninhursag, Dumuzi et Enkidu, Gilgamesh et Agga, Gilgamesh et le pays de la vie, la mort de Gilgamesh), des hymnes (à Enlil, Ninurta, Ishkur, Inanna, Ekur). On sait aussi qu'existèrent, avant le code d'Hammurabi, de premiers essais de législation sumérienne (Ur-Nammu, Lipit-Ishtar) et combien de récits proprement historiques, sortis du sol de Tello ou d'Ur. Un des plus émouvants et pour n'en citer qu'un seul, c'est celui où un inconnu a raconté la ruine de Lagash, des mains de Lugalzaggisi, au temps d'Urukagina. Constat impitoyable de la férocité du roi d'Uruk, maudit à jamais, dans la destruction. Car les dieux sont invoqués et ne sauraient se montrer indifférents dans quelque circonstance que ce soit, dans les bons comme dans les mauvais jours. Dans les sanctuaires les fidèles sont tous en prière. Que la guerre arrive et que ce soit la défaite, le vainqueur mutilera les visages, cassera les mains des implorants, annihilant ainsi la vertu des supplications.

ANDRÉ PARROT

AKKAD

Akkad (du sémitique Akkadû, forme à laquelle le scribe préférait Agadé) désigne à la fois une « ville de royauté » du IIIe millénaire avant J.-C. et la partie nord de la Babylonie. Du nom de la cité dérive le terme *akkadien*, qui sert à qualifier la dynastie royale d'Akkad, la population sémitique établie à cette époque en Babylonie et son langage.

La dynastie d'Akkad, qui a joué un rôle essentiel dans l'histoire de la Mésopotamie, est malheureusement assez mal connue. En attendant que sa capitale (qui doit se trouver aux environs de Sippar) soit retrouvée et fouillée, nous devons nous contenter de courtes inscriptions, glanées dans des centres provinciaux et de textes tardifs (IIe-Ier millénaire av. J.-C.) qui semblent plus épiques qu'historiques. La chronologie de cette époque pose de délicats problèmes. Il faut renoncer à connaître la durée respective des règnes, mais on peut placer avec quelque vraisemblance la dynastie d'Akkad vers 2300-2150. Elle se situe donc dans l'histoire de la Mésopotamie, entre la période du Dynastique archaïque (vers 3000-2300), souvent appelée présargonique, et l'époque confuse de la domination des Gouti (vers le milieu du XXIIe s.).

1 Les guerres. Sargon d'Akkad

La fortune d'Akkad commence avec un personnage hors série, Sargon (en akkadien, roi juste ou roi véritable, un nom de règne). Il naît dans une petite ville sémitique des bords de l'Euphrate, d'une de ces prêtresses qui n'avaient pas le droit d'élever des enfants. Abandonné par sa mère dans une corbeille de roseaux qui est confiée au fleuve, le nouveau-né est recueilli et adopté par un jardinier. La faveur de la déesse Ishtar fait plus tard de lui un échanson à la cour de Kish, puis un prince.

On suppose que le jeune aventurier rassembla une forte bande de ces Sémites qui affluaient du désert de Syrie vers les riches oasis de Mésopotamie et s'y louaient comme journaliers ou comme soldats...

Vers 2300, peu après avoir fondé la ville d'Akkad, Sargon renversa Lougal-zaggisi, le Sumérien d'Oumma, qui avait pris le titre royal et imposé brutalement sa suzeraineté, de la Méditerranée au golfe Persique.

L'homme d'Akkad se proclame roi et soumet la basse Mésopotamie, ce riche terroir, coupé de canaux, où se pressent les villes rivales, sémitiques ou sumériennes. Sargon se préoccupe aussi de protéger le commerce qui fait la fortune de ces cités et leur procure les matières premières qui manquent au pays des deux fleuves : bois de construction, pierres dures pour la sculpture, or, argent et pierres rares, cuivre et étain. Le maître d'Akkad, qui a repris les plans de son prédécesseur, est donc comme lui sans cesse en guerre, mais ses campagnes semblent l'avoir mené plus loin qu'aucun souverain mésopotamien de l'histoire. Une expédition navale le conduit à Dilmoun (île de Bahrein), le grand entrepôt du golfe Persique ; une autre campagne amène la soumission des pays de Magan et de Melouhha (quelque part sur la côte est du Golfe), qui fournissent du cuivre et de la diorite. Au nord et à l'est, Sargon bat et rend tributaires les peuples belliqueux du Soubartou (la Mésopotamie septentrionale dominée par des princes hourrites), du mont Zagros et d'une partie du plateau iranien. La dynastie élamite, qui contrôlait le grand marché de Suse, se reconnaît vassale de l'Akkadien. Vers le nord-ouest, Sargon prend les villes de la boucle de l'Euphrate, reconnaît la forêt des Cèdres (l'Amanus) et atteint la Méditerranée sur le littoral syrien. À l'appel des marchands mésopotamiens, qui trafiquaient au Pays de l'Argent (le futur royaume hittite, dans le bassin de l'Halys), il franchit le Taurus et intervient contre un prince local dans la région de l'actuelle Konya. Par contre, il n'est pas vraisemblable que Sargon, comme le veut un de nos textes, ait traversé la « mer de l'Ouest » et conquis Kaptara (la Crète).

Son empire, qui se limite finalement au bassin du Tigre et de l'Euphrate, à l'Amanus et au sud-ouest de l'Iran, est encore trop étendu pour les moyens du temps, et la vie du conquérant se termine au milieu de révoltes péniblement réprimées. La même insécurité marque le règne de tous ses successeurs à Akkad, et en particulier celui de ses fils, Rimoush et Manishtoushou. Les campagnes victorieuses du conquérant sont rééditées par Narām-Sin (2213-2176 env.), qui semble avoir une aussi forte personnalité que son aïeul Sargon. Mais il ne peut endiguer complètement la poussée des montagnards du Kurdistān et du Zagros, et il est finalement battu par l'armée de Gouti (installée au nord de l'actuelle Sulaimaniyyah). Cette défaite semble cependant effacée lorsque commence le règne de Shar-kali-sharri, fils de Narām-Sin, dernier roi incontesté de la dynastie.

2 L'empire akkadien et sa civilisation

Les réalisations politiques et culturelles de la cour d'Akkad ont un caractère grandiose qui ne se comprend bien qu'après une comparaison avec l'activité des princes présargoniques.

L'organisation politique

Depuis des siècles, la Mésopotamie était divisée en une foule d'États-cités, ayant chacun leur prince ou « vicaire » du dieu local. Ces chefs ne cessaient de se faire une guerre mesquine de contestations frontalières ; de temps en temps, l'un d'eux ayant vassalisé quelques villes voisines se proclamait roi. Plusieurs peuples (Sémites, Sumériens, Hourrites, Élamites) se mêlaient dans la grande vallée et souvent dans chaque cité, mais la civilisation commune portait la marque des Sumériens qui avaient inventé l'écriture cunéiforme et dont la langue était la seule écrite dans le bas pays. Le Sumérien Lougal-zaggisi, devenu maître de la Mésopotamie (2325 env.), n'avait guère touché à l'autonomie locale ni aux dynasties de vicaires.

Au contraire, la royauté akkadienne va survivre à son fondateur et, après la chute de l'empire, elle servira de modèle aux maîtres successifs de la Mésopotamie jusqu'à Nabuchodonosor (VIe s. av. J.-C.). C'est que, sans doute, elle correspond à une situation nouvelle et à des méthodes inédites, seules capables d'expliquer les sursauts désespérés des villes de basse Mésopotamie, liguées contre Akkad. L'installation de Sargon dans sa capitale doit être en rapport avec une arrivée massive de Sémites fraîchement sortis du désert. Cette immigration retire la majorité numérique au groupe sumérien et peut, à elle seule, justifier le remplacement, comme langue officielle, du sumérien par l'akkadien. Ce serait un anachronisme que de parler d'antagonisme racial, mais on peut penser que les guerriers et les scribes de Sumer, qui constituaient une classe dirigeante, n'ont pas accepté l'arrivée au pouvoir des Akkadiens qui leur paraissaient des étrangers, des barbares, sinon des soudards.

Nous n'avons pas de preuves formelles que Sargon et ses successeurs aient été vraiment plus durs que les rois présargoniques, que leur bureaucratie ait été plus efficace. Mais il y a sûrement un arrière-plan politique aux représentations et aux titres étonnants qui apparaissent avec la royauté akkadienne : « Roi des quatre régions » (des quatre points cardinaux), « Dieu », « Dieu d'Akkad », le souverain figuré avec la tiare à cornes (emblème de puissance jusqu'alors réservé aux divinités). En outre, des textes obscurs évoquent les « fils du palais », troupe d'élite et garde royale que le monarque aurait dotée de terres réquisitionnées autour de sa capitale.

L'organisation économique

C'est peut-être à une opération de ce genre que correspond le décret gravé sur l'obélisque de Manishtoushou, où il est question d'un important transfert de propriétés aux environs de Kish et de Marad (région de Babylone). Ce texte obscur a servi de base à toutes sortes de théories, dont la plus courante et la moins sûre veut que l'on passe brusquement, avec Sargon d'Akkad, d'une économie dirigée par le Temple, propriétaire des terres et employeur universel, à un régime de propriété privée. En fait, le contraste apparent entre les deux époques ne tient qu'aux lacunes de notre documentation : avant Sargon, nous n'avons que les archives (en tablettes) des temples ; dans le royaume akkadien, nous ne connaissons que les documents de firmes commerciales privées et ceux de grandes propriétés attribuées par le roi à ses principaux serviteurs.

Ces textes et les œuvres d'art découvertes semblent témoigner d'une grande prospérité. La richesse de la Mésopotamie repose toujours sur l'agriculture irriguée (au moins dans le Sud, qui produit orge, sésame et dattes), l'artisanat des cités et le grand commerce. Les marchands mésopotamiens font venir du bois de la Syrie septentrionale et sont en rapport avec les pays riches en mines et en carrières (Anatolie, Iran, Arabie, Inde). Les échanges avec le peuple de l'Indus atteignent alors leur apogée ; des œuvres composites (cylindres-sceaux représentant le zébu ou quelque signe de l'écriture harappéenne) témoignent de la rencontre des deux cultures ; mais, sur la route de l'Inde, les Mésopotamiens ne dépassent sans doute pas le port de Dilmoun, le grand entrepôt où les marchands de l'Euphrate livraient de l'argent, des cylindres, des bijoux et des armes contre l'or et le cuivre des pays lointains. Par contre, l'empire d'Akkad doit se passer de lapis-lazuli (belle pierre bleue dont on tirait jusque-là des cylindres, et autres petits objets de prix) ; et l'étain semble devenu momentanément rare en Mésopotamie : comme avant l'invention du bronze, on utilise assez souvent le cuivre pur. Sans doute, l'épuisement des rares gisements connus a-t-il provoqué l'arrêt d'un trafic qui reprendra après d'autres découvertes minières.

La production artistique

L'art offre plus d'originalité que l'organisation économique, et nous devons regretter que notre documentation se réduise à des trouvailles de hasard (pour une bonne part, le butin d'un roi d'Élam récupéré à Suse par les archéologues français). Il y a, en effet, un progrès énorme de la période du Dynastique archaïque à l'époque d'Akkad. On l'explique souvent par le triomphe des pasteurs sémitiques qui auraient eu plus de goût et de fantaisie que les paysans sumériens. Il est possible aussi que l'État mésopotamien, brusquement passé du cadre de la cité à celui d'un empire, ait eu, à partir des conquêtes de Sargon, des moyens financiers supérieurs, des matières premières plus abondantes, et qu'aient pu ainsi se développer les vocations artistiques. D'ailleurs, quelques trouvailles montrent que l'artisanat des centres provinciaux restait attaché à la tradition. L'architecture royale n'est connue que par le palais de Narām-Sin à Tell Brak (bassin du Khabour). Bâti selon un plan très simple, l'édifice, qui mesure 110 m × 92 m, est composé d'une quarantaine de petites pièces et de six cours intérieures ; le mur, percé d'une seule porte, atteint l'épaisseur de 10 mètres. Ces dispositions originales font penser que la construction de Tell Brak était, à la fois, une résidence royale, une forteresse protégeant la route d'Anatolie contre les montagnards, et un entrepôt pour le tribut local et les marchandises échangées avec les Anatoliens.

Comme aux siècles précédents, la sculpture est surtout représentée par des stèles de victoire et des orants. La seule stèle intacte est celle où Narām-Sin a fait célébrer son triomphe sur les Loulloubi (montagnards du Kurdistān). C'est une œuvre élégante, figurant avec des moyens sobres le dramatique effondrement des barbares, l'allant de l'armée akkadienne et la majesté du souverain victorieux. Mais on mesure mieux l'apport artistique de la cour d'Akkad, quand on compare ce chef-d'œuvre à la lourde stèle des Vautours (victoire d'un prince sumérien, 2470 env.) également conservée au Louvre. Les représentations, malheureusement mutilées, de Manishtoushou montrent que, à la différence des artistes du Dynastique archaïque, les Akkadiens ont osé aborder la grande statuaire et employer les pierres les plus dures. Le sondage du temple d'Ishtar, à Ninive, a mis au jour une étonnante tête de métal qui doit représenter un roi akkadien. L'habileté du métallurgiste traitant la perruque et la barbe du souverain rappelle le beau casque d'or des « tombes royales d'Our » (2500 env.) ; mais l'expression du visage qui allie intelligence, force et sérénité, tout en réalisant un véritable portrait, en fait une œuvre unique dans cet art mésopotamien qui s'est généralement peu soucié de rendre la personnalité. L'habileté des artistes d'Akkad atteint à la virtuosité avec les cylindres-sceaux : à mi-chemin entre les scènes vivantes mais encombrées, chères à l'époque présargonique, et les représentations sèches de l'orant qui triomphent au IIe millénaire avant J.-C., l'époque akkadienne produit des reliefs clairs, caractérisés par l'emploi de la symétrie. Le chef-d'œuvre, dans ce domaine, est sans doute le « cylindre de Shar-kali-sharri », où Gilgamesh abreuve le buffle avec le vase aux eaux jaillissantes.

Le même souci esthétique se retrouve dans l'écriture, brusquement plus soignée, faite de caractères élégants qui n'ont d'égaux que dans la bibliothèque d'Assourbanipal (VIIe s. av. J.-C.). Pour la première fois, les scribes utilisent le cunéiforme des Sumériens pour transcrire des langues étrangères : le hourrite (dans le Soubartou), l'élamite (à Suse et à Liyan, l'actuel Bandar Buschir) et surtout l'akkadien (qui va supplanter la langue nationale dans les documents des cours et des firmes hourrites et élamites, mais n'a, pour le moment, aucun succès en Sumer en dehors de la correspondance officielle). Devant adapter ce système d'écriture à des parlers dont la structure est toute différente du sumérien, ils en modifient les principes, en faisant prédominer les signes phonétiques (à valeur de son) au détriment des idéogrammes (signes désignant un objet, un être ou une idée).

Faute d'avoir retrouvé la capitale akkadienne, les assyriologues ne peuvent étudier la littérature de ce temps qu'à travers les fragments que nous ont transmis les Babyloniens, les Hittites et les Assyriens. On devine que les scribes d'Akkad avaient amélioré le genre déjà classique de l'inscription historique, et que, suivant une tradition ancienne, ils cultivaient l'épopée (Sargon et Narām-Sin en furent les héros) et recueillaient les présages à toutes fins utiles : telle anomalie du foie de la victime ayant été suivie, par exemple, d'une défaite à l'ouest devait produire les mêmes effets chaque fois qu'elle se représenterait en Mésopotamie. Les tablettes ne nous révèlent aucun autre aspect des croyances du temps ; c'est d'autant plus regrettable que les spécialistes attribuent la spiritualisation, qui va s'opérer dans la religion mésopotamienne, aux Sémites, qui auraient gardé de la vie pastorale une disposition particulière à la méditation religieuse.

3 La fin d'Akkad

Faute d'une centralisation suffisante dans l'administration de l'empire, la classe dirigeante akkadienne ne peut imposer sa loi longtemps, et elle finit par succomber devant une coalition des cités révoltées et des barbares attirés par les richesses de la grande plaine. Pendant le règne de Shar-kali-sharri, fils et successeur de Narām-Sin, son représentant à Suse, l'Élamite Pouzour-In-Shoushinak, ose se proclamer roi et seigneur des quatre régions : c'est la fin de l'empire akkadien (2155 env.). La dynastie de Sargon, secouée par des révolutions de palais, survit un temps à Akkad (jusque vers 2150 av. J.-C.) ; mais la suzeraineté sur la Mésopotamie, revendiquée par les Élamites et les rois de la IVe dynastie d'Ourouk, est finalement saisie par les barbares du pays de Gouti, et c'est à des Sumériens qu'il est réservé d'en libérer un jour le pays des deux fleuves. La ville d'Akkad est bientôt éclipsée par Babylone, sa voisine, mais le nom d'Akkad (désignant maintenant la partie nord de la Babylonie, parce que, sans doute, elle avait été administrée directement de la capitale impériale) se perpétue dans le titre royal des IIe et Ier millénaires avant J.-C. : « Roi de Sumer et d'Akkad. »

GILBERT LAFFORGUE

L'ASSYRIE

Les noms d'Assyrie (pays) et d'Assyriens (peuple) ont été tirés par les Modernes du nom ancien, Assour, qui désignait, selon les cas, un dieu, un pays ou une ville. L'Assyrie était une contrée de Haute-Mésopotamie, dont la population parlait un dialecte sémitique, très proche du babylonien.

Les quatorze siècles de l'histoire des Assyriens donnent l'exemple le plus achevé de l'évolution de la communauté politique dans l'Orient ancien.

Devenue indépendante à la fin du XXIe siècle avant J.-C., l'Assyrie reste, jusqu'au XIVe siècle avant J.-C., à un stade archaïque : elle n'a qu'une ville, Assour, et elle est gouvernée par un « régent » du dieu Assour, dont le pouvoir est limité par la noblesse. Les « régents » n'en attachent pas moins leurs noms aux grands travaux de la cité qui se poursuivent jusqu'à la fin de l'histoire de l'Assyrie : muraille, palais et temple dédiés à Assour et à d'autres divinités mésopotamiennes. En effet, pendant un temps (XXe-XVIIIe s.), les Assyriens s'enrichissent grâce au commerce des métaux qu'ils organisent avec les villes de l'Anatolie centrale. Après un âge obscur (XVIIIe-XVe s.), l'Assyrie passe brusquement au stade de puissance (XIVe s.). Elle annexe des villes et est gouvernée par un roi. Ce souverain, un personnage terrible, doit souvent déjouer des complots. Avec son peuple, devenu fort belliqueux, il organise le pillage et la conquête des pays étrangers, qu'il terrorise. Dans cette période de guerres annuelles, les Modernes distinguent un premier empire assyrien (XIVe-XIIIe s.) et un second empire assyrien (IXe-VIIe s.), séparés par l'invasion des Araméens. Finalement, au lendemain de ses plus lointaines conquêtes (Thèbes d'Égypte, Suse), l'Assyrie, épuisée, disparaît sous les coups d'une nouvelle puissance, les Mèdes (612 av. J.-C.). Il ne reste d'elle que les palais incendiés et le trésor des tablettes cunéiformes de Ninive.

1 Histoire

Débuts de la ville-État (jusque vers 2002)

Pendant longtemps, l'Assyrie se réduit aux campagnes dépendant d'une cité qui porte le nom de son roi divin, le dieu Assour. Les grands travaux des IIe et Ier millénaires avant J.-C. ayant fait disparaître les couches les plus anciennes du site, on ignore à peu près tout des origines de cette ville, qui ne se manifeste à l'archéologue qu'à partir du premier niveau du temple local d'*Ishtar* (déesse mésopotamienne de la fécondité), qui remonte au Dynastique archaïque III (env. 2400). Les statuettes d'orants du sanctuaire indiquent l'influence de la civilisation de Sumer, sans qu'il soit besoin de supposer la présence d'une colonie sumérienne dans un milieu si différent de la Basse-Mésopotamie : le district d'Assour, un peu moins sec que Sumer (actuellement 200 mm de pluie contre 100 mm, en moyenne), a des vallées trop encaissées pour permettre l'irrigation et se contente, encore au IIIe millénaire, de la culture sèche des céréales et de l'élevage semi-nomade. L'influence qui s'est exercée sur les premiers citadins d'Assour est sans doute celle des commerçants envoyés par les « Temples » sumériens vers les montagnes riches en métal et qui remontaient pour cela le cours du Tigre.

La cité-État du dieu Assour est englobée dans l'empire mésopotamien que les rois de la ville sémitique d'Akkad (dans la région de Babylone) dirigent au XXIIIe siècle : en effet, une inscription d'Assour nous apprend que l'Akkadien Manishtoushou (vers 2220) est le souverain d'un certain Azouzou, sans doute un personnage important de la cité. Un autre ex-voto, qui se placerait lors de l'effondrement de la domination akkadienne, puisqu'il n'y est pas nommé de suzerain, émane du « chef » (de la ville), Ititi, qui a battu la cité voisine de Gasour (sans doute celle qui s'appellera Nouzi au IIe millénaire). Victime d'une destruction qui serait le fait des nouveaux maîtres de la Mésopotamie, les Gouti, barbares venus du Zagros, Assour connaît une période de pauvreté jusqu'au moment où elle est incorporée par la troisième dynastie d'Our (env. 2109-2002) à son empire ; la domination de ces rois « néo-sumériens » est attestée par le gouverneur Zariqoum qui restaure un temple « pour la vie de son maître », le roi d'Our, Amar-Souen (env. 2045). Puis, après l'effondrement de cet empire sous les coups des Amorrites (Sémites venus de l'ouest), des inscriptions qui commencent vers 1970 indiquent qu'Assour est gouvernée par des princes indépendants qui portent des noms akkadiens et qui se disent « vicaires » du dieu (le titre royal est longtemps réservé au patron divin de la cité).

À ces maigres documents, qui jalonnent les six premiers siècles de l'histoire de l'Assyrie, il faut ajouter les fameuses listes royales. Attachés à l'idée que leur pays n'avait connu qu'une seule dynastie, les lettrés assyriens n'ont cessé de recopier des listes de souverains, complétées parfois par de courtes chroniques. Mais la partie la plus ancienne de ces textes reste difficile à interpréter, car il n'est pas sûr que les scribes qui l'ont recueillie l'aient eux-mêmes bien comprise.

Les listes énumèrent d'abord « dix-sept rois dont les rapports de famille sont inconnus et qui vivaient sous la tente ». Les quinze premiers, au moins, portent des noms sémitiques de style akkadien (l'assyrien ne se différenciera de cette langue qu'à la longue). On hésite à identifier le treizième, Abazou, avec cet Azouzou qui fut vassal du roi d'Akkad vers 2220 et dont le nom en cunéiforme a d'abord été lu Abazou. Le seizième roi nomade, Oushpia (env. 2180 ?), a laissé un souvenir plus certain puisque, à une époque tardive, on lui attribuera la fondation (ou la restauration) du temple du dieu Assour. On peut penser que ces premiers souverains de la cité étaient des chefs élus, sans succession héréditaire, qu'ils ne portaient pas en fait le titre royal, qu'ils régnaient dans la steppe et se contentaient de protéger la ville ; que les éleveurs et les citadins adoraient également Assour et qu'ils appartenaient, en majorité au moins, au groupe linguistique des Sémites d'Akkad. Notons au passage que, les 16e, 17e, 28e et 29e souverains d'Assour portant des noms qui ne sont peut-être pas sémitiques, on a voulu voir en eux des représentants d'autres groupes linguistiques ayant habité dans le bassin du Tigre moyen à côté des Sémites : les Hourrites, attestés dès l'époque d'Akkad, et les mystérieux Soubaréens, qui auraient été les premiers citadins de la Haute-Mésopotamie, puisque cette région gardera le nom de Soubarou pendant toute la durée de la civilisation mésopotamienne.

Il y a semble-t-il, entre le dix-septième « roi nomade » et le vingt-septième souverain d'Assour un hiatus abusivement rempli dans les listes par une dynastie d'un autre temps et d'une autre ville : en fait, cette période a vu la domination des rois d'Our et peut-être auparavant le gouvernement du chef Ititi. Puis, vers 2000, le vingt-huitième souverain de la liste, le vicaire Kikkia, bâtit ou restaure le mur de la ville, symbole de l'indépendance recouvrée vers la fin de l'empire d'Our.

La prédominance commerciale d'Assour (XXe-XVIIIe s.)

Assour, dont la terre est peu fertile, a renoncé à développer son agriculture et, dès le IIIe millénaire, s'est adonnée au commerce. Après la chute de la troisième dynastie d'Our (2002), elle tend à remplacer les villes sumériennes comme organisatrice des échanges avec la partie nord du Zagros, le Kurdistan et l'Anatolie, régions destinées à fournir des matières premières à la Mésopotamie, parvenue à une meilleure organisation de la société et de la production. Cette expansion se situe à une époque où, dans toutes les villes mésopotamiennes, les Temples cessent de contrôler le grand commerce et laissent le champ libre aux initiatives des individus, des familles et des compagnies commerciales. Les rois qui se sont partagé l'empire d'Our ont un pouvoir limité et, s'ils contrôlent les Temples par la bureaucratie du Palais, ils ne s'opposent pas à la liberté des échanges.

Cette discrétion se comprend assez bien à Assour où le souverain qui se dit Grand ou Chef est avant tout le « vicaire » du dieu Assour, donc le personnage chargé des relations entre la divinité et les habitants de la cité. Chef de guerre et administrateur, pour défendre et gérer les biens du dieu, il doit compter avec l'élite des citadins, les capitalistes enrichis par le commerce et les prêts ; cette bourgeoisie est représentée par un conseil, qu'on nomme la « Ville », l'« Assemblée » et plus souvent le « Quai » (*karoum* en assyrien) à cause du rôle commercial du port sur le Tigre ; les plus riches des citadins exercent ainsi le pouvoir judiciaire et contrôlent le gouvernement royal.

L'enrichissement d'Assour se remarque aux constructions nouvelles, accompagnées d'inscriptions (à partir de 1975 env.). Mais les premiers de ces textes restent énigmatiques : ainsi ceux du vicaire Ilou-shou-ma (env. 1959-1939) qui déclare avoir procuré du cuivre et assuré l'« exemption » aux habitants de certaines villes de Basse-Mésopotamie. Que signifie ici le mot exemption ? Moratoire ou remise des dettes, suppression des taxes pesant sur le commerce ? C'est sans doute à des motifs économiques qu'il faut attribuer la guerre menée par ce prince dans le Sud mésopotamien, entreprise qui aboutit probablement à un échec (le nom d'Ilou-shou-ma ne sera jamais repris par un prince d'Assour).

Un peu avant la fin du règne de son successeur, Erishoum Ier (env. 1939-1900), les Assyriens commencent à trafiquer directement avec l'Anatolie. Leurs colonies de marchands résidant dans les faubourgs des cités indigènes ont laissé sur place les innombrables « tablettes de Cappadoce » - archives commerciales trouvées dans les sites anatoliens d'Alişar (anciennement Ankouwa), de Boghaz-Köy (Hattousha) et surtout de Kültépé (Kanesh). Malgré l'abondance de ces documents, les spécialistes ne sont pas d'accord sur les traits essentiels de ce commerce. Les opinions diffèrent sur le degré de dépendance des princes anatoliens à l'égard du Grand Quai - conseil de la colonie assyrienne de Kanesh, qui reçoit ses consignes du Quai et du Palais d'Assour et exerce un certain contrôle sur les Quais des autres cités d'Anatolie. Il y a même une controverse sur la nature du métal introduit en Cappadoce par les marchands d'Assour. Mais ce sont vraisemblablement les Assyriens qui apportent en Anatolie de l'étain qu'ils ont fait venir d'Iran ; ce métal, ajouté au cuivre extrait des minerais du Taurus, permet la fabrication du bronze en Cappadoce ; une autre partie du cuivre produit par les fonderies locales est redistribuée par les Assyriens dans le reste de l'Anatolie centrale.

Quelle que soit leur origine, l'or et l'argent affluent à Assour, le vicaire et ses sujets assyriens tirent de gros profits des opérations réalisées en Anatolie : vente d'étoffes, d'ânes et de métaux, contrôle de la métallurgie anatolienne, prêt à intérêt aux indigènes. Mais vers 1810, la ville de Kanesh et le faubourg du Grand Quai sont détruits, sans doute du fait d'une guerre entre populations anatoliennes, et le commerce est interrompu entre l'Assyrie et la Cappadoce. Appauvri, l'État d'Assour subit alors les entreprises désordonnées de ces rois mésopotamiens qui tentent sans succès durable de reconstituer l'empire de la dynastie d'Our. Finalement, Assour tombe au pouvoir de ShamshiAdad Ier, un cadet de la dynastie amorrite qui régnait à Shoubat-Enlil, une cité de la région du Habour, site moderne de Leilan, selon D. Charpin. Comme il est le fils du roi Ila-kabkabou, on a identifié ce dernier au personnage de même nom qui occupe le vingt-cinquième rang dans la liste des souverains d'Assour ; dans cette hypothèse, les rois portés du no 18 au no 26 dans ce texte constitueraient en fait la dynastie amorrite de Shoubat-Enlil, contemporaine de celle d'Ilou-shou-ma et d'Erishoum Ier ; et c'est leur parenté avec le grand Shamshi-Adad Ier qui aurait valu à ces étrangers d'être introduits dans la liste canonique des princes d'Assour.

L'Amorrite, qui a d'abord mené une carrière d'aventurier errant, attaque l'Assyrie à qui il enlève Ekallaté (1816), ville du Tigre en aval d'Assour, puis, en 1813, il détrône le souverain légitime, Erishoum II, et s'empare d'Assour. Le nouveau maître du pays n'hésite pas à se dire roi dans la cité sainte. Si ce sacrilège choque les pieux Assyriens, il est justifié aux yeux de ses autres sujets par les succès du conquérant. Au cours d'un règne de trente ans (env. 1813-1783), Shamshi-Adad Ier construit un empire qui comprend : à l'ouest, Terqa, Mari (la grande ville de l'Euphrate a été occupée à la faveur de l'assassinat de son roi légitime, Iahdoun-Lim) ; le roi d'Assour lance même une expédition qui atteint la Méditerranée et ramène du bois du Liban ; à l'est, Arrapha, Ninive. Des guerres victorieuses permettent de contenir les princes hourrites du Zagros et le roi amorrite d'Alep. Au sud, Eshnounna et Babylone sont un temps vassales de Shamshi-Adad ; au nord, le commerce d'Assour avec l'Anatolie reprendra. Le grand souverain, installé au cœur de ses domaines, à Shoubat-Enlil, sa résidence préférée, charge ses fils - Iasmah-Adad, installé à Mari, et Ishmé-Dagan, placé à Ekallaté - de surveiller les frontières. Quand il ne fait pas la guerre en personne, Shamshi-Adad se réserve le contrôle des administrations de ses différentes possessions ; sa correspondance, retrouvée à Mari, révèle en lui le prince le plus intelligent de cette époque riche en ambitieux.

Guerres civiles et dominations étrangères (XVIIIe-XVe s.)

Cet empire, trop étendu, cerné de voisins hostiles, repose sur un seul homme et s'écroule après sa mort. Les colonies assyriennes disparaîtront définitivement d'Anatolie ; Iasmah-Adad est chassé de Mari par le roi d'Alep, qui restaure l'héritier légitime de Yahdoun-Lim. L'autre fils de Shamshi-Adad, Ishmé-Dagan, se voit disputer la partie orientale des domaines de son père par les Hourrites, les rois du Soubarou (à cette époque le mot désigne le piémont du Kurdistan) et le souverain d'Eshnounna qui s'empare d'Assour ; mais Ishmé-Dagan s'est placé sous la protection de Hammourabi de Babylone, qui se vantera dans le prologue de son Code d'avoir rendu à la ville d'Assour son dieu protecteur (sans doute la statue d'Assour enlevée par le roi d'Eshnounna). Le long règne (40 ou 50 ans) du fils de Shamshi-Adad Ier se termine par une catastrophe : sa dynastie est chassée d'Assour où ses héritiers tenteront vainement de se réinstaller. Pour la première fois, les listes royales sont en complet désaccord, ce qui semble indiquer que l'État assyrien s'est morcelé. La liste qui ignore les descendants d'Ishmé-Dagan indique après ce roi une série d'usurpateurs, dont le dernier, Adasi, réussit à fonder une dynastie qui durera jusqu'en

612 avant J.-C. ; mais, comme on n'a trouvé à Assour (ou ailleurs) aucune inscription de ce prince, ni de ses dix premiers successeurs (occupant une période de quelque cent vingt ans, aux XVIIe-XVIe siècles), il faut supposer qu'ils sont réduits à leur fonction religieuse ou bien qu'ils ont régné dans une autre ville qui n'a pas encore été fouillée.

Entre-temps, les rapports de force ont changé au pays des Deux Fleuves : l'éphémère empire mésopotamien réalisé par Hammourabi a commencé à s'affaiblir au lendemain de sa mort (1750). Après le raid hittite sur Babylone (1595), qui met fin à la dynastie de Hammourabi, les Kassites, barbares venus du Zagros, s'installent dans la grande ville d'où leurs rois dominent la Basse-Mésopotamie. On suppose parfois que l'un d'entre eux, Agoum II, a imposé sa suzeraineté à Assour, mais, dans ce cas, les Kassites auraient été bientôt écartés de cette cité par la dynastie d'Adasi qui commence à y régner vers le milieu du XVIe siècle. Le renforcement de la muraille et l'édification de nouveaux temples indiquent une monarchie indépendante et riche, mais dont l'histoire nous échappe encore.

Au XVe siècle, une nouvelle puissance apparaît en Asie occidentale : le Mitanni, dont les rois, d'origine aryenne, dirigent une aristocratie de princes et de guerriers hourrites ; son influence s'étend du Zagros à la Palestine, mais son centre se trouve dans la région du Habour. Menacé par le nouvel État, le prince d'Assour essaie d'exploiter ses difficultés et envoie des cadeaux (1471) au pharaon Thoutmès III qui vient de battre les Mitanniens en Syrie. Mais, peu après, Shaoushatar, roi de Mitanni, impose par la force sa suzeraineté aux vicaires d'Assour, dont l'État, cerné par les principautés hourrites, semble alors réduit à peu de chose ; seule, la liste royale a conservé les noms des représentants de la dynastie d'Adasi pour cette période (entre 1470 et 1410 env.).

Le premier empire d'Assour : formation du peuple assyrien (XIVe-XIIIe s.)

Les princes d'Assour réussissent cependant à échapper à la domination du Hanigalbat (c'est le nom qu'ils donnent au Mitanni) et aux prétentions des rois kassites de Babylone qui revendiquent la suzeraineté de toute la Mésopotamie. Au XIVe siècle, profitant du fait que les descendants de Shaoushatar se déchirent en des luttes impitoyables qui minent leur empire, les vicaires d'Assour reprennent peu à peu leur indépendance. Les premiers grands règnes du renouveau assyrien sont deux d'Eriba-Adad Ier (1392-1366) et surtout d'Assour-ouballith Ier (1365-1330) ; ce grand souverain rejette définitivement la tutelle politique du Mitanni et se proclame roi dans la ville de son dieu, créant ainsi une tradition qui sera suivie par la plupart de ses successeurs. Empiétant sur le domaine mitannien, les Assyriens, qui se sont emparés de Ninive après 1360, conquièrent peu à peu les régions riveraines du Tigre en amont d'Assour. Assour-ouballith, que ses victoires ont placé parmi les grands souverains de l'Orient, intervient dans les affaires du royaume kassite : il a marié sa fille au roi de Babylone, et son petit-fils, Kadashman-Harbé est assassiné par ses sujets, qui le considèrent sans doute comme un agent de l'Assyrie ; le souverain d'Assour vient venger son descendant et placer sur le trône babylonien un fils de Kadashman-Harbé.

Les successeurs d'Assour-ouballith Ier guerroient sur les mêmes frontières : contre les rois du Mitanni, maintenant passés sous la protection des Hittites ; chez les montagnards du Zagros et du Kurdistan, dangereusement proches des cités assyriennes ; contre les Babyloniens, qui, désireux de contrôler les routes commerciales qui mènent en Iran, veulent garder la région d'Arrapha, également voisine de l'Assyrie. Au XIIIe siècle, trois grands règnes font du royaume d'Assour l'État le plus puissant de l'Asie occidentale. Adad-nirari Ier (env. 1304-1275), qui enlève au Mitanni les pays du Tigre et du Habour supérieurs, se proclame (comme autrefois Shamshi-Adad Ier) « roi de l'Univers ». Pour arrêter l'avance assyrienne vers l'ouest, la monarchie hittite se réconcilie avec le pharaon Ramsès II, mais elle ne parvient pas à sauver le Mitanni, et la Haute-Mésopotamie tout entière est annexée par Shoulman-asharédou Ier (env. 1275-1245). Enfin, Toukoulti-Ninourta Ier (env. 1245-1208), personnage dynamique et peut-être mégalomane, porte le premier empire assyrien à son apogée. Vers le nord, il va plus loin que ses prédécesseurs, battant les Hittites à l'ouest de l'Euphrate, soumettant les chefs montagnards jusqu'à la mer d'En Haut - lac de Van ou d'Ourmia. Surtout, il bat et capture le roi kassite (env. 1224), prend et pille Babylone et soumet toute la BasseMésopotamie, ce qui lui permet de reprendre les titres orgueilleux des souverains sumériens ou akkadiens. À l'imitation de son père, Shoulman-asharédou, qui s'était fait construire une capitale personnelle sur le site de Kalhou (actuelle Nimroud), il édifie une ville royale, Quai de Toukoulti-Ninourta, face à Assour de l'autre côté du Tigre. Son règne finit par une catastrophe : le royaume kassite de Babylone se reconstitue (env. 1218), et finalement un complot de la noblesse assyrienne menée par un fils du roi aboutit à la déposition de Toukoulti-Ninourta qui est emprisonné, puis assassiné.

Si cette mort tragique correspond à la destruction du premier empire assyrien, la crise épargne l'œuvre essentielle des rois des XIVe et XIIIe siècles : la constitution d'un État national. À la suite des conquêtes de cette période, la langue assyrienne remplace les dialectes des Hourrites dans ce qui, après le district de la cité d'Assour, constitue la véritable Assyrie : à l'ouest de la vieille capitale, le bassin supérieur de la Tartara (au sud-est du djebel Sindjar) ; au nord, le triangle qui se développe entre le Tigre et le Grand Zab ; c'est à cette époque que Ninive, Arba-ilou, Tarbisou - pour ne citer que des villes importantes - deviennent totalement assyriennes. C'est dans ces régions du Tigre moyen qu'achève de se constituer le type physique assyrien, qui montre la prédominance numérique de l'élément ethnique arménoïde avant la fusion ; à la différence des premiers éléments sémitiques venus d'Arabie en Mésopotamie, qui avaient un corps svelte et des traits fins, l'Assyrien du Ier millénaire avant J.-C. aura un corps fortement charpenté, un visage lourd aux lèvres charnues, au nez puissant et recourbé.

L'élargissement du cadre géographique a diversifié et amélioré les ressources de la population, qui ne connaîtra jamais cependant l'opulence de celle de la Basse-Mésopotamie. À la différence du district d'Assour et du bassin de la Tartara, à moitié steppiques, le triangle entre Tigre et Grand Zab est assez humide pour porter des bois, des arbres fruitiers et de la vigne et des pâturages permettant l'élevage du cheval (depuis le XVIIIe siècle, les Mésopotamiens l'attellent au char de guerre).

Vouée au culte de ses divinités et à la guerre, l'Assyrie des XIVe et XIIIe siècles n'a par ailleurs aucune supériorité culturelle. Ses rois élèvent de vastes monuments dans leurs cités, mais la décoration des temples et des palais - qui n'a laissé, il est vrai, que de rares fragments de sculpture ou de peinture - semble inspirée essentiellement par le butin ramassé en Mitanni ou en Babylonie. Seule, la *glyptique* (art des sceaux) donne des œuvres originales et d'une qualité supérieure à ce que l'on fait alors dans le reste de l'Orient. Les scribes assyriens, qui n'avaient jusqu'au XIVe siècle rédigé que des textes économiques et de courtes inscriptions royales, se mettent à l'école de leurs confrères de Babylone, principal centre intellectuel de l'Asie occidentale, et copient les tablettes sumériennes et babyloniennes ramenées du royaume kassite pour enrichir la « bibliothèque » royale fondée par Shoulman-asharédou Ier. Nous avons des témoignages de plus en plus nombreux sur la vie religieuse de l'Assyrie, mais il s'agit d'un démarquage pur et simple des rituels de Basse-Mésopotamie. Le tempérament assyrien se manifeste cependant dans certaines œuvres littéraires : le poème épique de la guerre contre les Babyloniens, qui montre la passion des Assyriens pour les combats ; les recueils juridiques, qui raffinent en matière de châtiments sur les autres codes de la haute Antiquité ; les récits de campagne, qui révèlent que déjà la monarchie assyrienne pratique plus que ses rivales les déportations et les cruautés ostentatoires pour terroriser les populations.

L'Assyrie assiégée par les nomades (XIIe-Xe s.)

Après le meurtre de Toukoulti-Ninourta, ce qui reste du royaume se divise entre deux branches de la famille royale, et c'est l'intervention babylonienne qui fait triompher celle qui descend du frère cadet d'Assour-ouballith Ier. Ces difficultés intérieures sont sans doute liées à la double menace que font peser sur la province assyrienne du Hanigalbat (l'ancien Mitanni, du Habour à l'Euphrate moyen) les peuples errants qui bouleversent l'Orient civilisé depuis la fin du XIIIe siècle. Du Nord-Ouest viennent les Moushki (des Phrygiens) et les Kaska (sortis des montagnes du Pont) ; du Sud-Ouest affluent ces Sémites originaires du désert de Syrie qui vont former la confédération des Araméens. La domination assyrienne ne se maintient plus, à l'ouest du Tigre, que dans les grandes villes. Pourtant, également menacées par les nomades, l'Assyrie et la Babylonie gaspillent leurs forces dans leur interminable conflit. Assour-dan Ier (1179-1134), qui a laissé les Moushki et les Kaska s'installer dans la région du Tigre supérieur (env. 1165), lance (env. 1157) le raid qui déclenche la chute de la dynastie kassite de Babylone (env. 1150) ; l'Élam, qui a porté le coup fatal à cette dernière, attaque ensuite l'Assyrie et lui enlève le pays du Petit Zab. Ce désastre est lié à la crise de succession qui, éclatant à la fin du règne d'Assour-dan Ier, provoque l'intervention de la nouvelle dynastie de Babylone et n'est réglée qu'avec Assourresh-ishi Ier (1133-1115). Ce dernier, profitant de l'effondrement de la puissance élamite, tient tête à tous ses voisins. Son fils, Toukoulti-apil-esharra Ier (1115-1076), a plus de chance encore au début de son règne : tranquille du côté de Babylone, il peut dégager momentanément le Hanigalbat. Les Moushki et les autres peuples du Tigre supérieur sont soumis. L'Assyrien pénètre en Naïri et élève une stèle de victoire à Melazgert (au nord du lac de Van), plus loin qu'aucun de ses successeurs. Vingt-huit fois, il passe l'Euphrate et poursuit les Araméens jusque dans leurs repaires du désert de Syrie. Reprenant l'exploit de Shamshi-Adad Ier, le conquérant pousse jusqu'à la Méditerranée et rançonne les villes phéniciennes et le roi hittite de Kargamish.

Mais ce sont là des succès sans lendemain. Les Araméens ne tardent pas à conquérir tout le Hanigalbat et, maîtres de la Babylonie, ils tournent l'Assyrie par le sud et occupent, à l'est du Tigre, la région d'Arrapha. Au cœur même du pays assyrien, seules les villes échappent aux nomades qui saccagent les campagnes et en massacrent les habitants.

Le second empire assyrien (IXe-VIIe s.)

Les Araméens de Haute-Mésopotamie finissent par se fixer dans les villes, et leurs frères, nomades à peine sortis du désert, préfèrent se diriger vers la Babylonie mal défendue ; le peuple assyrien profite alors du relâchement de ses ennemis pour passer à son tour à l'offensive. Il avait déjà manifesté sa dureté au XIIIe siècle, mais il a maintenant deux siècles d'insécurité à venger. Ses campagnes ne visent que le pillage des cités étrangères où l'armée d'Assour va lever le tribut ; comme presque chaque année elle fait campagne dans une région différente, les villes rançonnées une précédente fois se rassurent et négligent d'envoyer leur tribut en Assyrie. La cour d'Assour les déclare alors rebelles à son dieu et à son roi, et tout est permis contre elles. Le souverain assyrien se vante dans ses inscriptions d'innombrables atrocités, mais elles ne frappent en fait qu'une faible partie de ses adversaires, qu'il s'agit de soumettre par la terreur et non d'exterminer totalement. Ces cruautés et ce pillage incessant provoquent des révoltes, mais la cour d'Assour ne songe guère, au moins au début de la période d'expansion, à annexer les villes vaincues et se contente de remplacer les roitelets qui l'ont trahie par des otages formés à la soumission par un long séjour chez les Assyriens.

Les victoires et les annales reprennent avec Adad-nirari II (911-891) qui soumet les cités araméennes du Tigre supérieur et du Habour. Toukoulti-Ninourta II (890-884) pacifie les pasteurs qui campent aux confins méridionaux de l'Assyrie et rançonne les Moushki et le Naïri. Assour-natsir-apli II (883-859) a laissé une foule d'inscriptions détaillant ses victoires et ses constructions. Après avoir châtié les montagnards et les pasteurs, ses voisins, il force le passage de l'Euphrate (876) et va rançonner les riches cités, néo-hittites, araméennes et phéniciennes, du nord de la Syrie. Son fils Shoulman-asharédou III (858-824) entreprend de lever un tribut régulier sur l'ensemble de la Syrie. En 856, il annexe le Bit Adini (royaume araméen dont la capitale, Til Barsip, garde le passage de l'Euphrate), puis il soumet les Néo-Hittites jusqu'au Taurus et attaque les puissants royaumes de la Syrie centrale. Arrêté à la

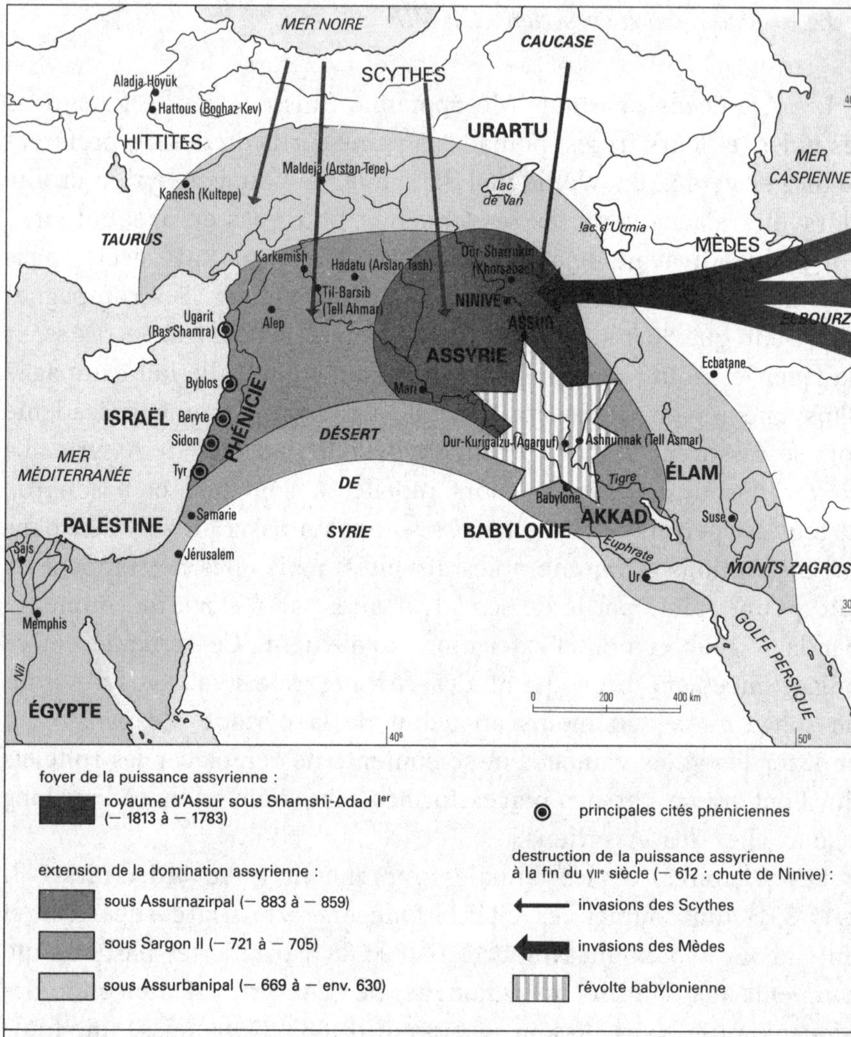

Les Assyriens.

bataille de Qarqar sur l'Oronte (853) par une coalition de ces États, le roi d'Assyrie reviendra bien des fois encore en Syrie, mais il ne parviendra pas à s'emparer de Damas, capitale du plus puissant des États araméens.

Le butin de ce demi-siècle de campagne - prisonniers de guerre et œuvres d'art - permet de construire et d'embellir les monuments de Kalhou, qui est devenue « ville demeure du roi » en 883. C'est surtout ce site, moins saccagé qu'Assour, qui nous montre la brusque éclosion d'un nouvel art assyrien, dont les maîtres d'œuvre, à l'instar de ceux du XIIIe siècle, utilisent des techniques étrangères pour la gloire ou le confort de leurs souverains.

L'emploi de la brique, à l'imitation des Babyloniens, limite les possibilités des architectes qui doivent construire des salles étroites aux murs épais presque dépourvus d'ouvertures. Les statues royales, qui jouent le rôle d'orants, sont lourdes et maladroites, et on n'en réalisera plus après le IXe siècle. La sculpture est donc surtout représentée par des bas-reliefs réalisés dans des dalles d'albâtre qui masquent la base des murs de brique. Ils ne manquent pas de défauts : ils figurent des thèmes stéréotypés et sont sculptés par des équipes, dont les artisans ne savent faire qu'une seule chose, le bras ou la jambe, par exemple ; seul, l'animal inspire des artistes. Le principal mérite de ces œuvres est de nous faire connaître l'idéologie qui inspire cet art de propagande, destiné à exalter la religion nationale. Le dieu Assour y est cependant peu représenté, par suite de quelque interdit. Si la majesté du dieu se montre rarement aux mortels qu'elle blesserait de son éclat, les palais révèlent un grand nombre de génies protecteurs : lions ou aurochs ailés à tête d'homme, qui gardent les portes ; personnages ailés avec une tête de rapace ou une figure humaine coiffée d'une tiare à cornes, pratiquant la purification rituelle. Mais le thème principal des reliefs est le roi, ce grand-prêtre d'Assour ; on le représente sans ressemblance personnelle, mais conforme au type ethnique assyrien et à la fonction sacerdotale (plus grand que les autres hommes, presque impassible, la chevelure et la barbe calamistrées, le corps couvert de bijoux-amulettes). Nous le voyons banquetant en l'honneur des dieux, perçant les fauves de ses traits, puis versant la libation sur leurs cadavres, recevant les tributaires, faisant la guerre. Pour ce dernier thème, l'artiste manifeste un plus grand souci de variété et nous révèle ainsi l'évolution de l'art militaire en Assyrie. Au IXe siècle, l'armée utilise encore comme force de choc les chars qui portent chacun un conducteur, un archer et le porte-bouclier chargé de leur protection ; mais un rôle aussi important est réservé au génie qui ouvre les routes de montagne, prépare le passage des fleuves ou sape les murs des villes assiégées. Ces thèmes, guerriers ou politiques (et sans doute tous chargés de force magique), se retrouvent dans les frises de brique émaillée (comme celles du palais de Toukoulti-Ninourta II à Assour), dans les beaux revêtements de bronze d'Imgour-Enlil (site d'un palais de Shoulman-asharédou III, près de Balawat). Mais d'autres bronzes (les « patères ») et les ivoires des collections royales semblent l'œuvre de Syriens inspirés par l'art égyptien ; du moins, leur beauté montre le goût éclairé des rois d'Assyrie. Les grandes orientations de cet art ne changeront plus jusqu'à la fin du royaume assyrien, mais un progrès presque constant se manifeste aux VIIIe et VIIe siècles dans les fresques (à Til Barsip et à Khorsabad) et les bas-reliefs (à Ninive).

L'essor de la puissance assyrienne est brisé par une guerre civile à laquelle G. Goossens attribuait des causes sociales : un fils de Shoulman-asharédou III qui se révolte contre son père aurait été appuyé par la petite noblesse du vieux pays assyrien ; celle-ci portait tout le poids de la guerre et jalousait l'aristocratie de cour qui, depuis le XIVe siècle, accaparait les grands offices et exerçait un contrôle étroit sur le gouvernement et la succession royale. Le révolté est finalement vaincu par son frère, ShamshiAdad V (823-811) ; le nouveau roi doit récompenser ses partisans, les chefs des grandes familles, qui obtiennent l'inamovibilité pour leurs charges. Les rois suivants ont de moins en moins de pouvoir, et les grands officiers s'enhardissent jusqu'à les omettre dans leurs inscriptions. La petite noblesse et les villes assyriennes ne cessent de se révolter contre ce régime qui dure jusqu'en 746. Faute d'une direction énergique, l'Assyrie perd une grande partie de sa zone d'influence ; elle est même menacée par l'apparition de l'Ourarthou, vaste royaume qui s'est formé, au nord de la Mésopotamie, par l'unification du Naïri, dont les populations réagissent ainsi aux pillages assyriens. Si les Ourarthéens sont arrêtés dans la vallée du Tigre (774), leur domination en Syrie du Nord a remplacé celle des Assyriens au début du VIIIe siècle.

Apogée et chute de l'Assyrie (746-612)

Mais l'Assyrie va reprendre ses conquêtes sous l'effet des réformes de Toukoulti-apil-esharra III (746-727), le Téglathphalasar de la Bible, un cadet de la famille royale porté au pouvoir par une révolte. Le morcellement des gouvernements et la multiplication des charges auliques affaiblissent le prestige des grandes familles et permettent au roi de se créer une clientèle. Tenant sans doute compte de l'épuisement de son pays et du mécontentement que suscite la conscription, le nouveau souverain lèvera son infanterie chez les esclaves et les prisonniers de guerre et n'utilisera plus les Assyriens que dans les troupes d'élite (génie, charrerie, cavalerie). À l'exemple des Mèdes, avec qui ils sont entrés en contact au IXe siècle, les Assyriens ont appris à monter à cheval et, bien qu'elle ignore la selle et les étriers, leur cavalerie remplace comme force de choc les chars qui ne servent plus qu'à transporter les troupes. La politique extérieure de l'Assyrie est désormais systématique : les campagnes sont menées jusqu'à l'écrasement de l'adversaire ; puis, comme les intrigues égyptiennes ne cessent de provoquer des révoltes en Syrie, Téglathphalasar généralise les mesures extrêmes : les rois vaincus sont déportés, parfois exécutés, en tout cas remplacés par des gouverneurs assyriens ; la déportation des populations, qui fournit de la main-d'œuvre, permet aussi de détruire le patriotisme local.

Comme ses prédécesseurs, le nouveau roi songe surtout à rançonner la Syrie, dont il chasse les Ourarthéens (743) ; puis, il annexe le royaume de Damas (732) et se prémunit contre les Égyptiens en occupant la Palestine. À l'autre extrémité de ses États, l'Assyrien prévient les invasions en évinçant les Ourarthéens du bassin du Tigre et en occupant le Zagros septentrional ; plus loin encore, il pénètre au pays des Mèdes, sans doute pour y rafler des chevaux, et pousse jusqu'au mont Demavend. Enfin, il se laisse tenter par la richesse de la Babylonie. Depuis longtemps, les rois assyriens exerçaient un contrôle sur ce pays dont la civilisation et surtout les cultes avaient une influence grandissante sur leurs sujets ; périodiquement, ils allaient y soutenir un roi de leur choix, puis ils se présentaient en pèlerins dans les villes saintes. Dans la Babylonie du VIIIe siècle, le pouvoir royal est disputé entre des usurpateurs éphémères, les tribus araméennes forment autant de petits royaumes, et l'Élam réunifié guigne cette proie facile. Toukoulti-apil-esharra n'a aucun mal à saisir Babylone où il se fait proclamer roi, sans se douter des difficultés qu'il prépare à ses successeurs.

Après le court règne de Shoulman-asharédou V (726-722), le trône passe à Sargon II (Sharrou-Ken en assyrien), un autre fils de Téglathphalasar III. Ce grand souverain, qui possède l'énergie et les talents d'administrateur de son père, passe lui aussi son règne (721-705) en campagnes. Le changement de souverain en Assyrie a été exploité par un chef des Chaldéens (groupe araméen de Basse-Mésopotamie), Mardouk-apal-iddin, le Mérodach-Baladan de la Bible, qui s'empare de Babylone et obtient l'appui des Élamites qui battent Sargon II. Ce dernier donne en effet la priorité au rétablissement de la domination assyrienne en Syrie : le royaume d'Israël est annexé (722) ; la coalition dirigée par le roi de Hamat et appuyée par le pharaon « éthiopien » (de la dynastie originaire de Nubie) est écrasée (720). Puis, Sargon II fait face aux soulèvements suscités contre lui par deux rois puissants, Midas de Phrygie et Rousa Ier d'Ourarthou : les principautés néo-hittites sont annexées de l'Euphrate à l'Halys, l'Ourarthou est dévasté par l'armée assyrienne (714), Chypre est occupée (709). Enfin, Sargon reprend Babylone (709). Depuis 713, il fait bâtir sa ville royale, Mur de Sargon (actuelle Khorsabad), mais il n'en profitera guère, car il sera tué dans un combat en Anatolie (705), peu après son inauguration.

Le règne de Sargon II constitue l'apogée de l'Assyrie : ses successeurs iront parfois plus loin dans leurs campagnes, mais ils épuiseront alors leur peuple à des tâches impossibles : garder deux pays lointains et d'accès difficile, l'Égypte et l'Élam, qui soutiennent les révoltes, respectivement en Syrie et en Babylonie. Pendant ce temps, les barbares, plus redoutables que les vieux États de l'Orient, occupent le rebord montagneux (Taurus, Kurdistan, Zagros), qui surplombe la Haute-Mésopotamie, cœur de l'empire assyrien.

Le fils de Sargon, Sin-ahé-ériba (704-681), le Sennachérib de la Bible, dur et infatigable comme son père, croit satisfaire les Babyloniens en plaçant à leur tête des princes vassaux, choisis par lui ; mais les tribus araméennes, inexpugnables dans les marais à la bouche des fleuves, et les Élamites leurs alliés, ramènent sans cesse dans la grande ville des prétendants hostiles à l'Assyrie. Excédé, Sin-ahé-ériba finit par détruire les temples de Babylone et faire passer l'eau de l'Euphrate sur leur emplacement (689). Il rencontre des difficultés analogues en Syrie où les Phéniciens et les Palestiniens se soulèvent à l'instigation du pharaon (701) ; il connaît alors devant Jérusalem, la capitale du petit royaume de Juda, un échec mystérieux que les Juifs expliqueront par le passage de l'ange exterminateur. Sennachérib s'illustre également par ses grands travaux à Ninive, sa résidence et la dernière capitale de l'Assyrie. Le règne finit dans une tragédie où beaucoup verront le châtiment du sacrilège commis à Babylone. Sin-ahé-ériba est assassiné dans un temple par deux de ses fils, puis c'est une guerre civile où triomphe finalement un autre fils du conquérant, Assour-ah-iddin (680-669), l'Assarhaddon de la Bible.

Le nouveau roi, hanté par la fin de son père, restaure les temples de Babylone. Mais il trouve bientôt d'autres motifs d'inquiétude : les présages annonçant une période de cent jours funeste pour le souverain, les devins se chargent de conjurer le sort : un courtisan, choisi comme substitut du roi, exerce la fonction royale pendant la période dangereuse. Cet anxieux est aussi un guerrier : il réussit à arrêter les Cimmériens et les Scythes, cavaliers nomades qui, partis de la grande steppe eurasiatique, attaquent l'Assyrie par le nord. Malgré les révoltes que le pharaon excite en Syrie, Assour-ah-iddin finit par envahir l'Égypte et occuper momentanément le delta.

Avant de mourir, il impose un étrange règlement de succession : l'empire est divisé entre ses deux fils, et la Babylonie seule forme le lot de l'aîné, Shamash-shoumoukin, qui régnera sous la suzeraineté de son cadet, le roi d'Assyrie Assourbanipal (Assour-ban-apli en assyrien) [669 - env. 630]. Ce dernier, différent de ses ancêtres, est avant tout un lettré : sous son règne, la

« bibliothèque » de Ninive groupe plus de 5 000 tablettes remplies de textes religieux, divinatoires et littéraires de Sumer et de Babylone. Assourbanipal, qui ne quitte guère Ninive, délègue le commandement de ses armées aux grands officiers. Une nouvelle expédition occupe toute l'Égypte (666) ; puis, comme l'Éthiopien tente de soulever les roitelets de Basse-Égypte, l'armée assyrienne se venge en saccageant Thèbes (663), jusque-là fort attachée à la dynastie venue de Nubie. Puis c'est le tour de l'Élam, où, profitant de l'anarchie, la cour de Ninive impose des souverains de son choix, qui ne tardent d'ailleurs pas à la trahir. L'un d'eux s'allie aux Syriens, aux Arabes et au roi de Babylone, jaloux de son cadet, pour attaquer l'Assyrie (652). L'armée assyrienne prend Babylone (648), dont le souverain se suicide, et, après plusieurs expéditions punitives en Élam, elle saccage le centre principal du pays, Suse (646), et déporte ses habitants.

L'époque d'Assourbanipal, qui est celle des reliefs les plus connus de Ninive, les plus beaux de l'art assyrien, alors en plein progrès, voit aussi l'essor d'une civilisation commune à tout l'empire, synthèse des cultures traditionnelles de l'Asie occidentale réalisée par les déportations et les pillages. Si les lettrés assyriens emploient encore le cunéiforme et la langue assyrienne, la majorité des populations de l'empire, même en Assyrie, adopte le parler et l'alphabet des Araméens. À côté d'Assour et d'Ishtar, les divinités des conquérants, l'Asie occidentale adore les dieux de la Babylonie (Mardouk ; Sin, le dieu-Lune ; Nabou, dieu de l'écriture), pratique l'*astrolâtrie* (culte des astres attribués chacun à une divinité). Un style artistique commun se forme par la rencontre de l'art de propagande des palais assyriens et des thèmes décoratifs d'origine syrienne.

Le peuple conquérant ne dominera pas longtemps cet Orient qu'il a modelé si brutalement. On devine, avant la fin du règne d'Assourbanipal qui nous est inconnue, un recul des frontières (le Saïte Psammétik Ier – 663-609 – libère l'Égypte et conquiert la Philistie) et surtout l'assaut des peuples cavaliers (Scythes, Cimmériens, Mèdes) que la cour de Ninive avait d'abord utilisés comme mercenaires. Le fils et successeur d'Assourbanipal,

Assour-étel-ilani (env. 629-623), ne peut venir à bout de la révolte des Babyloniens conduits par le Chaldéen Nabopolassar qui se proclame roi (625). Puis, en Assyrie, c'est le règne de Sin-shar-ishkoun (env. 623-612), attaqué par les Babyloniens et les Mèdes et secouru par l'Égypte qui juge que le royaume assyrien est maintenant moins dangereux que ses adversaires. Les coups décisifs sont portés par les Mèdes : les capitales sont prises et incendiées (Assour en 614, Ninive en 612), le roi disparaît. L'armée assyrienne, retranchée à Harran, une des villes saintes de l'empire, proclame un dernier souverain, Assour-ouballith II. Mais l'intervention égyptienne ne peut sauver Harran, qui est prise en 610 par les Mèdes, et l'armée assyrienne, qui est détruite au cours d'une poursuite menée jusqu'en Ourarthou.

L'Orient délivré jubile et applaudit aux destructions et aux massacres qui frappent maintenant les conquérants déchus. Puis l'oubli tombe : si le culte du dieu Assour, le nom d'Assyrie donné à une partie de la Mésopotamie survivent, la nation assyrienne a disparu avec son armée et son dernier roi. Elle laisse cependant dans l'histoire du Proche-Orient des traces ineffaçables : la destruction ou l'affaiblissement irrémédiable de nombreux peuples et cultures originales ; l'idée d'empire universel qui restera de tradition en Orient avec son cortège de tributs excessifs et de cruautés ostentatoires. Mais les Assyriens, ces bourreaux impitoyables, sans civilisation nationale, étaient aussi des esprits profondément religieux, et c'est à leur respect pour les rituels, les beautés littéraires et les « sciences » que nous devons en bonne partie la survivance du fonds culturel suméro-babylonien conservé ou copié dans la « bibliothèque » de Ninive.

GILBERT LAFFORGUE

2 Civilisation

Le roi et les institutions publiques

Au début du IIe millénaire, la ville d'Assour est soumise théoriquement à la royauté du dieu homonyme ; de fait, elle est régie par son vicaire, le *roubou* (« Grand ») ; probablement élu, il gouverne avec l'appui de la bourgeoisie commerçante, rassemblée dans la guilde du *karoum*. Jusqu'au XVIIIe siècle, le monde assyrien est connu presque exclusivement par des sources extérieures, les « tablettes cappadociennes » émanant de marchands établis en Anatolie. Le seul site de Kanesh en a livré à ce jour plus de 16 000. Les principautés anatoliennes, asianiques, ont accueilli avec faveur les colons assyriens, grands importateurs de métaux et de tissus. Le *karoum* de chaque colonie jouit, à l'égard du prince autochtone, d'une large autonomie et règle, sous le contrôle de la cité mère, Assour, les litiges opposant ses membres. À côté d'innombrables actes témoignant de l'intensité des échanges commerciaux, on connaît trois fragments de « décrets » (*tashimtoum*) organisant la juridiction du *karoum* de Kanesh : le tribunal est composé tantôt de trois sections de marchands statuant à la majorité sous la présidence du chef de la cité, tantôt par l'assemblée plénière des colons, convoquée par les notables.

Le prince assyrien voit croître son autorité au début du XVIIIe siècle sous Shamshi-Adad Ier, qui se proclame déjà « roi de la totalité », et surtout au XIVe siècle lorsque Assour-ouballith Ier forme le premier empire assyrien. Fort dans les pays conquis, le pouvoir du roi demeure limité, en Assyrie même, par l'aristocratie militaire, la classe sacerdotale et la bourgeoisie des grandes villes commerçantes. La désignation du prince héritier, qui n'est pas nécessairement le fils aîné, se fera toujours avec l'approbation, au moins formelle, de l'assemblée des guerriers. La légitimité mystique du prince résulte d'une demande présentée au dieu, qui répond par un oracle. Le peuple accepte cette décision dans un serment de fidélité. Un rituel a conservé les cérémonies de l'onction et du couronnement du roi : elles préfigurent celles de notre Moyen Âge, apportées d'Orient par le canal de la monarchie juive et de la Bible. La datation confirme la participation de l'entourage royal au gouvernement : le roi est éponyme la première année de son règne ; les années suivantes reçoivent le nom du général en chef (*tourtan*), du maire du palais et des autres officiers de la couronne.

Un recueil de vingt-trois ordonnances, compilé vers 1100, évoque la vie de la cour. La personne du roi est jalousement défendue de tout contact impur par une étiquette rigoureuse ; les hauts dignitaires choisissent avec soin les gardes du corps, les eunuques et les officiers du palais. Le harem, où cohabitent, non sans heurts, reine mère, épouses royales, dames du palais et simples servantes, fait l'objet d'une réglementation minutieuse. À basse époque, des reines ont joué un rôle politique important, Sammouramat (Sémiramis) comme veuve-régente, au IXe siècle ; Naqi'a, épouse de Sennachérib, en inspirant à deux reprises le choix du prince héritier. La correspondance d'un haut fonctionnaire du XIIIe siècle et quinze cents tablettes adressées par les rois de l'époque sargonide à leurs vassaux, à leurs gouverneurs de province et à leurs subordonnés éclairent l'administration de l'empire. Les traités d'Assarhaddon illustrent les relations de l'Assyrie avec ses voisins, alliés ou vassaux.

La structure sociale

L'organisation sociale, le droit privé et le droit pénal sont reflétés surtout par des « Lois assyriennes » (XIVe-XIIIe s.) qui nous sont parvenues dans une copie plus récente (vers 1100).

Le monde assyrien est une société de classes. Parmi les hommes libres, la condition de droit commun est celle de citoyen (*awilou*). Cette classe supérieure n'est subdivisée que par des inégalités de fait séparant hauts fonctionnaires, négociants, prêtres, grands propriétaires, artisans, paysans. À côté d'elle, on trouve des hommes libres d'une condition inférieure qui peuvent, à la différence des « citoyens », être vendus à l'étranger par le créancier qui les détient en gage. On est surpris de constater que cette situation juridique, à la fois inférieure et moins fréquente, est désignée par *ashshourayaou* (littér. « assyrien »), qui paraîtrait mieux convenir à l'ensemble des citoyens à part entière. Elle correspond probablement, sous le premier empire, à la catégorie des « mesquins », commune à toute la Mésopotamie, car cette même dénomination apparaît dans les sources néo-assyriennes. Enfin, comme dans la plupart des sociétés antiques, les esclaves sont des objets de propriété ; cette main-d'œuvre ne jouera un rôle économique primordial que sous les Sargonides.

La famille

La famille est de type patriarcal. Son chef possède sur la femme et les enfants une forte autorité ; il exerce même sur eux une véritable juridiction domestique pour les méfaits qui le lèsent dans son honneur ou ses biens (adultère de la femme, inconduite de la fille, vol commis par l'épouse). On ignore si les fils sont soumis à la puissance paternelle durant toute la vie du père ; il semble qu'ils se marient sur une décision de celui-ci. La fille n'échappe à cette puissance que par le mariage, conclu par le père ; elle tombe alors sous l'autorité de son beau-père qui peut lui imposer en certains cas une union léviratique.

Le mariage est monogamique, en ce sens qu'une seule épouse donne au mari les fils destinés à continuer la lignée. Mais à côté de cette épouse « principale », l'Assyrien peut avoir une épouse « secondaire » et des concubines esclaves. L'union se forme par un acte écrit ; parfois, par d'autres solennités (onction pour les femmes de condition supérieure, imposition du voile pour la concubine élevée au rang d'épouse). Elle produit toujours les mêmes effets : on a cru déduire de certains textes que les Assyriens avaient connu, à côté du mariage patriarcal, un mariage dans lequel l'épouse restait chez son père et sous la puissance de ce dernier, mais cette opinion paraît à juste titre contestée. Plus que deux individus, le mariage unit deux familles en procurant à celle de l'époux une procréatrice d'héritiers ; si la femme meurt sans avoir eu de fils, le beau-père peut unir sa bru à un autre de ses enfants : le lévirat sauve ainsi la convention matrimoniale et lui donne une nouvelle chance d'atteindre son but.

Le mariage s'accompagne d'échanges, de cadeaux. La *terhatou* était primitivement une donation probatoire faite par le fiancé à son beau-père ; elle a survécu à l'introduction de l'écrit comme forme nécessaire du mariage ; souvent, le donataire la remet à sa fille pour grossir la dot (*shirkou*) que l'épousée apporte dans le ménage. L'époux constitue à sa femme un douaire (*noudounnou*) pour assurer sa subsistance dans le veuvage.

Le mari peut répudier sa femme, sans même lui accorder l'indemnité de divorce que connaissent les autres droits mésopotamiens ; il semble qu'il puisse même, s'il a des griefs contre elle, retenir la dot. En revanche, la femme abandonnée, sans ressources, par l'époux, peut se remarier au bout de cinq ans. Si la longue absence du mari a de justes causes, la seconde union de la femme est dissoute au retour du premier mari, mais elle vaut, dans le passé, comme un mariage putatif. Le délai d'attente est réduit à deux ans quand le mari est captif de guerre, mais il peut toujours reprendre sa femme à son retour.

À la mort du père, les fils restent généralement dans l'indivision. Les filles ne sont peut-être pas exclues, par principe, de la succession, mais la dot constitue à leur égard un avancement d'hoirie. L'aîné a le privilège d'une double part. Si les frères le veulent, un partage peut avoir lieu : la loi en précise les modalités. Les fils des concubines sont appelés en l'absence de fils légitimes. À défaut de descendants mâles, les frères indivis du défunt recueillent la succession. La veuve dépourvue de douaire exerce un droit d'habitation et est entretenue par les fils du mari.

Le droit pénal

Hors l'exception constituée par la juridiction domestique, la répression des délits est assurée par l'État. On a souligné la sévérité des peines : la mort, les mutilations, la bastonnade et la corvée (qui n'excède jamais quarante jours) voisinent avec les peines infamantes et pécuniaires, mais ce trait, indéniable, ne doit pas être exagéré. Le droit pénal révèle surtout le peu de personnalité reconnue à la femme : l'épouse d'un homme coupable de viol est livrée au stupre par la famille lésée. Les peines publiques gardent souvent un caractère talionique : on punit le coupable en ce avec quoi il a fauté. À l'actif de ce système répressif, on relève le souci de dégager l'intention délictueuse : l'amant d'une femme mariée est absous s'il ignorait le statut de sa partenaire. On s'efforce de châtier avec une scrupuleuse équité les responsables d'un même méfait, par exemple, le voleur et le receleur : le souci d'obtenir le même effet afflictif conduit ainsi, en certains cas, à mutiler davantage le complice que la femme adultère. Lorsque les preuves rationnelles font défaut, on recourt à des preuves surnaturelles, ordalie ou serment, beaucoup plus efficaces qu'on ne pense dans une société profondément religieuse. On a de bonnes raisons de penser que la torture n'a pas été employée par les Assyriens comme procédé d'inquisition judiciaire, non sans doute en raison de son inhumanité, mais à cause de son inefficacité.

GUILLAUME CARDASCIA

BABYLONE

Babylone, qui doit à son prestige un passé légendaire et une étymologie « populaire » (Babylone, Porte du dieu), avait une réalité politique. Elle apparaît brusquement comme une grande ville, et, de 1894 à 301 environ avant J.-C., des Amorrites aux Macédoniens, des conquérants étrangers la choisissent comme capitale, y fondent des dynasties et construisent là forteresses, murailles, palais et temples, avec des dimensions toujours plus imposantes. Centre intellectuel de l'Orient, elle est, par excellence, la ville des scribes employant l'écriture cunéiforme pour des buts nobles : écrivant en sumérien ou en akkadien, ils composent ou copient des œuvres liturgiques, « scientifiques » et littéraires. Une forte valeur symbolique est liée à cette grande capitale qui, avec ses monuments, a impressionné le peuple de la Bible. Déjà, un récit de la Genèse y avait situé la tour de Babel, symbole de l'orgueil humain. Plus tard, les Prophètes annoncent que les rois de Juda, infidèles à Dieu, seront châtiés par le souverain de Babylone ; mais, lorsque ce dernier a profané le Temple de Jérusalem, les porte-parole de Dieu déclarent que Babylone sera châtiée, et font d'elle la Grande Prostituée, symbole du mal (ainsi l'Apocalypse appellera Rome « Babylone la Grande »). Cessant d'être une capitale (301 env. av. J.-C.), Babylone est abandonnée par sa population au début de notre ère. Recherchée par les voyageurs du Moyen Âge et des Temps modernes, elle est fouillée à partir de 1899. Les tablettes et les monuments de la dynastie chaldéenne (626-539) - comme le palais d'Été ou la porte d'Ishtar - sont dégagés. Mais la remontée de la nappe phréatique interdit l'accès aux couches plus profondes. La Babylone de Hammourabi se dérobe encore.

1 Histoire

Les origines

Les Anciens expliquaient le nom antique de Babylone (Babilou) comme signifiant Porte du dieu (*bab-ili*, en akkadien). Les Modernes ne voient là qu'une étymologie populaire et rejettent toute parenté de *babilou* avec l'akkadien ou le sumérien ; le mot appartiendrait à une langue fort ancienne, encore inconnue.

Et bien plus, une bonne partie de l'histoire de la cité nous échappe. Babylone est restée longtemps une petite ville ; par ailleurs, la remontée de la nappe phréatique jusqu'aux couches du IIe millénaire nous prive d'une masse de documents locaux. Les premières mentions sûres faites de Babylone datent de la IIIe dynastie d'Our.

La Ire dynastie de Babylone (1894-1595)

La Ire dynastie de Babylone est aussi appelée la dynastie amorrite, car elle est fondée par un de ces Sémites qui parcourent la steppe pastorale de l'Amourrou (l'Ouest en langue sémitique). La basse Mésopotamie a subi, vers la fin du XXe siècle, une nouvelle invasion de ces groupes nomades, et un de leurs chefs, Sou-aboum (1894-1881), s'installe à Babylone où il prend le titre royal. Sa famille, qui régnera là pendant trois siècles, et sa tribu se laissent très vite assimiler par les citadins dont ils adoptent la vie sédentaire, le parler sémitique (le babylonien, variante locale de l'akkadien) et les cultes.

La nouvelle « ville de royauté » rivalise bientôt avec celles d'Isin et de Larsa (en Sumer), qui prétendaient prolonger l'empire des rois d'Our, disparu depuis 2002. Mais la basse Mésopotamie, partagée entre trois royaumes et une douzaine de principautés, connaît longtemps des luttes mesquines, au cours desquelles la suzeraineté passe rapidement d'un État à l'autre. Les premiers rois de Babylone se distinguent par de nombreux travaux, fortifications, canaux, temples (connus seulement par les inscriptions) ; c'est le signe de l'enrichissement de leur cité, qui exploite un riche terroir et dont les notables pratiquent le prêt et le grand commerce. Puis des royaumes étrangers à la région, Eshnounna, Assour, Mari, l'Élam, tentent d'imposer leur suzeraineté en basse Mésopotamie ; Babylone est un moment vassale de Shamshi-Adad Ier (1813 env.-1783), qui possède déjà, d'Assour à Mari, toute la haute Mésopotamie, mais la situation est complètement renversée au cours du règne du Babylonien Hammourabi.

L'abondance des textes administratifs datés de son règne et retrouvés à Sippar, Nippour, Larsa, ainsi que le caractère unique du Code qui porte son nom ont entraîné les historiens à exagérer les talents et les réalisations de ce roi, qui a surtout eu le mérite de savoir attendre son heure. Il écrase alors ses adversaires épuisés par des guerres incohérentes, annexe toute une série de « villes de royauté » (Larsa, 1763 ; Mari, 1759 ; Eshnounna, 1755) et aide Ishmé-Dagan Ier, héritier de Shamshi-Adad Ier, à récupérer sa cité d'Assour, occupée par les Soubaréens (princes du nord-est de la Mésopotamie). Hammourabi se retrouve maître d'un empire qui comprend toute la basse Mésopotamie et une partie de la haute Mésopotamie ; mais, sur ce territoire plus petit que celui où régnait la IIIe dynastie d'Our, il ne reste plus de dynastie locale, et les villes sont administrées par des fidèles du roi, qui les surveille étroitement. C'est là d'ailleurs une construction éphémère, terminée seulement à la fin du règne de Hammourabi et qui ne survit pas à son fondateur.

En effet, si Babylone est maintenant la première ville du Proche-Orient par son activité, sa richesse et sans doute déjà par son activité intellectuelle, les autres cités de basse Mésopotamie, qui se souviennent de leur passé glorieux, n'ont pas renoncé à recouvrer leur indépendance. Samsou-ilouna (1749-1712), fils et successeur de Hammourabi, doit faire face aux révoltes des villes et des tribus, et, finalement, une partie de Sumer lui échappe et reconnaît une dynastie dite du Pays de la Mer (la région d'accès difficile, aux bouches de l'Euphrate et du Tigre), qui durera plus longtemps (1735 env.-1530) que celle des Amorrites. En outre, l'héritier du grand roi a, dès 1740, subi le choc des Kassites (un peuple à moitié barbare sorti du Zagros central) ; ces envahisseurs n'ont pu atteindre la basse Mésopotamie, mais une partie s'est installée, sous une dynastie nationale fondée en 1735, au voisinage de la Babylonie, peut-être dans la région de Hana, sur l'Euphrate moyen. Les derniers successeurs de Hammourabi règnent sur un territoire réduit, mais sans difficultés supplémentaires jusqu'à l'attaque du roi hittite Mourshilish Ier, qui prend et pille Babylone et met fin à la dynastie amorrite dont le dernier représentant doit avoir péri lors de sa défaite (1595).

La dynastie kassite à Babylone (1595 env.-1153)

Tandis que l'armée hittite se retire avec son butin dans la lointaine Anatolie, le roi du Pays de la Mer accapare une partie du domaine babylonien, mais la capitale est occupée presque aussitôt, semble-t-il, par les Kassites. On sait que la dynastie de ce peuple dure cinq cent soixante-seize ans (chiffre conventionnel), de sa fondation (1735 env.), en un lieu encore inconnu, à sa ruine par l'Élam (1150 env.), mais l'histoire de ses rois nous échappe presque complètement jusqu'au XIVe siècle. Agoum II ramène en 1571 dans leurs temples de Babylone les statues de Mardouk, le dieu de la ville, et de son épouse divine Tsarpanitoum, enlevées par les Hittites ; ses titres, « roi du vaste pays de Babylone, du pays des Kassites » et d'un certain nombre de peuples du Zagros central, indiquent un empire basé à la fois sur la montagne et sur la plaine. Vers 1530, le royaume kassite annexe le Pays de la Mer, dont la dynastie s'est éteinte. On peut dès lors donner à la basse Mésopotamie le nom de Babylonie, car aucune cité de Sumer (le Sud) ou d'Akkad (le Nord) ne viendra plus rompre l'unité de ce pays en contestant la prédominance de la capitale.

Ayant définitivement éclipsé les vieux centres de la culture sumérienne, la capitale les remplace à la tête du mouvement intellectuel mésopotamien, plus dynamique que jamais ; son influence s'étend à la majeure partie du Proche-Orient et surtout à l'Assyrie dont les scribes se mettent à l'école de leurs voisins du Sud. Les lettrés de Babylone constituent peu à peu les grandes collections de textes religieux, littéraires, divinatoires et scientifiques (lexiques, problèmes d'arithmétique, recettes médicales et pharmaceutiques) ; ils traduisent les œuvres sumériennes, d'interprétation difficile, en babylonien. D'autres scribes continuent à tenir la comptabilité du palais et des temples et à rédiger les innombrables contrats des milieux d'affaires.

La faiblesse du pouvoir royal à cette époque nous est révélée par les textes des *koudourrou* (stèles qui, suivant un usage traditionnel en Mésopotamie, placent sous la protection des dieux les donations de terre et les immunités accordées par les souverains). En outre, les relations accrues avec les grands États du Proche-Orient amènent les scribes, qui sont chargés également de la correspondance avec les cours étrangères, à faire désormais œuvre d'historiens en rédigeant des chroniques qui manifestent une impartialité inconnue dans les autres pays ; peut-être est-ce là l'indice de l'indifférence éprouvée par le personnel des temples des grands dieux à l'égard de ce pouvoir éphémère qu'est la royauté humaine. À partir des *Lettres d'Amarna* (archives diplomatiques égyptiennes de la première moitié du XIVe siècle retrouvées sur ce site qui fut celui du palais d'Akhenaton), on voit se développer l'hostilité des rois de Babylone à l'égard de l'Assyrie qui, disent-ils, avait été leur vassale et tend à devenir une puissance. La dynastie kassite, qui doit un moment accepter la protection de l'Assyrien Assour-ouballith Ier (1365-1330), se ressaisit, et Kourigalzou II (1346-env. 1325) conquiert l'Élam ; mais ce pays, se réunifiant à la fin du XIVe siècle, échappe à la domination babylonienne. C'est le début d'un conflit chronique qui oppose les trois royaumes (Assour, Babylone, Élam) et qui est particulièrement acharné entre l'Assyrie et la Babylonie. Longtemps, ces deux États se disputent le pays à l'est du Tigre qui permet de contrôler les caravanes venant d'Iran. Puis l'équilibre est rompu avec l'Assyrien Toukoulti-Ninourta Ier (1245-1208) qui bat et fait prisonnier le Kassite Kashtiliash IV et se proclame roi de Sumer et d'Akkad, roi de Babylone, roi de Kardouniash (nouveau nom de la Babylonie). Mais la domination assyrienne provoque un soulèvement de l'aristocratie locale, qui rétablit la dynastie kassite en la personne d'Adad-shouma-outsour (1217-1187). Celui-ci chasse définitivement les envahisseurs (1203) et, profitant de l'anarchie qui sévit en Assyrie, la vassalise un moment. Un roi assyrien qui avait attaqué Adad-shouma-outsour est vaincu par le Babylonien et livré au vainqueur par les Grands de l'Assyrie (1193). Mais c'est l'attaque de l'Assyrien Assourdan Ier (1156) qui affaiblit la dynastie kassite au point de la laisser sans défense devant les Élamites venus piller les riches cités de Mésopotamie. L'avant-dernier roi kassite est emmené captif en Élam (1153), ainsi que les grands de son peuple et les ex-voto des temples babyloniens que les archéologues français retrouveront à Suse au début du XXe siècle.

L'épopée de Mardouk et de Nabuchodonosor Ier (XIIe s.)

Un certain nombre de Kassites sont restés en basse Mésopotamie, et ils joueront encore un rôle important dans la société et l'armée babyloniennes. Mais, après 1153, la royauté passe à des rois de langue sémitique. C'est d'abord la dynastie d'Isin (en Sumer), qui a pris la tête d'un soulèvement national contre les Élamites qui tentaient de se maintenir dans leur conquête. Après son installation à Babylone, elle reprend la politique traditionnelle en essayant de vassaliser le royaume assyrien et parvient à se faire restituer (1134) les statues de Mardouk et de Tsarpanitoum enlevées par Toukoulti-Ninourta Ier en 1203. Mais à peine ces idoles ont-elles réintégré leurs sanctuaires qu'elles sont enlevées par un nouveau raid des Élamites (1129). Nabuchodonosor Ier (1124-1103), troisième roi de la dynastie d'Isin, est un grand guerrier : il fait campagne dans le Zagros central et en Assyrie, dont il assiège même la capitale ; surtout, il met en déroute le roi d'Élam et, après avoir pillé le pays vaincu, il ramène à Babylone les statues du couple divin.

Cette revanche éclatante - l'Élam tombe alors dans une anarchie qui durera quatre siècles - vaut au vainqueur une réputation de héros. Les scribes exaltent également Mardouk qui, après ce retour triomphal, achève d'éclipser les divinités protectrices des autres cités de basse Mésopotamie et de mériter le surnom de *Bêl* (Seigneur, en babylonien). Désormais, à chaque changement de règne, le roi va « saisir la main de Bêl » en un geste symbolique qui lui confère le pouvoir. C'est alors, semble-t-il, que le clergé de la capitale donne sa forme définitive au rituel de la grande fête du Nouvel An, qui se déroule à l'équinoxe de printemps. Durant les sept premiers jours, la population se lamente sur le sort de Mardouk qui est mort et séjourne sous terre ; son retour est préparé par les prêtres qui purifient les temples, récitent et miment l'*Enouma élish* (en babylonien, « Lorsqu'en haut », premiers mots du poème qui exalte les hauts faits de Mardouk, vainqueur des puissances maléfiques et organisateur du Cosmos). De façon symbolique, le grand prêtre humilie le roi et le contraint à faire pénitence, puis lui rend les insignes de la royauté dont il s'était dépouillé. Le huitième jour, Mardouk reparaît, et les dieux des cités de Babylonie, dont les idoles ont été rassemblées dans la capitale, lui confèrent le pouvoir suprême. Il part alors pour la « maison de campagne » de la Fête, située un peu à l'extérieur de la cité. Le onzième jour, il en revient en une procession triomphale et on va célébrer son union avec Tsarpanitoum ; alors, les dieux proclament des destins favorables à Babylone pour une nouvelle année.

La poussée des Araméens, le déclin de la monarchie (XIe-VIIIe s.)

Comme les autres pays civilisés de l'Asie occidentale, la Babylonie subit des attaques des Araméens, pasteurs nomades sortis du désert de Syrie, qui pillent les campagnes et attaquent les caravanes, échappant aux armées régulières.

Le prestige royal s'en ressent : le trône de Babylone est fréquemment usurpé, les dynasties ne durent guère. Incapables de défendre leurs cités, les souverains doivent leur concéder une large autonomie sous la direction des clergés locaux. Les citadins riches achètent la protection des Araméens en leur abandonnant une partie de leurs terres. Les tribus qui commencent à se fixer forment à l'intérieur de l'État babylonien autant de petits royaumes dont les chefs, donnant l'exemple à leurs guerriers, tendent à adopter la civilisation des citadins. Mais, sur le pourtour de la basse Mésopotamie et spécialement au Pays de la Mer - le traditionnel refuge des insoumis -, l'esprit guerrier est maintenu par l'arrivée continuelle de nombreux nomades, parmi lesquels on remarque, à partir du VIIIe siècle, une foule d'Arabes.

L'appui de ces auxiliaires incite les rois de Babylone à reprendre la guerre traditionnelle contre l'Assyrie, au moment où cette dernière, en plein relèvement, entreprend de refouler les Araméens qui l'ont si longtemps harcelée. L'Assyrien Adad-nirari II (911-891), attaqué par les Babyloniens, vainc successivement deux de leurs rois ; il a la sagesse de se réconcilier avec le second et peut ainsi inaugurer ce protectorat que la cour assyrienne exercera pendant près de deux siècles sur l'État du Sud. Cette modération, inhabituelle chez les cruels Assyriens, s'explique par le prestige que possèdent à leurs yeux les dieux, les prêtres et les scribes des cités babyloniennes : c'est l'époque où l'Assyrie adopte le culte de Mardouk et de Nabou (dieu de l'Écriture et protecteur de la ville de Barsippa, au sud de Babylone). Les rois d'Assyrie prennent donc l'habitude d'aller périodiquement châtier quelque tribu araméenne pour le compte de leurs vassaux babyloniens, et de terminer leur expédition par un pèlerinage aux villes saintes de basse Mésopotamie.

Prompts à invoquer le secours des Assyriens contre un prétendant ou contre un groupe de nomades particulièrement exigeants, les rois de Babylone n'en tentent pas moins de secouer ce joug incommode. Ainsi, en 878, l'un d'eux essaie de secourir les Araméens du moyen Euphrate attaqués par l'Assyrien Assour-natsir-apli II ; ce dernier, vainqueur, déclare avoir frappé de terreur le pays de Kaldou. C'est la première mention des Chaldéens, cette grande fédération de tribus araméennes, qui sont déjà au service du roi de Babylone. Les hommes sortis de la steppe forment bientôt la majorité de la population de la basse Mésopotamie qui dans son ensemble parle maintenant l'araméen, et, au VIIIe siècle, les rois de Babylone sont d'origine chaldéenne, mais leur domination, acceptée par les citadins, n'est pas plus solide que celle de leurs prédécesseurs.

Les rois assyriens à Babylone (729-626)

Les souverains de l'Assyrie ne peuvent supporter indéfiniment les attaques des Araméens de basse Mésopotamie contre leur propre royaume. Pour mettre fin à cette anarchie dangereuse et peut-être pour devancer une intervention de l'Élam qui vient de se réunifier, Toukoulti-apil-esharra III détrône le roi de Babylone et se fait proclamer souverain dans cette ville sous le nom de règne de Poulou (729), indiquant par là que la Babylonie n'est pas annexée à l'Assyrie. Mais, tout comme les turbulents Araméens, les citadins du royaume du Sud, mus par un véritable esprit national, refuseront la domination des rois assyriens, qui se vengeront cruellement des révoltes incessantes de leurs nouveaux sujets.

Si Shoulman-asharédou V (726-722) succède à son père, à Babylone, sous le nom d'Ouloulaï, lors du changement de règne, le trône babylonien est saisi par le Chaldéen Mardouk-apal-iddin II (le Mérodach-Baladan de la Bible), roi du Pays de la Mer, qui est protégé par les Élamites. Mais l'Assyrien Sargon II (721-705), ayant assuré sa domination sur le reste de l'Asie occidentale, s'empare de Babylone, où il néglige de prendre un nom de règne particulier. À l'avènement de son fils, Sin-ahé-ériba (704-681), en Assyrie, le désordre s'installe à Babylone. Pendant plusieurs années, l'Assyrien tente de régner à Babylone par personne interposée (un Babylonien, puis son propre fils), mais la Babylonie est sans cesse soulevée par des prétendants chaldéens appuyés par l'Élam. Rentré une nouvelle fois en vainqueur dans la capitale (689), Sin-ahé-ériba la fait détruire, et l'eau de l'Euphrate passe sur les ruines de ses temples.

L'assassinat du conquérant par deux de ses fils est attribué à la vengeance divine ; aussi le nouveau roi d'Assyrie, Assour-ah-iddin (680-669), adopte-t-il une politique de conciliation. Il fait reconstruire les temples de Babylone et constitue un petit royaume de Babylone pour son fils aîné, Shamash-shoum-oukin, qui restera vassal cadet de son cadet, Assourbanipal (669-630 env.). Mais le nouveau roi de Babylone ne peut supporter longtemps cette position subordonnée et se révolte contre son frère (652) ; vaincu, il périt dans l'incendie de son palais (648), et Assourbanipal le remplace par un vassal babylonien, Kandalanou (648-627).

La dynastie chaldéenne (627-539), les splendeurs de Babylone

Après la mort de Kandalanou, le trône de Babylone est saisi par le Chaldéen Nabou-apla-outsour (626-605), qui fonde une dynastie. Après avoir éliminé les garnisons assyriennes, il part à l'attaque de l'Assyrie qui est finalement détruite avec l'aide du roi mède Cyaxare : malgré l'intervention tardive de l'Égypte en faveur des Assyriens, Assour tombe en 614 et Ninive en 612. Le pharaon Néchao est battu à Kargamish (605), sur l'Euphrate, et contraint d'évacuer la Syrie par le Babylonien Nabuchodonosor II (604-562), qui succède bientôt à son père. Le nouveau roi, qui ne parvient pas à conquérir l'Égypte, détruit le royaume de Juda (587) et oblige Tyr bloquée (585-572) à capituler. Sa domination sur l'ensemble du couloir syrien et le nord de l'Arabie lui permet de contrôler le grand commerce qui fait de nouveau la fortune des villes de basse Mésopotamie et surtout de Babylone.

Pendant que les scribes continuent à recopier les textes sacrés et à perfectionner l'observation astronomique pour les besoins de l'astrologie, leur souverain consacre ses revenus et une bonne part de ses activités aux travaux commencés par son père. Contre la menace des Iraniens, l'isthme entre l'Euphrate et le Tigre, à 40 kilomètres au nord de Babylone, est barré par un canal et une muraille (« mur des Mèdes »). Séparées par l'Euphrate et reliées par un pont de 115 mètres, les deux moitiés de Babylone, la ville neuve à l'ouest, la vieille ville à l'est, sont entourées d'une double muraille (dont les murs ont respectivement 6,50 m et 3,75 m d'épaisseur), complétée par des canaux. À l'est de l'Euphrate, une enceinte plus longue englobe le palais d'Été. Les fouilleurs, opérant sur des

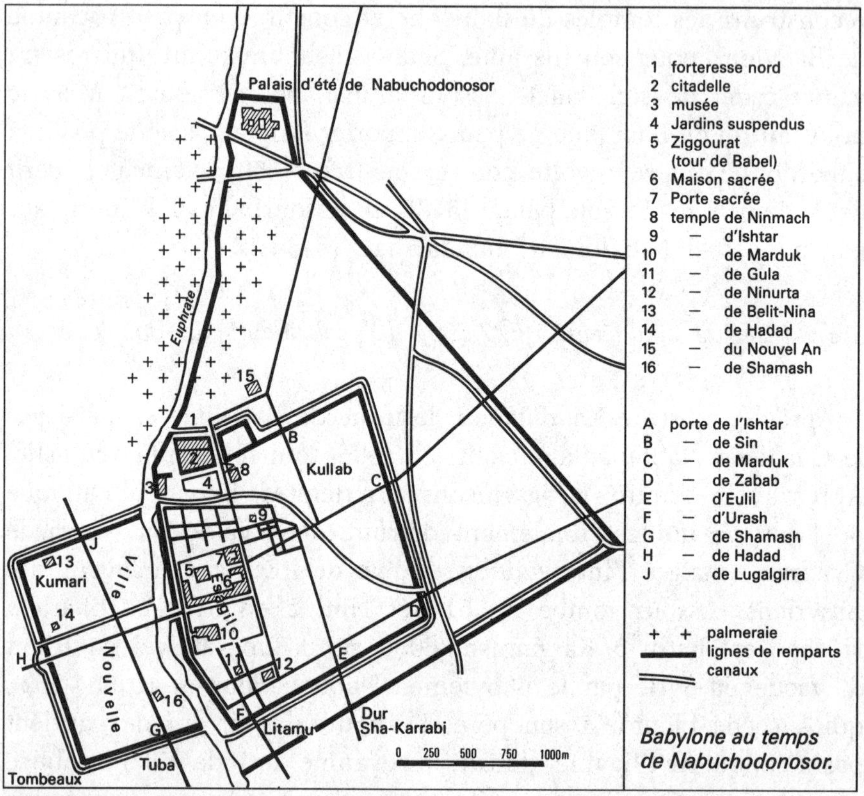

Babylone au temps de Nabuchodonosor.

bâtiments maintes fois pillés et rongés par les intempéries, ont reconnu outre ces fortifications quelques-uns seulement des monuments de la vieille ville, mais c'était assez pour démontrer le caractère fantaisiste de la description d'Hérodote. Au nord-ouest, une acropole portait la citadelle et le trésor et dominait le palais royal (322 m × 190 m), dont une petite partie semble avoir constitué les « jardins suspendus ». Au cœur de la cité s'élevaient le temple de Mardouk (85 m × 80 m), l'E.SAG. IL (« Maison à tête haute », en sumérien) et sa ziggourat (91 m à la base et autant de haut), l'E.TEMEN. AN.KI (« Maison fondement du ciel et de la terre »), qui est peut-être la tour de Babel. Une voie processionnelle, dallée et bordée de murs à reliefs de brique émaillée, conduisait l'idole de Mardouk de la Maison de la fête (un peu au nord de la vieille ville) jusqu'à l'E. SAG. IL en passant par la porte d'Ishtar (conservée jusqu'à 12 m de hauteur). Les artistes du temps ne représentaient plus les dieux que par leurs symboles : aussi la Porte et la Voie sacrée sont-elles ornées de frises figurant le dragon de Mardouk, le lion d'Ishtar et le taureau d'Adad (le dieu de l'Orage).

Les dominations étrangères, le déclin de Babylone (VIe s. av. J.-C.-Ier s. apr. J.-C.)

Plus guerrier qu'on ne le pense généralement, le royaume néo-babylonien tient tête aux États voisins et défend les merveilles de ses cités restaurées. Mais Nabuchodonosor n'a que des successeurs médiocres ; le seul qui se maintienne quelque temps sur le trône, Nabou-naïd (556-539), suscite par ses bizarreries une solide impopularité et doit passer huit ans loin de sa capitale dans l'oasis arabe de Teima (actuellement Taima', au nord de Médine). Son domaine est peu à peu rongé par le Perse Cyrus (555 env.-530), qui s'est d'abord emparé de l'empire mède. En 539, une dernière campagne des Perses amène leur souverain dans Babylone : le conquérant se proclame roi de Babylone et honore les dieux de basse Mésopotamie ; ses successeurs, qui ont souvent leur résidence d'hiver dans la grande ville de l'Euphrate, entretiennent ses palais, Artaxerxès III y fait construire un Apadana (343 env.), et d'innombrables tablettes attestent la prospérité de Babylone à cette époque. Mais l'esprit national y est encore très fort : en 522-521, profitant de la crise de succession qui vient d'éclater chez les Perses, les Babyloniens proclament rois successivement deux aventuriers qui se prétendent fils de Nabonide et qui sont pris et mis à mort par Darius Ier. Vers 477, une révolte analogue réprimée par Xerxès Ier amène le roi des Perses à supprimer de sa titulature toute référence au royaume de Babylone.

Alexandre le Grand, qui s'était emparé de la grande ville en 331, décide d'y installer la capitale de son empire et y meurt en 323. La satrapie de Babylonie, attribuée en 321 au Macédonien Séleucos, est le point de départ du grand royaume asiatique (dit de Syrie) fondé par cet officier d'Alexandre. Séleucos, chassé de la région en 316 par

Antigonos le Borgne, reprend pied dans la région avec l'appui des indigènes qui ont gardé un bon souvenir de son administration et qui situent à son retour (312-311) le début de l'ère séleucide qui sera utilisée pendant plus de quatre siècles. C'est pourtant Séleucos qui amorce le déclin de Babylone en fondant, à proximité, une ville nouvelle, Séleucie du Tigre, qui est peuplée de Babyloniens déplacés de force et qui devient la capitale des régions orientales du royaume séleucide. Les rois de Syrie ne se désintéressent pourtant pas de Babylone, et l'un d'eux, Antiochos IV (175-164), en fait une *polis* (ville autonome à la façon des cités grecques). Une élite indigène, qui a reçu les privilèges de la citoyenneté, se mêle aux colons grecs de Babylone et fréquente comme eux le gymnase et le théâtre de la ville.

Puis les Parthes, qui ont fondé un grand royaume en Iran, entament la conquête de la Mésopotamie (141), et l'ensemble de cette région est entre leurs mains après la défaite du Séleucide Antiochos VII (129). Sous la domination des nouveaux venus, les textes économiques se raréfient, manifestant l'aggravation du déclin de la cité sur ce plan, mais les scribes de Babylone copient encore assez souvent des textes religieux en babylonien et en sumérien. En 27 après J.-C., le culte de Bêl est encore attesté, mais le géographe Strabon, qui a visité le site un peu avant, l'a déjà trouvé désert. Le sable et la poussière de brique s'accumulent sur les ruines de la ville qui avait conservé, fait fructifier et diffuser l'héritage culturel de Sumer, qui avait perfectionné la divination et l'astrologie que les Chaldéens devaient répandre dans le monde méditerranéen à la fin du Ier millénaire avant J.-C. Alors commence pour Babylone la désolation annoncée par les prophètes juifs qui ne voulaient connaître de la grande ville que les massacres et les déportations de l'époque de Nabuchodonosor.

GILBERT LAFFORGUE

2 Civilisation

Le roi et les institutions publiques

Dès sa première dynastie, la Babylonie est une grande monarchie centralisée qui a profité des expériences unificatrices des royaumes sumériens et akkadiens. Le prince, « roi de la totalité », prétend à une domination universelle. Vicaire du dieu national, Mardouk, il est à la fois législateur, juge suprême, administrateur et chef militaire. Dans son Code (1694 env. avant J.-C.), Hammourabi transmet à ses sujets des lois inspirées par les dieux, mais couvertes de son autorité temporelle. On possède des édits émanant du premier (Samsou-ilouna) et du quatrième (Ammi-tsadouqa) successeur de ce roi, et quelques débris d'une loi néo-babylonienne. La juridiction même s'est laïcisée : les juges de Hammourabi sont des officiers civils et le roi rend la justice, non plus en qualité de grand-prêtre, mais de magistrat souverain. L'administration du royaume est dirigée par le Palais, sous le contrôle d'un Premier ministre. Des inspecteurs parcourent le pays pour transmettre les ordres du roi et veiller à leur exécution. Les lettres royales révèlent la multiplicité de ses tâches : comme juge, le roi prescrit des enquêtes sur les plaintes des particuliers, notamment contre les abus des fonctionnaires ; comme administrateur, il veille aux travaux publics (curage des canaux par les riverains, entretien des temples), à la collecte de l'impôt et même à l'unification du comput du temps (auparavant chaque cité décidait si l'année en cours compterait douze ou treize mois) ; il prescrit le mode de gestion de son domaine, pour partie exploité en régie, pour partie affermé à des particuliers ou concédé en bénéfice à des fonctionnaires. Les rois kassites et surtout les monarques de l'empire néo-babylonien reprennent les grandes lignes de cette organisation. Cette dernière période connaît une nouvelle accentuation de la laïcisation du pouvoir : la classe sacerdotale entre en conflit avec la monarchie et contribue à l'abattre avec l'aide de l'étranger.

Tout au long de l'histoire babylonienne, l'accession au trône se fait en principe par dévolution héréditaire. Mais les prêtres et l'aristocratie militaire livrent parfois le pouvoir à des usurpateurs : tel roi kassite, Nazibougash, et le fondateur de la dynastie néo-babylonienne, Nabopolassar, se disent ouvertement « fils de personne ». Nabonide, dernier roi de Babylone, est un Araméen qui a gagné sa légitimité par de riches donations aux temples.

La structure sociale

La fusion des ethnies sumérienne et sémitique, juste avant le XIXe siècle, marque la naissance de la Babylonie. Le sumérien, devenu langue savante, est supplanté par l'akkadien, et c'est dans cet idiome, désormais seul officiel, que Hammourabi entend parachever, au moyen de son Code, l'unification du droit : il semble avoir tenu compte, notamment en matière de mariage, de la coexistence de deux traditions.

La société babylonienne se compose en majorité d'hommes libres. La classe supérieure est celle des citoyens (*awilouti*), stratifiée, suivant la fortune et la fonction, depuis la famille du prince jusqu'aux simples paysans en passant par les hauts fonctionnaires, les prêtres, les propriétaires fonciers, artisans et commerçants. La distinction entre ces catégories trouve des applications en droit pénal : ainsi, la violence légère commise envers un membre du même échelon social est frappée d'une peine pécuniaire, une mine d'argent, tandis que le même délit perpétré sur une personne de la classe supérieure entraîne un châtiment corporel, soixante coups de nerf de bœuf. Les « mesquins » sont encore des hommes libres, mais ils constituent une classe inférieure : la compensation qui leur est due à l'occasion de certains délits est inférieure à celle que reçoit l'*awilou*, mais supérieure à celle qu'obtient le maître d'un esclave. La lumière n'est pas faite sur l'origine de cette condition. Les mesquins ne correspondent pas à la population indigène soumise par les Sémites, puisqu'ils existaient déjà dans les principautés sumériennes et akkadiennes. L'opinion la plus répandue voit en eux des individus vivant, en dehors des communautés villageoises, sur des terres qui leur ont été concédées par le Palais et qu'ils ne peuvent abandonner. À l'époque néo-babylonienne, cette condition n'a pas disparu, elle a tout simplement changé de nom (*shoushane*).

L'esclavage est connu en Babylonie comme il l'avait été en Sumer et en Akkad. Son origine historique se trouve dans la captivité de guerre : l'idéogramme désignant l'esclave (*ardou*) signifie « l'étranger ». Des causes secondaires et accessoires de la servitude sont la vente d'enfants par des familles pauvres, l'asservissement pour dette ou à titre de peine et la naissance de parents esclaves. La condition servile est, à bien des égards, supérieure à celle qu'on observe dans les mondes grec et romain. L'esclave oriental est certes une chose que le maître engage et aliène librement, en principe : il porte une marque (tatouage, front rasé, tablette pendue à son cou) et la loi protège le droit de propriété du maître sur l'esclave. En revanche, l'absence d'esprit systématique chez les Babyloniens a fait que l'esclave a pu acquérir des biens, passer des contrats et se marier, parfois même avec des personnes libres ; les enfants issus de ces unions mixtes naissent libres ou le deviennent. Le maître ne peut aliéner les fils qu'il a eus de son esclave, ni leur mère ; il peut les légitimer et, même s'il ne le fait pas, ils sont affranchis, ainsi que leur mère, à la mort du père. Toutes ces dispositions révèlent le souci de ne pas disperser la famille servile. Les esclaves « publics », serviteurs du palais ou du temple, jouissent d'une condition encore plus favorable. Les causes et les modes d'affranchissement sont nombreux.

L'économie

Le développement de l'agriculture, principale ressource de l'économie babylonienne, dépend d'une bonne irrigation, d'autant plus nécessaire que le climat est sec et la salinité du sol, en basse Mésopotamie du moins, très élevée. L'orge vient en tête dans la culture céréalière, le sésame est important pour la fabrication de l'huile, le dattier joue un rôle primordial en raison de la multiplicité de ses produits et sous-produits... On élève ovidés et bovidés, l'âne a toujours été connu, mais l'emploi du cheval n'est répandu qu'à partir des Kassites. Les structures agraires sont diverses : à côté des grands domaines du palais et des temples, des collectivités villageoises sont attestées à toutes les périodes, mais la propriété individuelle l'emporte à l'époque hammourabienne. La rareté des matières premières importantes (bois de construction, pierre, métaux) gêne l'essor de l'artisanat qui dispose, en fait de matériaux locaux, d'argile, de roseaux, de peaux, de laine et de lin. Ces besoins ont créé un intense trafic commercial qui se déploie par voie de terre et par voie fluviale. Il développe l'usage de l'argent pesé comme étalon des valeurs, l'apparition des opérations de crédit et l'influence du grand négociant (*tamkarou*). L'activité commerciale est telle que le Code de Hammourabi est le premier à accorder une place notable au droit des obligations, le premier à pouvoir être qualifié de « code d'une société de marchands ». Les rois babyloniens ont continué, en matière économique, la politique dirigiste de leurs prédécesseurs, comme en témoignent les mercuriales de prix, les tarifications de salaires, les limitations du taux d'intérêt, qui abondent dans les lois. Mais leurs efforts n'ont pas obtenu le succès espéré ; les actes de la pratique révèlent des prix et des intérêts supérieurs, des salaires inférieurs aux tarifs légaux.

La famille et le droit privé

La famille babylonienne est fondée sur un mariage qui n'est pas rigoureusement monogamique. En principe, l'homme n'a qu'une épouse en titre, procréatrice de fils qui assureront le culte des ancêtres et continueront l'exploitation du domaine familial. Néanmoins, non seulement les rapports sexuels du maître avec les concubines esclaves sont licites, mais encore les enfants issus de ces relations sont soit légitimés, soit affranchis. Une atténuation, moins importante, du principe monogamique consiste dans la possibilité donnée à l'homme qui a contracté un mariage « blanc » avec une *naditou* (prêtresse vouée à la chasteté) d'avoir une épouse « secondaire », mais authentique, dans la personne d'une *shoughetou* (sœur converse). Le mariage est constitué par un acte solennel qui fut d'abord le versement d'une *terhatou* au futur beau-père : l'opinion qui y voyait un achat de la femme ou de la puissance sur une femme est aujourd'hui, à juste titre, presque unanimement rejetée. À partir de Hammourabi au moins, un acte écrit est nécessaire à la réalisation du mariage, mais l'usage de la *terhatou* s'est perpétué, assumant dans une certaine mesure le caractère d'une arrhe pénitentielle que le fiancé perd s'il se dédit, et que le beau-père restitue au double si la rupture lui est imputable. Assez souvent, le père de la mariée transmet à sa fille tout ou partie de la *terhatou* : celle-ci devient alors un complément de la dot (*sheriktou*) qui lui est donnée en avancement d'hoirie. Si le mari ne constitue pas de douaire à l'épouse, celle-ci reçoit à la mort de l'époux une part d'enfant.

La répudiation, décidée librement par le mari, entraîne la restitution de la dot et le versement d'une indemnité ou l'entretien de la femme sous le toit conjugal. Si le mari invoque des griefs contre sa femme, il la répudie sans indemnité ou la réduit au rang d'esclave dans sa propre maison. En revanche, la séparation demandée par la femme n'est accordée que pour des torts graves du mari, et la femme qui échoue dans cette procédure encourt la peine capitale. La femme de l'absent, dénuée de ressources, peut se remarier, mais la seconde union est dissoute si le premier époux reparaît ; les enfants suivent leurs pères respectifs ; si l'absence du mari est délictueuse (fuite à l'étranger), le mariage est définitivement dissous.

Le chef de famille peut engager pour ses dettes sa femme et ses enfants, mais leur libération intervient de plein droit au bout de trois ans. Il ne semble pas avoir droit de vie et de mort sur sa progéniture : c'est la loi qui châtie par la mutilation de la main le fils qui a frappé son père ; pour des fautes assez graves et répétées, il peut être chassé et exhérédé, mais sous le contrôle de la justice. Le mineur a une capacité réduite : comme l'esclave, il ne peut vendre ou déposer un bien appartenant au chef de famille, sans un écrit et des témoins, forme qui implique l'autorisation du père. La femme, même mariée, ne paraît pas dépourvue de toute capacité juridique, mais celles qui apparaissent le plus souvent dans les contrats sont peut-être des femmes indépendantes, veuves ou prêtresses.

L'adoption comporte des fins très diverses, la principale demeurant celle de procurer un héritier à l'adoptant. La survenance d'enfant peut la faire révoquer, mais l'enfant adopté garde un droit successoral réduit. L'adoption sert également à opérer un contrat d'apprentissage, à procurer une future bru que l'adoptant unira à tel de ses descendants qu'il lui plaira de désigner - pratique qui équivaut à une sorte de lévirat contractuel et prénuptial - à affranchir un esclave, à légitimer un enfant, à constituer une rente viagère, enfin, à tourner, à basse époque surtout, la règle de l'inaliénabilité des fiefs.

L'égalité est assurée entre les héritiers : le fils pour qui le père a versé une *terhatou* doit la rapporter à la succession. Seule trace d'un droit de primogéniture primitif, l'aîné ou le « fils préféré » choisit sa part le premier. Les filles sont exclues ou, si l'on préfère, elles ont reçu, en avancement d'hoirie, la dot qui accompagne leur mariage ou leur entrée en religion. La prêtresse à qui le père n'a pas laissé la libre disposition de sa dot, reçoit l'usufruit viager d'une part d'enfant. La veuve ne se remarie librement que si elle n'a pas la charge d'enfants mineurs ; sinon, le remariage doit être autorisé par les juges, et la loi protège les biens des enfants du premier lit en prescrivant l'inventaire.

Le droit pénal

Le droit pénal porte l'empreinte des inégalités sociales : la condition de la victime retentit sur la rigueur de la peine, même parmi les hommes libres ; si la victime est un esclave, le délit est regardé comme une atteinte au patrimoine du maître. On note un effort pour dégager l'intention délictueuse : la blessure involontaire n'entraîne qu'une obligation de réparer, le maître d'un bœuf agressif n'est pas responsable si le vice de l'animal avait été notifié ; la contrainte devient une cause d'irresponsabilité. Le stade de la vengeance privée est dépassé, la répression est assurée presque toujours par juridiction publique. La mort est comminée près de quarante fois dans le Code de Hammourabi pour crimes contre l'État, attentats à la vie, délits sexuels et atteintes graves à la propriété. La mutilation et les autres peines corporelles ont le plus souvent un caractère talionique (par exemple, par ablation des seins de la nourrice qui a provoqué par sa faute la mort du nourrisson) ; la peine peut, en conséquence, être exécutée sur la personne d'un sujet du coupable : ainsi l'agresseur d'une femme enceinte est puni de la mort de sa propre fille ; l'entrepreneur responsable, par la ruine de l'édifice qu'il a mal construit, du trépas du fils du propriétaire est puni par la mort de son propre fils. On s'est étonné de constater que le Code ait, par rapport aux législations antérieures, développé la peine talionique au détriment de la compensation pécuniaire, mais cette évolution n'est pas régressive. La plupart des délits perpétrés sur la personne des citoyens sont, à juste titre, punis d'une peine corporelle, moins éloignée de la peine afflictive moderne qu'un droit, monnayable, à exercer la vengeance privée. L'intention intimidatrice du législateur est tellement évidente qu'on s'est demandé si le droit pénal était appliqué dans la pratique avec toute sa rigueur. La compensation pécuniaire prévaut pour les autres cas, lésion corporelle d'un esclave, dommages aux biens.

La procédure pénale use dans toute la mesure du possible de la preuve rationnelle par témoins. Lorsque cette preuve manque, on recourt à la preuve surnaturelle, ordalie du fleuve ou serment ; la première est aménagée de façon à donner au prévenu le maximum de chances ou à permettre au juge de traduire son intime conviction, la seconde équivaut à la relaxe du défenseur au bénéfice du doute.

GUILLAUME CARDASCIA

LA RELIGION ASSYRO-BABYLONIENNE

La religion assyro-babylonienne, pratiquée du début du deuxième millénaire à la chute de Babylone (538), est multiforme. Il existe des différences entre celles d'Assur et de Babylone : les rivalités entre les dieux des deux capitales se traduisent par des particularités culturelles et reflètent les rivalités de leurs souverains. Mais, de plus, chaque cité importante vénère spécialement un dieu propre et modèle son panthéon, son culte et ses mythes en fonction de ce dieu. Une étude d'ensemble ne peut donc que dégager le fond, le plus grand commun dénominateur de ces religions locales.

noms des dieux	parèdre	forme akkadienne	fonction	représentation	iconographie	lieu principal du culte	symbolisation mathématique
An	Antum	Anu	père des dieux	ciel	tiare à cornes	Uruk	60
Enlil	Ninlil	Enlil	père des dieux	terre	tiare à cornes	Nippur	50
Enki	Ninki	Éa ou Enki	sagesse, magie	eaux	poisson	Eridu	40
Nannar	Ningal	Sin		lune	croissant	Ur, Harran	30
Utu	Aja	Shamash	justice	soleil	disque solaire	Larsa, Sippar	20
Inanna		Ishtar	guerre, amour	vénus	étoile	Uruk	15
Ishkur	Shapash	Adad		orage	foudre	Ur	10
Ninurta	Gula	Ninurta	guerre, chasse	ouragan	sceptre à double tête de lion		(50)
Gibil ou Girru		Giril ou Girru		feu	lampe		
Nergal	Ereshkigal	Nergal		enfers	sceptre à tête de lion	Kutha	
Dumuzi		Tammuz		végétation	serpent, palmier	Uruk	

Les principales divinités du monde divin sumérien.

Babylonie (~1800-~1700)	Assyrie (~721-~612)	Mari (~1800)	fonction	Ugarit (~1250)	fonction	Hittito-Hourrite (~1250)	fonction	Élam (~IIe millénaire)	fonction
Marduk	Assur	Dagan	dieu national	Él	père des dieux	Teshub	dieu du Temps	Humban	dieu puissant
Nabu	Anu	Iturmer	dieu local de Mari	∞ Athirat	mère des dieux	∞ Hebat*	épouse de Teshub	In-shushinak	dieu de Suse
Anu	Enlil	Anat	déesse de l'Amour	Ba'al	orage	Sharruma	fils du couple divin	Nahhunte	soleil
Éa	Éa	Annunitum	déesse de la Guerre	Dagon	végétation agriculture	Allanzu	fille du couple divin	Pinenkir	déesse de l'Amour
Enlil	Sin	Shamash	?	Yam	dieu de la Mer	Kumarbi	père des dieux	Kiri-risha	mère des dieux
Shamash	Shamash	Sin	?	Kothar	dieu artisan	Éa		Parti	déesse locale
Ishtar	Adad	Adad	?	'Anat	déesse de l'Amour et de la Guerre	Shaushka	déesse de l'Amour	dieux babyloniens : Nergal, Éa, Annunitum, Adad, Nabu...	
Sin	Marduk	Nergal	?	'Athtar	déesse de la Fertilité et de la Guerre	Kushuh	lune		
	Nabu	Éa	?	Shapash	soleil	Shimegi	soleil du ciel		
	Nergal								
	Ishtar								

* assimilée à la déesse solaire d'Arinna hittite ∞ symbole du mariage — symbole de la filiation

Les mondes divins de l'ancien Orient asiatique.

Ce dénominateur commun est né de la fusion des courants religieux introduits en Mésopotamie par les deux grandes races qui la peuplent : la sumérienne et la sémitique. Si l'influence sumérienne s'est exercée en Babylonie, par Babylone elle a atteint Assur ; après une symbiose millénaire, il est vain d'essayer de distinguer les apports de chacun de ces deux courants.

Les documents qui peuvent être rassemblés pour l'étude de cette religion sont hétérogènes : mythiques, rituels, historiques et économiques ; ils proviennent de différentes cités, s'échelonnent sur un millénaire et demi et sont toujours fragmentaires ; l'historien des religions se trouve ainsi en présence de puzzles à plans multiples et superposés. Il comble les vides de l'un par les données d'un autre. La religion assyrobabylonienne ainsi reconstituée doit donc être considérée comme un modèle, une abstraction qui n'a jamais existé comme telle.

On peut en étudier successivement les aspects cycliques et occasionnels. La religion cyclique s'exprime dans le culte périodique : annuel, mensuel et journalier ; la religion occasionnelle se manifeste à propos d'événements fortuits. En réalité, ces deux aspects sont toujours étroitement imbriqués l'un dans l'autre.

1 La religion cyclique

Les divinités

Les Assyro-Babyloniens rencontrent leurs dieux à la limite de leurs possibilités d'action sur les éléments naturels : divinités astrales : Anu et Antu (divinités du ciel), Shamash et Sîn (dieu solaire et lunaire), Ishtar (déesse vénusienne) ; dieux de l'atmosphère : Enlil et Adad ; dieux de la terre et des eaux : Enki-Ea, Tammuz. Ils leur attribuent la toute-puissance sur ces éléments et comme telles ces divinités sont tour à tour bienfaisantes et malfaisantes. Ils les rencontrent aussi à la limite de leurs possibilités biologiques ; en opposition à l'inéluctabilité de la mort, ils en ont fait des immortels ; « lorsque les dieux ont formé l'humanité, pour les hommes ils ont établi la mort, la Vie ils l'ont gardée dans leurs mains », déclare catégoriquement

Siduri, la cabaretière de l'autre monde, à Gilgamesh en quête de la vie. L'homme, cependant, n'est pas anéanti par la mort ; il mène ensuite dans l'obscurité souterraine une vie larvée, plus ou moins reposante selon les actes que chacun a accomplis sur terre, réduit à se nourrir de poussière et d'eau polluée si les vivants ne pourvoient à sa subsistance par un culte approprié. L'image de ses dieux jaillit dans la conscience du Mésopotamien à la jonction de son expérience du monde et des données de la psychologie profonde, aussi les dieux assyro-babyloniens sont-ils représentés le plus souvent sous des traits humains : ils sont mariés et organisés en familles. Ils sont alors diversifiés par les symboles des choses qu'ils dominent : le Soleil, la Lune, Vénus, la foudre. Ils ont aussi des affinités avec le règne animal : Ishtar avec le scorpion, Tammuz avec le serpent, Enlil avec le renard, Marduk avec le chien ; leur qualité divine est marquée par une ou plusieurs paires de cornes de taureau, en relief sur leur tiare, en nombre plus ou moins grand selon leur rang dans le panthéon. Ils sont également liés au règne végétal : le tamaris est Anu, le cyprès Adad, le palmier Tammuz ; et même au règne minéral : l'argent est le grand dieu, l'or est EN.ME.SHAR.RA, le cuivre est Ea, le bitume le dieu-fleuve.

Les représentations les plus abstraites sont fournies par les nombres : Anu par 60, l'unité du système sexagésimal ; Enlil par 50, nombre approximatif des jours annuels de pluie ; Enki par 40 ; Sîn par 30, nombre de jours du cycle lunaire ; Shamash par 20 ; Ishtar par 15.

Lorsque Assur et Babylone devinrent capitales, leurs dieux propres, Assur pour l'Assyrie et Marduk pour la Babylonie, accédèrent au sommet du panthéon ; par opposition aux dieux du désordre dont sont issus le ciel, l'atmosphère et les eaux, ils sont considérés comme les dieux de l'ordre, dompteurs des éléments dont ils fixent et régissent les destins, avec l'assentiment des dieux qui les dominent.

La religion babylonienne, plus psychologique que celle des Assyriens, a fait d'Ishtar et de Bēl-Marduk des divinités qui meurent et ressuscitent avant de triompher.

Les lieux de culte

Les lieux de culte mésopotamiens occupent en surface un quartier important de la cité ; outre les nombreux bâtiments administratifs, souvent aussi vastes que ceux du palais, ils comportent trois éléments culturels proprement dits : la ziqqurrat, les temples, l'esplanade. La tour à étages, que les Mésopotamiens désignaient par le substantif *siqqurratu*, dérivé de la racine *sqr*, « être haut », est l'élément caractéristique des complexes sacrés ; « la quasi-totalité des villes fouillées avaient leur tour sacrée. Là où elle manque, il est certain que le ravage du temps s'ajoutant aux destructions de l'homme l'a fait disparaître » (A. Parrot). Elle est construite le plus souvent sur plan carré et compte sept étages. Les dimensions, mesurées en coudées de 0,50 m environ, des six terrasses de l'Esagil, « le temple à tête élevée », la tour à étages de Babylone, étaient les suivantes : 180 × 180 × 66 ; 156× 156 × 36 ; 120 × 120 × 12 ; 102 × 102 × 12 ; 84 × 84 × 12 ; 48 × 42 ; celles du temple supérieur sont inconnues. Ce plan idéal est rarement réalisé dans toute sa perfection.

Pour une trentaine de ziqqurrats fouillées par les archéologues, les vestiges de quatre seulement permettent une reconstitution de sept étages, et plusieurs sont construites sur plan rectangulaire, comme celles d'Ur et de Nippur.

L'archéologie a révélé peu de détails concernant l'aménagement des ziqqurrats ; celles-ci ont eu particulièrement à souffrir de l'érosion des siècles. Un édicule couronnait la terrasse supérieure ; les traces d'une chambre ont été retrouvées sur une des terrasses de la ziqqurrat d'Ur, et au cœur même de la terrasse inférieure ont été découvertes à Nimrud et à Tchoga Zambil des chambres sans voie d'accès.

Au pied de la ziqqurrat sont groupés les temples proprement dits de chacune des divinités de la cité. Plus ou moins complexes selon l'importance de la divinité, ils se composent essentiellement d'un vestibule qui fait parfois le tour de l'ensemble, d'une ante-cella et d'une cella où réside la statue du dieu et où l'on n'accède que par une porte unique, ouverte sur l'ante-cella.

Un plateau votif en bronze, du XIIe siècle, trouvé à Suse, représente une cérémonie qui se déroule sur le parvis d'un temple ; deux ziqqurrats se dressent aux deux extrémités du rectangle ; devant la plus grande, de trois étages, un quadrilatère en relief, creusé de cupules, figure un petit autel flanqué de part et d'autre d'une stèle. À l'autre extrémité, près de la ziqqurrat à deux étages, quatre arbres, une grande jarre et deux bassins rectangulaires représentent le bosquet sacré et le réceptacle des eaux primordiales ; tels devaient être les éléments essentiels de l'esplanade sacrée. Les vestiges de canaux d'irrigation attestent la présence d'un bosquet sacré à côté de la ziqqurrat d'Uruk. Le temple proprement dit était la résidence personnelle du dieu ; là, dans l'obscurité de la cella, il menait sa vie journalière. Le parvis, avec ses installations permanentes, suffisait aux cérémonies réservées au clergé et à quelques personnages ; la ziqqurrat était utilisée pour les manifestations grandioses du dieu, lors des fêtes solennelles, destinées au peuple tout entier. Les temples sur terrasse circulaire ou ovale d'El-Obeid, El-Hibba, Khafage et Uqair, qui précédèrent les tours à étages, ont été bâtis à l'aube de la civilisation urbaine pour mettre les récoltes sous la protection du dieu, à l'abri des inondations et des razzias. La symbolique religieuse en a fait la réplique de la grande montagne cosmique, sortie la première du chaos primitif et les Sémites, venus de pays montagneux, y ont vu la transposition citadine de leur haut lieu. Les textes semblent indiquer que les chambres sans voie d'accès, enfouies à l'intérieur de la terrasse inférieure, symbolisent le monde souterrain, l'édicule du sommet le monde céleste et les étages intermédiaires, le monde où vivaient les humains avant la séparation du ciel d'avec la terre. Lors des cérémonies évoquant ce temps mythique, des aménagements provisoires de bosquets sacrés, représentés stylisés sur certains cylindres-sceaux ou bas-reliefs, rendaient plus suggestive cette évolution.

Outre les complexes sacrés urbains, chaque cité possède hors les murs un temple campagnard de l'Akītu avec parvis et dépendances, enfoui dans la verdure.

Le culte

La vie quotidienne des dieux était ordonnée à l'image de celle des rois ; on offrait à la divinité quatre repas par jour : le grand et le petit repas du matin, le grand et le petit repas du soir ; chacun d'eux se composait de boissons fermentées, de pains, de fruits et de viande ; ils n'étaient pas purement symboliques ; le menu journalier des quatre grandes divinités d'Uruk exigeait 243 pains faits de 409 litres de farine d'orge et de 136 litres de farine de blé ainsi que 1 200 tartelettes à l'huile, nappées de dattes de choix ; les plats de résistance comptaient 50 moutons, 2 bœufs, 1 veau, 8 agneaux, 70 volatiles divers, 4 sangliers et 6 œufs ; autant de denrées qui, après offrande, revenaient sur la table du clergé.

Chaque mois, outre les premier, quinzième et dernier jours du mois, caractérisés par l'apparition, la culmination et la disparition de la Lune, exigeant des cérémonies particulières, les quatrième, huitième et dix-septième jours étaient consacrés à des fêtes *eshsheshu*. Ces dernières commençaient la veille au soir et s'inspiraient peut-être, en beaucoup moins solennel, d'une fête qui se célébrait à Uruk dans la nuit du 16 au 17 d'un mois inconnu : les dieux sortent alors sur le parvis du temple où ils festoient toute la nuit ; à l'apparition des astres, symboles de ces dieux, des hymnes sont chantés et des parfums brûlés ; un feu nouveau est consacré ; la torche qu'on y enflamme, après avoir été présentée au dieu, fait processionnellement le tour du parvis et, de torche en torche, le feu sacré se dissémine dans toute la ville jusqu'aux corps de garde veillant aux portes. Le 17 était solennisé par un banquet particulièrement important qui réunissait tous les dieux de la cité.

La plus grande solennité de la religion assyro-babylonienne, microcosme du culte tout entier, était la fête du Nouvel An, dite de l'Akītu. Elle n'était pas célébrée partout à la même saison car le commencement de l'année liturgique était lié, tantôt à l'apparition d'un astre, tantôt à l'équinoxe de printemps, triomphe solaire sur les puissances des ténèbres, tantôt à celui d'automne, triomphe lunaire sur les forces adverses, tantôt au début de la saison des pluies ou de la crue du fleuve. Sa durée et son déroulement ont varié selon les époques et les lieux ; à Babylone, à l'équinoxe du printemps, elle s'étendait sur les onze premiers jours du premier mois. Elle comportait deux phases, plus ou moins imbriquées l'une dans l'autre. La première était dominée par la tristesse, la lamentation et la purification ; si le dieu de la cité était une divinité qui meurt et qui ressuscite, on évoquait alors sa descente au monde infernal ; sinon, le temps de son inaction. Le souverain, image du dieu sur terre, était associé rituellement à cette impuissance divine : il est dépouillé de ses insignes royaux, le maître des cérémonies « lui frappe la joue, lui tire les oreilles, le fait se prosterner à terre » ; le roi clame alors son innocence : « Je n'ai pas péché, ô seigneur des contrées, je n'ai pas été négligent à l'égard de ta divinité. » Pendant ce temps le temple est purifié, il est aspergé avec les eaux du Tigre et de l'Euphrate, son parvis est frotté avec le cadavre d'un mouton qui, chargé ainsi des souillures du temple, est ensuite jeté dans le fleuve. La deuxième phase, débordante de joie, commence lorsque le roi réapparaît revêtu des insignes de sa dignité, symbole du dieu exerçant de nouveau sa royauté sur le monde ; c'est le moment où retentissent les acclamations de tous ; « Marduk (ou Assur) est roi ! » proclament tous les dieux vassaux venus dans la capitale pour la circonstance ; « Marduk (ou Assur) est roi ! » reprend le peuple tout entier. Un immense cortège s'organise dans la ville en liesse ; il part de la ziqqurrat où a eu lieu l'apothéose divine, traverse la cité par la grande voie processionnelle du dieu et du roi, s'embarque, comme à Babylone, et gagne le temple campagnard de l'Akītu. Alors se déroulent les fiançailles divines, présentation solennelle du dieu à son épouse, et la hiérogamie, union du dieu et de la déesse, qui assure pour la nouvelle année la fécondité du monde. Une nouvelle procession ramène le dieu et la déesse au temple principal ; il reste maintenant à proclamer les destinées ; cette cérémonie est préparée par l'observation des présages tout au cours de la fête : les larmes du roi pendant son humiliation, un faux pas du souverain dans le temple ou un écart du cheval attelé au char sacré, l'état du ciel et celui des entrailles des victimes sont autant de signes lourds de sens. Les résultats, établis par des spécialistes, sont proclamés lors d'un banquet d'apparat qui réunit autour du maître du panthéon tous les dieux vassaux. Cette dernière cérémonie revêt une importance plus grande à Assur qu'à Babylone.

2 La religion occasionnelle

Malgré les pratiques cycliques qui assuraient la bonne marche du monde, de nombreux dangers menaçaient chaque individu, qu'il fût roi, notable ou simple particulier. La religion doit y faire face. Cette insécurité constante a provoqué une réflexion religieuse qui a déterminé les relations personnelles de l'homme avec la divinité, mais aussi avec les démons, et c'est le fondement de la religion occasionnelle. Celle-ci doit prévoir les dangers par la divination et y parer par la magie.

Le dieu de l'individu et ses démons

L'un ou l'autre des dieux du panthéon est chargé de veiller spécialement sur chacun des Mésopotamiens : le fidèle se proclame « fils de son dieu » ; celui-ci réside dans le corps du fidèle et l'accompagne dans toutes ses activités. Ce dieu est attribué à chacun par le nom qui lui est donné, généralement théophore : Assurbanipal, « Assur est celui qui a formé le fils », Nabuchodonosor, « ô Nabû, garde le rejeton ! » ; certains fidèles préfèrent cacher le nom de leur dieu. Devenu adulte, ou accédant à une charge officielle, le Mésopotamien ratifie le choix qui a été fait de son dieu par ses parents en gravant son image sur son cylindre-sceau ; il peut changer de dieu si sa nouvelle situation l'y invite, ou s'il n'est pas satisfait de son aide. Pour s'assurer les bonnes grâces de son dieu le fidèle lui doit un culte personnel dans sa chapelle domestique, simplifié mais analogue à celui qui est rendu officiellement dans les temples. En retour, son dieu lui doit aide et protection en toutes circonstances. Il a d'ailleurs fort à faire car l'homme est environné de démons qui le guettent. Ceux-ci échappent à la saisie des sens : « Personne ne les remarque, ils s'assoient à côté d'un homme de façon que personne ne les voie » ; ils sont souvent asexués ; ils n'ont pas de nom à proprement parler car ils ne possèdent pas de personnalité définie ; ce sont des puissances, des forces du mal ; ils sont nuit, ouragans, fauves. On les classe selon leurs effets, certains d'entre eux sont des spécialistes des maladies : le démon de la peste et des épidémies, celui des maux de tête ; une démone s'attaque tout particulièrement aux femmes enceintes. Certains incarnent plutôt la méchanceté des grands dieux. Parmi eux figurent aussi les spectres des morts insatisfaits qui ont quitté la terre sans s'être accomplis : l'enfant mort en bas âge ou la femme morte en couches, ceux qui sont demeurés sans sépulture ou qui sont simplement oubliés. Leur pouvoir est cependant limité car le démon ne peut s'attaquer à l'homme que si celui-ci est abandonné de son dieu. Cet abandon peut résulter d'une faute consciente ou d'une négligence : les codes mésopotamiens ou les contrats sont assortis de malédictions qui privent ipso facto leur violateur de l'assistance des dieux. Mais la violation, même inconsciente, d'un tabou provoque le même résultat : « Le péché que j'ai commis je ne le connais pas, la faute que j'ai commise, je ne la connais pas. » Le plus souvent, c'est l'état d'impureté matérielle du fidèle, incompatible avec la pureté divine, qui provoque le départ du dieu : l'eau polluée des égouts dans laquelle on pose le pied, la rencontre d'une femme aux mains souillées, ou d'une personne maudite, ou même de quelqu'un qui mourra insatisfait. Des listes longues et minutieuses ont été dressées par les spécialistes, des actes qui doivent être évités à certains jours du mois ou de l'année sous peine de tomber sous les griffes des démons.

La divination

Pour lutter contre les éventualités mauvaises, il faut d'abord les prévoir. N'est pas devin qui veut ; il lui faut appartenir à la lignée de l'un ou l'autre des devins antiques et ses ascendants doivent être demeurés purs. Personnellement, il doit être accompli en forme et en proportions, se soumettre à une très longue initiation conduite par un « spécialiste en connaissance » et avoir été investi.

Les signes qui manifestent à l'avance les projets divins sont en nombre infini ; le plus important d'entre eux est d'ordre psychique ; le rêve est le moyen privilégié de communication des dieux avec les hommes : Assurbanipal reçoit parfois en songe un avis favorable de la déesse Ishtar pour son départ en campagne. Mais le rêve à sens obvie, garanti par la répétition, est rare. Aussi le plus souvent la divination s'exerce-t-elle sur des signes physiques ; ceux-ci peuvent être répartis en trois catégories principales ; les signes *cosmiques* : le ciel avec ses astres, ses phénomènes divers, ses orages et ses nuées est l'envers même du monde divin ; les signes *liturgiques* : l'intérieur des victimes sacrifiées est soigneusement examiné, la manière dont la victime se dirige vers l'autel, les écarts des animaux de trait lors de la procession sont significatifs ; enfin, tout ce qui est *extraordinaire* dit la volonté divine : la naissance de jumeaux ou de triplés, un fœtus anormal, l'apparition de flammes sur les eaux et certains reflets du soleil sur les plans d'eau ; le fortuit même est significatif : l'entrée d'un chien dans un temple ou la vue d'un serpent. Ces signes, rêvés ou observés à l'état de veille, requièrent une interprétation ; celle-ci est fournie par les devins. Le lien entre le signifiant et le signifié est le plus souvent empirique et toujours mystérieux ; il résulte de coïncidences qui, observées et consignées dans des recueils par des siècles de divination, fondent une interprétation traditionnelle. Un signe unique est rarement clair ; c'est au devin qu'il appartient d'en obtenir confirmation ou infirmation par une divination technique : extispicine, lécanomancie, etc.

La magie

Il ne suffit pas de prévoir, il faut empêcher la réalisation des présages mauvais et lutter contre le mal s'il survient. Seuls les dieux peuvent revenir sur la décision qu'ils ont prise ; aussi le mage n'intervient-il que comme représentant des dieux. Pour obtenir ce résultat, il utilise l'exorcisme. Celui-ci est constitué de deux éléments, inséparables mais distincts : le rite et l'incantation. L'efficacité du rite magique est fondée sur l'affinité entre la matière et le dieu qu'il faut atteindre. Les gestes rituels peuvent être adressés soit au démon, soit au dieu. Les rites d'incompatibilité consistent à mettre le patient en contact avec un objet insupportable au démon. Si le mal a déjà pris possession de l'homme, il faut recourir à des rites d'expulsion par préfiguration ou transfert ; dans le premier cas, l'eau qui coule sur le malade par exemple ou qu'on répand aux quatre coins du monde symbolise le départ du mal. Lorsque le symbole représente l'un des partenaires du drame, c'est un rite de transfert par envoûtement : au malade on peut substituer une statuette ou un animal et l'abandonner au démon ; on peut aussi représenter le démon ou la sorcière et le tuer. Quand on s'adresse aux dieux, on exécute des rites de communication : l'application d'une substance pure, qui rend au malade la pureté perdue ; ou des rites d'apaisement destinés à rendre au patient la faveur du dieu. Parfois les rites constituent, par l'intermédiaire de statues, de véritables envoûtements des grands dieux du panthéon. L'incantation est plus importante encore que le rite ; c'est elle qui lui donne son sens. Avant d'entamer la lutte, l'incantateur doit circonscrire son objet, comprendre et saisir l'adversaire ; toute erreur d'adresse la rendrait inefficace, d'où la nécessité d'énumérer tous les démons capables d'être l'auteur du mal visé. L'exorciste doit aussi libérer le patient de l'emprise du mal, par la confession de toutes les causes possibles d'impureté. La conjuration constitue l'essentiel de l'incantation ; « Par la vie des Cieux, sois conjuré ! Par la vie de la Terre, sois conjuré ! » Cette formule admet des développements plus ou moins longs qui énumèrent tantôt la liste des puissances du Ciel et de la Terre, tantôt les ordres et les défenses donnés aux démons et qui prennent parfois la forme de chantages nettement caractérisés.

Enfin, lorsque l'incantateur s'adresse directement aux dieux, l'impératif s'adoucit et devient parfois humble supplication ; sans doute l'exorciste a-t-il confiance dans l'efficacité de la cérémonie, mais pour plus de sûreté il ajoute la prière déférente et ne néglige pas l'intervention d'intermédiaires divins.

La religion assyro-babylonienne imprègne donc toutes les activités politiques, sociales et économiques de la cité ; elle a dressé, par ce fait même, une puissance incontestée, celle des dieux et des hommes qui parlent et agissent en leur nom, en face du pouvoir civil. Elle a empêché ainsi celui-ci de devenir tyrannique et a donné à la Mésopotamie une civilisation vraiment libérale.

La religion assyro-babylonienne, malgré l'humilité de ses prières, doit être classée parmi les religions magiques. Parce que la magie cherche dans le monde visible un reflet divin qui lui donne prise sur les dieux, elle a observé et noté inlassablement, avec une précision méticuleuse, les mouvements des astres, les propriétés médicinales des plantes et des minéraux. Si l'on admet que l'observation est la première phase de la science, la religion a donné à l'Assyrie et à la Babylonie une civilisation vraiment scientifique.

Enfin, fondée sur la rencontre de l'expérience et de la psychologie profonde, cette religion, par sa liturgie et sa mythique, a aidé l'homme et la société à vaincre leurs phantasmes les plus nocifs et à accepter les renoncements nécessaires dans la vie ; par cette libération, elle a doté la Mésopotamie d'une civilisation profondément équilibrée.

RENÉ LARGEMENT

LA LITTÉRATURE ASSYRO-BABYLONIENNE

Vers 2300 avant notre ère, le roi sémite Sargon d'Akkad ravit aux Sumériens l'hégémonie sur l'ancienne Mésopotamie. Les scribes, pour la première fois, se mirent alors à écrire couramment en langue akkadienne. Ce fut le point de départ d'une abondante littérature qui, pendant dix-sept siècles, allait s'épanouir en Assyrie et en Babylonie, rayonner sur tout le monde civilisé du temps, et, après la chute de Ninive et de Babylone, se survivre longtemps encore.

1 Aperçu linguistique

Cet *akkadien* qui, sous Sargon, acquiert enfin droit de cité appartient à la famille des langues sémitiques. Il en constitue le rameau oriental, le plus anciennement attesté, et assez isolé des autres. Il doit certainement une part de sa singularité à sa longue et étroite coexistence avec la langue sumérienne. L'influence de celle-ci marqua son phonétisme, sa morphologie et sa syntaxe, cependant qu'elle enrichit son vocabulaire par l'emprunt qu'il lui fit de nombreux termes, notamment administratifs, techniques et religieux.

Si nous laissons de côté quelques rares et obscurs témoignages antérieurs, noyés dans le contexte sumérien, c'est donc à l'époque d'Akkad (2334-2154) que se révèle à nous l'état le plus ancien de la langue, le *vieil akkadien.*

Deux faits importants vont ensuite influencer son histoire. L'un est le bouillonnement intellectuel dû à un renouveau passager de l'hégémonie sumérienne, l'autre, à partir de 2000 environ, la lente invasion de nouveaux groupes sémitiques venus de l'Ouest, les Amorites, qui viennent élargir et vivifier l'ancienne souche sémitique. Lorsque la langue reparaît sous le calame des scribes, elle n'est plus ce qu'elle était auparavant. Elle a éclaté en deux grands dialectes, l'*assyrien* et le *babylonien*, qui, pendant des siècles, avec plus ou moins de fécondité littéraire et non sans de fréquentes interférences, vont évoluer désormais suivant leur propre finalité, l'assyrien plus conservateur et plus raide, le babylonien emporté par un mouvement plus libre et plus vif. Chacun a ainsi, linguistiquement, son histoire, dans laquelle on distingue d'ordinaire une période ancienne, une période moyenne et une période récente. La période moyenne, vers le milieu du deuxième millénaire, s'ouvre sur des temps troublés par des invasions qui entraînent un appauvrissement passager de la culture et précipitent l'évolution de la langue, du moins sous sa forme écrite. Au cours de la période récente, qui va du début du premier millénaire à la disparition de l'Assyrie en 612, se produit le phénomène de l'araméisation progressive de la Mésopotamie. Dans la vie courante, l'araméen tend partout à supplanter l'akkadien, qu'il altère, avant de le faire disparaître. L'usage écrit, toutefois, conserve la langue traditionnelle. Elle continuera à être employée, sous forme de babylonien tardif, tout au long des époques chaldéenne (625-539), perse (538-331), séleucide et arsacide. Mais elle n'est déjà plus qu'une langue morte, savante et liturgique.

2 Les grandes périodes littéraires

Dans cette longue histoire, toutes les époques n'ont pas été également fécondes.

Nous sommes encore mal renseignés sur la période la plus ancienne. Trop peu d'œuvres nous en sont parvenues. Cependant, la maturité dont témoignent d'emblée les premières créations de l'ancien babylonien laisse supposer, dès le vieil akkadien, une nécessaire et puissante germination. Au reste, sur tout le pourtour de la Mésopotamie subsisteront, longtemps après, des traces de cette haute culture qu'y diffusèrent les conquêtes de Sargon et de Narâm-Sin. C'est aussi, entre autres recherches archaïsantes, sur des particularités grammaticales et stylistiques de cette époque que chercheront à se modeler les effets littéraires du dialecte hymnico-épique, dont les lettrés cassites se serviront pour rédiger de grandes œuvres poétiques.

L'âge d'or de la littérature sémitique mésopotamienne est, sans conteste, le temps de la première dynastie babylonienne, dont le cœur est le règne du roi Hammourabi (XVIIIe s. av. notre ère). Tout y atteste une période de pleine activité créatrice, depuis les améliorations ingénieusement apportées à l'écriture jusqu'à la variété et à la perfection des œuvres de l'esprit.

Sur toutes les terres qu'il avait conquises, Hammourapi avait mis fin aux particularismes, il avait unifié le pays et favorisé son rayonnement culturel. On considère d'ordinaire son fameux Code de lois comme l'œuvre la plus représentative de son temps, mais son génie créateur s'est exprimé en bien d'autres domaines.

La tradition babylonienne connut une autre grande période de fécondité, au cours des derniers siècles du deuxième millénaire. Certes, le pays était appauvri, et aucun des rois cassites d'alors n'atteignit à la gloire de Hammourabi. Mais, il s'était, entre autres, formé, ici et là, de grandes familles de lettrés qui avaient pris délibérément en charge le trésor spirituel des siècles passés. Leur volonté de le sauvegarder et de le promouvoir leur avait fait souvent prendre comme patron un grand scribe d'autrefois, souvent mythique, qui restera l'égide de la lignée, parfois jusqu'à l'époque séleucide.

Ce furent avant tout des compilateurs, qui firent un immense travail de mise en ordre, de copie et de commentaires de textes. En tant que créateurs, ils furent toujours plus ou moins prisonniers du passé, qui marqua même le vocabulaire et le style de leurs écrits. Parfois, cependant, de grands mouvements politiques ou religieux faisaient passer un souffle de vérité dans cet humanisme trop souvent compassé.

En regard de la Babylonie, l'Assyrie, du point de vue littéraire, fait le plus souvent figure de parent pauvre.

Dès le temps de Hammourabi, la pensée babylonienne s'impose et ne cessa de s'imposer à l'intelligentsia du pays. Même aux époques où l'Assyrie se rejette dans un nationalisme agressif et veut s'affirmer en s'opposant, elle ne peut, ni ne souhaite vraiment, s'affranchir de cette emprise culturelle.

Déjà, au milieu du XIVe siècle, Assourouballit Ier avait attaché à son service personnel un scribe babylonien et, lorsque Toukoulti-Ninourta (XIIIe s. av. notre ère) s'empara de Babylone, il emporta en Assyrie un grand nombre de tablettes enlevées aux bibliothèques de la ville. Certaines compositions littéraires assyriennes, et notamment les grandes inscriptions historiques des Sargonides, lors même qu'elles relèvent incontestablement de l'inspiration assyrienne, n'en sont pas moins rédigées en une langue littéraire « standard » issue de la tradition babylonienne.

Il serait injuste toutefois de ne pas porter au crédit des Assyriens les efforts que firent plusieurs de leurs rois pour créer dans leur palais de grandes bibliothèques encyclopédiques. Ce fut le cas de Teglat-Phalasar Ier (1115-1077), ce fut aussi, sur une plus grande échelle, celui d'Assourbanipal (668-627), qui fit copier par ses scribes des milliers de tablettes, aussi bien babyloniennes qu'assyriennes. Si, hormis des pièces de circonstance, leur apport créateur resta faible, ils n'en rendirent pas moins un inappréciable service à la tradition spirituelle de la Mésopotamie ancienne, et c'est souvent par leurs copies que nous sont connus bien des chefs-d'œuvre antérieurs.

3 Écrit et littérature

On ne se ferait pas une idée exacte de la littérature babylonienne si l'on n'avait présent à l'esprit ce que représentent l'écriture et l'écrit dans cette civilisation millénaire.

Innombrables sont les textes de la pratique, contrats, documents économiques ou administratifs, lettres officielles ou privées. Abondantes aussi sont les œuvres savantes dans tous les chapitres de la connaissance. L'écriture y fixe une inlassable investigation du réel, explorant des voies fécondes ou se fourvoyant dans des impasses. La science de l'homme débouche sur la médecine : des milliers de tablettes recomposent pour nous des traités de thérapeutique ou de pronostics, des formulaires ou des recueils d'ordonnances. La science du langage s'y évertue en listes, en vocabulaires, en commentaires ou en paradigmes. L'étude du ciel s'ouvre non seulement sur des observations et des tables astronomiques, mais aussi sur une immense production astrologique. Celle-ci n'est elle-même qu'un des chapitres de la science proliférante de la divination, dont témoignent des bibliothèques entières d'ouvrages spécialisés. La plus importante est peut-être celle des haruspices, qui, des siècles durant, ont inlassablement consigné les observations faites sur les foies et les entrailles des moutons sacrifiés à cette fin.

La littérature religieuse ne le cédait guère en abondance à la littérature magique ou divinatoire. Chaque collège de prêtres avait ses tablettes rituelles, ses prières, ses lamentations ou ses chants. C'est d'ailleurs dans les temples que se sont le plus souvent constituées et le plus longtemps maintenues les principales bibliothèques du pays.

Cette extraordinaire fortune de l'écrit s'explique moins par les nécessités économiques et sociales que par la valeur qu'avait le verbe dans la pensée mésopotamienne. Nommer, pour elle, c'est réellement créer, et fixer une notion par l'écriture, c'est lui donner forme définitive et irrévocable. De là, l'importance du mot exact, de la formule précise, de la phrase sciemment composée dans les textes visant à une efficience quelconque. L'écriture n'est jamais gratuite, et l'attitude attentive du scribe à la propriété de ce qu'il écrit a porté les mêmes fruits dans les œuvres purement littéraires que dans les formules magiques ou dans les termes choisis pour une prière.

Que l'on pense aussi à ce qu'était l'apprentissage de son art pour un scribe akkadien. L'écriture cunéiforme était d'une effrayante ou, peut-être, d'une merveilleuse complexité. Les études étaient longues et se faisaient sur les textes (copies, dictées ou récitations). En s'exerçant à écrire, l'apprenti se nourrissait de la tradition des ouvrages techniques ou des grandes œuvres du passé, qu'il copiait avec application. Si l'on ajoute à cela l'indestructibilité normale des tablettes d'argile, support de cette tradition, on comprendra son étonnante permanence au cours des siècles.

Un autre trait, dans cette littérature, doit être tenu pour essentiel, en ce qui concerne surtout les grandes œuvres de l'esprit : la littérature assyro-babylonienne est foncièrement bilingue. Dès le moment où la pensée akkadienne commence à s'exprimer, elle est tout imprégnée de la culture sumérienne, avec laquelle, pendant des siècles, elle a déjà vécu en une enrichissante osmose. Lorsque les Sumériens disparurent en tant que peuple, leur héritage resta vivant et fécond. On continua, toujours peut-on dire, à recopier des textes sumériens, à pourvoir certains d'entre eux de traductions babyloniennes, et à doter inversement diverses œuvres babyloniennes d'une version sumérienne. Or, par la langue, par la pensée, par leur vision du monde, par la structure même de leur intelligence, les deux peuples étaient radicalement différents. Cette hétérogénéité foncière se révéla, de part et d'autre, plus stimulante que ne l'aurait été sans doute l'influence réciproque de deux pensées plus proches l'une de l'autre. Leur coexistence féconde se perpétua dans cet humanisme suméro-akkadien qu'illustrait ce dicton ancien : « Que serait un scribe qui ignorerait le sumérien ? » On a pu dire avec raison que, grâce à ce fructueux dualisme, chacun des deux peuples est allé plus loin et plus haut qu'il n'aurait fait par les seules forces de son propre génie.

La Mésopotamie ancienne a connu presque tous les genres littéraires, hormis les contes dont un seul nous est parvenu, et la littérature théâtrale que semblaient pourtant annoncer certains poèmes sumériens apparemment à plusieurs voix, la vogue des « débats », les fables à deux personnages et divers dialogues « philosophiques » ou satiriques.

C'est en d'autres voies que s'est épanouie la pensée akkadienne.

4 Mythes et épopées

La porte royale par laquelle il faut entrer dans la littérature épique, c'est, parmi les grands mythes, l'*Épopée de Gilgamesh*. En elle se résument vraiment l'histoire de la littérature babylonienne dans ses rapports avec la pensée sumérienne, les diverses étapes de son évolution et son rayonnement à l'extérieur.

Le thème en est les exploits d'un très ancien roi d'Ourouk, à demi légendaire. Autour du personnage dut se créer très tôt une tradition poétique qui, plus tard, donna naissance à toute une série de poèmes sumériens. De ces poèmes disparates, les poètes akkadiens tirèrent une épopée, à laquelle ils donnèrent l'unité qui manquait aux sources sumériennes. La première partie de l'œuvre en est la partie héroïque. Gilgamesh et son ami Enkidou, après s'être affrontés, vont ensemble de victoire en victoire. Ils triomphent du géant Houm-baba, gardien de la Forêt des Cèdres ; ils terrassent le Taureau céleste qu'Ishtar, dans son courroux, avait envoyé contre eux. Grisés de gloire, ils succombent à l'orgueil. Le Destin va les punir de leur démesure. Il frappe d'abord Enkidou, qui meurt dans les bras de son ami. Hanté désormais par la peur de la mort, Gilgamesh tente de percer le secret de la Vie éternelle. Il croira le trouver auprès du survivant du Déluge, auquel les dieux avaient jadis accordé l'immortalité. Mais il le perdra sur la route du retour, et, dans Ourouk, il n'aura plus désormais qu'à attendre, résigné, l'heure de descendre à son tour aux Enfers : l'âme d'Enkidou, évoquée, lui laisse entrevoir l'existence qu'y mènent les défunts.

Cette épopée ne s'est pas créée d'un seul jet. Elle a connu des élaborations successives. Du temps de Hammourabi nous en sont parvenues quelques tablettes, que marquent la spontanéité et la force des ouvrages de cette époque. Et c'est sans doute de la seconde moitié du deuxième millénaire que date une mouture plus récente, en douze chants, et parfois laborieusement remodelée.

La renommée de l'œuvre déborda largement les frontières de la Mésopotamie. Des passages en ont été retrouvés en Cappadoce copiés ou traduits par les scribes hittites et hourrites de Boghaz-Köi, vers le milieu du deuxième millénaire ; et d'autres tablettes, trouvées à Jéricho ou à Ugarit, attestent sa diffusion largement vers l'ouest.

De ce rayonnement culturel témoignent aussi d'autres œuvres épiques. Les poèmes d'Anzou et d'Etana étaient connus et copiés à Suse, en Élam, de même que l'étaient jusqu'en Égypte, à Amarna, le mythe du sage Adapa et celui des amours infernales de Nergal et d'Ereshkigal.

Le *Mythe d'Anzou* raconte, en trois longues tablettes, comment l'oiseau des tempêtes Anzou réussit à s'emparer de la toute-puissance que détenait son maître, le dieu Enlil. Il en emporta le symbole dans une montagne inaccessible, où plusieurs champions divins ne pourront même pas l'approcher. Finalement, le dieu guerrier Ninourta parviendra à le vaincre et à rétablir dans l'univers la légitime hiérarchie des pouvoirs.

C'est, au contraire, dans le monde infernal que nous transporte un poème de 440 vers dont l'héroïne est la déesse des morts *Ereshkigal.* Solitaire et triste en son obscur royaume, elle fut, un jour, humiliée par un dieu du ciel, son frère, le jeune et beau Nergal. Celui-ci n'échappa à la punition fatale qu'en séduisant sa sœur. Mais de s'être une fois trop longuement attardé dans ses bras l'obligea à rester à jamais dans les Enfers et à régner sur les morts avec Ereshkigal.

Le *Poème d'Era,* le dieu de la peste, a une tout autre inspiration. Il a pour toile de fond la tragique période où les invasions soutéennes apportèrent malheur et désolation dans la Babylonie, et il s'interroge sur l'indifférence des dieux en ces périls mortels que courent leurs créatures. Quoique ce long poème épique soit de création cassite, il n'en a pas moins parfois des accents qui rappellent ceux des prophètes hébreux, et où l'on retrouve l'écho des grandes lamentations sumériennes.

Un autre poème, en cinq chants, a pour personnage central le roi mythique Etana. Attesté par des éditions anciennes et récentes, il constitue en fait une légende dynastique, sur laquelle le poète a brodé la fable d'un aigle et d'un serpent. C'est en chevauchant cet aigle, puni pour avoir finalement dévoré les petits du serpent, son ami, qu'Etana montera dans les cieux pour y trouver la « plante d'enfantement », qui lui permettrait, pensait-il, d'obtenir le fils qu'il ne pouvait avoir.

Il est d'autres questions, plus graves encore, l'existence des dieux, la genèse du monde, la création de l'humanité, auxquelles s'efforçaient de répondre d'autres mythes, faisant ou non écho à des traditions sumériennes.

Le plus célèbre d'entre eux, le plus traditionnel aussi, nourri qu'il est de l'héritage spirituel de la sumérienne Eridou, est le *Poème d'Atrahasis.* Il connut sa plus belle expression au temps classique de Babylone, et on le retrouve encore, en copies assyriennes, dans la bibliothèque d'Assourbanipal. Il nous est malheureusement parvenu en mauvais état, et ce qui en reste ne nous en laisse entrevoir que certains épisodes : la naissance de l'homme, né de l'argile et d'une parcelle de pensée divine ; le pullulement de l'humanité qui finit par perturber intolérablement la paix des dieux ; le déluge qui mit bon ordre à ce désordre ; n'en réchappa qu'Atrahasis, le très sage, qui grâce aux conseils d'Ea avait construit l'arche salvatrice ; et recommençait le cycle fatal de la prolifération des hommes.

De la naissance de l'homme, il est également question dans le non moins célèbre *Poème de la Création*, qui occupe une place à part dans la littérature babylonienne, car il est, en quelque sorte, un « livre sacré ». Il fut conçu vers la fin du deuxième millénaire par les prêtres de Babylone, désireux de porter leur dieu Mardouk au faîte du panthéon. Lecture en était donnée solennellement chaque nouvel an dans le temple. Composé de sept chants, il est écrit en cette langue hymnico-épique, à résonances archaïques ou archaïsantes, de l'époque cassite. Son récit commence au début même du monde alors que tout n'était encore que chaos. Il évoque l'apparition successive des dieux, et le conflit qui finit par opposer le premier ordre divin, où régnaient le silence, les ténèbres et l'immobilité, aux plus jeunes générations divines, génératrices de bruit, de mouvement et de lumière. Au terme de cet affrontement cosmique, un moment incertain, la victoire revint enfin au plus jeune champion des dieux, Mardouk. Après son triomphe, il créa et organisa le ciel et la terre, puis il conçut l'homme, fait de chair, d'os et du sang d'un dieu coupable. L'œuvre se termine sur la glorification de Mardouk, dont les dieux proclament les cinquante noms qui font de lui le dieu de tous les rites et de tous les pouvoirs.

5 Œuvres morales et sapientiales

Bien que le genre des *proverbes* et *dictons populaires* ait été fort prisé des Sumériens, il y a peu de chose à en dire ici. Leurs recueils, traduits en akkadien et enrichis de quelques nouvelles maximes, ne vont guère au-delà de l'observation parfois ironique de la vie journalière et des vérités du simple bon sens.

Au contraire, c'est le problème du mal et celui de la justice divine qu'aborde un poème célèbre, que les Anciens appelaient de ses premiers mots, *Je veux louer le seigneur de sagesse*, et qu'en raison des similitudes qu'il paraît présenter avec le *Job* biblique, d'aucuns ont parfois nommé le *Poème du Juste souffrant*.

Composé de quatre tablettes, c'est un long monologue, dans lequel, non sans emphase ni rhétorique, un juste accablé de malheurs fait le récit de ses infortunes. Richesses, position sociale, estime de ses concitoyens, il a tout perdu, et son corps est tourmenté de mille maux dont médecins, prêtres ni devins ne peuvent lui révéler la cause ni la durée. Surviendra finalement le pardon du dieu, mais sa miséricorde demeure aussi inexplicable que l'avait été son courroux ; et, finalement, on se demande si les valeurs morales ont le même sens pour dieu et pour l'homme, et si les desseins divins ne resteront pas toujours un mystère impénétrable et déroutant.

Cette même idée de la transcendance divine se retrouve, exprimée avec plus de rigueur et de poésie, dans un autre poème que l'on a coutume de désigner sous le nom de *Théodicée babylonienne*. Il se présente sous la forme à la fois d'un dialogue et d'un poème acrostiche. Deux savants amis, en strophes alternées, y débattent de la responsabilité divine dans le bonheur et le malheur des hommes. La grille acrostiche nous livre le nom d'un sage qui vécut à Babylone, vers la fin du deuxième millénaire, et qui est sans doute l'auteur de ce poème, que les scribes postérieurs se plurent à recopier jusqu'à la période parthe. Le premier interlocuteur, pessimiste et désabusé, se révolte contre les maux qui frappent inconsidérément les hommes, et dont il donne maints exemples. Son ami, chaque fois, lui répond en défenseur de la religion et de l'ordre établi, et, lorsque lui manquent les arguments logiques, il invoque l'immanence de la justice divine et l'infirmité de l'homme à comprendre les longs desseins de dieu.

C'est également sous la forme d'un dialogue, ou plutôt sous celle d'une comédie à deux personnages, que les mêmes problèmes sont évoqués dans une pièce qui pourrait s'appeler *Le Maître et son serviteur.* Dans chacune de ses strophes, le maître appelle son valet, et lui dit ce qu'il a, sur-le-champ, décidé de faire. Et le serviteur d'approuver. Mais l'autre aussitôt renonce à son projet, et le valet, avec un même zèle, trouve pour s'abstenir d'aussi bonnes raisons qu'il en avait donné à l'inverse l'instant d'auparavant. Il n'est pas plus sage, en ce bas monde, d'agir dans un sens ou dans l'autre, et le moins absurde serait peut-être de se casser la tête ou de se jeter à l'eau.

On a beaucoup discuté sur le sens de cette œuvre, satirique pour les uns, empreinte pour les autres du plus noir pessimisme. Quoi qu'il en soit, il faut bien admettre, avec les derniers vers du dialogue, que les dieux seuls peuvent connaître le sens contradictoire de l'existence humaine.

6 La littérature historique

De tous les genres historiques qu'ont cultivés les Anciens, celui qui se rapproche le plus de la conception moderne de l'histoire est le genre des *chroniques.* Impersonnelles et rédigées avec plus ou moins de recul, elles n'apparaissent que tardivement sous leur forme définitive. La tradition dont elles sont issues se contenta d'abord d'enregistrer de brefs récits anecdotiques, sans suite et sans unité. Elle prit, pour un temps, la forme d'une *histoire synchronique*, relatant, en résumés clairs, précis et datés, les principaux événements survenus parallèlement en Babylonie, en Assyrie et en Élam. Le genre s'épanouit enfin dans les grandes chroniques de la dynastie néo-babylonienne, où l'on trouve une relation détaillée des faits qui aboutirent à la ruine de l'Assyrie et à la conquête de Babylone par les Perses.

La tradition des chroniques est essentiellement babylonienne. Dans la littérature assyrienne, qui trouva là sans doute son terrain d'élection, la veine historique est d'ordinaire de tout autre nature.

Laissons à part le genre des *stèles imaginaires*, illustré notamment par les légendes de Sargon et de Narâm-Sin : en immortalisant les triomphes et les tribulations de grandes figures du passé, ces stèles prétendaient tirer les leçons de l'histoire. Laissons aussi de côté le cas particulier du grand poème historique qui exalte, sur un mode épique, la victoire du roi Toukoulti-Ninourta sur son rival babylonien. C'est dans les *annales*, ou dans des récits plus ou moins analogues, que les scribes assyriens commémoraient les œuvres pies et les hauts faits de leur souverain.

Les plus anciennes de ces inscriptions se réfèrent à l'activité constructrice du roi. Les allusions aux événements militaires n'interviendront qu'ultérieurement dans ces textes et de façon incidente. Mais, par la suite, elles ne cesseront d'y prendre de l'ampleur et finiront par constituer l'essentiel du récit. On aboutit de la sorte aux grands textes historiques du temps des Sargonides (721-612), telle cette édition, de 636, des *Annales* d'Assourbanipal qui, sur les 1 300 lignes de son texte, n'en consacre guère plus d'une soixantaine à décrire des travaux de restauration, tout le reste étant réservé au récit des campagnes.

C'est vraisemblablement à l'influence hittite, ou plus encore peut-être hourrite, que ce genre littéraire, d'abord modeste, dut son remarquable épanouissement. Mais le génie assyrien sut lui donner une résonance originale, dans la façon notamment dont sont traités quelques-uns de ses grands thèmes descriptifs.

À côté des annales, on rencontre aussi des *histoires militaires*, qui, pour être moins précisément datées, n'en suivent pas moins l'ordre chronologique, à l'encontre des *fastes*, qui groupent plutôt les événements d'après les contrées où ils se sont déroulés. Le genre historique culmine peut-être dans ces *rapports à dieu*, par lesquels il arrivait au roi de rendre solennellement compte à la divinité d'une campagne particulièrement importante. C'est à ce type de texte qu'appartient le célèbre récit de la Huitième Campagne de Sargon, dont certains passages descriptifs peuvent compter parmi les plus belles pages de la littérature assyrienne.

Il va de soi que ces grandes perspectives, mythes, sagesse et histoire, sont loin d'être les seules que l'on peut suivre pour explorer et connaître l'immense production des lettrés assyro-babyloniens. Elles nous en révèlent du moins les œuvres les plus marquantes et les plus justement célèbres.

RENÉ LABAT

LES ARAMÉENS

On groupe, sous le nom d'Araméens, une confédération de tribus qui parlaient un langage nord-sémitique et qui, entre le XIe et le VIIIe siècle avant J.-C., occupèrent le pays d'Aram, région englobant des territoires assez étendus au nord de la Syrie. À la même époque, certaines de ces tribus, émigrant vers l'est et le sud-est, s'emparèrent de vastes territoires qui appartenaient à la Mésopotamie.

Les sources qui permettent de reconstituer l'histoire et la langue des Araméens sont de trois sortes : inscriptions archaïques trouvées au nord de la Syrie et qui remontent au XIe et au Xe siècle avant J.-C. ; mentions qui existent dans les chroniques assyriennes de la même époque ; mentions que l'on trouve dans l'Ancien Testament.

Langue impériale à l'époque perse, langue parlée par le Christ et ses premiers disciples, l'araméen joua longtemps un rôle de premier plan.

1 Histoire

Dans l'Ancien Testament, une tradition appuyée sur les généalogies des peuples (Genèse, XI, 28 et suiv.) et sur le conte de Jacob et Laban (Genèse, XXXI, 17 et suiv.) nous montre les Araméens étroitement apparentés aux Hébreux et ayant résidé, depuis l'époque des patriarches, c'est-à-dire depuis le XVIe siècle avant J.-C., environ, au nord de la Syrie, dans la région d'Harran. Si de nombreux spécialistes considèrent cette tradition comme anachronique, il est permis cependant de situer le berceau des tribus de langue araméenne là où l'Ancien Testament le place, c'est-à-dire dans le désert de Syrie (Qedem, « l'Est », Genèse, XXIX, 1). On peut penser que ces tribus, évoluant comme évoluèrent naturellement de nombreux autres Bédouins nomades, surgirent du désert, se fixèrent dans les contrées environnantes où le sol était cultivé et se mêlèrent aux peuples qui y étaient déjà établis. Il est fréquemment fait mention des Araméens dans les chroniques assyriennes. Ils sont considérés comme des pillards, en même temps qu'une autre peuplade, les Akhlaméens. Ceux-ci sont mentionnés pour la première fois dans une lettre que l'on fait remonter à peu près à 1375 avant J.-C., découverte à Tell el-Amarna et qui les situe sur l'Euphrate. Cinquante ans plus tard, ils atteignaient le cours supérieur du Tigre, mais étaient repoussés par les Assyriens. Au XIIIe siècle avant J.-C., ils sont attaqués par les Assyriens sur le fleuve Khabour et sur le cours moyen de l'Euphrate, où on les trouve établis. Les Araméens sont mentionnés pour la première fois par Téglath-Phalasar Ier, roi d'Assyrie (1115-1076 av. J.-C.), qui se flatte d'avoir ouvert contre eux et contre les Akhlaméens vingt-huit campagnes, sur un front s'étendant de Tadmor (Palmyre) à Anat et à Rapiqu sur le moyen Euphrate. À la fin du XIe siècle avant J.-C., les Araméens ont constitué l'État de Bīt-Adini, des deux côtés de l'Euphrate, au sud de Karkhemish. Dans la vallée du Khabour, ils ont formé les émirats de Laqe, de Bīt-Bahiani (Tell Halaf) et de Bīt-Halupe. La tribu de Temanai s'est emparée de Nasibina (Nisibe), d'Huzirina et de Gidara au sud-ouest de Mardin (Kurdistan turc). Leur limite extrême de pénétration au nord est Suru dans les collines de Tūr-Abdin. À l'ouest de l'Euphrate, ils se sont infiltrés dans les montagnes d'Aman et se sont installés à Sam'al (Zincirli). Le Centre est tenu par l'émirat de Bīt-Agusi avec Arpad pour capitale. Hameth est tombée entre leurs mains. Plus au sud, l'Anti-Liban est divisé entre les émirats de Zobah, dans les régions de Bequa' (ne formant qu'un, peut-être, avec Bīt-Rehob, sur la rivière Litani), de Maacah et de Geshur, à l'est de la Galilée, de Damas, enfin. Vers 1030 avant J.-C., une coalition de ces Araméens du Sud, conduite par Hadadezer, roi de Zobah, alliée aux Ammanites, aux Édomites et aux Araméens de Mésopotamie, menaça Israël. Mais David, en trois campagnes, en vint à bout. On dit que la Syrie tout entière lui rendit alors hommage. Le fils de David, Salomon (970-931 env. av. J.-C.), proclama lui aussi son hégémonie sur ces territoires à l'exception de Bīt-Adini, et il semble bien qu'il ait occupé Palmyre, tandis que Damas, sous le règne de Rezon, échappait à sa domination. Les successeurs de Rezon, Ben-Hadad Ier et Ben-Hadad II (nommés Hadadezer dans les archives assyriennes), reprirent la lutte, mais Ben-Hadad II fut battu par Achab, roi d'Israël (874-853 env. av. J.-C.), qui conclut avec lui la paix.

La clémence d'Achab à l'égard de Ben-Hadad était due à son inquiétude devant la menace plus lourde de l'agressivité assyrienne. Au cours du XIe siècle, les tribus araméennes ne s'étaient pas bornées à occuper la Syrie. Elles s'étaient étendues le long de l'Euphrate moyen et de l'Euphrate inférieur, le long du cours moyen du Tigre et, plus loin, vers l'est, jusqu'en Babylonie, où un usurpateur araméen fut couronné roi de Babylone sous le nom d'Adad-apaliddin. Au IXe siècle, toute la région, de Babylone à la mer, se trouvait entre les mains des tribus araméennes connues sous le nom collectif de Kaldu (ou Kashdu) - les Chaldéens de la Bible. L'Assyrie se trouvait donc encerclée, mais Assur-Nasirpal II, roi d'Assyrie (884-859 av. J.-C.), prit l'offensive contre les Araméens et soumit, à l'ouest, Bīt-Bahiani. Salmanasar III, autre roi d'Assyrie, annexa Bīt-Adini en 856 et, en 853, combattit à Karnar contre les armées des pays d'Hamath, d'Aram, de Phénicie et d'Israël. La bataille fut indécise, mais, en 838, Salmanasar III réussit à annexer les territoires tenus par les tribus du moyen Euphrate.

Entre Israël et le royaume de Damas, après la mort d'Achab, guerres et trêves précaires se succédèrent pendant un siècle. Puis Téglath-Phalasar III, roi d'Assyrie, s'empara d'Arpad, centre de la résistance araméenne dans la Syrie du Nord, en 740 avant J.-C., conquit Samarie en 734 et Damas en 732. Finalement, la destruction de Hamath par l'Assyrien Sargon II en 720 marqua la fin des royaumes araméens de l'Ouest.

Sur le Tigre inférieur, les Araméens purent sauvegarder plus longtemps leur indépendance. C'est un Chaldéen, Merodach-Baladan, qui régna sur Babylone de 722 à 710 et qui réussit à contenir les assauts des Assyriens. À l'issue de la lutte cruelle qui suivit sa mort, les Assyriens, déportèrent 208 000 Araméens et, en 689 avant J.-C., ils rasèrent Babylone. Pourtant les Araméens ne s'avouaient pas vaincus ; Babylone fut reconstruite et bientôt ils reprenaient la lutte. En 626, un général chaldéen, Nabopolassar, se proclamait roi de Babylone et s'alliait aux Mèdes et aux Scythes pour anéantir l'Assyrie. Au sein du nouvel Empire babylonien ou chaldéen, Chaldéens, Araméens et Babyloniens finirent par être confondus.

2 Écriture et langue

L'araméen est un langage sémitique, proche parent de l'hébreu et du phénicien. Mais qui comporte quelques traits communs avec l'arabe. Il utilise l'alphabet phénicien. Le premier spécimen d'écriture araméenne connu remonte au Xe ou au IXe siècle avant J.-C. et a été recueilli sur un autel à Tell Halaf. Il en existe de nombreux autres spécimens venant de Syrie et datant du IXe ou du VIIIe siècle, époque où l'araméen était utilisé à des fins religieuses ou politiques. Ces inscriptions montrent que l'araméen devenait déjà une langue littéraire. Au VIIIe siècle, il avait donné naissance à des dialectes divers, mais les gens instruits possédaient une langue commune assez répandue (II Rois, XVIII, 26-28). Les Assyriens eux-mêmes l'acceptaient comme seconde langue officielle. La déportation en masse du peuple araméen par les Assyriens et l'utilisation de cette langue en guise de *sabir* par les négociants babyloniens contribuèrent à la répandre. Pendant la période néo-babylonienne, elle était d'usage courant en Mésopotamie. Sous l'Empire perse (539-323 av. J.-C.), l'« araméen impérial » fut la langue officielle, de l'Égypte à l'Inde. Après les conquêtes d'Alexandre le Grand, le grec le remplaça dans cette fonction en Orient sur toute l'étendue de l'ancien Empire perse, mais les dialectes araméens survécurent jusqu'à l'époque romaine, et l'on retrouve dans les manuscrits certaines formes auxquelles on a donné les noms de palmyréen, de nabatéen, de samaritain et de syriaque. Certains fragments de l'Ancien Testament, par exemple ceux que l'on trouve dans Daniel et dans Esdras, ont été rédigés en araméen. Le Talmud de Babylone a été, dans sa plus grande partie, écrit en un dialecte araméen et le Talmud de Jérusalem en un autre. En Palestine l'araméen était le langage quotidien du peuple, l'hébreu étant réservé au clergé, aux fonctionnaires, aux membres de la classe supérieure. Jésus et les Apôtres parlaient l'araméen ; en même temps que la Bible en hébreu ont circulé des traductions en araméen (Targums). L'araméen populaire n'a subsisté au cœur des temps modernes que dans quelques villages isolés près de Damas, dans les collines de Tūr-Abdin (Turquie du Sud-Est), enfin sur la rive orientale du lac Urmia (Iran, province d'Azerbaïdjan). Mais les communautés chrétiennes n'ont cessé de le pratiquer en Syrie orientale. On le retrouve dans la liturgie juive.

3 Culture et religion

Il est difficile de dégager des quelques fragments et objets d'art découverts par les archéologues les traits d'une culture spécifiquement araméenne. Les princes araméens, notamment ceux de Bīt-Bahiani et de Sam'al, encouragèrent une forme locale d'art syrien fortement influencée par les Hittites ou les Mitannéens. Les Araméens, sans aucun doute, portaient, suivant les lieux, le costume de ces peuples. Cependant les artistes assyriens nous présentent sur les fresques de Til Barsip des Araméens semblables à des Bédouins. Et sur leurs sculptures, ils montrent les Araméens de

Mésopotamie portant une courte jupe, barbus, enturbannés. Les femmes sont drapées dans de longs vêtements.

Bien que leur panthéon abritât des dieux cananéens, babyloniens et assyriens, les Araméens adoraient leurs propres dieux. Le principal était Haddad ou Ramman (le Rimmon de l'Ancien Testament), assimilé au dieu des tempêtes des Horites, Techoub. Le grand temple qui lui était consacré se trouvait à Damas. La principale déesse était Atargati (Astarté), qui rassemblait en sa personne deux divinités phéniciennes, Astarté et Anath. Son sanctuaire le plus important se trouvait à Hiérapolis, en Syrie. Les Araméens adoraient encore Sin, dieu babylonien de la lune, Nabu, dieu de la sagesse. Chamach, le dieu-soleil, El, le Cananéen, père de tous les dieux, Rechef, dieu de la guerre et de la foudre et bien d'autres encore. Il y a tout lieu de penser que Yau, c'est-à-dire Yaveh, figurait parmi les dieux adorés à Hamath.

R. D. BARNETT

LES SCYTHES

Dès le XVIIIe siècle, les Russes se passionnèrent pour les Scythes, et beaucoup d'entre eux voulurent y voir leurs ancêtres. Il apparaît plus plausible, à la lumière des dernières découvertes archéologiques, d'attribuer aux Scythes un rôle prépondérant dans la formation des premières tribus slaves, sans rejeter pour autant le rôle fondamental des autochtones dès avant l'apparition des bâtisseurs de tombes à tumulus ou kourganes. En France, l'intérêt pour les Scythes s'est cristallisé autour de la Grèce et d'Hérodote (env. 480-425 av. J.-C.) qui leur consacre un livre entier de ses *Histoires*. L'ouvrage de N. Kondakov et I. Tolstoï, *Antiquités de la Russie méridionale* publié à Saint-Pétersbourg en 1889-1890 et remanié par S. Reinach pour l'édition française de 1891, marque un jalon fondamental de la scythologie. Depuis, une abondante littérature a couvert tous les domaines de l'archéologie scythique, mais aucun ouvrage comparable n'en a fait la synthèse. Les problèmes soulevés sont pourtant de grande importance : outre le rôle des Scythes dans la formation des peuples slaves se dessine la genèse des premières puissances nomades. C'est en effet au début du Ier millénaire avant notre ère que l'extension des troupeaux atteignit un degré qui modifia l'équilibre des populations. Jusqu'alors, l'agriculture et l'élevage fixaient les populations au sol. À l'âge du bronze, l'accroissement de l'élevage entraîna la transhumance et le semi-nomadisme. Vers le IXe siècle avant J.-C., le nomadisme était total et les populations se partagèrent dès lors en deux groupes : les agriculteurs sédentaires et les éleveurs nomades. C'est le début d'un duel qui commença avec les Scythes et se poursuivit avec les Grandes Invasions pour se terminer avec les conquêtes gengiskhanides.

1 Légendes et origines

Parlant des origines des Scythes, Hérodote raconte les légendes qu'il a lui-même entendues à Olbia au cours du voyage qu'il y fit pour préparer le sixième livre de ses *Histoires*. L'ancêtre des Scythes serait un certain Targitaos, fils de Zeus et d'une fille du fleuve Borysthène (Dniepr) : les trois fils de ces derniers virent, un jour, tomber du ciel divers objets en or et voulurent s'en saisir ; mais seul le plus jeune y parvint, méritant ainsi la royauté, et c'est de lui que descendraient les Scythes royaux. Suivant une autre légende, Héraklès atteignit la Scythie, alors déserte. Au cours de son sommeil, les juments de son char disparurent ; après de longues recherches, il les retrouva aux mains d'un monstre demi-femme, demi-serpent qui, pour prix du rachat, lui demanda ses faveurs. À son départ, elle le questionna sur le sort qu'il conviendrait de réserver aux trois fils qu'elle attendait de lui. Héraklès lui confia alors un de ses arcs ainsi que son baudrier auquel était suspendue une coupe en or. À celui qui saurait bander l'arc et ceindre le baudrier comme lui reviendrait le pouvoir, aux autres l'exil. Le moment venu, les trois fils, Agathyrse, Gelon et Scythe, subirent l'épreuve ; le dernier l'emporta, donnant son nom à toute sa descendance, à tous ceux qui, dès lors, vécurent en Scythie. Le troisième récit consigné par Hérodote s'écarte de la mythologie grecque et semble mieux convenir aux exigences historiques. Les Scythes seraient venus d'Asie. Chassés par les Massagètes, ils s'installèrent en terre cimmérienne. Toutes les recherches historiques et archéologiques confirment aujourd'hui cette origine. Les terres eurasiatiques furent en effet, au seuil du Ier millénaire avant notre ère, le siège de nombreux mouvements dont les répercussions déclenchèrent des migrations de peuples à la recherche de nouveaux pâturages. Ces mouvements entraînaient la constitution de nouvelles alliances et la naissance de confédérations souvent très puissantes : celles-ci gardaient le nom de la tribu qui les avait fondées. Un groupe de tribus apparentées pouvait émigrer en laissant sur place des tribus antérieurement soumises et aller conquérir plus loin d'autres groupes qu'abandonnaient des confédérations menacées. Il en fut ainsi des Scythes, envahissant les terres relevant des Cimmériens, absorbant leurs tribus vassales et affrontant la tribu maîtresse. Le premier souci des nouveaux venus fut de réduire leurs adversaires jusque dans leurs retranchements. Ils les poursuivirent sur les grands axes des régions caucasiennes, les pourchassant jusqu'aux riches royaumes de l'Orient.

2 Guerres et conquêtes

Suivant les données assyriennes, Cimmériens et Scythes ravageaient dès le VIIIe siècle les royaumes de l'Orient ancien et prenaient une part active aux guerres qui opposaient Assyriens, Mèdes et Néo-Babyloniens. Poursuivant les Cimmériens par des jeux d'alliances subtiles, les Scythes conquirent la Médie, la Syrie, la Palestine, ne s'arrêtant qu'en 611 avant J.-C., désarmés par les dons judicieux du pharaon Psammétik Ier. Pratiquement maîtres de l'Asie antérieure pendant plus d'un quart de siècle, ils laissèrent un souvenir de terreur dont les prophètes de la Bible et l'Apocalypse soulignent l'ampleur.

Après avoir écrasé les Cimmériens en Asie Mineure (635 av. J.-C.), les Scythes furent eux-mêmes chassés par les Mèdes et ramenés

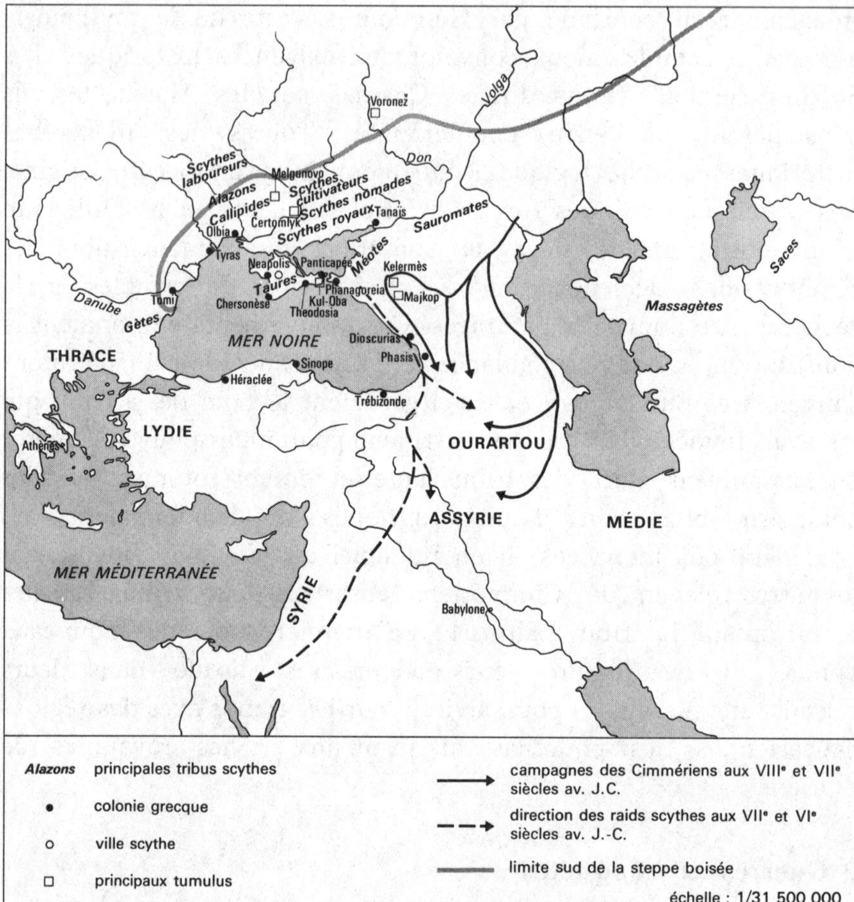

Les Scythes

à leur point de départ, en terre européenne. Au VIe siècle avant J.-C., ils occupaient largement la Russie méridionale. Tandis qu'un groupe de Scythes nomades faisait paître ses troupeaux dans les steppes cimmériennes, le groupe aristocratique dit des Scythes royaux s'installait sur les bords de la mer d'Azov. Deux autres groupes d'agriculteurs, Scythes cultivateurs et Scythes laboureurs, travaillaient respectivement les terres fertiles du bas Dniepr et celles du Bug moyen. Les voisins de cet empire étaient, à l'est, les Sauromates dans le Caucase septentrional ainsi que la tribu apparentée des Méotes au Kouban ; et à l'ouest, les tribus thraco-cimmériennes sises entre le Danube et la mer Égée. En même temps que se produisaient les mouvements des populations nomades, la colonisation grecque enrichissait les rives septentrionales de la mer Noire. Des comptoirs, fondés à partir du VIIIe siècle avant J.-C. par les Milésiens, devinrent vite des villes importantes, telles Panticapée en Crimée orientale, bientôt capitale du royaume de Bosphore, et Olbia, le plus gros centre commercial aux bouches mêmes du Dniepr et du Bug. Ces marchés florissants devaient leur fortune au fait que la Scythie était alors le grenier de la Grèce et son grand pourvoyeur en bois. Ainsi, dès le début du VIe siècle, Darius voulut-il pour dominer la Grèce affamer ses villes et appauvrir ses arsenaux en la coupant de la Scythie. En 514-512, il traversa le Danube, mais les cavaliers scythes évitèrent l'affrontement et attirèrent toujours plus profondément dans la steppe un adversaire qui ne trouvait devant lui que terres brûlées. Sans défaite, mais sans victoire, Darius dut se retirer pour éviter une désastreuse déroute. Désireux de prendre une revanche, le roi scythe Aristagorus chercha contre les Perses l'alliance de Cléomène de Sparte, mais il échoua et rentra dans ses terres, ravageant en 495 la Thrace et gagnant la Chersonèse. Au IVe siècle, les Scythes furent eux-mêmes harcelés par les Sarmates qui commençaient à regrouper toutes les tribus nomades entre Don et Volga. En 346, les Sarmates traversèrent le Don, et le roi scythe Ateas voulut compenser cette pression en conquérant les terres occidentales sises au sud du Danube. Arrêté par Philippe II de Macédoine, il ne se retira que contraint par Alexandre le Grand, non sans avoir obtenu quelques gages de certaines tribus autochtones. Entre les Macédoniens et les Sarmates, le pouvoir politique des Scythes s'amenuisa. Ils durent se retirer sur les terres de Crimée, et, vers 110 avant J.-C., Scylure transféra leur capitale à Neapolis. Entre-temps, et depuis le IVe siècle environ, les Scythes s'étaient sédentarisés. Au cours des IIIe et IIe siècles, à l'image d'un État civilisé, ils avaient fondé eux-mêmes des villes et des comptoirs. Peu après, les Sarmates, cavaliers cuirassés et lourdement armés grâce à leurs étriers, chassèrent des steppes la cavalerie légère de l'ennemi. Seuls, les Scythes royaux, entièrement sédentarisés dans leur réduit de Crimée, se maintinrent encore de longs siècles avant que les hordes hunniques ne les réduisent et qu'ils ne se fondent dans d'autres tribus, dans celles qui allaient écrire l'histoire des Grandes Invasions.

3 Mode de vie

À s'en tenir aux péripéties de l'histoire, les Scythes présentent l'image d'une horde nomadisante toujours prête à lancer ses cavaliers sur quelque riche terre, à piller ou à détruire. En fait, et compte tenu des mœurs un peu rudes des mondes policés de l'Antiquité, ces barbares ne méritaient guère plus cette épithète que bien des peuples civilisés de l'époque. Il convient avant tout de rappeler qu'il s'agit d'un ensemble unifié de populations diverses dont le développement politique et social s'étend sur un millénaire.

La confédération était gouvernée par le groupe des Scythes royaux dont la structure sociale avait évolué du matriarcat au patriarcat. Le rôle de l'homme, avec la charge du bétail et l'organisation des transhumances, était devenu prévalent, la fonction de la femme se réduisant à l'entretien du foyer et aux travaux ménagers. La nécessité pour les hommes d'assurer la sécurité des troupeaux et des pâturages, les exigences militaires et le profit des razzias accentuèrent encore la différence que consacrait la polygamie. La dévotion religieuse resta pourtant attachée à la grande déesse et, malgré l'apparition d'un panthéon masculin où se retrouvent les dieux de la Grèce et de l'Orient ancien, l'iconographie montre l'attachement des Scythes à leur ancienne divinité. Certaines confusions ont attribué aux Scythes l'organisation des Amazones. En fait, les femmes guerrières étaient l'apanage de leurs voisins, les Sarmates. Ceux-ci, peut-être moins nombreux à l'origine, mobilisaient tous les adultes pour la défense de la communauté. Ils renforçaient de plus l'homogénéité des troupes en imposant par voie de prescription religieuse que chaque fille ait tué un ennemi pour pouvoir prétendre au mariage. Au Ve siècle avant J.-C., les Scythes appliquaient certaines règles démocratiques en usant d'assemblées populaires et de conseils d'anciens et de chefs, mais le pouvoir des grands chefs était déjà devenu héréditaire et le rôle des familles de notables donnait à la société un caractère nettement aristocratique.

Le territoire était divisé en quatre régions, ayant chacune à sa tête un gouverneur. Nommé par le roi, celui-ci devait entre autres ramasser les tributs tant des peuplades soumises que de certaines colonies grecques. Une règle stricte ordonnait à tous de conserver les coutumes et les modes de vie traditionnels. Ceux que tentait l'hellénisation étaient brutalement rappelés à l'ordre. Il en fut ainsi du roi Scyla, massacré par les siens pour avoir pris part aux mystères de Dionysos.

De nombreux témoignages montrent que les Scythes royaux avaient le souci d'une bonne gestion économique de leur domaine. Se voulant protecteurs des colonies grecques, ils assuraient la sécurité des transports et partageaient avec celles-ci les bénéfices d'un commerce florissant. Les échanges étaient équilibrés, les Scythes fournissaient du blé, du bétail, du miel, des poissons salés, du bois de construction pour les navires, des peaux, des fourrures et de l'or, sans oublier des esclaves ; les Grecs donnaient pour leur part des étoffes de laine, de l'huile, du vin et de multiples produits finis d'art et d'industrie.

4 Le peuple et les coutumes

Il est difficile de déterminer les principaux traits anthropologiques des Scythes. Il s'agit, certes, de tribus iranophones, mais une communauté linguistique n'entraîne pas une homogénéité raciale. Il est vraisemblable qu'à l'image des habitants des pays massagète et sace les Scythes relèvent de l'ensemble européen. Les représentations humaines nous les montrent chevelus, trapus et le visage large, très proches des vieux paysans russes de la région, bien qu'aucune filiation n'ait été trouvée entre les Scythes et les Slaves. Leur vie quotidienne, malgré l'accumulation de faits héroïques propres aux nomades, devait être calme sur l'ensemble du territoire et le grand nombre des sédentaires voués aux tâches agricoles, agrémentées de chasse, de pêche et de commerce, et non soumis aux corvées militaires, donnait un certain équilibre à la confédération. De plus, le pays était riche et la disette inconnue, les repas souvent composés de lait fermenté (*koumis*), de fromage, de fèves, d'ail, d'oignon, de poissons divers et plus encore de viande de cheval ou d'agneau. Hippocrate les décrit fort agréables, aimant le vin et la bonne chère, les chants et la danse. Les amitiés se nouaient, les serments de frères d'armes se faisaient en versant du sang en commun et en buvant à la même coupe. Leur gaieté transparaît encore dans les vêtements richement ornés d'appliques de feutre et de fourrure, tuniques, casaques, pantalons et bonnets. C'est l'impression aussi que donnent des vases ornés, tel celui de Voronež (IVe s. av. J.-C.). Les harnachements, toujours faits dans les meilleurs cuirs et surdécorés, recevaient les mêmes soins, car la plus grande fortune du Scythe était le cheval. Ce dernier était toujours monté et jamais attelé, les lourds chariots où vivait toute la famille en déplacement étaient tirés par des bœufs. Cavaliers, les Scythes avaient un armement léger, petit arc, flèches à pointe de bronze à trois pans, le tout porté dans un carquois accroché au côté gauche de la ceinture pour faciliter le tir en arrière, poignards courts et larges fixés à la jambe et une épée longue parfois de quatre-vingts centimètres. À des fins plus pacifiques, on faisait grand usage de lasso.

Les pratiques religieuses semblent toutes concentrées sur le rituel funéraire. Les lieux de culte devaient être situés en plein air et rien ne les distingue aujourd'hui. Les tombes, en revanche, sous tumulus, subsistent. Elles sont savamment élaborées, et les récits de funérailles relatent de longues cérémonies. Il semble bien que celles-ci se situaient à deux moments seulement de l'année, ce qui impliquait une assez longue conservation du corps qui était nettoyé, vidé, rempli d'herbes aromatisées et recousu. Au cours de la procession, les membres de la communauté, oreilles et cheveux écourtés, hurlant et gesticulant, traversaient toutes les terres du défunt, et ce durant quarante jours. On plaçait ensuite le corps dans la chambre funéraire, souvent à l'abri d'un baldaquin garni de clochettes pour écarter les mauvais esprits. Si le mort était un chef de tribu, une de ses femmes l'accompagnait en sa dernière demeure ainsi que ses proches serviteurs et ses propres chevaux. Ils étaient placés dans des tombes distinctes, tandis que l'on disposait près du mort ses coupes d'or, ses vases remplis de vin et d'huile et son chaudron rempli de viande pour l'aider lors de son dernier voyage. Une fois la sépulture scellée, on la recouvrait d'un tumulus fait de pierres et de terre. C'est ainsi que le paysage de la Russie méridionale est parsemé de tumulus ou kourganes dans lesquels ont été trouvées les œuvres qui ont rendu célèbre l'art animalier des Scythes.

5 Art et archéologie

Les Scythes aimaient à décorer leurs vêtements, leurs harnachements ou leur mobilier d'un grand nombre d'ornements métalliques, le plus souvent en or ou en bronze. On peut relever dans toutes ces pièces deux styles complémentaires, l'un réaliste, s'attachant à rendre la vie des animaux et celle de scènes particulières, et l'autre ornemental, tendant à fondre des éléments les plus divers en des compositions judicieusement équilibrées. À ces deux aspects s'ajoute aux VIIe et VIe siècles une nette influence des artisans grecs. En dehors de ces facteurs, le problème posé par l'origine et le développement de l'art animalier scythe s'insère dans le vaste domaine de l'art des steppes. Il se présente dès ses débuts comme un art de stylisation avancé, reprenant les formes familières du vieil art ouralien de Gorbunovo, art animalier des forêts, déjà stylisé, et que l'on retrouve au seuil du Ier millénaire dans la culture de Seïma en Russie centrale. Ces images, reliées aux figurations totémiques, ont dû garder leur valeur magique, et chaque motif confère son charme à celui qui le possède. Des carquois portent au centre un œil de faucon ou d'aigle. Au Caucase septentrional, riche en bétail, les images de bovidés, d'ovidés, de cervidés abondent, mais les scènes de combat sont exceptionnelles. Les motifs semblent relever de l'Orient ancien et ne point participer encore à la schématisation scythique. En premier lieu, l'art animalier scythe, comme celui de l'épée trouvée dans le kourgane de Melgunovo, révèle l'existence de rapports étroits avec l'art d'Ourartou et d'Assyrie, plus particulièrement dans le défilé de monstres à têtes de mouton, de lion ou d'aigle. L'art scythe reprend des sujets classiques, mais la composition reste encore héraldique. En revanche, du style scythe se dégage déjà la figure d'un cerf aux bois couchés sur l'échine ou celle des panthères du kourgane d'or de Crimée des VIIe et VIe siècles avant J.-C. et de Kelermès. Au IVe siècle avant J.-C., les figures de cervidés sont souvent rendues avec un rare effet de plastique réaliste, alors que les courbes de leurs cornes forment un jeu linéaire. C'est à la même époque qu'apparaissent des animaux entièrement soumis aux torsions géométriques. En outre, l'influence grecque se manifeste, apportée par les artisans ioniens de l'Asie Mineure et du Pont-Euxin, auxquels on doit probablement le vase de Certomlyk (Tchertomlyk). Cette deuxième vague fut si forte que beaucoup d'archéologues parlent d'un art mixte gréco-scythe. Tantôt l'art grec prédomine, tantôt l'artisan scythe arrive à donner un style particulier à son œuvre. La pluralité ethnique ajoute encore à la difficulté de saisir les caractères originaux, certains Scythes s'hellénisant en Crimée, d'autres gardant les rudes traditions des steppes boisées.

Les découvertes archéologiques n'ont pas seulement exhumé ces richesses de l'art animalier, elles ont permis de regrouper les statues en pierre (*baba*) portant l'*akinakes* (épée courte), le rhyton (coupe à boire en forme d'animal ou de corne) ou le goryte (carquois ouvragé) pour les attribuer aux Scythes. Enfin, les découvertes les plus intéressantes sont celles qui ont mis au jour les villes scythes, telle la ville de Kamenskoe sur la rive gauche du Dniepr face à Nikopol. Elle est protégée par trois défenses naturelles et une quatrième constituée par un mur de terre qui clôt la citadelle. Les maisons, qui se trouvent à l'intérieur, sont ovales avec deux ou trois chambres et sont tournées vers le sud ; les murs sont en bois, renforcés d'argile, et des toits en pente reposent sur des piliers. D'autres sont construites entièrement en terre. On a trouvé in situ un outillage abondant, mais aucune œuvre d'art, aucun ornement, ce qui laisse à penser qu'il s'agit d'une agglomération assez pauvre. Il n'en est pas de même de Neapolis-la-Scythe, capitale de la Crimée du IVe siècle avant J.-C. au début de l'ère chrétienne environ ; de vastes fouilles menées depuis 1945 ont fait surgir du passé sa muraille de pierre, ses bâtiments somptueux, ses palais aux élégants chapiteaux, sa sculpture, en particulier les bustes des rois Scylure et Palak, et ses peintures murales. Cette découverte révèle un aspect encore inconnu non seulement de l'art gréco-scythe, mais aussi de la société scythe, qui conduit les scythologues à réviser nombre de points de vue.

VADIME ELISSEEFF

Pièces jointes

HAMMOURABI

Septième prince de la première dynastie de Babylone, Hammourabi (1728 ?-1686 ? av. J.-C.) est le souverain le plus prestigieux de la Mésopotamie ancienne par l'ampleur de son œuvre politique et législative. Son règne de quarante-trois ans est considéré comme l'âge d'or de la civilisation babylonienne. La découverte de son code par une mission française, en 1902, sur l'acropole de Suse, a renouvelé l'histoire du droit.

Vie et conquêtes

Âgé d'environ vingt-cinq ans lorsqu'il succède à Sîn-muballit, son père, Hammourabi règne sur un modeste royaume (environ 34 000 km^2), sorte d'État tampon entre, notamment, l'Assyrie (ou Soubartou) de Shamshi-Adad Ier et la principauté de Larsa, gouvernée par Rîm-Sîn. Par une politique de bascule, profitant des moindres circonstances favorables (âge avancé de ses principaux adversaires, menace que les montagnards du Touroukkou font peser sur l'Assyrie), il agrandit d'abord son domaine vers le nord, sur le moyen Euphrate, et le consolide par des fortifications. À partir de la trente et unième année de son règne (1698), il est assez puissant pour bousculer une coalition sur la rive gauche du Tigre, vaincre Rîm-Sîn, défaire le prince d'Eshnounna soutenu par l'Élam, puis Zimri-Lim de Mâri (1694) auquel il était lié depuis vingt ans par une alliance, enfin l'Assyrie elle-même (1688). À la fin de son règne, son empire englobe toute la vallée du Tigre et celle de l'Euphrate jusqu'au-delà du Habour, soit la quasi-totalité de l'Iraq actuel et la partie orientale de la Syrie. Le prince de Babylone peut se proclamer non plus seulement roi de Sumer et d'Akkad, mais encore roi des Quatre Régions, manifestant ainsi son aspiration à la monarchie universelle. Sa dynastie se maintiendra sous ses cinq successeurs avant d'être abattue par un raid hittite (vers 1530) qui profitera à des envahisseurs kassites.

L'administrateur

Renouvelant les tentatives de monarchie unitaire ébauchées par Sargon d'Akkad et par la troisième dynastie d'Our, Hammourabi a réalisé une remarquable œuvre centralisatrice. Un empire est substitué aux cités-États rivales. Des gouverneurs nommés par le roi remplacent les princes locaux. L'akkadien supplante le sumérien devenu une langue morte d'usage liturgique ou savant. Une religion d'État, celle de Mardouk, dieu de Babylone, évince les dieux des anciennes cités.

Quelque cent cinquante lettres de Hammourabi révèlent l'action administrative du palais dirigée par un Premier ministre (ishshakkou). Le gouvernement veille aux travaux publics (curage des canaux par les riverains, édification et entretien des temples et des remparts), à la collecte des impôts, à la gestion du domaine royal. Le comput du temps même, qui, jadis, était laissé à l'initiative des cités, est réglé par un calendrier officiel.

Comme juge, le roi prescrit des enquêtes sur les plaintes des particuliers, notamment contre les abus commis par les fonctionnaires. Des inspecteurs, accompagnés par des courriers et escortés de soldats, parcourent le pays pour transmettre les ordres royaux et veiller à leur exécution.

Le législateur

Mais c'est surtout dans son code que se manifeste le génie unificateur de Hammourabi. Le roi en ordonna au moins deux rédactions, séparées par un intervalle de cinq ans. La seconde, dressée dans la trente-quatrième année du règne, est connue par la stèle conservée au Louvre et traduite en français dès 1902 par le père Vincent Scheil. Un bas-relief y figure le roi recevant de Shamash, dieu du Soleil et de la Justice (ou de Mardouk ?), le contenu des lois. Le texte comporte un prologue, environ deux cent quatre-vingts articles et un épilogue. Prologue et épilogue exaltent les hauts faits du souverain, les buts de son activité législative, et cherchent à assurer, au moyen de bénédictions et d'imprécations, le respect de sa volonté. Trouvée à Suse, où un conquérant l'avait transportée au XIIe siècle avant J.-C. comme butin de guerre, la stèle avait été polie à sa base ; la lacune résultant de cette mutilation a été partiellement comblée grâce à vingt-deux fragments de copies sur argile retrouvés dans les sites les plus divers et de dates très échelonnées. Ces copies prouvent la diffusion et la renommée du Code loin de Babylone (Élam, Assyrie) et mille ans après sa promulgation.

On connaît aujourd'hui les fragments d'au moins trois codes, sumériens et akkadien, antérieurs à celui de Hammourabi, et qui lui ont en partie servi de modèles. Toutes ces œuvres constituent, plus que des codes au sens moderne, des recueils inspirés par des précédents judiciaires et destinés à compléter la coutume ou à trancher des espèces délicates : elles forment donc une législation casuistique et complémentaire, comparable à celle de certains capitulaires.

Le droit révélé par le Code opère la synthèse d'éléments sumériens et sémitiques. Il évoque déjà une société de marchands tandis que, treize siècles plus tard, la loi des Douze Tables apparaîtra encore comme un code de paysans (P. Bonfante). On l'a aussi opposé, pour le modernisme de son esprit laïc, au Code de l'Alliance, pourtant postérieur de huit siècles. Les préoccupations sociales du législateur (tarifs de salaires, mercuriales de denrées) y sont manifestes. Les institutions archaïques (propriété collective, juridiction domestique, vengeance privée) y sont en recul. La rédaction en est excellente ; le vocabulaire est remarquable par sa propriété, et le style par sa concision. Toutes ces qualités ont valu à l'œuvre de Hammourabi un rayonnement étendu et durable ; elles justifient qu'on le regarde encore comme le monument législatif le plus fameux de l'antiquité préromaine.

GUILLAUME CARDASCIA

NABUCHODONOSOR II

Le règne de Nabuchodonosor II (605-562 av. J.-C.) marque l'apogée de l'empire néo-babylonien et le second âge d'or de la civilisation babylonienne, le premier étant le règne de Hammourabi. Son père, Nabopolassar (Nabū-apal-usur), était un prince chaldéen, institué par les Assyriens gouverneur de la Babylonie ; secouant le joug de ses maîtres avec l'aide des Scythes et des Mèdes, il avait contribué à la prise de Ninive (612) et au partage de l'empire assyrien. Nabuchodonosor (Nabūkudur-usur, « Nabū protège le dauphin »), fils aîné du fondateur de la nouvelle dynastie, devait constituer un empire s'étendant du Tigre au Taurus et à la Méditerranée jusqu'au delta égyptien. Fidèle à l'alliance médique, sa politique conquérante a visé constamment à évincer l'Égypte de la Palestine et de la Syrie et à maintenir un équilibre entre l'empire mède et le royaume de Lydie, maître de l'Asie Mineure. Sa réussite fulgurante ne lui survécut guère : les courts règnes de ses quatre successeurs, fils et gendres, séparent d'un quart de siècle à peine sa mort de la prise de Babylone par les Perses (539).

Guerres de conquête et destruction du royaume de Juda (605-585)

Avant son avènement, le prince héritier Nabuchodonosor aurait été, selon Bérose, associé au trône. Uni à Amytis, fille du roi mède Cyaxare, il est commandant en chef des armées babyloniennes lors de la destruction de Ninive. En cette même qualité, il bat les Égyptiens à Karkémish et les oblige à se replier jusqu'à Péluse, à l'entrée du Delta (605), quand la mort de son père le fait roi. Pressé de regagner Babylone pour y défendre son trône contre les intrigues de son frère cadet, le vainqueur traite avec le pharaon Néchao : il se voit reconnaître la domination de la Syrie et prend pour seconde épouse Nitocris, fille du pharaon. Pendant cette trêve de courte durée, Nabuchodonosor lève sans difficultés le tribut dans ses provinces de l'Ouest.

Mais bientôt, à l'instigation de l'Égypte, le royaume de Juda se dresse contre lui, malgré les objurgations du parti des prophètes, pro-babylonien. Nabuchodonosor attaque Jérusalem dont le roi, Joaquim, disparaît, peut-être assassiné ; le successeur se rend après trois mois de règne et est remplacé par son oncle, Sédécias. Le vainqueur déporte à Babylone trois mille otages (597). L'année suivante, il dompte une révolte de l'Élam, la seule menace qu'il ait connue sur sa frontière orientale. Les intrigues égyptiennes, en réussissant à circonvenir Sédécias, contraignent Nabuchodonosor à intervenir une seconde fois : après un siège de dix-huit mois, la ville et le temple de Jérusalem sont brûlés, et Sédécias figure, enchaîné, au triomphe du vainqueur ; ainsi le royaume de Juda est définitivement dompté (587).

Deux ans plus tard, Nabuchodonosor, qui s'est insinué en Cilicie, fait reconnaître sa conquête en intervenant comme médiateur entre la Lydie et la Médie, en guerre depuis six ans. Une éclipse favorise la mission du diplomate babylonien qui fut le roi lui-même ou son gendre Nabonide ; la paix, conclue en mai 585, donne à Babylone deux avantages : elle confirme son accès à la Méditerranée et maintient l'équilibre entre ses voisins septentrionaux. À la même époque, la poussée de la Babylonie vers l'ouest, qui semble être la grande idée du règne, rencontre la résistance du royaume de Tyr, pôle d'attraction des caravanes et aboutissement des voies commerciales d'est en ouest, dont l'activité assure à la Mésopotamie la prépondérance économique. Nabuchodonosor commence à investir la place, mais il ne l'emportera que treize ans plus tard.

L'œuvre intérieure et les campagnes de consolidation (585-562)

C'est au cours de cette période de paix toute relative que Nabuchodonosor semble avoir accompli la majeure partie de son œuvre constructrice. Héritière de la politique assyrienne, Babylone a remplacé le commerce d'exportation et d'importation par un commerce de transit, plus fructueux. Elle assure les échanges entre l'Orient indo-iranien et la Méditerranée. Sa prospérité économique donne à la capitale un éclat incomparable. Nabuchodonosor termine l'Etemenanki, la grande *ziggourat* commencée par son père ; il restaure de nombreuses chapelles du temple de Mardouk ; agrandit, fortifie et décore le palais royal ; crée les jardins suspendus, une des merveilles du monde ancien ; trace dans la ville, à partir de la splendide porte d'Ishtar, une voie des « processions » large de vingt-deux mètres, et entoure la cité d'une enceinte de remparts de plus de quatre kilomètres.

Il ne néglige pas pour autant la province : Dilbat, Kutha, Sippar, Ourouk, Larsa, Our, Borsippa lui doivent des édifices resplendissants d'or, d'argent, d'ivoire et de bois précieux. L'art babylonien connaît une époque de splendeur à laquelle on n'a reproché qu'une certaine tendance à l'académisme.

Vers 578, une expédition dirigée contre les nomades conduit Nabuchodonosor en Arabie, plus profondément que n'avait été fait Assourbanipal, jusqu'aux confins du royaume de Saba. Mais surtout, en 573, l'assaut est donné à Tyr, dont le roi Itho'baal est fait prisonnier. La chute de cette cité commerçante couronnait toute la politique de Babylone. Vers la fin du règne (568), Nabuchodonosor dirige une nouvelle campagne contre l'Égypte, moins pour en entreprendre la conquête que pour écarter la menace d'une agression sur la Palestine : ses troupes occupent Daphnae, dans le Delta, mais ne poursuivent pas leur avantage.

Le règne de Nabuchodonosor est connu par trois sortes de sources : de nombreux textes économiques et administratifs, qui illustrent surtout la prospérité de Babylone ; des inscriptions royales où le roi exalte ses hauts faits mais qui ne suffisent pas à reconstituer sa vraie personnalité ; enfin, la Bible (notamment, II Rois, Jérémie, Daniel) qui en a livré une image terrifiante, mais aussi quelque peu légendaire : ainsi la « folie » de Nabuchodonosor (des accès de lycanthropie) serait la transposition du jugement porté sur la conduite de son successeur Nabonide. Le prestige de son nom est attesté par le fait que, quarante ans après sa mort, deux Babyloniens le reprirent successivement pour tenter de restaurer, contre les Achéménides, une dynastie nationale.

GUILLAUME CARDASCIA

ÉCRITURES ET TRADITIONS

Seules les religions « historiques », œuvres d'un fondateur qui a su imposer et institutionnaliser ses convictions et ses attitudes religieuses, ont un besoin vital de se rattacher à leur source pour en garder le même courant, sous peine de perdre leur identité. Elles le font, en bonne règle, plus que par voie orale, par une tradition écrite qui remonte plus ou moins immédiatement à ce fondateur, et se trouve consignée en des « livres saints » normatifs, régulièrement interprétés par une autorité doctrinale. Tel n'était pas le cas de la religion mésopotamienne, simple fonction de la civilisation locale, sans plus de promoteur que celle-ci et dont les origines se perdaient également dans la nuit de la préhistoire.

L'écrit et l'oral

Pourtant, les premiers au monde, depuis les débuts du IIIe millénaire, ses fidèles ont disposé d'un moyen de fixer et de transmettre la pensée : l'écriture. Construite sur un système de croquis significatifs — pictogrammes et idéogrammes, auxquels on avait ultérieurement conféré une capacité d'exprimer aussi des sons, des phonèmes, sans leur ôter le moins du monde celle, antérieure, d'évoquer immédiatement des-choses —, cette écriture, d'abord simple aide-mémoire, puis rattachée assez vite à la langue et mise à même d'en traduire le contenu entier (le plus vieux corpus *littéraire* connu est des environs de 2700 !), était assez extraordinairement compliquée, avec ses quelques centaines de signes, tous polyvalents et dont le sens précis ne pouvait guère se tirer que du contexte. C'est une des raisons — mais sans doute pas la seule — qui en a fait l'apanage d'une corporation de spécialistes, entraînés par de longues années d'études et d'exercices, et qui seuls étaient en mesure non seulement d'écrire, mais de lire, les deux exercices ne pouvant guère aller l'un sans l'autre.

En d'autres termes, non seulement la tradition orale n'a cessé, dans ce pays, de subsister de pair avec la tradition écrite, mais celle-ci n'a jamais été le fait que d'une élite de spécialistes. L'identité substantielle, et plus que substantielle, des deux ne saurait pourtant faire le moindre doute : même si la tradition orale a toutes chances d'avoir été infiniment plus riche et variée, et s'il est hautement vraisemblable que les lettrés, plus informés, plus réfléchis, plus subtils que le commun du peuple, de par leur culture et leur position sociale, y ont mis du leur même en la transcrivant, nous pouvons compter que la seule tradition religieuse parvenue à notre connaissance, dans les documents sans nombre composés ou recopiés par les antiques scribes, nous rend avec assez d'authenticité le contenu entier de cette vieille religion.

Même si, comparée à tout ce qui s'est jamais transmis de vive voix durant ces millénaires, elle devait se trouver, et se trouve, en effet, trop souvent incomplète ou lacunaire, cette tradition est d'autant plus opulente et multiforme qu'en ce temps-là la religion était encore profondément intégrée à la vie courante et que, de la sorte, les documents de n'importe quel département culturel peuvent nous fournir, sur son compte, directement ou non, quelque notion, parfois inédite ou de prix. C'est ainsi que les anthroponymes, qui consistaient alors régulièrement en des sortes d'invocations ou d'affirmations religieuses — du type « Ô Nabû protège mon enfant ! » (*Nabû-kudurri-usur*) ; « Ištar est mon soutien ! » (*Ištar-nematti*) —, nous apportent les éléments de toute une « théologie » populaire ; et qu'un billet de livraison d'huile fine nous révèle l'existence et la date d'une festivité liturgique, au cours de laquelle intervenait un rite d'onction.

Mais, heureusement, il nous reste aussi quantité de documents ad hoc, et qui jettent une lumière spécifique sur les aspects principaux du phénomène religieux. Une partie intéresse plus directement l'expression du sentiment religieux : en particulier des prières, parfois individuelles, le plus souvent officielles — en général, du reste, plus formalistes que spontanées ; et des hymnes et chants religieux, plus solennels, mis en forme lyrique (encore que leur lyrisme ne nous touche plus guère) et adressés chacun à une divinité particulière, au cours du culte solennel de laquelle on les récitait ou chantait. En dépit du hiératisme qui les imprègne, on y perçoit distinctement le respect, la révérence, l'humilité, la servilité qu'on éprouvait devant les dieux ; la conviction de leur sublimité, de la totale dépendance à leur égard et du besoin profond que l'on éprouvait de leur aide — tous sentiments qui trahissent à merveille la tonalité générale de la religiosité, dont se trouvaient radicalement exclus tous attraits du divin, toute « mystique ».

L'idéologie et les mythes

Les documents qui rendent le mieux les représentations que l'on se faisait de l'ordre surnaturel en lui-même, des dieux, pris singulièrement ou en corps, des rapports de ces dieux entre eux ou avec le monde et les hommes, ce sont avant tout les mythes. C'est, en effet, par recours aux « imaginations calculées » de la mythologie que l'on construisait les réponses vraisemblables, et comme telles suffisantes, aux infinis problèmes qui étaient posés par le monde et ses énigmes et qui nécessitaient le recours au surnaturel. Cette mythologie est parfois diffuse, par simple rappel de mythes qui se trouvaient conservés entiers par la tradition orale et que l'on n'avait pas songé (à notre connaissance, du moins) à systématiser et à rédiger : la mythologie de la mort et de l'au-delà ne nous est ainsi accessible qu'en mettant bout à bout nombre de ces allusions éparses. Mais il nous reste aussi, souvent encore bien-conservés, voire presque en entier, une cinquantaine de mythes proprement dits, qui considèrent l'un ou l'autre de ces problèmes, ou même tout un enchaînement. Sur le ton volontiers « poétique », du récit léger à la plus imposante épopée, les plus vieux ont été composés en sumérien, parfois traduits, dès le début du IIe millénaire, en akkadien ; d'autres ont été élaborés directement en cette langue. Certains n'abordent que des sujets limités et d'assez peu de portée, à notre sens : comment une divinité étrangère a été introduite dans le panthéon du pays ; pourquoi le Royaume infernal, d'abord aux mains souveraines d'une déesse, s'est à la fin trouvé un roi, venu d'En-haut ; comment tel dieu, d'abord de second rang, est devenu l'un des plus grands, universellement vénéré... D'autres mythes — en akkadien, il faut le dire — voient les choses de plus haut. C'est par l'un d'eux, écrit autour de 1750, à Babylone, et que nous intitulons « le Supersage » (traduction littérale d'*Atra-hasîs*), que nous avons appris les présupposés, les buts et les détails de la création des hommes. Et, lorsque Babylone a voulu, peu avant 1100, promouvoir son dieu Marduk à la tête de l'univers, ses théologiens ont écrit, dans ce but, une vaste et fameuse composition mythologique : l'« Épopée de la Création », qui embrasse toute l'histoire du cosmos, théogonie, cosmogonie et anthropogonie, pour démontrer le rôle éminent qu'y a joué leur dieu et à combien juste titre il méritait le trône suprême.

Savamment composés ou connus par de simples allusions, ces expressions de l'idéologie religieuse traduisaient, non, certes, des manières de « dogmes » commandés par la recherche du vrai, un et univoque, mais seulement des vraisemblances : des intuitions générales, dont les détails pouvaient se contredire sans porter préjudice au message essentiel. On le sait, à propos des scénarios multiples de la création du monde ; et on le devine en constatant, à propos du destin des hommes après la mort, que, s'ils étaient de soi relégués à jamais dans le « pays sans retour » de l'Enfer, il leur arrivait d'en sortir pour persécuter les vivants et leur rappeler leurs devoirs envers eux...

Pas plus que les autres textes religieux, les mythes n'avaient à faire avec une « révélation » quelconque : si certains de leurs auteurs assurent en avoir reçu d'un dieu le mot à mot, qu'ils n'avaient plus eu qu'à coucher par écrit, c'est en tout et pour tout afin de valoriser leur œuvre et par simple précaution littéraire. La Mésopotamie ancienne était, dans le domaine de l'idéologie religieuse, ce qu'elle était dans celui des obligations sociales et politiques : en régime de droit non écrit. Comme les-contraintes de la vie en commun se devinaient et se transmettaient intuitivement en filigrane de mille solutions quotidiennes apportées aux problèmes de la vie en société — matériellement différentes, mais animées d'un même sens des valeurs, des devoirs et des droits —, les énoncés de l'idéologie religieuse convoyaient essentiellement, par-delà leurs particularités variables, des sortes de convictions profondes, mais diffuses, directement émanées de la représentation générale du monde surnaturel : certitude de l'existence des dieux, de leur autorité et emprise sur le monde et les hommes, de l'obligation pour ces derniers de les servir ici-bas, avant le grand sommeil de la mort. Aucune des précisions complémentaires fournies par mythologues ou mythographes n'avait en soi d'autre valeur que de traduire convenablement et sans la contredire, à sa façon, une de ces convictions essentielles, mais vagues, de la religiosité.

Les œuvres et la culture

Cette « théologie », au sens étymologique de ce mot, n'a jamais été le moins du monde normative ; et il n'y a jamais eu, dans le pays, d'autorité religieuse pour l'imposer et l'interpréter dans le sens d'une orthodoxie. Il est vrai que, à partir du milieu du IIe millénaire, s'est fait un choix officiel d'œuvres à préserver, à propager et à rééditer : mais ce n'était là qu'un « canon » littéraire, fondé non sur l'autorité de ces œuvres, mais sur leur perfection littéraire et leur utilité, en particulier pour la formation des lettrés. Il est vrai aussi qu'à partir du Ier millénaire, au moins, un certain nombre de ces derniers se sont voués à gloser, commenter et expliquer des pièces anciennes, dont la langue, le vocabulaire ou la pensée posaient des problèmes : mais, dans ce cas, encore, il ne s'agissait pas seulement de mythes, loin de là ; et ces explications, littéraires et techniques avant tout, n'avaient rien à faire avec une *orthodoxie* quelconque.

En revanche, dans le domaine des obligations rituelles envers les dieux, strictement limitées au culte, sans que se soit jamais fait jour la moindre idée d'une « morale religieuse », l'existence d'une *orthopraxie* est indubitable. Il nous reste, en effet, un nombre impressionnant de rituels et de cérémonials liturgiques, dans lesquels se trouvent consignés, en ordre et par manière d'instructions ou de préceptes, tous les gestes à accomplir et les paroles à réciter au cours de cérémonies régulièrement faites du mariage, les *dromena* et les *legomena*, ceux-là matérialisant et renforçant ceux-ci, et ceux-ci explicitant ceux-là et leur donnant tout leur sens. Ces rituels intéressent soit le culte officiel, adressé aux dieux — fêtes, annuelles, mensuelles ou occasionnelles ; processions, à char ou en bateau ; pèlerinages ; « repas quotidiens » ; édification et réfection des sanctuaires, etc. —, soit le culte « sacramentel » et exorcistique, à l'avantage des fidèles. On sent très bien — et l'identité matérielle des diverses copies d'un même document, quand il nous en est resté, le confirme — que le mot à mot de ces prescriptions était obligatoire et que ces textes sont bel et bien normatifs. La raison profonde en est à chercher, sans doute, dans le propre modèle que l'on avait adopté pour réglementer le culte des dieux : l'étiquette royale, qui est une des formalités les plus importantes de la vie politique et qui, de soi, participe à la pérennité du pouvoir, tout en y contribuant. Voués au service des dieux, comme ils l'étaient, sur un autre plan, à celui de leurs rois, les hommes ne pouvaient, dans un cas comme dans l'autre, s'éloigner d'un cérémonial rigide. Il y a des chances que ce dernier, remontant lui aussi à la nuit des temps, ait été conservé fidèlement, de siècle en siècle, seulement enrichi et compliqué à mesure de l'extension et de la « sublimisation » des pouvoirs de ceux à qui il s'adressait. Dans le culte sacramentel notamment, et peut-être aussi depuis les antiques manipulations de la « magie » qui en sont l'origine, l'observation scrupuleuse du rituel était notoirement une condition *sine qua non* de la « réussite » du rite.

Ne fût-ce que pour cette raison, les officiers du culte devaient être au courant de la teneur des rituels, dont ils gardaient sans doute entre les mains le texte, recopié sur des tablettes. Et il y a les plus grandes chances qu'il faille en dire autant des autres documents religieux : hymnes, prières, mythes. Par ce biais, le « temple » a dû constituer un des points forts de la conservation et de la transmission de la tradition religieuse, orale et écrite, et de la tradition tout court — autrement dit de la culture. Cela s'explique par le fait que le haut-clergé, tout au moins, était obligatoirement lettré et au propre centre des préoccupations religieuses, alors essentielles à la vie du pays.

JEAN BOTTÉRO

CULTE OFFICIEL ET CULTE SACRAMENTEL

Les diverses activités auxquelles on se livrait, en Mésopotamie, à l'adresse des dieux étaient de deux ordres principaux. Les unes constituaient leur « service » proprement dit, celui pour lequel, précisément, ils avaient mis au point et produit les hommes : c'était le *culte officiel*. Cependant, comme les simples sujets non seulement servent leurs souverains, mais peuvent aussi attendre d'eux des faveurs et des grâces, il était loisible aux fidèles de chercher à obtenir des dieux un certain nombre d'avantages : ce qui se faisait par le *culte sacramentel*, ou *théurgique*, ou encore *exorcistique*.

Hormis rites et cérémonies commandés par cette double fonction liturgique, personne n'était tenu à rien d'autre vis-à-vis des dieux. Il n'y a jamais eu dans ce pays la moindre idée qu'on pût les honorer par la simple conformité à des règles éthiques. Si l'on manquait à ces dernières, comme à n'importe quelle autre obligation ou prohibition de la vie en société, ils pouvaient être amenés à châtier les fauteurs de ces « péchés », mais seulement parce que de tels manquements portaient atteinte à leur souveraineté et à leur majesté, et qu'il était dans leur rôle de faire respecter le bon ordre, sans que l'on eût jamais imaginé qu'il pût y avoir pour eux quelque avantage ou quelque gloire à ce que leurs dévots le respectassent spontanément, pour leur être agréable.

Le culte officiel

Comme la propre idée foncière que l'on se faisait des dieux en Mésopotamie, le culte officiel rendu à ceux-ci était tiré du modèle royal, calculé et transposé, magnificence en plus, des services que les rois et leur entourage attendaient de leurs sujets. Dans cette religion anthropomorphiste, tous ces services étaient d'ordre matériel : on devait représenter les dieux et les loger, les meubler et les fournir de biens d'usage et de luxe, les vêtir, les nourrir, les promener et assurer leur vie de famille, tout comme ces êtres de chair et d'os qu'étaient les rois.

On leur bâtissait donc, entourés de grands murs percés de portiques grandioses, des temples magnifiques, édifiés autour d'une pièce centrale qui jouait le rôle du saint des saints de la Bible et qui était entourée de salles sans nombre, de chapelles, de vestibules, de-communs et de cours cérémonielles. Dans l'une de celles-ci s'élevait une tour à étages (*ziqqurrat* : « pointue », en akkadien), couronnée d'un petit sanctuaire et semblant relier le ciel et la terre. Tout un mobilier précieux garnissait ce somptueux habitacle, en particulier lits, tables et trônes.

Le temple, c'était la « maison » (*é*, en sumérien ; *bîtu*, en akkadien) du dieu auquel il était dédié, sa résidence de souveraineté, situé volontiers en pleine ville, où sa gloire offusquait celle du palais royal. Le dieu en question l'habitait en personne, sous les apparences de sa précieuse statue de culte, volontiers faite d'une âme de bois rare plaquée de feuilles modelées d'or ou d'argent, et adornée de pierres fines. Elle occupait la place d'honneur dans le susdit saint des saints, entourée des images des divinités plus ou moins nombreuses qui composaient sa famille et sa cour : sa déesse parèdre, ses enfants, ses familiers et ses hauts fonctionnaires.

C'était le théâtre du cérémonial magnifique dont les rituels fixaient dans le détail tout le déroulement. Nous n'en avons que des fragments et beaucoup nous en échappe. Du moins savons-nous que ce culte quotidien était organisé autour de la table et que nul « sacrifice » n'y intervenait comme tel, si ce n'est celui des animaux choisis, dont la chair était nécessaire à la préparation des repas. Comme aux grands de ce monde, on en servait quatre par jour. Ces repas comportaient un menu varié et précieux, qui était accompagné des boissons les plus recherchées servies dans des coupes d'or, et qui, suivant la mode du pays et du temps, était rehaussé de fumigations odorantes, de musique et de chants sacrés.

On faisait aussi la toilette du dieu et de son entourage, les revêtant à chaque fois d'habits précieux, souvent renouvelés, et les chargeant de joyaux, dont chacun possédait une riche cassette. Il arrivait que l'on sortît le même dieu, accompagné d'une procession solennelle, pour le conduire d'un emplacement à un autre dans le temple, dans la ville et jusqu'à la campagne. Des sanctuaires de moindre importance, disséminés un peu partout, servaient de reposoirs. Quelquefois, il s'agissait d'un déplacement plus important, sur un char ou en bateau, d'un véritable pèlerinage, suivi par une foule d'officiants et de dévots, qui l'emmenaient, d'une ville et d'un temple à l'autre, rendre à d'autres dieux des visites de parenté ou de courtoisie.

La liturgie semble avoir été à la fois mensuelle et annuelle ; elle comprenait des fêtes qui revenaient chaque mois, d'autres chaque année, à jour fixe. La plus célèbre inaugurait l'an neuf, au printemps : au mois de Nisan, qui répondait à notre fin mars-début avril. Nous en avons, au moins pour le rit de Babylone à basse époque, une partie du rituel : elle durait onze jours, bien remplis, et semblait vouloir souligner et réaliser avant tout une façon de refonte générale, pour l'entrée dans un temps nouveau.

Une autre fête, qui pourrait avoir été célébrée, de préférence, à peu près à la même époque, était le « mariage » du dieu : la « hiérogamie ». Quelques témoignages nous portent à croire qu'au moins

CULTE OFFICIEL ET CULTE SACRAMENTEL

dans certaines villes — car chacune, en souvenir des temps anciens, gardait sa propre liturgie —, à la fin du IIIe millénaire, elle était célébrée figurativement, mais avec un certain réalisme, par le roi couchant avec une prêtresse choisie ; plus tard, il y a lieu de croire que la cérémonie se faisait sans intermédiaire entre le dieu et son épouse, sous les espèces de leurs statues, apportées en grande pompe dans une salle particulière dite « nuptiale », et laissées côte à côte dans leur « lit conjugal » toute la nuit ; le lendemain se déroulaient des réjouissances populaires et un banquet. Nous connaissons ainsi, mais le plus souvent par leur nom seul ou par quelques chétifs détails, un certain nombre de telles fêtes, mensuelles, annuelles ou extraordinaires. Il nous reste aussi de quoi nous faire une idée de ce que l'on pourrait appeler « l'année liturgique » : en particulier, des sortes de directoires pieux, que nous appelons « hémérologies », ou « ménologies », où étaient consignés, pour chaque jour de chaque mois, les obligations religieuses pertinentes, les dieux à honorer particulièrement, les gestes pieux recommandés, les aliments ou démarches déconseillés ou carrément défendus...

Les temples

Les temples, qui portaient tous, en sumérien, un nom, souvent tiré de l'admiration qu'ils soulevaient — celui d'Enlil, à Nippur, s'appelait *É.kur* (« Temple-montagne ») ; celui de Marduk à Babylone, *É.sag.il* (« Temple au pinacle sublime ») ; et c'était aussi le cas des tours à étages : celle de l'Ésagil, par exemple, était dénommée *É.temen.an.ki* (« Temple-support de l'Univers »)... —, n'étaient que la forme la plus parfaite et la plus majestueuse des sanctuaires : tout le pays était semé d'édifices religieux mineurs — chapelles ou simples statues divines sur leur socle — dont certains jouaient parfois un rôle particulier, tel celui qui était consacré au dieu du fleuve et qui marquait le lieu choisi où le même dieu, par la procédure de l'ordalie, discriminait coupables et innocents. Le temple, comme les autres chapelles, paraît avoir été ouvert au public, hormis peut-être telle ou telle partie considérée plus « sacrée » et accessible seulement aux membres du clergé. Celui-ci est peu connu, et nous ne savons guère distinguer, parmi les titres que nous connaissons du personnel ayant des relations plus particulières et professionnelles avec les dieux, les fonctions proprement religieuses et celles qui étaient plutôt administratives. Il est, du reste, possible qu'au moins en certains cas les deux aient coïncidé. À côté des prêtres figuraient des prêtresses, que nous ne voyons, d'ailleurs, pas mieux.

Certaines étaient astreintes sinon au célibat, et encore moins à la « chasteté », au moins à l'obligation de ne point faire d'enfants. Quelques-unes vivaient ensemble et à part, dans une sorte de béguinage. Il y a quelque apparence que les catégories peut-être assez nombreuses, mais difficiles à définir pour nous, des prostituées et des prostitués étaient plus ou moins enrégimentées dans le personnel sacré, au moins pour certains dieux ou certaines cérémonies. Nous ignorons si ce clergé vivait à demeure dans les temples qu'il desservait, même s'il paraît imaginable que le caractère de lettrés des plus élevés d'entre eux devait favoriser une certaine vie commune, des préoccupations communes et peut-être un travail commun.

Le culte sacramentel

Le culte sacramentel proprement dit avait pour fin propre d'obtenir que les dieux écartent le mal venu frapper, ou menacer, ses victimes : maladies, épreuves et catastrophes, ennuis de toute sorte ou mauvais sort promis par quelque procédure divinatoire. Ces gens, avec une certaine philosophie, pensaient que la vie est assez supportable, sinon agréable, une fois supprimées les malplaisantes misères qui la parasitent. Ces maux, on le sait, étaient causés aux hommes par la cohorte obscure des « démons ». Il y a des chances que les procédés les plus archaïques pour chasser ces importuns aient été de l'ordre de la « magie » : par l'usage de manipulations ou de paroles jugées auto-efficaces. On aura intégré très tôt ce système à celui que présidaient les dieux souverains : ce faisant, on a préservé gestes et discours ritualisés, mais pour n'en faire plus que de simples cérémonies offrant aux dieux un cadre matériel d'intervention, grâce auquel, dûment priés et rendus favorables, ils pouvaient agir eux-mêmes et éloigner tout à la fois de leurs victimes, et leurs démoniaques commis, et le mal qu'ils leur avaient infligé. C'est pourquoi l'on doit parler non de « magie », au sens propre de ce mot, mais de théurgie et d'exorcisme.

À la différence du culte officiel, le culte sacramentel ne se pratiquait pas nécessairement au temple, mais, selon que le rituel l'exigeait, soit auprès du malade, soit à portée de l'eau courante, ou en pleine steppe, ou ailleurs. Toutefois, le lieu précis où on l'exécutait devait toujours être purifié et « sacralisé », selon les temps, par des procédures appropriées. Ce culte avait son spécialiste et officiant particulier, lui aussi membre du « clergé » à sa manière : l'exorciste (*âšipu*, en akkadien), lequel, après de longues études dont nous avons quelque idée, en connaissait tous les rituels, tous les rites, et en dirigeait l'application. Il s'agissait toujours de manipulations utilisant le feu, l'eau, d'autres matières et d'autres moyens censés chargés de vertus spécifiques, et accompagnées de prières et d'adresses aux dieux, le plus souvent formalisées et passe-partout. Quand on considère la masse impressionnante de ces procédures parvenues jusqu'à nous par centaines et ce que nous savons de leur rôle universel dans la vie quotidienne, on est tenté de croire que le culte sacramentel aura constitué la pratique religieuse la plus populaire, celle qui traduisait le mieux la religiosité au moins du plus grand nombre.

Paraliturgies et culte familial

On peut rattacher, de plus loin, à ce même culte finalisé par les fidèles un certain nombre de pratiques, notamment de divination « déductive » : si elles mettaient d'abord en jeu la « science » et la technique de leur spécialiste (*bârû*, en akkadien), elles ne se faisaient point sans des appels aux dieux, pour ne rien dire du sacrifice, ritualisé, des animaux dans les entrailles desquels les aruspices chercheraient à décoder l'avenir.

Reste ce que l'on peut appeler la liturgie familiale, dont beaucoup nous échappe. Nous ne savons pas grand-chose des rites funéraires, si ce n'est que le corps, avant l'ensevelissement, devait être lavé, habillé et exposé. La mise en terre se faisait, traditionnellement, volontiers dans le sous-sol de la maison de famille : une « aile » était réservée à cette sépulture, et peut-être y trouvait-on aussi la chapelle domestique, ornée des images des dieux protecteurs particuliers des membres de la famille. Outre les modestes offrandes occasionnelles et régulières que leurs descendants devaient faire aux trépassés, il existait un autre rite privé dont il se trouve que nous sommes mieux informés : une fois par mois, tout au moins, lorsque la lune, en disparaissant, ramenait la pensée vers la mort, chaque famille se rassemblait autour d'un repas cérémoniel réservé à ses membres, au cours duquel, ceux-ci, en partageant les mêmes vivres, non seulement en tiraient la même vie, mais affirmaient ainsi leur communion et solidarité familiales. On l'appelait, en akkadien, *kispu*, d'une « racine » *kasâpu*, qui signifie précisément quelque chose comme « rompre » le pain pour le « partager ». Et les morts, eux aussi, étaient censés prendre part, mystérieusement, au repas...

À l'autre bout de l'existence, à la naissance, d'autres cérémonies analogues se pratiquaient sans doute en famille, non moins qu'à cet autre point fort de la vie qu'était le mariage — mais nous n'en savons quasi rien.

JEAN BOTTÉRO

GILGAMESH

Gilgamesh serait un roi d'Uruk, une des principales cités sumériennes de Mésopotamie (la plaine alluviale du Tigre et de l'Euphrate, dans l'actuel Irak), et aurait régné aux environs de 2500 avant notre ère. Il a probablement existé, mais nous n'en avons aucune trace historique, et nous ne connaissons le personnage qu'à travers une série de récits légendaires, dont l'*Épopée de Gilgamesh* est le plus connu. C'est une vaste composition de quelque 3 000-3 500 vers, rédigée dans une langue sémitique, vraisemblablement au début du IIe millénaire, à l'époque dite paléobabylonienne que domine la figure du roi Hammourabi. Cependant, la version la plus complète que nous en possédons est beaucoup plus récente, et provient de la bibliothèque d'Assurbanipal (VIIe siècle) à Ninive. Ce récit a connu un immense succès dans l'Antiquité pendant près de deux mille ans. Des copies en ont été retrouvées sur de très nombreux sites, jusqu'en Palestine et en Anatolie, et il a été traduit dans diverses langues (hittite, hurrite). Les Grecs mêmes en ont eu certainement connaissance, car leurs récits légendaires contiennent de nombreux traits qui supposent un emprunt : le batelier qui traverse les Eaux de mort évoque clairement Charon et le Styx ; Thésée terrasse le taureau de Crète comme Gilgamesh le Taureau céleste ; dans le mythe d'Œdipe, Héra privée de Chrysippos envoie le Sphinx sur Thèbes comme Ishtar éconduite par Gilgamesh jette le Taureau céleste sur Uruk ; ou encore Tirésias, transporté dans une île dans certaines versions ou doté de sept vies dans d'autres, reprend les caractéristiques d'Utanapishtim. Le souvenir de Gilgamesh est encore présent au IIIe siècle de notre ère : Élien, auteur de *De natura animalium*, cite une légende relative à Gilgamesh. Celui-ci est encore évoqué vers 600 sous le nom de Gligmos par Théodore Bar Qoni dans ses *Scholia*.

La première épopée de l'histoire

Il était une fois un roi qui, jeune et fougueux, malmenait son peuple. Pour modérer son ardeur, les dieux suscitent une créature qui lui fasse pièce, Enkidu. Celui-ci est une sorte de brute, née dans la steppe au milieu des animaux sauvages et vivant comme eux jusqu'au jour où une courtisane lui ouvre l'entendement en s'unissant à lui, le nourrit comme un homme et l'habille. Ainsi civilisé, Enkidu se rend à Uruk, où il est amené à se mesurer au roi. L'issue de l'affrontement reste indécise, et les deux héros deviennent amis, constatant que chacun a trouvé un partenaire à sa taille. Gilgamesh brûle d'accomplir un exploit extraordinaire qui laisserait à jamais son nom gravé dans la mémoire des hommes. La rencontre d'Enkidu lui en fournit l'occasion, et tous deux décident de se rendre sur la Montagne, couper les cèdres qui y poussent.

La Montagne est un lieu de luxuriance, situé en quelque sorte au-delà des frontières du monde, une sorte de paradis inaccessible au commun des mortels, et gardé par un être monstrueux, Humbaba. Après un long chemin, les deux héros arrivent dans la contrée magique, et avec l'aide providentielle de Shamash, le dieu solaire, viennent à bout du démon et coupent les arbres sacrés.

À leur retour, ils sont fêtés comme ils le méritent, mais l'exploit a également attiré sur Gilgamesh l'attention d'Ishtar, déesse à la fois de l'Amour et de la Guerre. Celle-ci lui fait des avances, mais le héros l'éconduit injurieusement. Ivre de rage, la déesse envoie sur Uruk une créature de cauchemar, le Taureau céleste, qu'elle a réussi à obtenir de son père Anu, roi des dieux. Gilgamesh et son compagnon en triomphent cependant, et ridiculisent la déesse déconfite en lui jetant à la figure un (le !) membre de la bête. Les deux compères sont alors au faîte de la gloire, mais ils sont allés trop loin, et les dieux vont se charger de mettre fin à leurs débordements en condamnant Enkidu.

Celui-ci tombe malade, meurt dans les bras de son ami et est enterré en grande pompe dans l'affliction générale. Tel un frère qui a perdu son jumeau, Gilgamesh est effondré et, confronté à l'injustice suprême, prend conscience pour la première fois de la précarité de la vie. Comprenant que ses exploits ne le feront pas échapper à la mort, il abandonne tout pour se lancer dans une quête sans espoir. Il a en effet entendu dire qu'un roi de Shuruppak, Utanapishtim, avait autrefois échappé au Déluge qui devait anéantir une humanité devenue trop encombrante et que les dieux, compatissant, lui avaient alors accordé l'immortalité en un lieu écarté du monde. Gilgamesh part à sa recherche, bien décidé à lui arracher son secret.

Après une longue errance, il arrive aux portes du royaume enchanté. C'est une grotte qui s'enfonce dans la Montagne et dont l'entrée est gardée par deux hommes-scorpions. Ceux-ci laissent passer le héros, sensibles à sa vaillance et émus par sa quête. Et Gilgamesh, après avoir traversé le sombre couloir, débouche sur une sorte de monde intérieur, le reflet si l'on veut de la forêt des cèdres, où la végétation est cette fois pétrifiée. Une cabaretière, établie là pour accueillir on ne sait qui, lui explique qu'Utanapishtim vit en reclus sur une île, sise au-delà des Eaux de mort, et que seul Urshanabi peut atteindre dans sa barque. Gilgamesh se rend maître du batelier et le contraint à l'y conduire. Vêtu de peaux de bêtes, mal nourri, épuisé, il se présente à l'immortel et lui expose sa quête. Celui-ci lui raconte comment il a survécu au Déluge, rencontré les dieux et, finalement, obtenu la vie éternelle, mais il ajoute que l'histoire n'est pas reproductible. Toutefois, devant l'insistance du héros, il accepte de le soumettre à une épreuve, celle du sommeil. C'est l'échec, et Gilgamesh s'apprête à retourner bredouille en sa patrie lorsque la femme d'Utanapishtim intervient en sa faveur. Une seconde chance lui est donnée, et cette fois, il obtient, au péril de sa vie, la plante de jouvence qui pousse au fond des mers. Mais au lieu d'en goûter, il l'emporte avec lui pour en mesurer les effets sur quelque vieillard. En chemin, alors qu'il se baigne, un serpent la lui ravit et bénéficie de ses bienfaits. C'est donc les mains vides qu'il retourne à Uruk. Pourtant, ses efforts n'ont pas été aussi vains qu'il le pense. Ses longues années d'errance, les souffrances qu'il a endurées, mais aussi les secrets que lui a dévoilés Utanapishtim ont fait de lui un autre homme, et c'est un sage qui remonte sur le trône d'Uruk.

Là se trouve la morale de l'histoire. En effet, l'*Épopée* n'est pas une réflexion désabusée sur la condition humaine et la quête impossible de l'immortalité. En nous montrant comment un pouvoir tyrannique finit par être remplacé par un pouvoir tempéré et serein, au terme d'une longue démarche initiatique, le récit se fait l'écho d'un idéal de mesure et rejette vigoureusement l'excès. Il fait plus exactement l'apologie de l'équilibre qui doit toujours exister, comme il existe au ciel, entre ces deux tendances, à la fois contradictoires et complémentaires, que sont la force et la sagesse. D'ailleurs, des allusions, incessantes mais discrètes, à la mécanique céleste, expression la plus évidente de l'ordre divin, rappellent quel est le modèle à suivre et cautionnent la morale avancée. C'est spécialement le rythme du Soleil dans sa course annuelle qui structure le récit et l'on observe toute une série de correspondances : entre le solstice d'hiver et la faute initiale, l'équinoxe de printemps et la victoire sur Humbaba, le solstice d'été et les déboires d'Enkidu, l'équinoxe d'automne et l'entrée dans le monde souterrain. En fait, l'ensemble du récit s'organise en une suite d'épisodes évoquant chacun en filigrane une des douze phases du cycle zodiacal.

L'arrière-plan historique du récit

Pour tenter de comprendre ce qui a pu motiver pareille composition, il faut probablement remonter le temps de quelques siècles, jusqu'à la IIIe dynastie d'Ur (XXIe siècle). C'est en effet à cette date que prend corps la légende centrée sur Gilgamesh, à en juger par cinq récits qui nous sont parvenus, rédigés cette fois en langue sumérienne. L'un d'eux se suffit à lui-même (*Gilgamesh, Enkidu et les Enfers*), et constitue si l'on veut une *Épopée* miniature. Les quatre autres faisaient partie d'un même cycle, quoique le narrateur ne se soit pas préoccupé de ménager de transitions entre eux. Deux de ces récits seront repris dans l'*Épopée* avec les épisodes de Humbaba et du Taureau céleste, tandis que les deux autres en seront écartés (*Gilgamesh et Agga de Kish*, *La Mort de Gilgamesh*), mais celui qui raconte comment Gilgamesh est devenu un grand juge des Enfers, à défaut d'obtenir l'immortalité par ses exploits, sera à l'origine d'une tradition faisant du héros l'objet de la piété populaire.

L'engouement bien connu des rois d'Ur pour la figure de Gilgamesh est à replacer dans le contexte historique de l'époque. La Mésopotamie était traditionnellement partagée en petites principautés indépendantes, dont au moins les plus méridionales étaient de population majoritairement sumérienne. Sargon, d'origine sémite, réussit à les unifier par la force et à créer le premier État de l'histoire, vers 2300 avant notre ère. Les anciennes cités n'ayant jamais auparavant perdu leur autonomie, cette unification leur apparaît contre nature et ne manque pas de susciter des révoltes. Cependant, le souvenir des temps anciens s'estompe progressivement, et la formule inaugurée par Sargon devient un modèle que tous les souverains s'efforceront par la suite de reproduire. Lorsque le pouvoir repasse aux Sumériens, quelque deux siècles plus tard, les rois de la IIIe dynastie d'Ur (Urnammu, Shulgi) sont confrontés à un délicat problème de légitimité. Sans doute entendent-ils reprendre à leur compte le concept d'un État unifié, mais ils ne peuvent pas se recommander ouvertement de la figure encombrante de Sargon. La seule source de légitimité concevable est à chercher en amont, mais réanimer des temps révolus risquerait de remettre en question l'idéal unitaire. C'est dans ce contexte que des lettrés s'emparent de la personnalité de Gilgamesh (en raison de son nom, qui peut signifier « le vieillard qui rajeunit »). Nous transportant ainsi dans un passé lointain réaménagé pour l'occasion, ils escamotent la genèse ambiguë de l'unité territoriale et font passer la chute du joug sargonide pour un retour aux sources.

Tous les souverains ultérieurs, et surtout peut-être les plus illégitimes, chercheront à entretenir le même idéal unitaire, associé en principe à un pouvoir dont la forme équilibrée, inspirée par les dieux, le rend indiscutable. C'est ce qui explique l'immense succès des récits légendaires consacrés à Gilgamesh où ce programme est exprimé. Partout, dirigeants et dirigés y trouveront une expression de leur idéal, les uns sans doute attirés par une formule politique qui garantit l'intégrité de l'État, les autres peut-être plus sensibles à des principes de gouvernement qui excluent l'arbitraire.

JEAN-DANIEL FOREST

CHAPITRE II

LES HITTITES

Comme le rappelle ce chapitre, il a fallu attendre 1887 et le hasard d'une fouille entreprise en Égypte pour que l'existence des Hittites devienne de probabilité certitude. Peuple à l'origine indéterminée mais à coup sûr indo-européenne, les Hittites s'installent en Anatolie à un moment lui aussi indéterminé. Ils y développent une culture encore assez mal connue, qui présente, sur bien des plans (le rôle de la reine, par exemple, dans le système politique), des originalités assez remarquables. Mais le plus étonnant – et le plus exemplaire – reste sans doute la façon dont les Hittites, après avoir imposé au plus haut leur domination, ont failli disparaître à jamais de nos mémoires. Coupés de leurs bases, incapables de se développer démographiquement, ils ont subi, comme il est dit plus loin, la seule loi de l'histoire qui soit vraiment inexorable : celle du nombre.

J. B.

La découverte des Hittites est le résultat d'une longue enquête philologique et archéologique qui débute au temps du déchiffrement des hiéroglyphes égyptiens. Le nom d'un grand pays, en relation avec la cour égyptienne de la XVIIIe dynastie, apparaît dès les premiers textes que lit Champollion : le « Heta », dont les pharaons disent avoir reçu le tribut et dont Ramsès II affirme qu'il le vainquit à Qadesh, en Syrie du Nord. Dans la mesure où l'Orient s'ouvre à la recherche archéologique européenne, on retrouve ici et là, en Syrie du Nord en particulier, d'étranges textes rédigés dans un système d'écriture inconnu, lequel paraît être un système « hiéroglyphique ». Faute d'en connaître l'origine exacte, à tout hasard, on attribue cette écriture aux « Hittites ». En 1887, la découverte fortuite, à Tell el-Amarna, site de l'antique capitale du pharaon hérétique Akhenaton, de la correspondance diplomatique de la cour égyptienne avec ses vassaux de Syrie et les cours de Babylone et d'Assyrie, allait relancer le problème hittite : cette correspondance faisait état des mouvements de l'armée hittite en Syrie et, qui plus est, y figurait également une lettre du roi hittite Souppilouliouma, adressant ses vœux à Akhenaton à l'occasion de son accession au trône.

Deux de ces lettres (dont l'une adressée à un roi d'Arzawa) étaient rédigées dans une langue inconnue, mais dans le système d'écriture cunéiforme mésopotamien, donc lisibles. Bien inspiré, mais s'en repentant presque aussitôt, le savant norvégien Knudtzon, en reconnaissait l'origine indo-européenne et en fournissait une première traduction approchée. En 1906, une expédition allemande, dirigée par Hugo Winkler, obtenait la concession des fouilles sur le site de Boghaz-Köy, connu depuis 1839, énorme ensemble de ruines qui paraissait particulièrement prometteur. Après quelques semaines de travail, Winkler recueillait environ dix mille tablettes, écrites pour la plupart en cette langue que la correspondance de Tell el-Amarna désignait comme étant celle d'Arzawa. Rédigés en cunéiforme, la plupart des textes pouvaient être lus mais non interprétés, d'autres, par contre, étaient rédigés en babylonien, et il apparut bientôt que le site sur lequel ils avaient été découverts était celui de la capitale des Hittites, portant alors le nom de Hattousas, et que les textes recueillis constituaient une partie des archives des rois hittites. En 1915, le savant tchèque B. Hrozny démontrait que la langue dans laquelle étaient rédigés les documents originaux des archives de Boghaz-Köy était un dialecte indo-européen, confirmant ainsi l'intuition de Knudtzon. Dès lors se créait une nouvelle discipline de l'orientalisme : l'hittitologie.

Partir d'infimes commencements pour parvenir aux plus hauts destins impériaux, tel a été le sort des Hittites. Si l'aventure s'est achevée par une tragédie, la raison en est à chercher non dans une défaillance de volonté, mais dans la simple loi du nombre qui fait que les civilisations ne peuvent résister à l'assaut des Barbares.

Les Hittites et des groupes apparentés parvinrent en Anatolie d'une antique demeure où, sans doute, ils communiquaient avec leurs cousins indo-européens au travers des plaines eurasiennes ; ils y arrivèrent par vagues successives ou parallèles, alliés en particulier à leurs proches parents, les Louwites, à d'autres tribus encore moins certainement identifiées. Ils apparaissent dans l'histoire au moment où, au XIXe siècle avant notre ère, les marchands assyriens ouvrent leurs comptoirs à Kanesh (aux environs de l'actuelle Kültepe, au sud de la boucle du Halys), dans la plaine qui entoure le mont Argée, et en d'autres lieux, sur la route qui mène de la capitale assyrienne vers l'Anatolie, riche en métaux.

Pourtant, l'Anatolie, dans laquelle les Hittites ont pénétré à un moment encore indéterminé de l'histoire, n'était point à ce moment un « no man's land ». C'est le pays dont, depuis longtemps, les Mésopotamiens tiraient bois et métaux, et celui qu'évoquent des sagas qui disent les exploits des rois et la dynastie d'Agade, Sargon et Naram-Sin, qui pénétrèrent jusqu'en Anatolie centrale, l'un pour venir en aide à des marchands mésopotamiens, l'autre pour combattre une coalition de dix-sept princes dont un « roi du pays hittite », Pamba. Les « Hittites », installés à cette époque en Anatolie, auxquels la nomenclature moderne a redonné leur nom légitime de « Hattiens » (parfois de « pré-hittites ») sont une des plus anciennes populations (autochtones ?) de l'Anatolie : c'est de cette population que les envahisseurs indo-européens prendront leur nom de Hittites.

Cette ancienne culture ne laisse guère d'autres traces que les tombes de ses princes, d'une extraordinaire richesse souvent, témoins d'une civilisation extrêmement développée qui s'étend du plateau central anatolien jusqu'aux abords de la mer Noire (Alaca Höyük, Masat, Horoztepe, Mahmatlar). De lointaines relations avec la Troade aussi bien qu'avec la Mésopotamie, et des points de contact avec le Caucase et le Kouban suggèrent un ensemble culturel beaucoup plus vaste qu'il n'apparaît au seul résultat des fouilles anatoliennes.

Il n'est pas impossible que les tombes princières « hattiennes » retrouvées à Alaca Höyük, à quelque trente-cinq kilomètres au nord de la capitale hattienne (puis hittite) de Hattousas (aujourd'hui Boghaz-Köy), doivent être attribuées aux princes hattiens à l'hégémonie desquels mirent fin les Hittites indo-européens. Une date aux environs de 2300-2000 est assez admissible pour les sépultures, surtout si l'on considère qu'elle correspond en gros à celle à laquelle les Indo-européens ont dû s'installer dans la région, puisqu'au moment où ils apparaissent dans l'histoire à travers les documents économiques, juridiques et épistolaires laissés par les marchands assyriens, ils ont déjà constitué des principautés. D'autre part, outre des noms de princes et d'individus privés, ces documents font état de fêtes religieuses locales et de termes techniques ; la plupart de ces derniers relèvent de parlers autochtones, notamment hattiens, mais on note aussi des termes indo-européens, que l'on rencontre plus tard en hittite et dont l'utilisation ici doit être le résultat d'une longue accoutumance. Les tablettes assyriennes ont révélé les noms de deux princes anatoliens, Pithana et Anitta, son fils. Tous deux sont mentionnés dans un document retrouvé, grâce à une copie beaucoup plus récente, dans les archives royales hittites de Boghaz-Köy. Il s'agit du remarquable récit, écrit à la première personne par Anitta, qui relate les entreprises militaires de Pithana et d'Anitta, « roi de Koussar », contre les principautés d'Anatolie centrale, notamment Hattous (= Hatoussas), centre de pouvoir hattien, qui fut détruite de fond en comble et maudite. Abandonnant Koussar, Anitta transfère sa capitale à Nesa, qu'il faut probablement identifier avec Kanesh, où un fer de lance portant une inscription à son nom a été découvert.

1 Caractères permanents du peuple hittite

Les constantes géographiques et politiques

Bien qu'aucun des rois successifs de l'empire hittite n'ait revendiqué Pithana ou Anitta comme un de ses ancêtres, et que l'histoire « légale » parte d'Hattousil Ier (vers 1650 av. J.-C.), la présence seule du récit d'Anitta dans les archives hittites suggère une certaine communauté spirituelle entre son œuvre et celle que vont poursuivre ses successeurs.

En effet, les tâches qui furent les siennes seront, tout au long de l'histoire hittite, celles qu'ils devront affronter à leur tour : elles dépendent à la fois de données ethniques et politiques. Il faut d'abord que ces souverains s'assurent la maîtrise du plateau central anatolien et des terres qui entourent la capitale Hattousas jusqu'au-delà du fleuve Halys, en direction de l'Anti-Taurus. L'œuvre doit être éternellement recommencée : au nord du pays, jusque vers la mer Noire, les Gasgas, tribus de « tisseurs de lin et éleveurs de porcs », constituent un danger que les Hittites ne purent jamais écarter ; ils s'emparèrent même de Hattousas qu'ils pillèrent et dévastèrent, et ils occupèrent pendant des siècles des lieux saints comme la ville de Nérik. Au sud-ouest, en direction du grand lac Salé, l'Arzawa, puissant royaume autour duquel diverses principautés se rassembleront, représente également une menace permanente : de l'époque d'Anitta au règne de Touthaliya IV, tout à la fin de l'empire, le nom d'Arzawa réapparaît dans les annales comme un leitmotiv. Les Hittites s'épuiseront à le combattre sans pouvoir en venir à bout : preuve du prestige dont il jouissait, son roi, Tarhoundaradou, correspondait d'égal à égal avec Aménophis III, à une époque où, pourtant, Souppilouliouma, un des plus énergiques souverains hittites, régnait à Hattousas (vers 1370 av. J.-C.). Au sud, la Cilicie, connue alors sous le nom de Kizzouwatna, ne présentera de danger que jusque vers l'époque de Souppilouliouma qui conclura un traité avec le roi Sounassoura, traité qui, en réalité, fait repasser le pays sous l'hégémonie hittite et qui témoigne de l'instabilité permanente aux frontières, les changements d'allégeance dépendant de la faiblesse ou de la puissance des rois hittites. Un des premiers traités - documents caractéristiques de l'esprit international de ce peuple - paraît avoir été conclu entre le roi hittite Télépinou (vers 1525 av. J.-C.) et le roi de Kizzouwatna, Ishpoutahshou : les deux signataires se donnent le même titre de « roi » et traitent donc sur un pied d'égalité. Il est regrettable que le texte du traité lui-même ne nous soit pas parvenu, il eut sans doute permis de voir jusqu'à quel point allait cette égalité, et si était pleinement valable ce titre de « grand roi » que, sur son sceau, se décerne le roi de Kizzouwatna. Le traité conclu plus tard par Souppilouliouma rappelle que, « à l'époque de son grand-père », le Kizzouwatna faisait encore partie de l'empire hittite (sans doute en conservant ses propres souverains) ; il s'en était détaché pour se rallier à l'empire hourrite, et revenir ensuite « au bercail » hittite, comme le dit textuellement le traité. Sounassoura est le dernier nom de roi de Kizzouwatna qui apparaisse, le pays étant incorporé définitivement à l'empire hittite sous le règne du second fils de Souppilouliouma, Moursil II (vers 1329 av. J.-C.).

À l'est de l'empire, par-delà le Taurus et l'Euphrate, sont installés depuis les origines hittites des groupes d'envahisseurs venus d'Orient : les Hourrites, qui occupent la haute région mésopotamienne, du Tigre à la Méditerranée. Les premiers heurts se produisent dès l'époque de Hattousil Ier (vers 1650 av. J.-C.). C'est seulement quelque trois cents ans plus tard que Souppilouliouma fera disparaître la menace qu'ils représentent. Les guerres de Hattousil Ier constituent en quelque sorte le schéma des opérations qu'ont perpétuellement dû livrer les rois hittites au cours de l'histoire impériale : guerres en Syrie du Nord, contre l'Arzawa, contre les Hourrites qui n'hésitent pas à contre-attaquer. Tout ceci provoque, comme le fait se reproduira, une dispersion des forces hittites obligées de faire front sur plusieurs théâtres d'opérations en même temps, et l'impossibilité de parvenir à une solution définitive. Hattousil échoue devant Alep, alors capitale d'un grand royaume. La tâche est laissée aux soins de son fils adoptif, Moursil Ier, qui enlève la ville et, au cours d'un raid d'une audace inouïe, mais qui n'eut pas de lendemain, s'empare de Babylone, mettant fin à la dynastie qu'avait illustrée Hammourabi, avant d'abandonner le pays à de possibles alliés, les Cassites (vers 1595 av. J.-C.).

Moursil périt assassiné et, jusqu'au règne de Télépinou (vers 1525-1500 av. J.-C.), l'histoire hittite n'est qu'une longue suite de revers sur le plan international, et de dissensions dans la famille royale qui se dispute le pouvoir : les Hourrites et les Gasgas ravagent le pays, l'Arzawa et la Cilicie se révoltent. L'ordre intérieur est ramené par Télépinou qui, par un rescrit, pose les règles de succession dans la famille royale, lesquelles seront respectées jusqu'à la fin de l'empire. Dans le domaine légal, c'est également sous son règne qu'eut lieu une révision du Code.

En politique étrangère, on retiendra les campagnes contre Hassouwa (en Commagène) et la conclusion du traité avec le royaume de Kizzouwatna.

Pendant une cinquantaine d'années après le règne de Télépinou, la carence des documents ne permet pas de préciser la succession des rois et des événements politiques.

La religion sous l'Ancien Empire

Les textes d'Anitta et de Hatoussil Ier, complétés sur certains points par le rescrit de Télépinou, fournissent quelques indications sur la religion, l'État et la société hittites sous l'Ancien Empire ; on note une profonde évolution, aussi bien dans le domaine religieux qu'au sein de l'État.

Les dieux d'Anitta ne paraissent être autres que les divinités qu'adoraient, au témoignage des documents postérieurs, les Hattiens : le dieu de l'Orage du Ciel qui demeurera une des grandes divinités de l'empire, et le dieu Halmasouitta, le Trône divinisé, qui jouera un rôle dans les rituels de fêtes hittites plus récents, mais un rôle tout à fait secondaire. Le dieu Siousoummi, dont le nom paraît être formé sur un thème hittite : *siou* = dieu, est, spécifiquement, le dieu de Nesa, peut-être adopté par Anitta lorsqu'il transfère sa capitale dans cette dernière ville. Il n'apparaît d'ailleurs plus par la suite. On notera l'existence de temples dans lesquels ces dieux résident, et la coutume d'offrandes d'animaux en nombre considérable ; cette dernière caractéristique de l'ancienne religion disparaît à son tour.

La situation est sensiblement différente à l'époque de Hattousil : le roi n'est plus, comme Anitta, « aimé du dieu de l'Orage » ; c'est la déesse solaire d'Arinna qui veille sur lui, le guide au combat en le prenant par la main. Il s'agit également d'une divinité d'origine hattienne, sans doute déjà considérée à l'époque pré-hittite comme protectrice de la royauté, rôle qu'elle continuera d'assumer pendant toute la durée de l'empire. Le dieu de l'Orage lui est subordonné ; avec leur fille, la déesse Mezoulla (dont le temple est mentionné), ils constituent une triade divine du groupe hattien et demeureront parmi les grands dieux des hittites. L'intérêt majeur de ce texte réside cependant dans le fait qu'on y trouve attesté pour la première fois ce trait caractéristique de la religiosité hittite qui tend à la fois au syncrétisme et à l'adoption de divinités provenant des horizons les plus divers. L'influence religieuse hourrite, dont on a souvent placé le début vers l'époque de Souppilouliouma, et qui aurait été renforcée à la suite du mariage de Hatousil III avec la fille d'un prêtre de Kizzouwatna, Poudou-hepa, s'affirme déjà sous Hattousil Ier. Celui-ci ramène de ses campagnes en pays hourrite des divinités locales qui deviendront parmi les plus importantes du panthéon hittite : le dieu de l'Orage d'Alep (Teshoup), « la fille de la déesse Allatoum, Hépat » qui est son épouse et qui sera identifiée à la déesse solaire d'Arinna ; leurs statues, déposées dans le temple de la déesse Mezoulla, seront servies par leurs propres prêtres, déportés avec elles.

2 L'évolution historique

Entre la mort de Télépinou et l'accession de Souppilouliouma, les sources historiques se font extrêmement rares. Il est probable qu'avec le père (ou le grand-père) de Souppilouliouma, une nouvelle dynastie monte sur le trône (vers 1460 av. J.-C.). Si l'on en croit les noms hourrites que portent les princes, noms qu'ils abandonneront d'ailleurs à leur accession au trône, elle serait peut-être originaire du Kizzouwatna, sans que l'on ait aucune certitude sur ce point.

Pacification de l'empire

Au moment où Souppilouliouma prend en main le destin de l'empire, la situation du pays est des plus critiques, la révolte est à peu près générale. Alep est occupée par les Mitanniens qui regroupent les anciens États hourrites ; le Kizzouwatna, l'Arzawa passent à l'offensive, suivis par les populations des pays d'Isouwa, à l'est de l'Euphrate, d'Azzi-Hayasa, et par les Gasgas qui réussissent à s'emparer de la capitale. La première campagne, effectuée en soutien d'un prétendant au trône de Mitanni, se solde par un échec.

Une série d'opérations se déroulent ensuite en Anatolie, sur le cours supérieur de l'Euphrate, où le pays d'Azzi-Hayasa est obligé de signer un traité ; au nord, le roi échoue contre les Gasgas qui sont tout juste contenus ; vers l'ouest, l'Arzawa et le Wilousa reconnaissent son autorité, comme au sud le Kizzouwatna. Souppilouliouma peut alors reprendre la campagne contre le Mitanni. Elle débute par un grand raid sur les possessions mitanniennes de Syrie du Nord et se termine par des accords avec les princes jusque-là dépendants du Mitanni. Une vaste révolte qui s'étend à Alep, à Damas, remet tout en question. Les Hittites ripostent en attaquant la capitale mitannienne par le nord ; le roi de Mitanni, Toushratta, refuse le combat et abandonne au pillage sa capitale Wassouganni. L'une après l'autre, les villes de Syrie du Nord, Alep, Alalakh, Qatna, Qadesh, Damas sont réduites ; Ougarit, qui était restée fidèle, est libérée ; le roi d'Amourrou, Azirou, après avoir hésité entre Hittites et Égyptiens, fait finalement acte de soumission et conclut un traité avec les Hittites. Vers 1354 avant J.-C., les hostilités reprennent : une armée égyptienne atteint Qadesh d'où elle se replie devant l'avance d'un contingent hittite ; au nord, Souppilouliouma poursuit le siège de Karkemish qui tombe au bout de huit jours. Son fils, Piyassili, en devient roi ; un autre de ses fils règne sur Alep : la Syrie est, pour un temps, passée sous la tutelle hittite.

Les défaites successives du Mitanni provoquent une révolution de palais au cours de laquelle le roi Toushratta périt assassiné par un de ses fils. Un autre de ses enfants, Mattiwaza, réussit à gagner le pays hittite et obtient l'appui de Souppilouliouma, appui confirmé par un traité. Soutenu par des troupes hittites, Mattiwaza réussit à atteindre la capitale Wassouganni, mais, devant une vive réaction assyrienne, ne peut guère aller au-delà : le Mitanni, dont les rois avaient été les alliés des pharaons de la XVIIIe dynastie cesse d'exister comme puissance internationale.

Un effort de guerre soutenu pendant plus de quarante ans, et qui avait toutes les apparences du succès, allait être réduit à néant à la mort de Souppilouliouma. Son fils Arnouwanda lui succède pour régner très peu de temps, sans doute emporté, comme son père, par l'épidémie de peste introduite en pays hittite par les prisonniers des campagnes égyptiennes. Un second fils, Moursil (II) (vers 1329 av. J.-C.), doit faire face à une tâche qui n'est pas sans rappeler celle qu'avait dû accomplir Souppilouliouma au début de son règne : le Mitanni, le Kizzouwatna, les Gasgas, l'Arzawa, d'autres provinces encore se révoltent ; l'Assyrie se montre menaçante aux abords de Karkemish. Il faut dix années de luttes incessantes pour rétablir la situation, mais lorsque Moursil meurt, le royaume a retrouvé ses limites du temps de Souppilouliouma. Son fils Mouwatalli lui succède. Aidé de son frère cadet, Hattousil, il doit reprendre la guerre contre les Gasgas, à ce point menaçants que le roi abandonne la capitale. Pendant dix nouvelles années, la lutte se poursuit. Dans les provinces du Nord, dont l'administration avait été confiée à Hattousil, le *limes*, probablement déjà mis en place par Moursil, est renforcé, et l'on connaît des instructions extrêmement précises destinées aux chefs de forteresses et datant vraisemblablement de cette époque.

Lutte contre l'Égypte et l'Assyrie

Le grand événement du règne est la reprise des hostilités avec l'Égypte dont les pharaons de la XIXe dynastie tentent de refaire une puissance asiatique. L'Amourrou retombe sous la dépendance égyptienne. Mouwatalli, avec les contingents des pays tributaires et alliés, se porte à la rencontre de Ramsès II qui remonte vers le nord de la Syrie, longeant la côte. L'affrontement se produit aux environs de Qadesh. Ramsès échappe tout juste au désastre et, malgré une prétendue victoire proclamée sur les murs des temples qu'il élève en Égypte, se retire, laissant les Hittites en possession des territoires qu'ils tenaient à l'époque de Souppilouliouma : l'Amourrou redevient tributaire de l'empire. À la mort de Mouwatalli, qui dut suivre de peu la bataille de Qadesh, son fils Ourhi-Teshoup, né d'une femme de second rang, accède au trône, conformément aux prescriptions édictées autrefois par Télépinou. Son oncle le soutient pendant les sept premières années de son règne, mais, devant l'amoindrissement progressif de ses prérogatives et de ses commandements, il se révolte. Ourhi-Teshoup, fait prisonnier, est exilé. Avec l'appui de la noblesse, Hattousil III devient « Grand Roi » (vers 1289 av. J.-C.). Face au danger de plus en plus pressant que représente l'Assyrie qui, à la suite d'une révolte, envahit la partie orientale du Mitanni (Hanigalbat), Hattousil, tout en se gardant bien d'intervenir sur ce front, tente un rapprochement avec les Kassites de Babylone, conclut un accord définitif avec l'Égypte (1280 av. J.-C.), traité d'amitié et de défense dont la version égyptienne a été gravée sur les murs du temple d'Ammon à Karnak, et la version akkadienne, aux sceaux de Hattousil et de son épouse, Poudou-hepa, retrouvée dans les archives de Boghaz-Köy. En 1271 avant J.-C., cet accord sera confirmé par le mariage d'une des filles de Hattousil avec Ramsès II. À sa mort, vers 1265 avant J.-C., Hattousil laisse à son fils, Touthaliya IV, un empire à peu près intact, aussi étendu que celui de Souppilouliouma, mieux protégé d'ailleurs sur le flanc égyptien. Seule, la disparition du Hanigalbat, définitivement annexé par Salmanazar Ier qui s'empare de tous les territoires à l'est de l'Euphrate, laisse une brèche ouverte dans les défenses de l'empire. Les relations, déjà mauvaises avec l'Assyrie, s'enveniment : Toukoulti-Ninourta Ier d'Assyrie lance un raid dans la région du Shoubarou, aux frontières hittites, traverse même l'Euphrate malgré l'opposition de contingents hittites qui sont bousculés. Les relations sont rompues entre les deux rois, et Touthaliya interdit toutes relations commerciales entre l'Amourrou tributaire et l'Assyrie. Cependant le conflit n'éclate pas ici. La situation est plus inquiétante encore vers l'ouest où l'Arzawa, qui se révolte à nouveau, pousse à l'action contre les Hittites des princes dont les territoires s'étendent entre les deux pays. À cette occasion, les armées hittites s'avancent jusqu'au pays d'Assouwa, à proximité de la mer Égée, où ils laissent comme témoignage de leur passage le monument sculpté sur le roc de Karabel. Mais ces efforts n'empêchent pas que l'Arzawa et les principautés occidentales s'entendent avec l'Ahhiyawa, cette puissance mystérieuse en laquelle les rois hittites ont reconnu un égal sur le plan international et qui sont sans doute les Achéens.

Alashiya (Chypre), aux mines de cuivre célèbres, sans doute menacée par les marines achéennes et des peuplades maritimes de la côte égéenne, est occupée par Touthaliya. Sous le règne de son fils, Arnouwanda III, l'empire conserve une apparence de stabilité, mais déjà les peuples occidentaux sont unifiés contre les Hittites ; ils se mettent en mouvement vers l'Orient, sans toutefois menacer directement l'empire, mais Achéens et Lyciens (Loukka) figurent parmi les envahisseurs que le pharaon Merneptah réussit à arrêter aux frontières mêmes de l'Égypte, vers 1230 avant J.-C. Arnouwanda meurt sans enfants ; c'est son frère, Souppiloulioumа II, qui monte sur le trône. Extérieurement, rien ne paraît changé : la Syrie du Nord, Karkemish, Ougarit demeurent fidèles, Chypre également devant laquelle les Hittites remportent une victoire navale. Souppiloulioumа semble même être intervenu contre l'Assyrie.

La brusque disparition de l'empire hittite qui continue de présenter, à l'époque de Souppiloulioumа II, la même apparence de puissance qu'à l'époque de ses prédécesseurs immédiats n'en est que plus étonnante. Il n'est aucunement prouvé que la destruction et la disparition de la civilisation hittite soit le fait d'une invasion à laquelle auraient pris part l'Arzawa et ses alliés, Achéens et autres. Les sources égyptiennes mentionnent les Achéens parmi les « Peuples de la mer » que Ramsès III arrêtera sur le delta du Nil, vers 1190 avant J.-C. Mais il semble que leur effort et celui de leurs alliés ait surtout porté sur la Syrie et l'Égypte, laissant de côté l'Anatolie. Il est plus probable que le grand mouvement de peuple qui submergea l'empire a trouvé son origine en Europe, et qu'il fut sans doute provoqué par les invasions doriennes. En effet, la tourmente passée, les Hittites disparus, on trouve des Phrygiens, venus d'Europe, en possession du plateau anatolien. À Boghaz-Köy même, sur les ruines de la capitale hittite, un chef phrygien établira sa résidence et élèvera un temple à une déesse phrygienne, Cybèle, qui n'est qu'un avatar de l'ancienne déesse hittite, protectrice de Karkemish, Koubaba.

Les royaumes néo-hittites

Toutefois, l'histoire des Hittites ne prend pas fin avec la disparition de l'empire et la destruction de Hattousas. Dans les provinces orientales et méridionales de ce qui avait été autrefois conquêtes impériales, la civilisation hittite se survivra, sous des formes quelque peu modifiées, pendant plus de cinq siècles. L'écriture hiéroglyphique, qui note un dialecte louwite, connaît une très large extension et couvre presque tous les monuments. L'empire ne l'avait utilisée qu'en d'assez rares occasions, surtout sur des monuments rupestres, comme au sanctuaire impérial de Yazilikaya, près de Hattousas, pour noter le nom des divinités, et dans les noms des rois, sur les sceaux royaux. Un certain nombre de petits royaumes ou de principautés, centrés autour d'une ville (quelques-unes de ces villes sont attestées par les documents antérieurs, les autres nouvelles), apparaissent ici et là en Syrie du Nord et en Anatolie orientale, le long de l'Euphrate, dans la région bordée d'une part par le fleuve, de l'autre par la chaîne du Taurus, et jusqu'en Palestine. Les textes assyriens continuent d'appeler « pays hittite » la Syrie du Nord et la région du Taurus ; les rois indigènes qu'ils mentionnent portent des noms qui rappellent ceux des rois de l'empire : Sapaloulme et Loubarna, de la principauté de Hattina ; Kantouzili et Moutallou, de Koumoukh, qui évoquent ceux de Souppilouliouma, Labarna, Hattousil (ou Kantouzili, nom attesté dans la famille royale hittite) et Mouwatalli (connu aussi sous la forme Moutallou).

Le premier roi assyrien qui atteint l'Euphrate après la disparition de l'empire, Tiglat-pilezer Ier (vers 1100 av. J.-C.), parle du Hatti ou du Grand Hatti, royaume ou fédération dont le centre de gravité paraît avoir été la ville de Malatya, sur le cours supérieur de l'Euphrate. Karkemish, où avaient autrefois régné le fils de Souppilouliouma et ses descendants, réapparaît dans l'histoire, peut-être toujours tenue par la même famille, bien qu'elle ait été détruite par les Peuples de la mer. À part Touwanouwa, la Tyane de l'époque classique, en Cilicie, comme aussi Karkemish, la plupart des noms que mentionnent les textes assyriens sont nouveaux : Milid (Malatya), Marqasi (Marash), capitales des petits États de Kammanou et de Gourgoum. Au sud de Malatya, en direction de Karkemish, point de passage important sur l'Euphrate, puissante ville qui vit de son commerce, s'étend la Commagène, dont le nom ancien est Koummoukhi. Vers l'occident de Karkemish se trouve le royaume d'Arpad ; plus à l'ouest encore, et atteignant le golfe d'Alexandrette, celui de Sam'al, appelé autrefois Ya'diya, qui avait sa capitale sur le site de Sinjirli, dont le nom ancien demeure ignoré. La plaine de l'Amouq constitue un royaume, connu d'abord sous le nom de Hattina, puis d'Ounqi, dont la capitale s'élevait à Kinaloua (la Kalneh biblique). Alep, autrefois capitale d'un puissant royaume, tenue plus tard en fief par un des fils de Souppilouliouma, alors bien déchue de sa grandeur passée, est devenue Halman (son nom ancien était Halap/Halpa). Elle sera bientôt abandonnée pour Hattarikka (la Hadrakh biblique) et la principauté prendra le nom de Louhouti. Enfin, en direction de la Palestine, le royaume de Hamath marque l'avance extrême de l'influence politique et culturelle hittite vers le sud. À noter encore la principauté de Til-Barsip (aujourd'hui Tell Ahmar) en aval de Karkemish.

L'avance assyrienne en pays hittite et jusqu'à la Méditerranée n'est qu'un épisode du règne de Tiglat-pilezer ; les Araméens qui pressent de toute part les anciennes frontières des empires s'établissent en force en Syrie du Nord. Pas plus que l'Assyrie ni Babylone, les princes hittites ne peuvent leur résister, ou ils réagissent seulement avec difficulté. À Til-Barsip, en Ya'diya, à Arpad, les Araméens prennent leur place, les anciens noms disparaissent : Ya'diya devenue Sam'al s'appelle Bît Gabbari, « Maison de Gabbar », probablement à partir du nom du fondateur de la nouvelle dynastie ; Til-Barsip devient le Bît Adini ; Arpad, Bît Agousi. La Cilicie, qui recouvre une large partie de l'ancien royaume du Kizzouwatna, commence à être mieux connue grâce aux inscriptions rédigées en hittite hiéroglyphique et en phénicien, découvertes à Karatepe sur le site d'une forteresse tenue par un vassal du roi d'Adana.

Pendant près d'un siècle, les populations hittite et louwite se partagent ces régions avec les Araméens, plus ou moins pacifiquement jusqu'au moment où l'Assyrie reprend sa politique d'expansion avec Adad-nirari II (912-891 av. J.-C.) et ses successeurs. Assur-nasir-apal II (884-859 av. J.-C.) reconquiert la totalité des territoires à l'est de l'Euphrate. Karkemish lui paie tribut, ainsi que les petits États qu'il traverse au cours de sa marche jusqu'à la Méditerranée. Malgré quelques tentatives pour faire front devant la menace assyrienne en unissant leurs forces, comme ils le firent à Qarqar contre Salmanasar III d'Assyrie (853 av. J.-C.), les rivalités que l'on soupçonne entre États hittites et États araméens vouent ces tentatives à l'échec. L'importance de l'Ourartou (Arménie) contrebalance pendant une cinquantaine d'années l'influence de l'Assyrie dans ces régions. Les rois d'Ourartou, Argistis Ier et Sardour II rassemblent autour d'eux les principautés de Milid (Malatya), Gourgoum, Ounqi, Sam'al, Arpad, Karkemish et la Cilicie (Qoué) : un empire est prêt à se reconstituer en Syrie du Nord, comme il se constitua autrefois sous l'égide du Mitanni. Mais sous Tiglat-pilezer III d'Assyrie (745-727 av. J.-C.), les Assyriens forcent l'Ourartou à évacuer la Syrie. C'en est fait dès lors de l'indépendance hittite. À partir de 738 avant J.-C., les unes après les autres, les principautés de Syrie tombent aux mains des Assyriens. Cette politique d'annexion sera poursuivie par les successeurs de Tiglat-pilezer, Salmanasar V et Sargon II : le grand centre hittite de Karkemish tombe en 717 avant J.-C. ; Koummoukh (qui englobe alors la région de Malatya) disparaît en tant qu'entité politique indépendante en 709 avant J.-C. Assyriens et Babyloniens continuent cependant de donner traditionnellement le nom de Hatti à la Syrie du Nord, mais lorsque les Grecs pénètrent en Orient, le nom même des Hittites aura disparu. Hérodote, que ses pas menèrent là où avait été l'empire hittite, n'en a pas entendu parler.

3 Bilan d'une civilisation

Roi et société

De même que la plupart des autres anciennes monarchies orientales, la monarchie hittite est absolue. Il est certain, néanmoins, qu'au début de l'ancien empire, la « Grande Famille » - la noblesse : c'est-à-dire l'ensemble de la tribu ou de la caste d'où est issu le roi - n'entendait que son intérêt et n'hésitait pas à outre-passer les volontés royales, surtout dans le cas d'une succession qui pouvait lui paraître litigieuse. On comprend dès lors qu'Hattousil Ier, anticipant les recommandations de Télépinou, ait déjà pu enjoindre la classe dirigeante, les « grands », à « rester unis comme une bande de loups ». Jusqu'au règlement des problèmes de succession dans la famille royale par Télépinou, devient roi celui qui, dans la « tribu », saura le premier se débarrasser de ses adversaires. Ces problèmes ne se posent plus ensuite.

Le roi est le représentant de dieu sur terre ; il en est le vicaire, mais ce statut ne lui confère point de nature particulière : il reste un homme, ce que les rois se sont complu à reconnaître. Néanmoins, de par ses fonctions, c'est un être exceptionnel et, dès la plus haute époque, dès la royauté d'Anitta, dès le règne de Hattousil Ier, le roi est « aimé » d'un dieu, sans qu'il soit possible de préciser pourquoi un tel sera « aimé du dieu de l'Orage », tel autre de la déesse solaire, tel autre de la déesse Ishtar de Samouha, comme ce fut le cas de Hattousil III, sinon que des circonstances particulières à la vie de tel ou tel prince qui accède à la royauté, après avoir occupé des fonctions religieuses – fonctions qui semblent faire partie du *cursus honorum* des princes hittites – en aient fait l'oblat de telle divinité.

Avant tout, le roi est le prêtre des dieux. Les innombrables prêtres qui officient dans les temples, et dont les fonctions sont rigoureusement définies, ne sont probablement, comme ce fut le cas dans l'Égypte pharaonique, que les remplaçants du roi. Les devoirs religieux du roi l'emportent de loin sur la fonction de chef militaire qui lui revient de droit, inhérente au caractère des royautés de l'Orient ancien, et qui dérivent d'ailleurs du caractère sacré et sacerdotal du roi, la guerre étant considérée comme un jugement de la divinité. Ainsi s'explique pourquoi, le roi étant responsable envers les dieux du bien-être du pays, tant de précautions ont été prises, mettant en œuvre tous les procédés de la magie, pour assurer la pureté rituelle du roi, lui éviter toute pollution, le soumettant à de méticuleux rituels, l'obligeant à participer à toutes les fêtes religieuses, en en faisant, par les prières qu'il adresse aux dieux, l'intermédiaire obligé entre le pays, les hommes et les divinités.

À cet égard, c'est uniquement en tant qu'officiant devant les dieux que sont représentés les rois hittites. Puisque c'est au roi que le dieu suprême de la royauté, le dieu de l'Orage, a confié le pays hittite, il est normal que le roi soit le juge suprême. Le Code énonce expressément les cas qui, sortant de l'ordinaire, sont soumis directement au roi. Il dicte aussi les instructions qui déterminent les fonctions et les devoirs des différentes classes de la population : instructions pour les commandants des postes frontières, les gardes du corps, les prêtres, etc. ; de même il édicte les réformes de caractère religieux, comme celles tendant à unifier et réglementer les cultes, décidées par Touthaliya IV.

Si la royauté hittite ne diffère que sur des points mineurs des autres types contemporains de royauté, il n'en est pas de même en ce qui concerne le statut juridique de la reine. Première épouse officielle, elle assume le titre de Tawananna (probablement un nom propre devenu un titre, comme celui de Labarna, ou Tabarna, que porte le roi) et le conserve à la mort de son époux. Sans doute ce titre lui confère-t-il des prérogatives particulières. De même que le roi et que les princes royaux, elle assume nécessairement des fonctions religieuses, officiant soit seule, soit en compagnie du roi. À sa mort, comme le roi « devient dieu », elle aussi passe dans la sphère divine et va résider dans une sorte d'empyrée, auprès des dieux. Si les rois morts sont l'objet d'un culte et d'offrandes faites à leurs statues, vivants ils ne sont jamais considérés comme des dieux.

La société hittite reste encore une des grandes énigmes, les archives hittites n'ayant point livré, à la différence de celles de Mésopotamie, de documents économiques, de lettres de particuliers à particuliers, de contrats qui seuls permettraient de se faire une idée, si peu précise soit-elle, des structures sociales. On distingue cependant, d'abord une classe que l'on pourrait appeler « noblesse », dans laquelle figure sans doute énormément de descendants de la famille royale (un roi a noté que « le pays hittite est plein de descendants de la royauté »). C'est à cette classe que sont confiées les fonctions militaires et les fonctions civiles à la cour. Choisis par le roi, souvent alliés à lui, les fonctionnaires lui sont liés par un contrat dont la forme revêt celle des traités conclus avec les pays étrangers. À eux, comme d'ailleurs aux temples, le roi confère, par charte scellée, des domaines destinés à leur entretien, en échange d'un service spécifié, ou notant, en revanche, les exemptions à telle ou telle obligation.

La masse populaire, elle, se compose d'hommes libres qui, néanmoins, paraissent dépendre soit d'un temple, soit d'un palais ou de terres seigneuriales, et sont astreints de ce fait à une sorte de corvée. La condition des esclaves est assez mal définie, et les travailleurs employés par l'État aussi bien que par les particuliers sont surtout des déportés ramenés à la suite des expéditions militaires.

Continuité de la religion

Les conceptions religieuses ne diffèrent guère sous l'empire de celles qui prévalaient aux temps d'Anitta et de Hattousil Ier. Les grandes divinités de la royauté demeurent celles qu'avaient reconnues les Hattiens : la déesse solaire d'Arina, le dieu de l'Orage de Hatti ; leur famille : le dieu Télépinou, la déesse Mezoulla, leurs enfants ; la déesse Zintouhi, leur petite-fille. Dans des groupes ou des cercles qui rassemblent d'autres couples divins s'ajoutent leurs enfants et leur entourage, des divinités venues de divers horizons, comme Teshup d'Alep, sa parèdre Hepat, leur fils Sharoumma, d'origine hourrite ; des divinités d'origine mésopotamienne, comme Ishtar de Ninive, les dieux Ea et Enlil. Les divinités d'origine louwite sont également adorées, mais leur culte trouve toute son extension, à côté de celui des divinités d'origine encore obscure, dans les royaumes qui prennent la succession des Hittites en Syrie du Nord.

Le culte des divinités impériales était célébré au cours de fêtes à l'ordonnance réglée par de longs rituels aux minutieuses prescriptions. Certaines s'étendaient sur de longs jours et comportaient souvent la visite de sanctuaires. Dans la plupart d'entre elles, la présence du roi et de la reine était impérative. Le sanctuaire rupestre de Yazilikaya, à peu de distance de Hattoussas, lieu de culte et d'inhumation, porte, gravé sur les rochers qui constituent les parois du temple, les images des dieux du panthéon hittite vers l'époque de Touthaliya IV qui y est d'ailleurs représenté. On constate avec quelque étonnement que la plupart d'entre eux étaient d'origine hourrite : Teshoup, Hepat, Sharoumma.

Autour des figures divines se sont naturellement élaborées des légendes qui n'ont souvent qu'un caractère folklorique, comme le récit du combat du dieu de l'Orage avec le Grand Serpent, la disparition du dieu Télépinou qui, irrité contre le roi ou la reine, quitte le pays, « emportant avec lui tout ce qui est bon ». Une seule composition, traduite ou adaptée du hourrite, *Le Chant d'Oullikoummi*, qui fait suite à une autre composition de même origine, *La Royauté aux Cieux*, atteint un véritable niveau littéraire. Elle relate la lutte du dieu hourrite Koumarbi pour reprendre, avec l'aide d'un monstre de pierre qu'il a procréé, la royauté que lui a ravie le dieu Teshoup. À leur intérêt intrinsèque s'ajoute le fait qu'elles sont certainement à l'origine de la *Théogonie* d'Hésiode.

MAURICE VIEYRA

Pièces jointes

LA GLYPTIQUE DANS LE MONDE HITTITE

Dans la plupart des civilisations du Proche-Orient ancien, la fabrication et l'utilisation des sceaux revêtent une importance particulière. Ces modestes documents, retrouvés par milliers, offrent à l'historien de précieux témoignages sur l'art, la religion et le fonctionnement des systèmes socio-économiques de l'Antiquité. Qu'ils soient carrés, circulaires ou en forme de petits cylindres, qu'ils soient en pierre plus ou moins précieuse, en métal — bronze, or ou argent —, ou encore en coquillage, en fritte, verre ou terre cuite, ils sont gravés en creux d'un motif plus ou moins élaboré que l'on imprimait sur l'argile encore molle pour obtenir une vignette en relief. Ces sceaux étaient apposés comme marque de propriété sur la pâte de certaines jarres avant leur cuisson, ou comme « instruments d'évidence » et de contrôle sur l'argile destinée à sceller divers contenants (jarres, sacs de tissu, paniers, coffres de bois, de même que la porte des locaux dont il s'agissait de surveiller l'accès). Enfin, les témoins d'une décision juridique, par exemple, apposaient leurs sceaux au bas de l'acte rédigé en caractères cunéiformes sur une tablette d'argile.

La glyptique hittite n'a pas eu le succès de celle de Sumer ou de Babylone, car ses développements figuratifs ont été plus limités. L'importance accordée à l'inscription, cunéiforme et surtout hiéroglyphique, au détriment de l'image, en a rendu souvent l'aspect relativement austère.

Les documents les plus nombreux provenaient essentiellement, jusqu'à présent, des fouilles allemandes de la capitale de l'empire hittite, Hattusha, l'actuel Boğazköy. Au cours de la dernière décennie, un matériel nouveau et abondant a été mis au jour, aussi bien dans le pays anatolien qu'aux confins de l'empire hittite, en Syrie du Nord. En Anatolie, il s'agit essentiellement des découvertes de Maşat Höyük, premier site à fournir des archives cunéiformes hittites en dehors de la capitale. Mais c'est de la frontière sud-orientale de l'empire hittite, sur le moyen Euphrate syrien, que nous vient la documentation la plus riche. Le site de Meskéné, l'ancienne Emar, a été fouillé par une mission française sous la direction de J. Margueron et a livré plusieurs centaines d'empreintes de sceaux sur tablettes d'argile. À côté de sceaux de style local, mitannien ou syrien, on relève de nombreux documents hittites, ou plus précisément syro-hittites, caractéristiques de cette région charnière, carrefour de civilisations.

L'Anatolie a toujours eu une prédilection pour le cachet, circulaire ou carré, comme forme de sceau, alors que ses voisins des régions mésopotamiennes ont adopté le sceau en forme de petit cylindre dès l'époque d'Ouruk, vers 3300 avant J.-C. En Anatolie, au tout début du IIe millénaire, le sceau cylindrique ne fait qu'une courte apparition dans le cadre des comptoirs assyriens de Cappadoce. Il disparaît en même temps que s'éteint le commerce assyrien. Exceptions importantes à plus d'un titre, les cachets-cylindres du « groupe Tyskiewicz » présentent une iconographie élaborée mais d'interprétation malaisée.

À l'époque de l'ancien empire hittite (du XVIIe s. à 1450 env.), le cachet à base carrée ou polygonale est particulièrement en faveur auprès des particuliers. Gravé sur les côtés aussi bien que sur la base, il est surmonté d'un tenon à bélière dont la tête évoque le fer d'un marteau. Une des difficultés du classement de ces sceaux consiste dans le fait qu'ils ont servi très longtemps et qu'ils ont été souvent regravés.

Quant à la forme des cachets royaux de l'ancien empire, elle nous échappe encore, car seules leurs empreintes nous sont parvenues. Leur contenu iconographique est pauvre. Au centre, les signes hiéroglyphiques que l'on traduit par SANTÉ et VIE — la croix ansée dérivée du signe de vie égyptien *ankh* — sont entourés de cercles concentriques où court la légende cunéiforme.

Au nouvel empire, vers 1400, sous Arnuwanda Ier, apparaît un type nouveau, « à édicule » : au centre est gravé en hiéroglyphes le nom du souverain encadré par les signes symétriques GRAND ROI, l'ensemble étant couronné d'un soleil ailé qui évoque le titre royal, « Mon Soleil » (= « Ma Majesté »). Depuis Muwatalli, vers 1300 certains sceaux portent l'effigie du roi protégé par son dieu tutélaire. Celui-ci est souvent le dieu de l'Orage, figure particulièrement importante du panthéon des Hittites.

Dans les régions sud-orientales de l'empire, dans la Syrie du Nord conquise par Suppiluliuma Ier vers 1360, on rencontre essentiellement deux formes particulières de sceaux : le cylindre et la bague-cachet. Le premier constitue la forme habituelle du sceau en Syrie. Adaptant l'iconographie hittite au support auquel ils sont habitués, les graveurs locaux créent un style particulier, syro-hittite, dont on connaît des exemples provenant de Tarse, de Ras Shamra-Ugarit, de Karkémish et surtout de Meskéné-Emar, au XIIIe siècle avant J.-C. La forme cylindrique permet le développement d'une iconographie où les figures du répertoire hittite sont souvent présentées dans un schéma et avec des éléments décoratifs qui appartiennent à la tradition syrienne. Mais la composition la plus courante est plus simple : elle montre la rencontre de deux divinités, le Dieu-Soleil et le dieu de l'Orage, par exemple, séparés par une colonne d'hiéroglyphes qui nous livrent le nom du propriétaire. Celui-ci, dans les contrées syriennes, est généralement sémite, parfois hourrite, rarement anatolien. À cet égard, l'intérêt majeur de la documentation trouvée à Meskéné consiste dans le fait que les légendes des sceaux sont souvent digraphes : cunéiformes et hiéroglyphes se transcrivent mutuellement. Ce « digraphisme » va permettre aux épigraphistes de lire quelques hiéroglyphes hittites encore obscurs ou, à l'inverse, certains idéogrammes sumériens que comporte la légende cunéiforme. Cela est vrai pour les sceaux-cylindres, mais aussi pour les nombreuses bagues-cachets qui ne portent généralement que le nom du propriétaire encadré par des motifs décoratifs ou symboliques restreints : palmettes, sphinx ou griffons. Cette forme syro-hittite, qui est celle de la bague en or de Konya, diffère de celle d'autres bagues utilisées en Anatolie, en particulier sous l'ancien empire. Ici, le chaton n'est pas circulaire mais formé par un élargissement de l'anneau, créant une empreinte ovale plus ou moins effilée. Ce type est généralement considéré comme dérivé des bagues égyptiennes de la période amarnienne. Comme le sceau-cylindre, il est rare en milieu anatolien.

Après la chute de l'empire hittite, vers 1180 avant J.-C., et la destruction de la plupart des grands centres d'Anatolie et de Syrie du Nord, un certain nombre de petites principautés dites néo-hittites se constituent peu à peu de part et d'autre de la grande chaîne montagneuse du Taurus. Dans ce nouveau cadre, la glyptique hittite ne va plus guère évoluer. Des formes traditionnelles comme le cachet lenticulaire biface persistent sans modifications importantes. Les principautés qui sont installées au sud du Taurus, en Syrie du Nord, sont parfois fortement marquées par la pénétration des Araméens ou subissent l'influence et l'occupation assyriennes. Si certains groupes ethniques se font les défenseurs des traditions hittites, et en particulier du système de l'écriture hiéroglyphique, ils ne pourront cependant empêcher la disparition progressive de la civilisation des Hittites.

DOMINIQUE BEYER

CHAPITRE III

LES HÉBREUX

C'est pendant très longtemps à travers la Bible, et à travers la Bible seule, que se perpétua le souvenir des Assyro-Babyloniens. Prendre les Écritures pour un ouvrage d'histoire, au sens où nous l'entendons aujourd'hui, serait à coup sûr un contresens majeur. Mais il serait tout aussi déraisonnable d'en récuser a priori le témoignage. Qu'il s'agisse de l'Assyrie, de l'Égypte... ou des Hébreux eux-mêmes, les Écritures restent bien évidemment une référence essentielle. Avec toute l'objectivité requise, le présent chapitre situe et commente les principales étapes d'une migration qui partit de Sumer, au IIe millénaire avant notre ère, pour la Phénicie-Palestine (les pays de Canaan, dans la Bible) puis pour l'Égypte avant de revenir en Phénicie-Palestine et d'y affronter successivement les Assyriens, les Babyloniens et les Romains. La répression en 135 du soulèvement du Bar Kokhba marque la fin, au sein du monde ancien, de la souveraineté politique juive, mais l'histoire du peuple juif, comme chacun sait, ne s'interrompt pas pour autant.

J. B.

Vers 1760 avant notre ère, un petit clan conduit par Abraham quitte Sumer et vient s'installer en Canaan, entre le Jourdain et le littoral méditerranéen. En 135 après J.-C., à l'issue d'une guerre sans merci contre l'Empire romain, l'État juif antique disparaît. L'histoire des Hébreux est celle d'une existence politique qui s'étend entre ces deux dates, sur une période de deux millénaires, dans les limites de la Terre sainte. L'apport des Hébreux à la civilisation tend parfois à estomper une histoire qu'eux-mêmes ne séparaient pas de leur conscience religieuse. D'après la Bible, les Hébreux sont d'abord la famille d'Abraham, venu de Mésopotamie. Après avoir vécu en Canaan sous la conduite des patriarches, ils en sont chassés par une famine et se fixent en Égypte ; ils y deviennent un peuple bientôt asservi. Sortis d'Égypte vers le XIVe siècle avant J.-C., ils campent dans le Sinaï où ils reçoivent leur loi, la Tora. Ils conquièrent et colonisent Canaan où ils instaurent une démocratie tribale qui dure deux siècles et demi. Vers 1020, les Hébreux se donnent une monarchie tempérée. Après le règne brillant de Salomon (970-930), le royaume se scinde en deux : Israël au nord, Juda au sud. Période d'existence politique par excellence, la période royale est aussi celle des Prophètes. En 722, Israël est détruit par les Assyriens ; en 586, Juda tombe sous les coups des Babyloniens. Pourtant les Hébreux reconstruisent leur État après une éclipse et un exil de quelques décennies. Ils demeurent sous la tutelle perse puis hellénistique avant de retrouver une totale indépendance sous les princes asmonéens (165-63 av. J.-C.). La conquête romaine fait des Hébreux des tributaires, les soumet à l'occupation militaire et à l'oppression politique sans anéantir leurs structures nationales. Des sursauts révolutionnaires multiples et deux guerres (66-73 et 132-135 apr. J.-C.) les opposent à Rome.

L'histoire des Hébreux s'apparente à celles de l'Égypte antique, de Babylone, de l'Assyrie, et, comme celles-ci, surgit des fouilles archéologiques et du déchiffrement de tablettes d'argile et de papyrus bien conservés. Elle comprend des heures de gloire et des temps de décadence. Elle donne lieu à des débats scientifiques comme l'histoire des Crétois, des Étrusques ou des Hittites. Surtout, elle pose des problèmes d'une nature unique, car il manque à cette histoire le point final qui seul autoriserait un jugement, une définition, une reconstruction synthétique. De l'histoire des Hébreux, l'Occident chrétien a fait une « histoire sainte » dont le christianisme prendrait la suite. Mais les acteurs de cette histoire, les Juifs, demeurent et détiennent une connaissance intérieure de ses péripéties, inséparable de leur conscience religieuse. Ils en conservent encore deux témoignages capitaux, la Bible et le Talmud. Aborder l'histoire des Hébreux, c'est rencontrer deux difficultés majeures ; d'une part quel crédit l'historien peut-il accorder à des affirmations religieuses ? D'autre part, entre la vision chrétienne et celle des Juifs, laquelle retiendra-t-on ?

Statue d'orant provenant de Mari (IIIe millénaire avant J.-C.), musée de Damas (G. Dagli Orti).

Prisme d'argile octogonal avec écriture cunéiforme provenant de Khorsabad, musée de Bagdad (G. Dagli Orti).

Sceau-cylindre portant l'empreinte en plâtre d'un gouverneur de Nippur, musée du Louvre (G. Dagli Orti).

Détail de la stèle des Vautours (vers 2 450 avant J.-C.), musée du Louvre (G. Dagli Orti).

Frise des Archers provenant du palais de Darius Ier à Suse, musée du Louvre (G. Dagli Orti).

Génie ailé à tête d'aigle. Stèle provenant de Tell Hajaja (IXe siècle avant J.-C.), musée de Deir el-Zor, Syrie (G. Dagli Orti).

Hattusa, ancienne capitale des Hittites : la porte des Lions (XIVe-XIIIe siècle avant J.-C.). Bogazkoy, Turquie (G. Dagli Orti).

Hattusa : le magasin du temple consacré à Arinna, déesse solaire, et au dieu de l'Orage (G. Dagli Orti).

Menorah provenant d'une synagogue près de Tibérias, musée d'Israël à Jérusalem (G. Dagli Orti).

Ex-voto provenant du temple des Obélisques à Byblos, musée archéologique de Beyrouth (G. Dagli Orti).

Porte de Xerxès à Persépolis (G. Dagli Orti).

Le palais de Darius, dit palais aux Cent Colonnes, à Persépolis (G. Dagli Orti).

Rhyton en or, musée archéologique de Téhéran (G. Dagli Orti).

Sans prétendre résoudre ces difficultés, on se fondera ici non seulement sur les documents classiques de toute l'histoire, archéologiques et littéraires, mais aussi sur le fait brut qu'il existe une *transmission* historique continue au sein du peuple hébreu, que cette transmission s'exprime dans une littérature écrite et orale, dans une liturgie, dans la conscience juive.

1 L'époque biblique

Le mot latin *Hebraei,* du grec 'Εβραῖοι, lui-même issu de l'hébreu *'Ibrī,* désigne le peuple d'Israël à ses origines. Employé pour la première fois dans la Bible comme adjectif (Genèse, XIV, 13), le terme dériverait du nom de l'ancêtre éponyme 'Eber, arrière-petit-fils de Sem, fils de Noé (Genèse, X, 21-24). Une autre étymologie est soutenue à la suite d'Abraham Ibn Ezra, qui, au Moyen Âge, dans son commentaire de l'Exode (XXI, 2), précise que le peuple d'Israël « est dit hébreu car il vient d'au-delà (*mē-'ēber*) du fleuve » (l'Euphrate). Les découvertes des tablettes de El-Amarna et de Māri fournissent une autre origine possible de ce terme dans les formes *Habiri* et *Habiru* désignant comme nomades pillards des envahisseurs de Canaan vers 1350 avant J.-C. Des textes égyptiens du XVe siècle nomment aussi *Apiru* les serfs asiatiques soumis à la corvée. L'identification des Hébreux avec les *Habiru* ou avec les *Apiru* n'est pas admise par tous les savants. Dès l'Antiquité, d'autres appellations existaient pour désigner les Hébreux : fils d'Israël, Israélites, Juifs (en latin *Iudaeus,* de Juda, fils de Jacob). Ce dernier terme apparaît après le retour de la captivité de Babylone (Ve s.), sans supplanter celui d'Hébreux, comme on le voit avec l'Épître aux Hébreux attribuée à saint Paul.

L'histoire des origines hébraïques a été entièrement renouvelée depuis un siècle par les progrès de l'archéologie orientale, par le déchiffrement et l'étude des textes diplomatiques et littéraires qu'on a retrouvés et qui éclairent la période biblique. Pourtant, c'est encore la Bible elle-même qui fournit la clé de l'ensemble : en effet, ces quelque douze siècles ont déjà leur histoire propre lorsque, vers 540, s'achève la rédaction de la Bible.

Les origines

Selon les traditions hébraïques, Abraham l'Hébreu était originaire d'Ur, en Mésopotamie. Ses ancêtres avaient émigré d'une cité sumérienne prospère vers la fin du troisième millénaire : les fouilles de Leonard Woolley (1922-1934) ont dégagé le site d'Ur, près de Moughayir et d'El Obéid. Ville active dotée d'avenues menant aux temples, de tours carrées, de marchés, de grandes maisons de brique, Ur aurait connu une crise économique prolongée, qui aurait provoqué le départ de Térakh, père d'Abraham. La famille s'installe à quelque mille kilomètres d'Ur, à Harrân, sur le haut Euphrate ; c'est de là qu'Abraham quitte les siens pour gagner la terre de Canaan, promise par Dieu à sa postérité (vers 1760). Cette migration en deux temps n'est pas un fait isolé : des textes trouvés à Māri sur le moyen Euphrate par André Parrot révèlent des déplacements constants d'hommes et de biens dans ces régions. En Canaan, le petit clan d'Abraham séjourne à Sichem (Naplouse), Hébron, Beershéva et Gérar, dans un pays à population clairsemée. À Hébron, Abraham acquiert une propriété foncière du Hittite Ephron, le « champ de Makhpéla », qu'il paie 400 sicles d'argent (Genèse, XXIII, 13-20). Le clan, qui compte quelques dizaines de personnes, esclaves compris, est conduit par Abraham, puis par ses fils et petit-fils, Isaac et Jacob, les patriarches. Il pratique l'élevage de bœufs, de chèvres, de moutons et d'ânes, et la culture des arbres fruitiers et des céréales. Forer des puits pour abreuver les troupeaux et irriguer les sols est une tâche jamais terminée, les puits étant parfois conquis ou bouchés par des voisins envieux. Les Hébreux s'abritent dans une sorte de village protégé par un talus de pierres sèches recouvert de ronces ; des citernes profondes aux parois de pierre renferment les grains ou conservent l'eau ; des tentes fabriquées avec des peaux ou en laine constituent les habitations. À la belle saison, une partie des membres du clan conduit les troupeaux vers des pâturages éloignés, passant la nuit sous des huttes de branchages. C'est dans le cadre de cette transhumance que se situent les péripéties de l'histoire de Joseph, fils de Jacob, vendu par ses frères à des caravaniers gagnant l'Égypte.

Tout en entretenant des relations avec la partie du clan restée à Harrân, les Hébreux s'en distinguent par un abandon des croyances et pratiques ancestrales fondées sur un pessimisme radical à l'égard de la destinée humaine : pour eux, Dieu est juste et compatissant et la terre est ouverte au bonheur, particulièrement celle de Canaan, qui est leur héritage. Alors que leurs parents du haut Euphrate parlent l'araméen, Abraham et les siens adoptent la langue de Canaan, l'hébreu. Lors d'une famine, les fils de Jacob descendent acheter du blé en Égypte ; ils retrouvent leur frère Joseph, devenu vizir de Pharaon, qui installe tout le clan en Égypte. Cet épisode met en valeur la fréquence des relations qui existaient entre les peuples d'Asie et ceux de la basse Égypte. Depuis 1700, l'Égypte est au pouvoir des Hyksos, dynastie étrangère favorable aux Sémites ; ce pharaon protecteur de Joseph aurait été Apophis. Les Hébreux reçoivent la terre de Gessen, au nord-est de l'Égypte, région propice, paraît-il, à l'élevage (Genèse, XLVI, 51-55). Avec la mort de Jacob, que l'on inhume en grande pompe dans le caveau d'Abraham à Hébron, s'achève la période patriarcale. Les Hébreux constituent désormais douze tribus portant les noms des douze fils de Jacob : Ruben, Siméon, Lévi, Juda, Issachar, Zabulon, Joseph (en fait les deux demi-tribus d'Ephraïm et de Manassé, fils de Joseph, adoptés par Jacob), Benjamin, Dan, Nephtali, Gad, Aser. Chaque tribu est dirigée par un prince dit *nassi* ; elle comprend des clans dirigés par un « ancien », des familles conduites par un chef. Ce groupe humain se définit par son Dieu, par une terre - la Terre promise -, par une langue, l'hébreu, qu'il a continué de parler en Égypte.

La sortie d'Égypte et la traversée du désert

« Alors se leva sur l'Égypte un nouveau roi qui n'avait pas connu Joseph » (Exode, I, 8). La Bible relate par ce verset la révolution politique qui entraîna l'asservissement des pasteurs hébreux de Gessen. Les Hébreux sont astreints aux travaux épuisants de construction de villes de dépôts ; on cherche par des règlements à diminuer leur importance démographique : les sages-femmes sont chargées d'étouffer les nouveau-nés mâles. La dynastie qui se révèle ainsi brusquement hostile aux Sémites est-elle la XVIIIe, qui expulsa les Hyksos ? Le pharaon persécuteur des Hébreux ne serait autre, pour la plupart des historiens, que Ramsès II. La question reste ouverte, et elle est liée à celle de la date de l'Exode. D'après la tradition rabbinique de l'Exode, la servitude d'Israël en Égypte dure près d'un siècle, au moins autant que la première partie de la vie de Moïse.

Fils de Amram et de Jocabed de la tribu de Lévi, Moïse ne fut pas noyé, comme l'ordonnaient les règlements ; caché parmi les roseaux du Nil, il fut recueilli par la fille de Pharaon et grandit en son palais, avant de s'exiler et de revenir, après un long séjour en Madian, pour libérer son peuple. Certains historiens identifient cette princesse égyptienne, mère adoptive de Moïse, avec Hatshepsout, fille de Thoutmosis Ier, qui confisqua à son profit le pouvoir pharaonique et gouverna l'Égypte pendant vingt-deux ans (1505-1483). Moïse reçoit au pied du mont Horeb une révélation de Dieu qui lui ordonne d'aller en Égypte pour en faire sortir Israël. De difficiles négociations commencent : Moïse et son frère Aaron doivent convaincre d'abord les Anciens de leur peuple, puis obtenir de Pharaon qu'il laisse les Hébreux offrir dans le désert un sacrifice à leur Dieu. L'Exode décrit les dix plaies qui s'abattent sur les Égyptiens et dans lesquelles ceux-ci voient des actes de pure magie. Lors de la dixième – la mort des premiers-nés –, Pharaon cède et les Hébreux quittent l'Égypte. Selon l'Exode, poursuivis par ce dernier et par son armée, ils traversent la mer Rouge, qui se referme derrière eux sur les Égyptiens. Selon des calculs rabbiniques traditionnels, l'année de la Sortie d'Égypte correspondrait à 1312 ; c'est l'année de la mort du pharaon Ramsès Ier, fondateur de la XIXe dynastie. Une telle datation soulève des difficultés qu'on examinera plus loin.

Sortis d'Égypte, les Hébreux constituent une nation. Les tribus nomadisent provisoirement dans le Sinaï. La vie économique est fondée sur l'élevage mais aussi sur l'artisanat dont les confréries étaient nées en Égypte. Menuisiers, ébénistes, tisserands, tanneurs, teinturiers, fondeurs occupent, dans le camp hébreu du désert, des emplacements particuliers. Le camp est dressé, pour une période assez longue, aux abords d'un point d'eau. La manne dont parle la Bible est une plante steppique, au goût légèrement sucré, qui pousse dans la péninsule sinaïtique. Don de Dieu, elle complète l'ordinaire de l'alimentation fait de laitages et de viande. La nation hébraïque reçoit sur le Sinaï la révélation divine qui constitue sa loi fondamentale : les Dix Commandements, noyau de la Tora. Loi morale, politique, rituelle, la Tora est d'abord un pacte entre Dieu et son peuple. Celui-ci accepte la Loi ; Dieu, en retour, lui donnera en héritage la Terre promise, limitée par la mer des Joncs (la mer Rouge), la mer des Philistins (Méditerranée), le Désert (Syrie), le Fleuve (l'Euphrate). Quarante années durant - le temps d'une génération -, les Hébreux sont empêchés par des peuplades de la région de gagner la Terre promise. D'après l'Exode, Moïse transmet la législation divine à son peuple, aux Anciens et à son successeur Josué. Puis il meurt sur le mont Nébo, à la veille de la conquête de Canaan.

La conquête de Canaan, les Juges (1272-1020)

Canaan n'est plus le territoire faiblement peuplé de la période patriarcale. Géographiquement, c'est bien le pays de montagnes et de vallées promis par Dieu ; ses collines sillonnées de ruisseaux multiples en font une terre arrosée par les eaux du ciel. Mais Canaan abrite une civilisation parvenue à maturité à l'époque du bronze récent ; des cités-États, places fortes entourées de puissantes murailles, s'opposent à l'entrée des Hébreux. Les fouilles de Jéricho et de Hazor restituent les structures de ces cités qui possèdent des quartiers riches et des habitations misérables, des canalisations souterraines, et se servent pour l'écriture de tablettes d'argile (comme celles qu'on a retrouvées à Gézer, Sichem et Jéricho). L'archéologue constate, au début du XIIIe siècle, une régression brusque de la civilisation matérielle : la maison confortable est ruinée, les fortifications sont réparées sans art, les demeures nouvelles sont bâties en pierre grossière, le ciment disparaît. C'est la marque, dans les strates, de la brusque conquête israélite : « Tous ces rois et leur terre, Josué les captura en une seule fois, car le Seigneur Dieu d'Israël combattait pour Israël » (Josué, X, 42). Jéricho a donné lieu à des fouilles importantes qui établissent que ses murs s'écroulèrent vers l'extérieur, et non en sens inverse, sous les coups de boutoir d'un assaillant. Josué doit agir vite, car déjà les tribus de Ruben, de Gad et la demi-tribu de Manassé sont installées en Transjordanie. En dépit de la supériorité technique des Cananéens, qui savent fondre le fer, les Hébreux conquièrent une bonne partie du pays ; cependant, des cités cananéennes subsisteront à leurs côtés pendant près de trois siècles. Une stèle égyptienne, peut-être de cette époque (env. 1220), mentionne pour la première fois Israël.

La tradition attribue à Josué l'organisation territoriale et tribale d'Israël. Après la conquête, Josué fait donc établir un cadastre et opère le partage des sols entre les tribus (Josué, XVIII, 4-9) : Aser, Nephtali, Zabulon reçoivent le nord ; Issachar, Ephraïm, Dan, Benjamin, le centre ; Juda et Siméon, le sud ; Gad et Ruben détiennent la Transjordanie. Manassé obtient un vaste territoire de part et d'autre du Jourdain. La tribu sacerdotale de Lévi ne reçoit point de terre, elle vivra des dîmes prélevées sur les récoltes pour le service de Dieu. Les chefs du peuple, réunis par Josué à Sichem, ratifient le pacte fondamental qui doit régir désormais l'existence des Hébreux sur leur terre (Josué, XXIV). Le système politique est celui d'une fédération de tribus gouvernées par des magistrats élus, les Anciens d'Israël, et par des assemblées populaires. L'administration est pourvue par élections : « Tu te donneras (tu éliras) des juges et des prévôts en toutes tes portes » (Deutéronome, XVI, 18). En temps de guerre, les tribus élisent un *šophet*, ou juge, pour conduire les armées, le renvoyant à sa charrue après les opérations militaires. On comprend mieux aujourd'hui la signification institutionnelle des termes techniques de la Bible grâce à l'étude de textes ougaritiques de cette période. On sait ainsi que l'institution détentrice du pouvoir en dernier ressort, la *'Eda*, est une assemblée des hommes en état de porter les armes et un conseil national ayant pouvoir exécutif. Au niveau de la localité, les « hommes de la ville » sont un collège de sept magistrats que contrôle un conseil municipal parfois nombreux. Du fait de l'autonomie presque entière des localités hébraïques, les « hommes de la ville » et leur conseil détiennent le plus clair du pouvoir. Ils siègent à la Porte, carré étroit, ménagé dans l'intérieur de la muraille, assis sur des bancs de pierre.

Pour se défendre, les Hébreux habitent dans les villes, mais leurs champs sont au dehors et ils vivent dans les campagnes avec leurs troupeaux durant toute la belle saison. À l'intérieur de la ville, seuls les artisans demeurent en permanence ; des marchands étrangers y exposent aussi parfois leurs denrées précieuses. La ville ne comprend ni voies dallées, ni temples à colonnes, la muraille elle-même est mal consolidée. L'habitat - une pièce unique donnant sur cour, aux murs de terre séchée et recouverte d'argile et de branchages - est égalitaire : toutes les familles vivent pratiquement de la même manière. La civilisation matérielle de la cité hébraïque reste pauvre. En revanche, la vie intellectuelle est attestée par une connaissance poussée des traditions orales religieuses et historiques. C'est ce qui permet à un juge issu d'un milieu modeste de raconter la conquête de Josué (Juges, XI, 26). L'écriture est répandue dans le peuple, comme en témoigne l'anecdote du garçon de Succoth : pris au hasard dans les champs, ce garçon couche par écrit les noms des soixante-dix magistrats de sa localité (Juges, VIII, 14).

Ces trois premiers siècles d'Israël sur sa terre sont une période de guerres endémiques contre Madianites, Ammonites, Amalécites et surtout Philistins issus de Caphtor (la Crète ?), constituant une puissante fédération de cinq cités : Gaza, Ascalon, Ashdod, Eqrôn, Gat. Les Israélites appelèrent ce temps-là l'« époque des Juges » parce que, tour à tour, plusieurs chefs sortis du peuple, les Juges, les conduisirent au combat quelques mois durant. La chronologie de ces personnages est mal assurée : du fait qu'ils ne régirent pas toutes les tribus à un moment donné, certains exercèrent leurs fonctions en même temps que d'autres. Leur liste est donnée par le Livre des Juges : Otniel, Ehud, Shamgar, Débora, Gédéon, Tola, Jaïr, Jephté, Içvan, Elon, Abdon, Samson, Héli, Samuel. La tradition juive retient Débora pour sa poésie, le « Cantique de Débora » (Juges, V), Gédéon pour sa stratégie, Jephté pour un vœu imprudent, Samson pour sa force physique, Samuel pour son inspiration prophétique. Au XIe siècle, les Philistins, installés sur le littoral et détenteurs exclusifs des techniques du fer, font sentir aux Hébreux leur supériorité militaire et les tiennent sous leur sujétion. Seul un système d'intégration politique peut assurer la survie des Hébreux : Abimélec, fils du juge Gédéon, avait tenté d'instaurer une monarchie en Israël, mais l'attachement aux libertés « municipales » fit échouer sa tentative. Une assemblée des Anciens d'Israël, tenue à Rama vers 1020, exige du dernier juge, le prophète Samuel, la désignation d'un roi ; elle ratifie la peinture fort désagréable que brosse Samuel de la monarchie avec la formule : « Qu'il y ait un roi sur nous ! Soyons, nous aussi, comme les autres nations. Que notre roi nous juge, qu'il sorte à notre tête, qu'il conduise nos guerres ! » (I Samuel, VIII, 19-20).

La période royale (1020-586)

La période royale s'ouvre avec l'assemblée de Rama, tenue par Samuel, et se clôt avec le meurtre, à Mizpa en 586, de Guédalya, gouverneur des Hébreux, après la défaite de Sédécias, dernier roi du Juda. Dans l'intervalle, l'assemblée de Sichem avait, en 930, scindé le royaume de Salomon en deux États : Israël et Juda.

Le royaume unifié (1020-930)

Proposé par Samuel, Saül, de la tribu de Benjamin, est élu roi par l'assemblée du peuple tenue à Mizpa peu de temps après celle de Rama (encore que certains historiens situent à Gilgal l'intronisation de Saül). « Avez-vous vu celui que le Seigneur a choisi ? Il n'y a personne comme lui dans tout le peuple ! Et tout le monde s'exclama et dit : Vive le roi ! Puis Samuel dit au peuple le droit de la royauté et il l'écrivit dans le livre qu'il déposa devant le Seigneur. » (I Samuel, X, 24-25). Le roi est l'oint de l'Éternel, par la vertu de l'huile sainte versée sur son front par Samuel. À ce titre, il fait respecter par ses soldats les interdits alimentaires (I Samuel, XIV) et prohibe la sorcellerie. Selon le vœu du peuple, Saül est d'abord uniquement le chef d'une armée permanente. Il construit des forteresses qu'il dote de tours et de dépôts de vivres et de pierres de jet. W. F. Albright a dégagé, entre 1922 et 1933 à Tell-el-Foul, les vestiges d'une citadelle qu'il identifie à Guibéa, fortifiée par Saül. Le roi lève des volontaires et enrôle des mercenaires ; il réquisitionne bêtes et vivres pour ses troupes. Il passe le plus clair de ses campagnes à combattre les Philistins et se suicide après la terrible défaite de Gilboa (1004).

David, de la tribu de Juda, est proclamé roi par l'assemblée d'Hébron après la mort de Saül. Il obtient après bien des péripéties et une lutte sans répit contre Ishbaal et Abner, fils et cousin de Saül, le ralliement des tribus d'Israël et des peuplades allogènes, et s'empare en 997 de Jérusalem, dont il fait sa capitale. Il entreprend alors de transformer les structures politiques et économiques d'Israël. Dans le domaine politique, il crée une administration destinée à remplacer les institutions tribales et municipales et installe un véritable gouvernement. En matière économique, il développe l'agriculture et l'élevage en organisant le domaine royal et impose la création d'une métallurgie du fer. Sur le plan religieux, il transfère l'Arche d'alliance à Jérusalem et règle la liturgie, dotée de psaumes de sa composition. En dépit de sa vie parfois agitée, de ses erreurs, de ses épreuves, David est pour son peuple le roi « selon le cœur de l'Éternel ». Aussi peut-il, à l'assemblée de Jérusalem (av. 970), faire désigner son fils Salomon pour successeur.

Durant les quarante années de son règne sur un État jouissant pour la première fois depuis trois siècles d'une paix durable, Salomon transforma le royaume. Il « avait douze intendants sur tout Israël, ils fournissaient le roi et sa maison : chacun avait la charge du ravitaillement, un mois par année chacun y pourvoyait » (I Rois, IV, 7) ; c'est un véritable document d'archives que transmet le Livre des Rois, les lacunes mêmes du texte témoignent de son authenticité : endommagée sur son bord, la liste a perdu certains noms de fonctionnaires. Les intendants administrent les départements royaux, sans heurter de front les institutions traditionnelles du peuple. Les Hébreux produisent principalement du blé, de l'orge, de l'huile, du vin, dont ils exportent une part croissante. Les villes se développent, le roi y fait construire des écuries pour ses chevaux, des dépôts de vivres et d'armes, des résidences pour ses officiers.

Des constructions royales à Gézer, Meggido et surtout Jérusalem drainent une importante main-d'œuvre et des matériaux de construction en grandes quantités. Jusque dans le désert, des routes et des pistes sont tracées, que parcourent des caravanes. À Eilat, sur la mer Rouge, fonctionnent des mines et des fonderies royales de cuivre ; du port, des navires cinglent vers la lointaine Ophir en quête d'or. Israël connaît son apogée avec le développement urbain voulu par le roi.

Salomon édifie le Temple à Jérusalem, sur le mont Moria, acquis par David, où la tradition situe le sacrifice d'Isaac (II Samuel, XIV). En vertu d'un accord, le prince phénicien de Tyr fournit pour cette construction – contre des produits agricoles –, des bois du Liban et un architecte qualifié, Houram-Abi ; 170 000 ouvriers conduits par 3 300 officiers y travaillent pendant sept ans. Le Temple est un vaste château aux épaisses murailles, dont l'architecture doit beaucoup à celle des Phéniciens ; la partie la plus sainte, le *Debir*, est inaccessible au public : c'est le Saint des Saints, où est placée l'Arche d'alliance abritant les tables de la Loi. Deux chérubins hauts de cinq mètres veillent sur l'Arche. Sanctuaire unique, le Temple de Jérusalem reçoit les sacrifices et les prières de tout Israël. Il a, en outre, ainsi le proclame Salomon dans sa prière inaugurale (I Rois, VIII), une vocation universaliste.

En politique étrangère, Salomon conclut des accords avec l'Égypte (il épouse une fille de Pharaon), avec Tyr, avec l'Éthiopie (la reine de Saba qui rend visite à Salomon est, selon la maison qui régna en Abyssinie jusqu'en 1975, à l'origine de la dynastie éthiopienne). Poète inspiré, Salomon est pour la tradition juive l'auteur de livres multiples dont la Bible retient les Proverbes, le Cantique des cantiques, l'Ecclésiaste (peut-être postérieur à l'époque salomonienne). Dans les dernières années du règne, mûrit une crise due à une croissance économique trop brusque et à une fiscalité exigeante. Un parti d'opposition, dirigé par un officier royal en exil, Jéroboam, se constitue, soutenu par l'Égypte de la XXIIe dynastie. Après la mort de Salomon, une assemblée se réunit à Sichem en présence de Roboam, fils de Salomon et candidat à la succession, et de Jéroboam, porte-parole de l'opposition (I Rois, XII). L'Assemblée s'achève par la sécession des tribus d'Israël et la fuite de Roboam à Jérusalem. Dix tribus se rallient à Jéroboam, Roboam ne conservant que l'allégeance de sa propre tribu, Juda, et celle de Benjamin.

Les royaumes d'Israël et de Juda (930-586)

Le royaume d'Israël est le plus vaste et le mieux pourvu des deux royaumes. Mais il souffre d'une instabilité dynastique marquée par des coups d'État militaires. Ses rois sont : Jéroboam (930-913), Nadab (913-910), Baasa (910-886), Elah (886-885), Zimri (885), Omri (885-876), Achab (876-853), Ochozias (853-852), Joram (852-842), Jéhu (842-813), Joachaz (813-800), Joas (800-785), Jéroboam II (785-744), Zacharie (744-743), Shalloum (743), Menahem (743-736), Péqakhyah (736-735), Péqakh (735-730), Osée (730-722). Les règnes marquants sont ceux de la « maison d'Omri » (celui d'Achab particulièrement), de Jéhu, de Jéroboam II. À la dynastie omride, souvent mentionnée dans les tablettes assyriennes, est due une capitale bâtie de toutes pièces sur la colline de Sémer, Samarie. On y a dégagé (campagnes de Crowfoot et de Sukenik, 1932-1933) les vestiges du fabuleux palais royal, la Maison des ivoires. Les rois d'Israël, sauf pendant les règnes d'Omri et d'Achab, se débattent entre l'Égypte qui considère la région comme son domaine et l'Assyrie qui en entreprend la conquête. Ils doivent tantôt combattre, tantôt soutenir leur voisin septentrional, la Syrie. Avec Juda, les rapports sont souvent délicats, le monarque « frère » est soupçonné d'appuyer la subversion en Israël. Jéhu est contraint de reconnaître la suzeraineté du roi d'Assyrie : il est représenté agenouillé devant le roi assyrien sur un obélisque érigé par Salmanassar III. L'historiographie biblique insiste beaucoup sur la pénétration du culte de Baal dans le royaume d'Israël. Vers 730, les Assyriens placent sur le trône d'Israël Osée, leur créature ; celui-ci se révolte, mais il est battu et Samarie est prise, le royaume détruit, ses populations déportées dans les lointaines régions de Khabor ; on installe à leur place des colons assyriens, les futurs Samaritains. Ceux-ci adoptent bientôt la religion israélite ; ils construiront au VIe siècle leur temple sur le mont Garizim et conserveront l'ancienne écriture hébraïque jusqu'à nos jours.

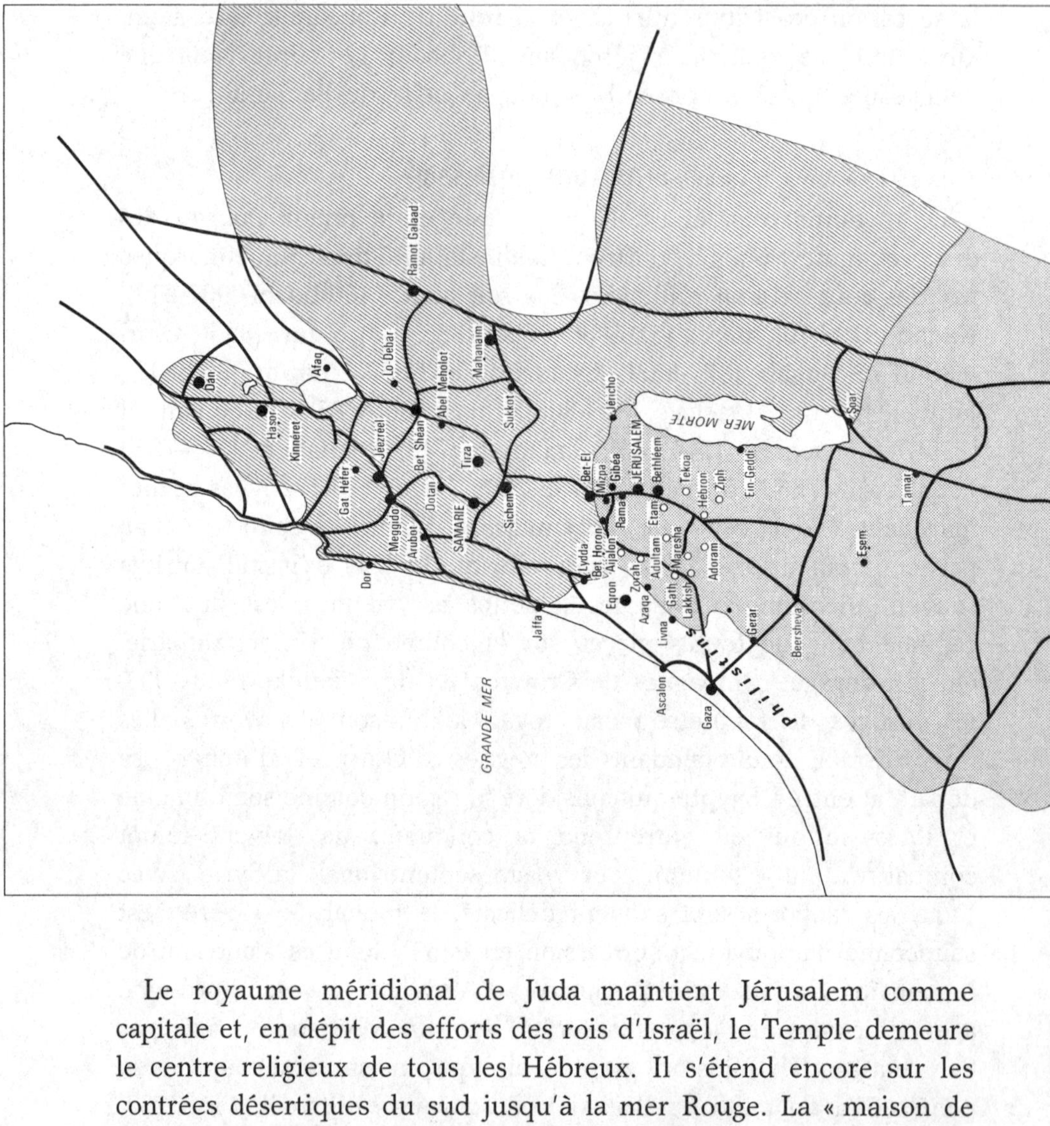

Le royaume méridional de Juda maintient Jérusalem comme capitale et, en dépit des efforts des rois d'Israël, le Temple demeure le centre religieux de tous les Hébreux. Il s'étend encore sur les contrées désertiques du sud jusqu'à la mer Rouge. La « maison de David » est représentée par vingt rois : Roboam (930-917), Abia (917-915), Asa (915-875), Josaphat (875-850), Joram (850-844), Ahaziah (844-842), Athalie (842-836), Joas (836-797), Amasia (797-780), Ouzia-Azarias (780-740), Jotham (740-735), Achaz (735-722), Ézéchias (722-692), Manassé (692-642), Amon (642-640), Josias (640-608), Johachaz (608), Eliaqim (608-598), Jéconia (598), Sédécias (598-586). L'histoire du royaume de Juda comprend trois

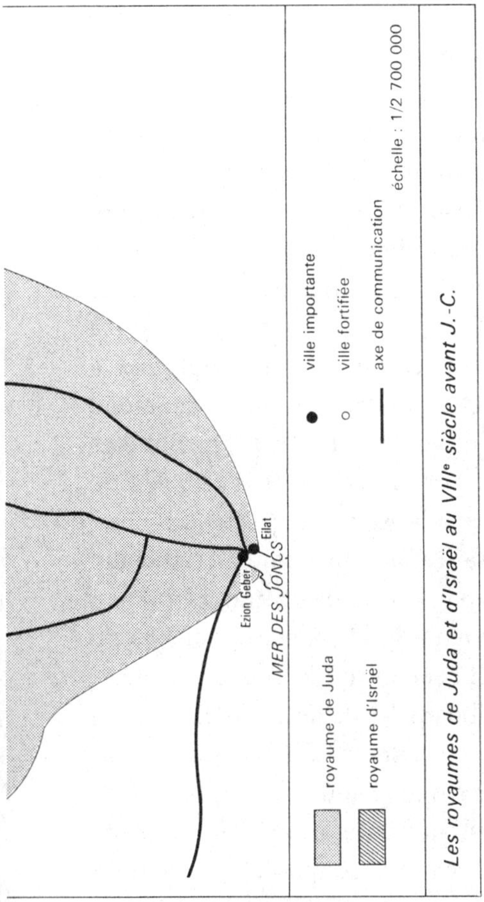

Les royaumes de Juda et d'Israël au VIIIe siècle avant J.-C.

périodes distinctes : de Roboam à Jotham, il connaît une ère d'expansion malgré des conflits fréquents avec la Syrie ; d'Achaz à Josias, il est vassal de l'Assyrie, puis de l'Égypte ; de Joachaz à Sédécias, il est aux prises avec les Chaldéens qui le détruisent finalement, avec Jérusalem et son Temple, en 586, déportant les élites à Babylone. Les règnes marquants furent celui d'Ouzia, pour son expansion militaire et économique, et ceux d'Ézéchias et de Josias pour leur politique axée sur la fidélité religieuse.

La civilisation hébraïque au VIIIe siècle

Malgré le schisme politique, la vie n'est guère différente en Israël et en Juda. L'économie est fondée sur l'agriculture (céréales, vignes, oliveraies). L'élevage est pratiqué de façon intensive pour approvisionner les villes nouvelles ou rénovées : Mizpa, Meggido, Debir, Lakish, Samarie, Jérusalem. Dans ces villes - les fouilles du XXe siècle ont dégagé les sites d'une vingtaine d'entre elles, confirmant l'importance et la qualité de leur construction - habitent des artisans groupés en corporations ou dans des manufactures royales (on a retrouvé des jarres sortant d'ateliers royaux avec la mention gravée *la-mélekh*, « au roi »). La cité de Debir (site de Tell Beit Mirsim) est le fief des teinturiers. De grands travaux d'adduction d'eau sont effectués dans les villes : l'aqueduc souterrain de Siloé à Jérusalem est foré vers 700, sous Ézéchias ; on possède son inscription inaugurale. Il semble bien que les cités de province abritaient des temples - comme celui qui a été trouvé à Arad -, dont le rôle semblait contredire la vocation unique du Temple de Jérusalem.

Monuments et cités n'ont laissé que des vestiges, précieux pour l'historien, de peu de valeur pour l'histoire de l'art. On rassemble pourtant une vaste collection d'inscriptions sur ostraca qui éclaireront la connaissance de la vie quotidienne et des institutions. L'art israélite, connu pour les ivoires de Samarie et les fragments de sculptures d'Arlan Tash, est peu original : il doit beaucoup à l'Égypte et à Tyr. Mais la contribution essentielle des Hébreux à la civilisation réside dans l'ampleur et la résonance du phénomène prophétique. L'époque royale est celle par excellence des prophètes dont Élie et Élisée sont les modèles. Sortant souvent d'« écoles de prophètes », ils revendiquent le respect absolu du pacte du Sinaï par l'abandon du paganisme et la cessation de toute injustice sociale. Ils ignorent la division politique du pays d'Israël et montrent peu de déférence vis-à-vis de l'autorité royale et vis-à-vis du clergé de Jérusalem. Si le message d'Élie et d'Élisée, sous le règne d'Achab, est uniquement oral, Amos (sous Jéroboam II), Isaïe (sous Ézéchias), Jérémie (sous Sédécias) rédigent par écrit leurs appels, qui seront plus tard intégrés à la Bible. Inspiré par Dieu et se présentant comme son envoyé, le prophète combat toute infidélité au pacte divin et annonce la destruction du royaume coupable, promettant qu'à la fin des temps Dieu ramènera « le reste d'Israël » pour établir son Royaume sur la terre. Pour les prophètes, les catastrophes politiques sont des signes de l'accomplissement de leurs mises en garde, mais aussi des preuves de la vérité de leurs promesses. Un roi juste, fils de David, le Messie, c'est-à-dire l'Oint du Seigneur, règnera sur Israël et sur le monde : « Il arrivera à la fin des temps que la montagne de la maison du Seigneur sera affermie sur la cime des montagnes et se dressera au-dessus des collines, et toutes les nations y afflueront. Et nombre de peuples iront en disant : Or çà, gravissons la montagne de l'Éternel pour gagner la maison du Dieu de Jacob, afin qu'Il nous enseigne ses voies et que nous puissions suivre ses sentiers, car de Sion sort la Tora et de Jérusalem la parole du Seigneur. Il sera un arbitre entre les nations et le précepteur de peuples nombreux ; ceux-ci alors, de leurs glaives, forgeront des socs de charrues et de leurs lances des serpettes ; aucun peuple ne tirera plus l'épée contre un autre peuple, et l'on n'apprendra plus l'art des combats » (Isaïe, II, 2-4). Détenteur d'une certitude de l'espoir, d'un sens de l'orientation de l'histoire, le peuple hébreu est armé pour survivre à des coups capables de détruire toute autre civilisation. En 722 pour Israël, en 586 pour Juda, les structures politiques sont supprimées, mais les Hébreux ne disparaissent pas.

L'exil et le retour

En 586, Jérusalem tombe aux mains des Babyloniens, le Temple est détruit, on crève les yeux du roi Sédécias, on déporte nobles, bourgeois et artisans. Un gouverneur judéen, Guédalya, toléré par le vainqueur, réside quelques mois à Mizpa ; il est bientôt assassiné par les derniers résistants commandés par Ismaël ben Netanya. On trouve dans les archives babyloniennes des listes de prisonniers (« Juifs, 3 023 » porte un état de Nabuchodonosor). En fait, les convois de déportés se succèdent : 40 000 sont transférés sur les rives de l'Euphrate. Seuls les grands sont emprisonnés et nourris par la cour de Babylone (des bons de vivres portent les mentions « Pour Yahukino, roi de Juda, pour les cinq fils du roi, pour huit Juifs »). Les petites gens cultivent les terres du roi dans des villages implantés sur les canaux d'irrigation : Kéroub, Addam-Immer, Kasiphyah, Tel Mélakh, Tel Aviv. Ils sont astreints à la corvée et subissent le statut de *qatinu*, d'étrangers aux droits limités ; mais, après les horreurs de la guerre et de l'exil, cette déportation est presque supportable. Certains colons acquièrent une certaine aisance et possèdent esclaves et servantes. Une vie communautaire se développe parmi eux et le culte synagogal s'organise, remplaçant les sacrifices par la lecture des messages prophétiques de Jérémie et d'Ézéchiel et par la récitation de psaumes. Le psaume CXXXVII est empreint de la nostalgie du pays perdu : « Aux fleuves de Babel, là nous étions assis et nous pleurions, nous souvenant de Sion. Aux saules du rivage, nous suspendîmes nos harpes. Car, là, nos ravisseurs nous demandaient des chants, nos oppresseurs de l'allégresse : chantez-nous un des chants de Sion. – Comment chanterions-nous le chant du Seigneur en terre étrangère ? »

En 538, les Perses Achéménides prennent la place de Babylone à la tête de l'Orient méditerranéen. Ils fondent leur politique sur l'autonomie des peuples asservis à Babylone (un texte perse, le cylindre dit « de Darius », le souligne). Un décret de Cyrus (Esdras, I, 2-4) autorise les Juifs à regagner leur pays et leur restitue les objets du Temple de Jérusalem. Le retour est lent et s'accomplit en plusieurs étapes, le premier groupe est conduit par Zorobabbel, petit-fils du roi exilé Jéconia. La communauté du Retour sera réorganisée par Ezra (ou Esdras) et Néhémie ; le prophète Zacharie l'engage à reconstruire le Temple. Ezra le Scribe reconstitue la collection des Livres saints et synthétise dans les Chroniques l'histoire universelle et nationale telle que la voyait le peuple d'Israël.

2 L'époque classique antique (540 av. J.-C.-125 apr. J.-C.)

Alors que l'époque biblique est centrée sur la terre de Canaan, où Israël connaît une existence politique de plus de huit siècles, l'époque classique concerne les Juifs d'une diaspora déjà constituée autant que ceux du pays d'Israël. Alors qu'auparavant seul l'Orient était en relation avec Israël, c'est maintenant l'Occident gréco-romain qui se heurte à ce dernier et donne à son histoire une dimension universelle. Les Hébreux, qui jusque-là étaient assiégés par le polythéisme, voient alors leur religion s'affermir et entrer dans une période d'expansion. La vision chrétienne de l'histoire réserve à cette période le terme de « judaïsme », un judaïsme qu'elle estime révolu à l'avènement du christianisme ; pour les juifs, au contraire, le *terminus ad quem* de cette période est exclusivement politique.

Le Second Temple, la tutelle perse et hellénistique

À la suite de l'édit de Cyrus, des convois d'exilés rentrent en terre d'Israël. Les nouveaux arrivants se heurtent aux populations locales, malgré la protection lointaine des Perses Achéménides. Les terres abandonnées sont remises en culture, des maisons sont bâties dans un périmètre restreint autour de Jérusalem. Le culte sacrificiel reprend sous le grand prêtre Jésus, avant même la reconstruction du Temple, préconisée par le prophète Zacharie. Cette communauté est déchirée par la lutte entre propriétaires terriens et journaliers, entre créanciers et débiteurs insolvables asservis. Des réformes sont menées à bien, sur le plan social par Néhémie, envoyé du Grand Roi, sur le plan religieux par Ezra le Scribe. L'assemblée de la Porte des eaux adopte les règlements constitutifs dits *Teqanot-Ezra*, en vertu desquels le régime monarchique disparaît. On désigne parfois du terme de nomocratie le système adopté par les Juifs du Retour : la loi religieuse devient la loi de l'État dont le chef est le grand prêtre, assisté par une assemblée dite Grande Synagogue, institution souvent évoquée mais que l'érudition contemporaine cerne malaisément. Les sessions de l'assemblée sont espacées ; un conseil restreint, les nobles de Judée, constitue un sénat permanent. Le pays s'appelle - d'après les monnaies et les papyrus d'Éléphantine - Yehūd, Judée. Il demeure sous la tutelle perse jusqu'à la conquête d'Alexandre le Grand (332). La suzeraineté appartient ensuite aux rois hellénistiques, Lagides d'Égypte ou Séleucides de Syrie. On sait peu de choses sur cette longue période : au départ, Yehūd est une colonie juive vivant à Jérusalem et dans les alentours ; l'arrière-pays, dévasté, lui est disputé par les Samaritains ; au terme de cette période, une population nombreuse vit dans cités et villages à travers tout le pays et sa richesse suscite les convoitises étrangères ; la pratique et la connaissance de la Loi sont fortement enracinées, jusque dans les couches paysannes. L'écriture carrée dite assyrienne a remplacé l'ancienne écriture dite hébraïque en usage depuis Moïse et gravée sur la pierre et l'argile à l'époque royale.

À la fin du IIIe siècle, la civilisation hellénistique s'introduit en Judée, où l'on construit des cités grecques telles que Marissa, où l'on étudie les auteurs grecs, où des écoles s'ouvrent sur le modèle grec, comme celle de Jésus fils de Sira, l'auteur de l'Écclésiastique.

Devant l'ascension de la puissance romaine en Orient, le suzerain séleucide Antiochus IV Épiphane cherche à créer un empire hellénistique. Il impose par édit la religion grecque en Judée, avec l'accord du grand prêtre hellénisant Jason, bientôt supplanté par Ménélas. Le Temple est consacré à Zeus Olympien et la pratique du judaïsme devient passible de mort. Une persécution religieuse – la première de l'histoire – s'abat sur les couches populaires rétives à l'hellénisme.

La révolte éclate en 168 avant notre ère, dans le village de Modin, dont les habitants massacrent le détachement royal chargé d'imposer l'hellénisation. Mattathias, prêtre de la famille asmonéenne, en prend la tête avec ses cinq fils : Jean, Simon, Juda, Éléazar, Simon. Ces chefs de la résistance d'abord, de l'insurrection populaire ensuite, sont dits Macchabées (dont l'étymologie probable est l'araméen *maqab,* marteau).

Le régime asmonéen (165-63 av. J.-C.)

La guerre populaire contre les Séleucides dure vingt ans. Mais très vite Jérusalem est libérée, le Temple purifié et rendu au culte du Dieu d'Israël ; une fête commémore l'événement, *Hānukkāh* (l'« inauguration »). En 145, l'appui de Rome ayant été sollicité et obtenu par les Juifs, le souverain de Syrie reconnaît l'indépendance du pays. Simon Macchabée est investi *Sar-Am-El* (« prince du peuple de Dieu ») par l'assemblée tenue en 140. Il entretient des relations diplomatiques avec Rome et Sparte, frappe ses propres monnaies, entreprend la conquête de la Transjordanie. Il instaure une dynastie qui détient le grand pontificat et la puissance politique. Ses successeurs sont Jean Hyrcan (135-104), Juda-Aristobule et Antigone (104-103), et surtout Jonathan-Alexandre Jannée (103-76). Celui-ci prend le titre de roi et poursuit la politique expansionniste de la dynastie, annexant la Galilée, l'Idumée, le littoral méditerranéen avec Jaffa et Alep. Il impose le judaïsme à toutes les cités de son obédience, mais se heurte à l'opposition du Sanhédrin, cour suprême d'Israël. La tradition juive est défavorable à Alexandre Jannée. Qu'il ait conquis un territoire rendant à Israël les frontières de David, qu'il l'ait couvert de places fortes, qu'il ait développé la vie économique avec succès, au point de donner à son royaume une prospérité sans égale, qu'il ait converti des païens, qu'il ait pratiqué les préceptes religieux avec ferveur et pompe, cela ne lui est pas compté. Il avait en effet choisi la tendance sadducéenne, maîtresse du Temple. Faisant remonter leur origine au grand prêtre Sadoq, les sadducéens s'attachent exclusivement à la Loi écrite interprétée avec rigueur et à la lettre ; ils refusent les croyances populaires (existence des anges et des esprits, Au-Delà, résurrection, immortalité de l'âme) ; le culte sacerdotal est pour eux l'élément majeur de la religion ; ils rejettent toute adaptation des pratiques. Les pharisiens, au contraire, admettent qu'il est une Loi orale révélée à Moïse sur le Sinaï et transmise de génération en génération ; ils sont stricts dans leur pratique des préceptes et se séparent (*parūš*, séparé) des ignorants et des impies ; pourtant, ils reçoivent les coutumes et traditions populaires, particulièrement l'attente messianique et la certitude de la résurrection, s'attachent à l'enseignement et sont disposés à adapter la loi religieuse aux nécessités nouvelles, selon le principe : « Tout ce qu'un pieux disciple enseigne découle de la révélation reçue par Moïse au Sinaï. » Alexandre Jannée pourchassa donc et décima les maîtres pharisiens qui lui reprochaient d'avoir uni en sa personne royauté et sacerdoce. La secte essénienne, rigoriste jusqu'au refus de la vie politique, comprend des groupes conventuels menant une existence isolée dans le désert, obéissant à une règle, suivant un calendrier religieux différent de celui du Temple. Les manuscrits de la mer Morte découverts en 1948 ont permis de connaître leur principal établissement, Qūmran, dont on a pu reconstituer les installations, où leur temps se partageait en travail manuel, étude et prière, et où n'étaient admis, après un difficile noviciat, que les âmes d'élite. Des trois principales sectes mentionnées ici, celle des pharisiens avait prévu l'instruction obligatoire dans son programme : un de ses sages, Simon ben Shétah, l'avait décrétée sous le règne même de Jannée. Les pharisiens triomphèrent des sadducéens amis du trône et des esséniens adeptes d'une pureté érémitique ; ils animèrent seuls la synagogue, assemblée d'étude et de prière, qui avait gagné villes et villages d'Israël. À la mort du roi s'inscrivit dans le « rouleau de jeûne » – calendrier des jours où le jeûne est interdit – un jour faste. Salomé-Alexandra, veuve de Jannée, lui succéda (76-67) : elle changea de politique intérieure en faisant appel aux pharisiens. Son fils, Hyrcan II, disputa ensuite le pouvoir à son frère Aristobule et fit appel à Pompée. Celui-ci s'empara de Jérusalem en 63, transformant la Judée en province romaine.

La domination romaine

La Judée garde son grand prêtre, chef théorique de l'État, elle a parfois même un roi : Hérode le Grand (37-4) ; mais ce sont des créatures de Rome agissant sous le contrôle du gouverneur provincial de Syrie-Palestine. De 6 à 67 après J.-C., c'est l'administration directe qui prévaut, la Judée obéit aux procurateurs Coponius (6-9), Marcus Ambilulus (9-12), Annius Rufus (12-15), Valerius Gratus (15-26), Ponce Pilate (26-36), Marcellus (36-37), Marullus (41-43), Cuspius Fadus (44-46), Tibère Alexandre (46-48), Ventidius Cumanus (48-52), Antonius Felix (52-60), Porcius Festus (61-62), Albinus (62-64), Gessius Florus (64-67), qui résident à Césarée, sauf lors des fêtes juives où ils viennent à Jérusalem pour écraser un soulèvement éventuel. Le grand prêtre officie au Temple, mais il est privé de tout pouvoir, même judiciaire. La Judée romaine, très peuplée – elle comptait selon le recensement ordonné par Néron environ deux millions et demi d'âmes –, connaît une forte activité économique dont la fiscalité romaine tire d'énormes tributs. Le blé, l'huile, le miel sont chargés, à Ptolémaïs et à Césarée, sur des navires à destination de Rome. Les Romains encouragent surtout la culture de l'olivier, d'où l'expression *zeitun-er-Rum* (« oliviers des Romains ») en usage chez les Arabes. Les abords de la mer Morte, avec la ville d'Ein-Gueddi, sont couverts de vignes pourvoyeuses de crus de qualité. De grands travaux mobilisent une main-d'œuvre corvéable : construction de routes, de forteresses, de cirques, de thermes, de temples dans les cités à population grecque. À Jérusalem, Hérode, soucieux d'accroître sa popularité, dépense des sommes considérables pour faire reconstruire le Temple. Partout s'édifient des mausolées et des synagogues. La domination romaine paraît engendrer une prospérité matérielle indiscutable. L'opinion des Juifs est pourtant partagée sur l'œuvre des occupants : « Rabbi Jossé et Rabbi Siméon étaient ensemble ; avec eux se trouvait Juda, un fils de prosélyte. Rabbi Juda ouvrit la bouche et dit : Comme sont beaux les travaux de cette nation ; ils ont ouvert des rues, lancé des ponts, édifié des thermes ! Rabbi Jossé garda le silence. Rabbi Siméon répondit : Tout ce qu'ils ont construit, ils ne l'ont construit que pour eux-mêmes ; ils ont ouvert des rues pour y installer des prostituées, des thermes pour leur plaisir et des ponts pour y percevoir des péages » (*Sabbat* 33 b). En fait, l'agitation antiromaine est endémique : en moins d'un siècle, on compte vingt-six soulèvements armés des Juifs contre Rome, tous suivis d'une répression atroce (avec crucifixion des chefs). Le mouvement de Juda le Galiléen, qui se rattache au parti extrémiste des zélotes, s'empare de places fortes et proclame une république juive ; Juda est tué, mais ses fils Jacob, Simon et Ménahem poursuivent son œuvre et meurent à leur tour exécutés par les Romains. Un disciple de Jésus de Nazareth, Siméon, fait partie des zélotes (Luc, VI, 15). Jésus lui-même est considéré par ses disciples et ses partisans comme le roi qui délivrera Israël de l'oppression. Ainsi s'explique le motif de son exécution, apposé sur la croix : « Jésus de Nazareth, Roi des Juifs ». Sous Néron, en 66, éclate une insurrection généralisée ; le prince proromain Agrippa doit s'enfuir, le grand prêtre Ananias, collaborateur de l'ennemi, est mis à mort, les troupes romaines (la XIIe légion commandée par Cestius Gallus, gouverneur de Syrie) sont chassées du pays. On frappe des monnaies à la devise « An I de la Liberté ». Un gouvernement à majorité pharisienne est installé à Jérusalem, vite contesté toutefois par les extrémistes Siméon bar Giora et Jean de Giscala qui s'emparent du pouvoir. Néron envoie alors en Orient Vespasien avec la Ve et la Xe légion. Une reconquête des places fortes ouvre la route de Jérusalem qui est assiégée à partir de mars 70. La cité est surchargée de réfugiés et de pèlerins venus à Jérusalem pour la Pâque : la famine est effroyable, une enceinte romaine de 7 km interdit l'arrivée des secours. Du 1er juillet au 26 août les assauts se succèdent ; le Temple est incendié le 28 août ;

Jérusalem est rasée. À Rome, en 71, le vainqueur de Jérusalem, Titus, célèbre son triomphe : sur l'arc élevé en son honneur est sculpté le mobilier cultuel du Temple. Au soir du triomphe, Siméon bar Giora, âme de la Guerre des Juifs, est étranglé dans le Tullianum. Pourtant une dernière place juive, Massada, tint jusqu'en avril 73 (74 selon certains). Les fouilles effectuées sur le site en 1964 confirment les récits de Flavius Josèphe. Dans cet ancien palais d'Hérode, les combattants tinrent plusieurs mois avec leurs familles et s'entr'égorgèrent pour ne pas tomber aux mains de l'ennemi.

De l'an 71 au royaume de Bar Kokhba (135)

Après la répression s'opère une certaine reconstruction. Des propriétaires terriens prudents ont pu garder leurs domaines. Les terres confisquées appartiennent à l'empereur et sont cultivées par des paysans juifs devenus tenanciers. Les ruines sont relevées. Une juridiction juive est tolérée par les Romains, mais limitée aux questions religieuses : celle du Patriarche. Dans des conditions encore mal connues se prépare une nouvelle révolte. Elle éclate en 132 contre le légat Tineius Rufus. Dans un premier temps, les insurgés chassent les garnisons romaines et libèrent le pays sous la conduite de Siméon ben Koziba, dit Bar Kokhba, « prince d'Israël », que le maître par excellence, Rabbi Akiba, reconnaît comme Messie. Il bat des monnaies, perçoit les impôts, enrôle une armée, nomme des préfets. On a retrouvé une partie de la correspondance administrative de Bar Kokhba ainsi que nombre de manuscrits et vestiges de toute sorte lors de fouilles systématiques conduites depuis 1960 dans diverses grottes, et tout particulièrement celle du Nahal Héber près de la mer Morte. En 135, Jules Sévère lance une offensive romaine victorieuse qui fait disparaître le royaume de Bar Kokhba. Jérusalem est rasée ; sur ses ruines est édifiée une cité païenne dédiée à Jupiter Capitolin : Aelia Capitolina. On terminait en 1983 les immenses travaux de fouille et de remise en état de l'artère principale d'Aelia Capitolina, le Cardo, aujourd'hui galerie marchande admirablement restituée sur la jonction du quartier juif et du quartier musulman de la vieille ville.

La Diaspora

Après la disparition politique d'Israël, les centres vitaux du judaïsme se déplacent vers les communautés juives implantées depuis longtemps au-dehors, vers la Diaspora. Ce terme grec désigne, dans l'Antiquité, les groupements juifs du monde gréco-romain. Son importance dépasse les cadres mêmes du judaïsme : dans la Diaspora, en effet, se nouent des contacts fréquents et féconds entre Juifs et Gentils ; c'est dans la Diaspora que la mission chrétienne fit ses premiers pas.

Dès l'époque du royaume d'Israël, des Hébreux s'étaient établis hors de leur pays. Une colonie israélite s'était créée en Syrie vers 850 avant J.-C. à la suite du traité conclu entre les rois Ben Hadad de Syrie et Achab d'Israël (I Rois, XX, 34). En 722, la déportation des Israélites et, en 586, celle des Judéens avaient enraciné des communautés juives sur les rives de l'Euphrate, tandis que des fugitifs gagnaient l'Égypte. Ceux-ci sont enrôlés par le pharaon Psammétique II pour défendre les marches méridionales de l'Égypte. Les Juifs constituent une garnison dans l'île d'Éléphantine (zone d'Assouan) ; des papyrus araméens retrouvés sur place montrent que les soldats juifs et leurs épouses recevaient une solde du pharaon, puis des Perses, qu'ils cultivaient des terres, qu'ils avaient édifié un temple et correspondaient avec l'autorité religieuse de Jérusalem. Ils parlaient une langue voisine de l'hébreu, l'araméen. En Occident, les communautés sont nombreuses dès le second siècle avant J.-C. : elles comprennent soit des esclaves importés à la suite des campagnes de Rome, soit des émigrants chassés par la misère. Les deux guerres des Juifs contre Rome et leur répression accroissent le nombre des esclaves juifs en Italie, en Espagne, en Sardaigne. Ces esclaves sont affranchis ou rachetés par les communautés locales qui se conforment ainsi au précepte religieux du *Pidyon Sebūyim* (« rachat des captifs »).

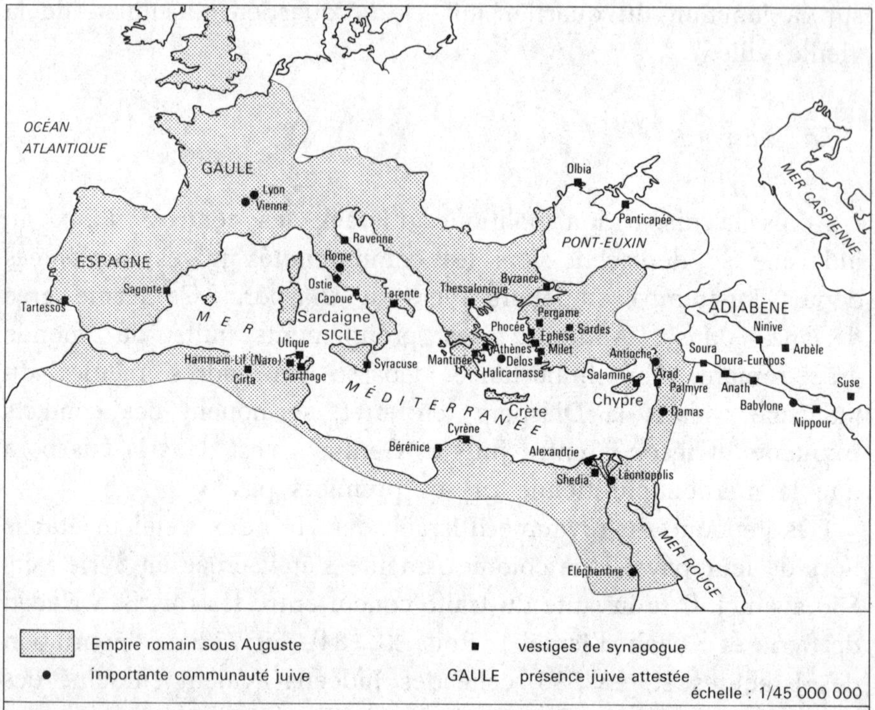

La Diaspora dans l'Empire romain

Entre la République et l'Empire, la Diaspora passe de quelques milliers d'âmes à près de 3 millions. Les principales communautés sont celles de l'Égypte (120 000 à Alexandrie), de la Grèce insulaire et péninsulaire, des Parthes, de Rome (50 000 à la fin de la République). Les Juifs jouissent d'un statut d'égalité ; leur religion est « licite », son exercice garanti par des décrets impériaux. Ils ne sont pas astreints au culte impérial et reçoivent leur part des distributions publiques de blé et d'huile (avec un jour de retard si la distribution a lieu un sabbat). À la mort de Jules César, les Juifs de Rome, reconnaissants, veillent plusieurs nuits devant son bûcher (44 av. J.-C.). Des heurts entre Juifs et Gentils se produisent à Alexandrie, ainsi qu'en Cyrénaïque et à Chypre, où des révoltes juives éclatent en 117.

Chaque communauté est dirigée par un conseil d'Anciens (*presbuteroi*) qui délègue ses pouvoirs à des archontes et à des fonctionnaires. À Rome, les lieux de culte juifs s'appellent des *proseuques* ; ceux de Rome même n'ont pas été retrouvés ; mais, à Ostie, on a dégagé en 1962 une synagogue (?) du IVe siècle. La synagogue la plus fameuse était celle d'Alexandrie, dite *diphloston* (« double-nef »), si vaste que des signaux optiques étaient nécessaires pour indiquer les temps des répons aux fidèles. La synagogue de Doura-Europos en Syrie (245), avec ses parois intérieures recouvertes de fresques historiées, est un joyau de l'art juif classique. À Rome, dans six catacombes juives, dont deux sont encore visibles sur la via Appia et la via Nomentana, on a découvert 534 inscriptions funéraires en hébreu ou en grec avec le symbole du chandelier à sept branches.

Les juifs de la Diaspora parlent et lisent le grec ; ils possèdent une version grecque de la Bible, la Septante. Des contacts culturels entre juifs et païens naquit une abondante littérature juive en grec (dont les œuvres de Philon le Juif, au Ier s.). La Diaspora fait un effort efficace de prosélytisme auprès de la société païenne ; affranchis, petites gens, notabilités même rejoignent les communautés juives : ainsi Caecilius de Calaete, rhéteur du siècle d'Auguste, Octavie, fille de Claude, Hélène, reine d'Adiabène des Parthes (dont le sarcophage est au musée du Louvre). Le christianisme est prêché dans les synagogues de la Diaspora, qui se trouvent généralement au bord des cours d'eau. « Le jour de sabbat, raconte Paul, nous nous rendîmes hors de la porte vers une rivière où nous pensions que se trouvait un lieu de prière » (Actes des Apôtres, XVI, 13). Dans la Diaspora, la concurrence dans l'œuvre de conversion des païens est vive entre juifs et chrétiens. Le christianisme l'emporta par suite de l'abandon par les adeptes de Paul des pratiques juives, notamment de la circoncision. La Diaspora devait reprendre en charge les destinées spirituelles du judaïsme après la ruine de l'État. Au terme d'une longue maturation, sa branche la plus vive, celle de Babylone, modela l'observance et la pensée rabbiniques, en développant la Loi orale dont la compilation écrite donnera le Talmud.

La civilisation juive

La civilisation juive trouve sa meilleure expression en terre d'Israël, mais la communauté de la Diaspora, à Rome, en Grèce ou chez les Parthes, en fournit une sorte de microcosme. Toute définition en cette matière est contestable : en effet, non seulement les Juifs ont survécu à l'Antiquité, mais encore leur mode de vie et de pensée est demeuré vivant. La racine de cette culture est la révélation de Dieu faite à tout le peuple au pied du Sinaï. Chaque juif en est le détenteur, et aucun ne peut s'en prévaloir de manière exclusive. À travers les livres bibliques, le Nouveau Testament, les écrits de Flavius Josèphe et l'enseignement oral, le peuple intervient constamment, prend parti, fait et défait les pouvoirs, les remet toujours en question. Ainsi, dans son autobiographie, Flavius Josèphe relate-t-il les multiples assemblées tenues dans les marchés ou les synagogues pour décider de la conduite de la guerre. Populaire, frondeuse, démocratique, la société juive est aussi passionnément légaliste, et c'est dans l'école, auprès du rabbi, à propos d'un précepte religieux, que la discussion est la plus vive. Aussi la pensée est-elle multiforme et les tendances théologiques très diverses, en dépit de l'unicité absolue de Dieu et de sa loi, la Tora. Enfin, la civilisation juive est historique. Les fêtes annuelles, qui drainent vers Jérusalem les familles des villages judéens ou galiléens comme des lointaines communautés de la Diaspora, commémorent l'histoire vécue : les péripéties de la Sortie d'Égypte avec la Pâque, la Révélation du Sinaï avec la Pentecôte, la traversée du désert avec la Fête des Tabernacles. Plus récentes, des demi-fêtes évoquent l'expérience de l'exil perse (fête des *Pūrīm*) et celle de l'insurrection contre l'oppression hellénistique (*Hānukkāh*). L'année religieuse s'ouvre avec *Rōš ha Sānāh*, regard sur la Création du Monde par Dieu et sur l'avènement messianique, promesse d'unité faite au genre humain. Ces célébrations et prises de conscience nationales et universelles sont le propre, ici, non d'une caste de philosophes ou d'ermites, mais d'un peuple tout entier : elles impliquent le sentiment que le monde créé par Dieu reste inachevé. Son achèvement, auquel l'homme prend part, c'est la venue du Messie.

Les questions litigieuses touchant les Hébreux sont légion. Des attitudes théologiques ou politiques, avouées ou non, en faussent au départ l'examen. Longtemps les historiens d'obédience chrétienne - des marxistes prennent leur relais - ont rejeté dans l'irréel, en totalité ou partiellement, l'histoire des Hébreux. Ainsi la période romaine est-elle considérée comme la « fin du judaïsme » et traitée comme telle. Ainsi les deux millénaires d'existence nationale d'Israël sur sa terre sont-ils qualifiés de pure légende, la langue parlée et écrite, l'hébreu, serait une « langue bourgeoise jadis au service du seul clergé ». Si les résultats de la recherche archéologique enlèvent tout sérieux à ces conceptions, d'autres questions historiques demeurent sans solution.

C'est d'abord la chronologie qui fait problème. Pratiquement, elle est fixée avec une certaine exactitude à partir de 1000 avant J.-C. (on dispose, en effet, pour cela, de concordances assyriennes et égyptiennes), c'est-à-dire sous Salomon. Or, selon le Ier Livre des Rois (VI, 1), Salomon aurait édifié le Temple en l'an 480 après la Sortie d'Égypte, qui correspond à 970. La Sortie d'Égypte aurait eu lieu en 1450, date qui ne concorde ni avec le calcul des années depuis la Création, selon la Genèse (1312), ni surtout avec les résultats des fouilles en Canaan (conquête de Josué au début du XIIIe s.). En 1450, aucun pharaon du nom de Ramsès n'avait régné sur l'Égypte ; or une des villes construites par les Hébreux asservis s'appelait ainsi (Exode, VIII, 11). On estime que les chronologies bibliques, comme les autres chronologies antiques, ne visaient pas une reconstitution mathématique du temps, mais son interprétation.

Un deuxième problème se pose avec la composition du Pentateuque. Alors que la tradition juive attribue celui-ci à Moïse, la « critique supérieure », depuis Julius Wellhausen (1878), y distingue plusieurs documents d'époques différentes, dus à des rédacteurs successifs, élohiste, yahviste, sacerdotal, deutéronomiste ; l'ensemble aurait été remanié au retour de l'Exil.

En troisième lieu, on peut s'interroger sur l'invention de l'écriture alphabétique. Elle est due, estime-t-on, aux Sémites de l'Ouest, Phéniciens ou Hébreux. Faut-il rattacher l'écriture hébraïque originelle aux inscriptions protosinaïtiques de Serābīt el-Khādim du Sinaï ?

Les autres questions seraient les suivantes : quelle évolution connurent les Hébreux entre la mission de Néhémie en 515 et la conquête d'Alexandre le Grand en 352, l'histoire ne disposant comme documents que de quelques monnaies ? La Grande Synagogue fut-elle une session unique ou une assemblée constituante réunie à plusieurs reprises ? À quels événements font allusion les manuscrits de la mer Morte et quelles personnalités sont désignées par les appellations de Prêtre Impie et de Maître de Justice ? Que contenaient les multiples ouvrages perdus cités par la Bible : le *Livre du Juste*, le *Livre des guerres de l'Éternel*, le *Livre des actes de Salomon* ? Enfin, la période des Rois fut-elle vraiment le triomphe du polythéisme cananéen en Israël et en Juda ? Mais cette question renvoie à une interprétation critique de l'histoire des Hébreux et aux interrogations mêmes qui caractérisent ce peuple dès l'origine.

GÉRARD NAHON

CHAPITRE IV

LES PHÉNICIENS

De tous les peuples qu'évoque cet ouvrage, les Phéniciens constituent l'un des plus originaux et, en même temps, l'un des moins saisissables. Peuple de la mer autant et plus que de la terre, ils développent, au sein de l'espace méditerranéen et à travers tout le Proche-Orient, une sorte de mouvement perpétuel. Pour des raisons qui n'ont rien à voir avec l'impérialisme mais tout à voir avec le commerce, ils pratiquent, avant les Grecs, la colonisation : c'est ainsi qu'ils fondent Carthage, au IXe siècle avant J.-C. selon les uns, au VIIIe selon les autres. Inlassables navigateurs, négociants acharnés, ils ne cessent, ce faisant, de diffuser au plus près comme au plus loin leur très riche et très subtile civilisation. S'ils n'ont pas inventé l'écriture (mais nous avons dit plus haut ce qu'il fallaitpenser d'un tel débat), ils ont su la perfectionner par un véritable « coup de génie » dont il est peu d'exemples dans l'histoire. De ce point de vue, et de quelques autres, ils ont eu comme héritiers, en ligne directe, les Grecs, les Romains et nous-mêmes.

J. B.

Les Phéniciens sont un peuple sémitique dont le pays fut ouvert à de multiples influences. Leur civilisation présente pourtant des aspects originaux : activité commerciale et maritime, goût des grandes explorations, découverte de l'alphabet. Les auteurs anciens (Homère, Hérodote, Philon de Byblos) ne donnent des Phéniciens qu'une idée superficielle et souvent défavorable. Les fouilles archéologiques ont permis de progresser dans la connaissance de leurs villes, de leurs monuments, de leur art et même de la production courante de leurs ateliers. Les archives égyptiennes (lettres de Tell el-Amarna) et assyriennes décrivent leurs rapports avec les empires continentaux, tandis que les textes d'Ougarit révèlent des choses ignorées : une écriture alphabétique dès le XIVe siècle avant J.-C., toute une documentation diplomatique et juridique, et surtout une religion et des mythes propres.

PAUL PETIT

Du fait des mouvements de colonisation mais aussi des pratiques commerciales, guerrières et artistiques de l'époque, l'art des Phéniciens déborde le cadre de leurs cités - Tyr, Sidon, Byblos, Arwad... - et couvre une aire géographique immense qui s'étend de l'Assyrie aux confins occidentaux de la Méditerranée. En Orient, au Bronze récent, il se fond dans une culture régionale dont on a du mal à l'isoler, ce qui restreint son histoire à la période qui va de la libération des cités phéniciennes du joug égyptien jusqu'à leur soumission à Alexandre, c'est-à-dire, pratiquement, de la grande césure de 1200 qui marque au Proche-Orient les invasions des Peuples de la Mer jusqu'à l'époque hellénistique. En Occident, il n'est saisissable qu'entre le VIIIe et, au mieux, le milieu du VIe siècle, date à partir de laquelle les cultures punique et phénicienne superposées ne peuvent souvent plus être dissociées. Cette circonstance, jointe au caractère éclaté et lacunaire de la documentation et à la confusion entretenue aux VIIIe et VIIe siècles par l'existence d'une mode orientalisante - que, par leur commerce, les Phéniciens ont du reste contribué à faire naître -, explique que leur art est encore bien difficile à cerner.

HÉLÈNE BENICHOU-SAFAR

1 Le pays et son histoire

La côte phénicienne

Il n'y a pas de Phénicie à proprement parler, mais une côte phénicienne, qui commence au sud du mont Carmel et se poursuit vers le nord jusqu'au-delà d'Ougarit, près du golfe d'Issos. C'est une bande côtière, aux plaines rares et étroites (plaine de Simyra, arrière-pays de Sidon et de Tyr), serrées entre la mer à l'ouest et les chaînes du Liban et des monts Nozaïriens à l'est. Les fleuves sont torrentiels et irréguliers, et leurs vallées, qui débouchent près des villes (Simyra, Byblos, Bérytos, Sidon et Tyr), sont isolées les unes des autres par des éperons descendant vers la mer, ce qui favorise le particularisme et interdit l'unité politique. Le climat est très chaud et sec dès le mois d'avril, l'été torride, l'hiver soumis à des pluies dévastatrices qu'autrefois sans doute les belles forêts de cèdres rendaient moins dangereuses. Le sol calcaire est souvent médiocre, le sous-sol pauvre. Mais la côte, avec ses promontoires et ses îlots proches des rivages, a fait la fortune des ports bien abrités et heureusement situés par rapport aux pays riches et civilisés qu'étaient alors l'Asie Mineure, la Grèce égéenne, la Crète et l'Égypte.

L'histoire

Les Phéniciens, dont le nom grec (Φοίνικες) signifierait le « peuple des palmiers » (phénix), sont des Sémites, apparentés aux Araméens et surtout aux Cananéens. Leur origine est controversée, comme celle de tous les Sémites, peuples du désert, venus sans doute de l'Arabie, en passant probablement par la Mésopotamie et la Syrie du Nord. La côte, habitée déjà aux temps préhistoriques, est sémitisée dès le IIIe millénaire, mais très tôt également soumise à de nombreuses influences qui resteront l'une des constantes essentielles de son histoire : celle de l'Égypte, sensible à Byblos dès l'Ancien Empire et très forte au milieu du IIe millénaire (de la XIIe à la XVIIIe dynastie), celle des Sémites installés en Mésopotamie, celle des États asiatiques (Hourrites, Mitanniens, Hittites), celle enfin des peuples de la mer Égée, Crétois et Mycéniens, particulièrement sensible au nord.

Pendant le IIe millénaire, Ougarit semble avoir formé un État puissant et bien organisé (chancellerie et archives), tandis que végètent les autres villes que se disputent Égyptiens et Hittites, la mer étant alors dominée par les Crétois et les Mycéniens. Le second chapitre de cette histoire, mieux connu, s'ouvre lorsque les Empires entrent en décadence, secoués par l'invasion des Peuples de la mer (qui détruisent Ougarit) et réduits à la défensive. Entre le Xe et VIIIe siècle, qui voit grandir le danger assyrien, c'est l'apogée. Les villes se répartissent en trois groupes, celui d'Arwad-Simyra au nord, celui de Byblos, Bérytos, Sidon au centre, et celui de Tyr au sud, et vivent sous l'autorité de dynasties locales et parfois de gouverneurs (suffètes), assistés de conseils d'anciens et de riches. L'absence (temporaire) de péril extérieur leur laisse le loisir de se combattre entre elles, et les deux métropoles de Sidon et de Tyr se constituent pour un temps d'assez vastes zones d'influence. Les Grecs donnaient aux Phéniciens le nom de Sidoniens, ce qui est significatif, et les rois de Tyr entretenaient des rapports avec la monarchie d'Israël, parvenue à son apogée à la même époque et pour les mêmes raisons. Mais les Assyriens arrivent ; dès 876, plusieurs villes paient tribut, et cette dépendance, coupée de révoltes, s'aggrave au VIIIe siècle, sous Téglatphalazar III, Salmanazar, Sargon II et Sennachérib. Sidon fut détruite par Asarhaddon en 678, les autres villes se résignèrent, sauf Tyr, assiégée plusieurs fois, toujours en vain. La Phénicie, disputée ensuite entre les Babyloniens (Nabuchodonosor) et les Saïtes de l'Égypte, devint sous les Perses une satrapie. La flotte servit fidèlement ses maîtres durant leurs luttes contre les Grecs, et finalement Alexandre, après avoir soumis les autres cités, s'empara de Tyr en 332, après un long siège. Désormais, l'histoire phénicienne se confond avec celle du monde hellénistique.

Les grandes villes

Ougarit, aujourd'hui Ras Shamra, en Syrie, au nord de Lattaquié, avec son port ancien de Minet el-Beïda, fut longuement fouillée par les savants français, sous la direction de C. F. A. Schaeffer, depuis 1929. Son apogée se place dans la seconde moitié du IIe millénaire, au temps du Nouvel Empire égyptien et des Hittites, avec lesquels sont échangées d'importantes correspondances. Ses grands rois sont contemporains d'Aménophis IV (Ammistamrou Ier), de Soupilouliouma (Niqmad II), de Hattousil III (Ammistamrou III). Outre les textes diplomatiques et juridiques, les fouilles ont révélé d'importants écrits religieux et les fondations d'un vaste palais de type mycénien (cour centrale, nombreuses pièces et bâtiments pour les archives). La ville joua le rôle d'un emporion ouvert à toutes les influences, où semblent avoir vécu longtemps des immigrés achéens et hittites. Elle fut brutalement détruite peu après 1200 par les Peuples de la mer.

Byblos, appelée aussi Gebeil, à 40 kilomètres au nord de Beyrouth, s'ouvrit très tôt à l'Égypte, qui en recevait, depuis la IIe dynastie, le bois des cèdres du Liban. Son apogée se place entre 2000 et 1500. Les fouilles, conduites par P. Montet et M. Dunand, ont mis au jour des sanctuaires (temples d'Astarté et de Reschef), des hypogées et de nombreux monuments funéraires.

Sidon, aujourd'hui Saïda, au sud de Beyrouth, passe pour plus ancienne que Tyr et fut puissante jusqu'au Ier millénaire. Passée ensuite sous la dépendance de Tyr, ravagée en 678, elle connut sous les Perses une seconde période de prospérité, avec toute une dynastie royale.

Tyr, à 75 kilomètres au sud de Beyrouth, fut longtemps imprenable sur son île, jusqu'à ce que la construction d'une digue par Alexandre l'ait reliée à la côte. Devenue après 1200 la principale ville phénicienne, elle fonda de nombreuses colonies et son roi, Hiram Ier, fut l'ami de Salomon. Plus tard, la princesse Jézabel épousa Achab, roi d'Israël. Sous les Assyriens, la ville décline lentement, mais conserve son indépendance. Son port, très bien construit, fut révélé par les travaux du père Poidebard (1934-1936).

2 L'activité économique et la colonisation

Agriculture et artisanat

Avant d'être des navigateurs et des commerçants, les Phéniciens furent des paysans soigneux et d'habiles artisans. Leurs petites plaines passaient pour très riches, grâce à l'irrigation et à la régularisation des fleuves. Les céréales et les cultures arbustives étaient essentielles, et la science des Phéniciens passa aux Carthaginois, célèbres auprès des Grecs et des Romains, qui traduisirent leurs ouvrages d'agronomie. L'exploitation des forêts fut la ressource principale, et l'exportation du bois de cèdre, attestée très tôt, dura fort longtemps ; Hiram de Tyr fournit à Salomon des bois pour le temple de Jérusalem. Les artisans travaillaient les étoffes brodées et étaient renommés pour la teinture pourpre tirée du murex, coquillage très répandu sur la côte, dont on faisait macérer la chair pour obtenir un suc violet que de savants traitements faisaient à volonté passer du violet foncé au lilas clair. Citons encore le travail de la céramique (vaisselle de luxe et courante, terres cuites et statuettes), celui des métaux (bronze) et l'orfèvrerie, enfin la verrerie, courante et de luxe, transparente, translucide ou opaque, célèbre dans l'Antiquité et encore exportée à l'époque romaine ; enfin les objets d'ivoire (plaquettes décoratives, coffrets), aux motifs variés, souvent égyptiens.

Marine et commerce

L'activité commerciale des Phéniciens n'est pas seulement maritime, car leur côte n'est pas éloignée, grâce aux cols d'où descendent les fleuves côtiers à l'aplomb de Byblos et surtout de Tyr, de la route des caravanes qui, venant de l'Euphrate, gagnaient l'Égypte par la haute Syrie, l'Oronte, la dépression de la Békaa et la Palestine. Les villes s'efforcèrent toujours de s'entendre avec les royaumes araméens de Syrie (Hamat, Damas) où parvenaient, en provenance de l'Orient, les aromates et les pierres précieuses. Les Phéniciens cependant se tournèrent délibérément vers la mer au début du Ier millénaire, durant la période comprise entre la fin de la thalassocratie créto-achéenne et le début de la grande colonisation grecque, suivie de la prépondérance, aux siècles suivants, des marines d'Égine, de Corinthe et d'Athènes. Les avantages naturels étaient évidents et accrus par les travaux portuaires en lesquels les Phéniciens étaient passés maîtres, ainsi que les Carthaginois. Leurs navires ne sont connus que par des reliefs et des monnaies : galères de guerre à la poupe arrondie, avec un éperon effilé, bateaux de transport aux extrémités relevées, à rames et à voile, barques de charge lourdes et plus simples. Avec une belle audace, se guidant sur la Petite Ourse et suivant les côtes en de courtes étapes journalières, ils firent le tour de la Méditerranée, connurent au nord du détroit de Gibraltar l'Armorique et même la Cornouailles, et au sud descendirent jusque vers Dakar. Au temps du roi saïte Néchao II (609-594), des navigateurs phéniciens firent le tour de l'Afrique par le cap de Bonne-Espérance, et, vers 470 av. J.-C., le Carthaginois Hannon semble avoir atteint le golfe de Guinée.

Dès l'époque d'Ougarit, le commerce était développé, mais le rôle des Achéens y était probablement très important. Plus tard, les Phéniciens devinrent les rouliers des mers, parfois pirates sans scrupules, plus souvent commerçants avisés, répandant partout leurs fabrications, voire leur pacotille, ainsi que les produits de luxe venus de l'Orient, rapportant de l'Occident les métaux précieux, les esclaves et surtout l'étain, qu'ils allèrent chercher, non sans mystère, de plus en plus loin (Étrurie, Espagne, Charente, Armorique et enfin Cornouailles).

La colonisation

Après les Achéens et avant les Grecs, les Phéniciens furent des fondateurs, mais préférèrent les comptoirs commerciaux aux colonies de peuplement. Avant le Ier millénaire, ils s'installèrent à Chypre (Kition, Amathonte) sans occuper vraiment la grande île si proche d'Ougarit, fondèrent leurs comptoirs les plus occidentaux, Gadès, voisine du pays de Tharsis (Tartessos des Grecs) et Utique, ainsi que des escales commodes à Malte, en Sicile, en Sardaigne. Au IXe siècle, Sidon et Tyr surtout reprirent le mouvement, sans doute devant la menace assyrienne qui interdisait l'expansion continentale : Carthage fut fondée vers 814 et, avec ses propres colonies de Sicile et d'Afrique du Nord, supplanta sa métropole affaiblie et diffusa en Méditerranée occidentale une civilisation sémitique.

3 La religion

Les aspects anciennement connus

La religion phénicienne ne fut longtemps connue, et très imparfaitement, que par la Bible, violemment hostile à l'idolâtrie cananéenne, par des stèles et des reliefs, et par ce que l'on savait de la religion punique : elle semblait pauvre, sans grande originalité, avec ses Baals, proches de l'Hadad syrien, son Astarté, déesse de fécondité orientale, et des dieux patrons et « maîtres » des différentes cités, tels que Melqart de Tyr, Eshmoun de Sidon, Dagon d'Arwad, Reschef le « lumineux ». Philon de Byblos (Ier siècle apr. J.-C.), apparemment traducteur du prêtre légendaire Sanchoniaton (vers le XIe siècle), et connu seulement par la *Préparation évangélique* d'Eusèbe de Césarée (IVe siècle apr. J.-C.), exposait une cosmogonie, à base de généalogies, formée d'un amalgame de notions communes à tout l'Orient et passablement hellénisée dans sa nomenclature. Mais ce n'était là qu'un état tardif et adultéré de la religion phénicienne.

Les découvertes d'Ougarit (Ras Shamra)

Depuis 1929, de nombreux textes sont venus jeter une lumière nouvelle : les Phéniciens ont eu, à une époque ancienne, une religion agraire et des mythes originaux. Si les textes d'Ougarit confirment et complètent la cosmogonie de Philon, avec le dieu suprême El, fils d'Élyon, son fils Baal, le « maître », dieu de la foudre et des hauteurs, assimilé plus tard seulement à l'Hadad syrien, un dieu des fleuves et des sources, Aliyan, et son adversaire, le dieu de la moisson, Mot, ainsi que plusieurs divinités féminines (Ashérat, Anat, Ashtart), ils révèlent en outre les mythes qui reflètent les conditions climatiques et agraires de la côte phénicienne, l'opposition radicale des deux saisons, l'hiver pluvieux, l'été sec et torride. Le mieux connu est le mythe de Mot et Aliyan : ce dernier, qui féconde la terre et favorise la végétation printanière, est chassé par Mot et disparaît sous la terre au moment des moissons et des récoltes ; grâce à l'aide de la déesse Anat et du dieu El, Mot est à son tour vaincu et meurt, comme le grain sur l'aire. À l'automne, après les vendanges, Aliyan réapparaît dans l'allégresse générale et le cycle des saisons recommence. Ce mythe agraire fondamental survivra longtemps, car plus tard Adonis, dont la passion, célébrée lors des fêtes de Byblos, nous est contée par Lucien de Samosate, au IIe siècle après J.-C., meurt et ressuscite, faisant succéder la joie aux lamentations et unissant en lui les deux anciennes divinités oubliées, Mot et Aliyan. L'Ancien Testament, d'autre part, mentionne des fêtes agraires cananéennes (printemps, moissons, vendanges), célébrées non seulement sur les « hauts lieux », mais aussi devant les temples : on a retrouvé à Ougarit les fondations de sanctuaires très anciens, l'un consacré à Baal, l'autre à Dagon, le dieu du blé. Les sacrifices jouaient un rôle important, sanglants le plus souvent, la victime animale étant le substitut de l'offrant. Les sacrifices humains ont duré longtemps, puisqu'on connaît encore à Carthage le fameux sacrifice *molk* (d'où on a tiré à tort le nom d'un dieu Moloch) au cours duquel des nouveau-nés étaient livrés au feu (holocauste). Les Phéniciens ont toujours pratiqué l'inhumation, et des soins particuliers étaient rendus aux morts : cependant, les croyances eschatologiques sont peu développées, l'âme des défunts habitant la tombe et demandant de la nourriture et surtout de l'eau. À une époque tardive et sous des influences étrangères, perse notamment, on relève dans les dédicaces un certain souci moral, qui semble inconnu auparavant.

4 L'alphabet et la littérature

Aux écritures alors courantes (hiéroglyphique égyptien et cunéiforme babylonien d'une part, linéaire B mycénien de l'autre), toutes fondées sur des symboles schématisés et un système syllabique exigeant un grand nombre de signes, les Phéniciens eurent l'adresse technique de substituer une écriture aux signes simplifiés, et surtout alphabétique (vingt-deux signes seulement) et consonantique (seules les consonnes sont représentées, comme dans l'hébreu). Cette réussite est le fruit d'un long travail et de nombreux essais isolés, dont les faibles traces sont difficiles à interpréter. Vers 1800 apparaissent dans le Sinaï central et à Byblos des signes pseudo-hiéroglyphiques, transcrivant un dialecte cananéen, mais sous une forme non alphabétique ; à Ougarit, depuis le XIVe siècle, les scribes de la chancellerie mettent au point une écriture alphabétique de trente-deux signes, mais en cunéiformes apparentés aux « clous » suméro-accadiens ; ce système ne survécut point à la ruine de la cité. À partir du Xe siècle, l'alphabet semble définitivement constitué, à Byblos probablement, où le sarcophage d'Ahiram porte le premier texte cursif, parfaitement clair, en phénicien classique : résultat d'une longue évolution, inconnue encore. Diffusé d'abord à Chypre, il devint pratiquement universel au VIIIe siècle, quand il fut adopté par les Grecs, qui lui ajoutèrent les signes vocaliques, et enfin par le monde oriental, où se répandait l'araméen.

Les textes d'Ougarit appartiennent à trois catégories : textes diplomatiques et traités, documents juridiques se rapportant surtout à des transactions commerciales et au droit privé ou pénal, dérivé du droit babylonien mais plus libéral, et enfin textes littéraires, d'inspiration religieuse. Ce sont les mythes, mis en forme de poèmes épiques, dont l'interprétation est difficile : mythe de Mot et Aliyan, poème d'Aqat et de Danel, épopée du roi Kéret, assez obscure, poème de l'Aurore et du Crépuscule. Comme toujours dans l'Orient ancien, les poèmes sont en quelque sorte le livret de drames rituels, représentés lors des fêtes, et ils doivent être interprétés comme l'expression directe de la vie religieuse.

PAUL PETIT

5 L'art

L'art de la pierre

Les Phéniciens n'ont pas été de grands bâtisseurs comme les Égyptiens. Toutefois, leurs architectes et leurs artisans ont été suffisamment réputés pour être appelés par des souverains étrangers, israélites, néo-babyloniens ou perses, pour la construction d'édifices de prestige.

De discrètes allusions faites par la tradition littéraire, quelques bas-reliefs assyriens et des vestiges de fortifications, d'habitats ou de ports éclairent ici ou là – à Tyr, à Arwad, à Toscanos ou à Monte Sirai, par exemple – tel ou tel aspect de leur architecture urbaine entre les Xe et VIIe siècles : remparts épais, crénelés, faits d'une alternance de murs hauts et de tours carrées interrompue par des arcades fermées de larges portes ; palais à étages couronnés de merlons à degrés et ouverts sur des baies cintrées encadrées de colonnes ; maisons à terrasses, à simple ou à double niveau, équipées de fenêtres hautes cernées par des défoncés successifs et garnies de balcons à balustre ; ports aménagés dans des sites naturels simplement rectifiés. Tout au long de leur histoire, leurs techniques mettent en œuvre des briques d'argile séchée et des blocs de pierre diversement calibrés et assemblés de façon très spécifique ; ou bien, elles font appel à la taille et au creusement du roc naturel.

Leur architecture religieuse n'est qu'à peine mieux documentée. Cela tient sans doute à la profusion des sanctuaires de type cananéen dont le temps a dû effacer la trace, simples enceintes à ciel ouvert abritant des stèles, des autels et aussi, pour celles qu'on appelle « tophet », des urnes remplies de cendres d'enfants.

À côté de ces aires sacrées connues par la Bible ou les sites phénico-puniques d'Occident, des sanctuaires construits ont également existé. Certains, d'âges divers, sont comme ceux de Kition et de Sarepta, accessibles aux fidèles et toujours organisés en fonction du saint des saints, sans que pour autant leur plan ou leurs proportions soient constants. D'autres, attestés à partir de la fin de l'époque perse sont, comme le Ma'abed d'Amrith, centrés sur une ou deux petites chapelles cubiques, en partie réservées dans la roche, servant uniquement de châsses à un objet de culte et surplombant un bassin probablement entouré d'un portique. Tous comportent des éléments de structure ou de décor caractéristiques de leur époque : les deux piliers qui, au IXe siècle, précèdent l'une des entrées du temple 1 de Kition, par exemple, rappellent les deux colonnes disposées devant le vestibule du temple de Jérusalem, réalisé avec l'aide de Tyriens ; le podium du temple d'Eshmoun à Sidon, daté du VIe siècle, renvoie à une tradition achéménide.

Quant à l'architecture funéraire, mieux connue, elle n'est qu'exceptionnellement monumentale : seuls rompent avec l'usage phénicien des tombes excavées un petit nombre d'hypogées dont la chambre sépulcrale (de filiation égyptienne ou anatolienne, comme celles d'Amathonte ou de Trayamar) ou l'élément de surface (d'inspiration mésopotamienne) qui la signale, comme les tours funéraires d'Amrith, sont bâtis en pierres de grand appareil ou même d'appareil cyclopéen.

L'art des sculpteurs s'est surtout exercé dans le domaine du relief. Le bas-relief en pierre a servi pour l'ornementation des temples, ce dont fait foi l'inscription de Yehawmilk, ou le naos d'Aïn el-Ayyat, et il a trouvé son expression la plus heureuse dans la décoration, sur un mode narratif, d'un sarcophage, celui d'Ahiram (XIIIe-XIIe s.), qui révèle une personnalité artistique épanouie au contact des sensibilités égyptienne, égéenne et hittite. Mais c'est dans les stèles et les panneaux décoratifs qu'il a trouvé son terrain d'élection, et dans les représentations ésotériques (sphinx ailé, personnage trônant devant un autel, etc.) son mode d'expression favori. Ici, la spécificité phénicienne se révèle par le choix des thèmes traités, ou des motifs utilisés (palmettes, guillochis, etc.), par leur répétitivité, par le caractère composite de l'œuvre et par l'importance de la composante égyptienne : par exemple, le relief d'Arwad ou les stèles dites d'Amrith et de Yehawmilk. Le haut-relief, lui, est illustré par une importante collection de sarcophages anthropoïdes, faits de marbre le plus souvent et peints, dont la partie antérieure de la tête a été dégagée et sculptée. Sorties pour la plupart des nécropoles de Sidon, ces pièces imposantes sont traitées avec un art consommé, parfois teinté de provincialisme, selon la mode égyptienne pour les uns (coiffure et hiératisme typiques, IVe s.), grecque pour les autres (idéalisation puis réalisme des traits, Ve-IVe s.).

La statuaire semble n'avoir eu qu'une place réduite dans l'éventail des productions des Phéniciens. Outre les effigies de dieux, d'hommes ou d'animaux, relativement rares, plutôt récentes et de dimensions modérées, elle a produit des petits trônes votifs flanqués de sphinx dont la ville de Grenade ou la banlieue de Tyr ont livré de remarquables exemplaires datant des VIIe et IIe siècles.

La glyptique, enfin, a fourni des amulettes et surtout de beaux cachets qui prolongent la tradition des cylindres-sceaux mésopotamiens. Elle s'est élaborée dans le berceau syro-palestinien au contact de la glyptique égyptienne et a plus tard évolué sous l'influence de l'art grec ; aussi a-t-elle intégré de nombreux traits étrangers. Taillés dans des pierres semi-précieuses (hématite, calcédoine, améthyste, amazonite ou jaspe), les sceaux phéniciens se présentent initialement sous la forme de cônes au plat décoré de lignes superposées de figures et de symboles. Dès la fin du IXe siècle, où ils sont parfois personnalisés par un nom, ils ont la forme de scarabées. Au fil des siècles, leur décor gagne en unité, et, au VIe siècle, il se réduit généralement à un thème unique, une scène d'inspiration religieuse traitée dans une composition équilibrée élargie à tout le champ de la gravure. Par les choix qu'elle imposera des sujets et des styles, l'influence de la Grèce fera ensuite disparaître, au sein de cette production, l'empreinte pourtant très profonde conjointement laissée par l'Égypte et par la Mésopotamie.

Les arts du bois et de l'ivoire

Les Phéniciens, qui avaient à leur disposition de nombreuses forêts, avaient acquis une réputation d'excellence dans le travail du bois. Ils s'en servaient pour la construction de bateaux, de temples (comme à Utique ou à Cadix), de tombeaux (à Trayamar ou à Carthage), pour la confection de boiseries et de décors sculptés (le Temple de Jérusalem) ou la fabrication d'éléments de mobilier dont à peu près seules témoignent aujourd'hui des représentations gravées ou sculptées sur pierre, métal ou ivoire : trônes flanqués d'animaux, fauteuils à siège cubique et dossier bas, tables à pieds galbés... marqués au sceau de l'Égypte.

Dans le domaine de l'ébénisterie encore, les appliques de meubles (sièges, lits, coffres) sculptées en ivoire constituent l'une des productions emblématiques de l'artisanat phénicien d'Orient. Ces pièces, qui s'ajoutent à d'autres créations plus sporadiques des ivoiriers - statuettes, manches de miroirs, brûle-parfums ou thymiatères, peignes (autre spécialité mais occidentale, cette fois) - ont connu une large diffusion (Assyrie, Chypre, Crète, Égée...). Elles consistent en plaquettes délicatement travaillées en relief et parfois ajourées, revêtues d'une feuille d'or et/ou incrustées de pâte de verre ou de pierres de couleur selon la technique du cloisonné. Par leur facture, leur iconographie, leur style, elles témoignent de la continuité de cette longue tradition orientale du travail de l'ivoire qui, en Syrie-Palestine, avait connu son apogée au Bronze récent (cf. Khāmid el-Loz, Lakish, Meggido...) : c'est encore une fois dans les répertoires mésopotamien (animaux affrontés), cananéen (thème de la « dame à la fenêtre »), mycénien (vache allaitant un veau) et égyptien surtout (naissance d'Horus, uræus, fleurs de lotus) que les ivoiriers ont trouvé leur source d'inspiration. Le style phénicien dont l'âge d'or se situe aux IXe-VIIIe siècles, se reconnaît à des particularités bien spécifiques : forme de la palmette, « tablier » des sphinx, traitement en frontalité de certaines figures, etc. Les remarquables collections de Nimrud, d'Arslan Tash, de Khorsabad et de Samarie qui, entre autres, nous l'ont fait connaître, montrent une richesse et des variations - dans le choix des thèmes, l'interprétation des motifs ou le poids de l'Égypte - qui témoignent tout à la fois de la multiplicité des ateliers et de leur grande vitalité.

L'art du métal

Le métal, dont la recherche a été décisive dans l'expansion phénicienne en Méditerranée, a alimenté un artisanat diversifié.

Les bijoux, qui ont une valeur décorative mais aussi talismanique ou symbolique, s'inscrivent dans une tradition ancienne profondément marquée, là encore, par l'Égypte et dont quelques surgeons ont produit au cours du IIe millénaire, avec les célèbres parures de Byblos, celles d'Ugarit et de Tell Aǰǰul. Réalisés pour la plupart en or ou en argent parfois associé à des pierres dures, ils font appel à des techniques ornementales simples (martelage, ciselure, repoussé) ou élaborées (filigrane, granulation, incrustation). En Phénicie, ils sont surtout représentés par des boucles d'oreilles en forme de croissant, de croix ankh ou de bateau ; à Chypre et dans l'Occident phénicien (Cadix, Motyé, Tharros...), leur éventail s'élargit aux bagues, bracelets – parfois articulés –, colliers – à médaillons ronds, sceaux-pendentifs ou autres pendeloques.

Éclipsant les œnochoés de bronze aux attaches délicatement ciselées, les coupes métalliques historiées qui prolongent une tradition ougaritaine et s'apparentent de très près aux coupes de l'école syrienne, représentent, dès le IXe siècle, le plus beau fleuron de l'orfèvrerie phénicienne. À l'origine créations exclusives de la Phénicie, ou de Chypre peut-être où elles ont été retrouvées en grand nombre, elles semblent avoir été également produites en Occident par des artisans phéniciens ou des imitateurs. Elles sont façonnées en bronze, en argent et parfois en or, et sont savamment décorées au repoussé de frises concentriques de motifs géométriques ou figuratifs enveloppant une rosace ou une composition centrales. Les thèmes retenus (files d'animaux, de héros, scènes de chasse, de victoire sur l'ennemi, etc.) sont parfois empruntés à l'Égée mais surtout puisés dans les imageries égyptienne et mésopotamienne, ces deux composantes majeures s'équilibrant à peu près. Mais d'autres particularités renforcent cette spécificité de leur style, qui se démarque ainsi du style syrien : référence égyptienne souvent dénaturée (scarabées diptères et non tétraptères, par exemple) ou trompeuse (comme des hiéroglyphes dépourvus de sens ou une « manière » égyptienne pour des thèmes sans précédents dans cette civilisation), accumulation de motifs juxtaposés sans lien sémantique, division du champ du décor par des éléments verticaux, signature par des lettres phéniciennes, etc.

Autre expression de l'art phénicien du métal entre les IXe et VIIe siècles, les petits bronzes figurés, qui sont vraisemblablement des objets de culte. Divinités combattantes ou bénissantes, femmes se pressant les seins, hommes trônant ou marchant se rencontrent en Phénicie septentrionale, à Chypre, en Sardaigne, en Espagne... En général coulées et de fabrication orientale, ces figurines sont longilignes. Leur tête, surhaussée par une tiare égyptienne ou un bonnet conique et élargie par des oreilles décollées, montre un visage ouvert sur de larges orbites et parfois revêtu de métal. Leur style prolonge celui de l'Âge du bronze.

Le travail du métal a enfin débouché dans la seconde moitié du Ve siècle, en Phénicie continentale et à Chypre, sur la frappe de monnaies. L'iconographie évoque ici la vie des cités (navires, murex, divinités poliades), le pouvoir dominant (effigies ou noms de rois) ou les victoires qui le glorifient (lion terrassant un cerf). D'abord influencée par la culture égyptienne (à Tyr, impression en creux, symboles pharaoniques) ou par les types monétaires achéménides (à Sidon : image du roi, motif et canon perses), elle se fond pratiquement ensuite dans la production hellénistique.

La terre cuite et la pâte de verre

La céramique de fabrication phénicienne est essentiellement représentée par des vases, utilitaires, et des statuettes, cultuelles ou funéraires.

En Orient, les vases des Âges du fer I et II qui prolongent une lignée locale révèlent d'étroites parentés avec les céramiques environnantes, philistines et chypriotes au premier chef. Leurs formes sont harmonieuses - œnochoés, cratères, jarres globulaires, gourdes de pèlerin, etc. - et leurs fonctions souvent interchangeables mais la réalisation en est souvent médiocre. Jusqu'au VIIIe siècle en Orient et au VIIIe en Occident, les potiers portent une attention particulière aux décors - le plus souvent géométriques et bichromes -, en jouant des effets contrastés des engobes et des vernis, noirs et rouges surtout. Après ces dates, et surtout en Occident, ils se concentrent au contraire sur les formes dont ils enrichissent la gamme de pièces inspirées de modèles autochtones : siciliens, sardes, ibériques... Parallèlement, à partir du VIIIe siècle, ils imitent assez fréquemment les lignes et les décors des poteries grecques.

Quant aux statuettes de terre cuite, très caractéristiques aux époques des dominations assyrienne et perse, ce sont essentiellement des effigies féminines, pièces de second ordre beaucoup plus touchantes par la piété dont elles sont l'expression que par le charme froid qui en émane. En dehors des joviales représentations de Bès, elles se ramènent à quelques types austères et guindés (femmes enceintes, ou se pressant les seins, ou allaitant, joueuses de tympanon, divinités momiformes, orants...) pour la plupart produits en Orient puis exportés ou imités en Occident. Plus tard, sous l'influence de la Grèce, ces séries conventionnelles sont peu à peu remplacées par des créations variées, libres et réalistes.

Enfin, même si leur procédé de fabrication ne revient pas aux Phéniciens, les petits vases en pâte de verre correspondent encore à une branche spécifique de leur artisanat, manifestement active en métropole dès les VIIe-VIe siècles et particulièrement féconde aux siècles suivants. Le verre mis en œuvre est opaque, coloré au moyen d'une palette réduite où dominent le jaune et le bleu, et décoré de filets en zigzag. Il est malheureusement impossible d'en identifier les ateliers de fabrication et, par conséquent, de faire une distinction entre les productions phéniciennes et les productions puniques.

Comme nous l'avons vu, l'art phénicien plonge ses racines dans la culture syro-palestinienne de l'Âge du bronze et connaît son plein épanouissement, et sa plus grande diffusion, aux IXe-VIIe siècles ; après cette période, il tend à se dénaturer au contact des civilisations perse et hellénique. Il possède trois caractéristiques essentielles : d'abord, c'est dans les petits objets destinés au commerce, et de ce fait retrouvés surtout en dehors du territoire métropolitain, qu'il se manifeste le plus abondamment et avec le plus de brio ; ensuite, il est composite, ce qu'explique sa genèse dans une région située au carrefour de la Mésopotamie, de l'Anatolie, du monde égéen et de l'Égypte ; il est enfin, en dépit des emprunts contractés, individualisé par un style qui le distingue de l'art syrien contemporain – très proche pour avoir été forgé dans le même creuset que lui –, un style dont la composante égyptienne est la particularité la plus notable.

Sous prétexte que cet art a beaucoup emprunté à des cultures étrangères et qu'il s'applique surtout à des pièces de petit artisanat, on a longtemps refusé de reconnaître à ses auteurs une quelconque aptitude à la création artistique. Une connaissance plus large et une approche plus compréhensive des productions phéniciennes permettent aujourd'hui de revenir sur ce jugement sévère : en témoignent les coupes et les ivoires travaillés.

HÉLÈNE BENICHOU-SAFAR

Pièces jointes

CARTHAGE

Fondée par les Phéniciens au IXe siècle avant Jésus-Christ selon les uns, au VIIIe selon les autres, Carthage tira longtemps sa prospérité de ses relations commerciales avec les divers peuples de l'Afrique septentrionale et de la Méditerranée occidentale.

Ses tentatives d'expansion territoriale en Sicile devaient l'entraîner dans de graves conflits, avec les Grecs d'abord, de 480 à 264 avant J.-C., puis avec les Romains, de 264 à 146 avant J.-C. Ces luttes devaient prendre fin avec la destruction complète de la ville et avec l'annexion de son territoire à l'*ager publicus* de Rome. L'établissement d'une colonie romaine sur le site de Carthage fut l'objet des revendications du parti populaire. La victoire de César allait aboutir à la reconstruction de la ville, en 44 avant J.-C. Carthage redevient, sous Auguste, la cité la plus prospère d'Afrique ; elle rivalise bientôt avec Rome par la splendeur de ses monuments. Cette prospérité cependant ne devait pas survivre aux troubles sociaux et religieux qui marquèrent, au IVe siècle après J.-C., l'histoire de l'Afrique romaine. Pillée par les Vandales en 440 et reconstruite par Justinien, Carthage sera finalement anéantie par les Arabes en 698.

E. U.

Kart Hadasht, la « Ville neuve »

Carthage est située au fond du golfe de Tunis, sur une presqu'île baignée à l'est par la mer, au sud par le lac de Tunis, au nord par la sebkha el-Riana qui formait jadis le fond du golfe d'Utique avant qu'il ne soit comblé par les alluvions de la Medjerda. Des collines disposées en arc de cercle dominent la ville à l'ouest ; sur la plus méridionale se dressait la citadelle de Byrsa, les autres abritaient des nécropoles. Au-delà, vers Sidi bou Saïd et La Marsa, s'étendait une banlieue nommée Megara.

Les origines de la cité

Selon une tradition transmise par Timée et reprise par Justin, Carthage aurait été fondée vers 814 avant J.-C. par Elissa ou Didon, sœur du roi de Tyr, Pygmalion, accompagnée de notables tyriens fuyant leur patrie et de Chypriotes. L'historien juif Josèphe, citant Ménandre, Grec d'Asie qui avait consulté les Archives royales de Tyr, rapporte l'événement à Elissa et le situe entre 825 et 819. Mais il est impossible de démontrer que ces deux récits sont indépendants l'un de l'autre, aussi leur valeur probante demeure-t-elle incertaine. Le monument phénicien le plus ancien trouvé à Carthage est une chapelle votive sise au tophet de Salammbô ; on peut la dater, par la céramique grecque placée dans un dépôt de fondation et accompagnant les offrandes sacrificielles, aux environs de 725 avant J.-C. Les tombes puniques connues ne sont pas antérieures à la fin de ce siècle. Aussi, plusieurs savants (notamment Rhys Carpenter) rejettent la tradition littéraire et s'appuient sur ces documents archéologiques pour dater la fondation de la cité du milieu du VIIIe siècle. Des sondages profonds réalisés dans la plaine littorale située au pied de Byrsa permettent de démontrer l'existence d'un habitat archaïque datant de la première moitié du VIIIe siècle avant J.-C.

Nous ne savons pratiquement rien de la Carthage des VIIIe et VIIe siècles avant J.-C., si ce n'est qu'elle vivait de cabotage, importait tous les produits fabriqués et avait pour dieu tutélaire Baal Hammon, le El phénicien, assimilé plus tard à Kronos et à Saturne. C'est à lui qu'étaient voués les enfants qu'on brûlait vifs en sacrifice (*molek*), pour assurer vie et prospérité à la cité, en son tophet de Salammbô. Un siècle et demi après la fondation de la ville, les Carthaginois s'installent à Ibiza (Baléares). Dès le milieu du VIe siècle, la ville est gouvernée par des rois appartenant à la famille des Magonides. Alliée aux Étrusques, elle domine la Sicile du Sud-Ouest, prend pied en Sardaigne, repousse les Phocéens de Corse à Alalia, secourt Gadir (Cadix) assiégée par les Ibères, chasse Dôrieus et ses colons spartiates de Tripolitaine. Dans les dernières années du siècle, les lamelles d'or de Pyrgi attestent son entente avec Caere, et le premier traité d'alliance avec Rome est conclu. La richesse du mobilier funéraire témoigne de sa prospérité et de l'activité du commerce avec l'Égypte, la Grèce et l'Étrurie.

Les guerres contre les Grecs

En 480, Carthage, battue à Himère par Gelon, tyran de Syracuse, évacue la Sicile à l'exception de Motye, tandis que la flotte perse, en grande partie formée de contingents phéniciens, est écrasée à Salamine. Les rois Magonides se replient sur l'Afrique et mettent leur territoire en valeur. Le roi Hannon dirige deux expéditions maritimes de prospection, l'une vers l'Afrique tropicale, l'autre vers la Grande-Bretagne, afin de trouver les ressources minières nécessaires au développement de l'industrie lourde naissante.

À la fin du Ve siècle, la guerre éclate de nouveau en Sicile contre les Grecs ; les Carthaginois s'emparent de Sélinonte, Agrigente et Gela, mais Denys de Syracuse regroupe les Hellènes et le roi Himilcon échoue devant Syracuse. Les Magonides, attaqués par les aristocrates, propriétaires fonciers qui souhaitent la paix, voient leur pouvoir décroître. Une révolution religieuse porte alors Tanit Pene Baal au sommet du panthéon punique, à la place de son parèdre Baal Hammon qui est relégué au second rang ; et, au tophet, des stèles d'inspiration grecque ornées de symboles, dits « signes de la bouteille et de Tanit », remplacent peu à peu les anciens cippes votifs dédiés à Baal Hammon, en forme de trônes et de chapelles égyptisantes. Le culte grec de Déméter est introduit en 396. Vers 380, la noblesse se débarrasse définitivement des Magonides et institue le tribunal des Cent-Quatre qui surveille étroitement les généraux, substitués aux rois à la tête des armées. Le pouvoir réel est aux mains de comités secrets peu nombreux qui se recrutent par cooptation. Vers 360, Hannon le Grand, chef du parti « nationaliste », essaie vainement de renverser le régime oligarchique.

La lutte contre les Grecs de Sicile devient moins âpre après la mort de Denys Ier (367). La diplomatie carthaginoise suit de près l'évolution de la situation en Italie péninsulaire ; en 348, la vieille alliance avec Rome est renouvelée ; cette dernière en profite pour subjuguer la Campanie et le Latium. Carthage incite ses alliés étrusques à conserver la neutralité pendant les guerres samnites ; elle finira par sacrifier l'alliance tyrrhénienne à l'alliance romaine. Cependant, les Grecs reprennent l'offensive en Sicile avec Timoléon, qui inflige une grave défaite à l'armée punique au Crimisos (339), et surtout avec Agathocle, qui prend le pouvoir à Syracuse en 312 et débarque en Afrique en 310. L'invasion provoque des troubles religieux et politiques graves à Carthage, et le roi Bomilcar tente vainement, une nouvelle fois, de renverser le pouvoir oligarchique (307). L'échec d'Agathocle et de Bomilcar permet au régime oligarchique d'atteindre son apogée, qui durera près d'un demi-siècle (307-263). Inquiétée un moment par l'impérialisme macédonien (Alexandre prend Tyr en 332), Carthage conclut une entente économique profitable avec la dynastie lagide qui domine l'Égypte, la Palestine et la Phénicie. Elle accueille largement les influences grecques venues de Sicile, d'Italie méridionale et d'Égypte. Aristote, qui étudie sa constitution vers 330, la compare à celles des cités grecques qu'il considère comme les mieux gouvernées. Dominant économiquement la Méditerranée occidentale et entretenant de bonnes relations avec l'Orient, l'État punique jouit d'une grande prospérité.

Les guerres contre Rome

Cette situation est gravement ébranlée par la première guerre avec Rome (264-241). Carthage et Rome s'étaient encore entendues pour éliminer Pyrrhos d'Épire qui tentait de relever l'hellénisme occidental (278-276). Mais Rome fut entraînée par ses associés campaniens à prendre pied en Sicile. Le gouvernement punique ne sut ni voir venir le péril, ni le conjurer à temps. Dès les premières années de la guerre, il perdit la province sicilienne, à l'exception de quelques places fortes, et subit même de graves défaites navales (Myles en 260). En 256, Regulus renouvela la tentative d'invasion d'Agathocle. Il échoua ; mais la guerre, en se prolongeant, ruina l'économie de Carthage qui dut accepter la paix en 241.

Cet échec provoqua la chute du régime oligarchique. Une révolte sociale menée par les mercenaires menace l'existence même de Carthage. Elle est maîtrisée par Amilcar Barca, général qui s'était illustré en Sicile et qui mit fin au régime aristocratique. Carthage sera désormais gouvernée par deux suffètes, élus annuellement par l'Assemblée populaire devenue souveraine. Au lieu d'établir sa dictature en Afrique, Amilcar préfère fonder en Espagne un État théoriquement soumis à Carthage, mais dont il est le maître et où il trouve les ressources nécessaires à la revanche contre Rome. Après sa mort et le règne de son gendre Asdrubal, ses projets sont réalisés par son fils Hannibal. Celui-ci projette de séparer de Rome ses alliés de Campanie et d'Italie méridionale, en ébranlant la Confédération italique avec l'aide des Celtes. Il est tout près du succès après la victoire de Cannes (216) qui entraîne la défection de Capoue, Tarente et Syracuse. Mais, isolé par la défaite de son beau-frère Asdrubal vaincu et tué à la bataille du Métaure, affaibli par les défections des Campaniens et des Apuliens, il ne peut assiéger Rome. Une armée romaine conduite par Scipion s'empare des possessions espagnoles de Carthage, passe en Afrique, et Hannibal, contraint de quitter l'Italie, est écrasé à Zama en 202. La paix est signée, la puissance de Carthage détruite à jamais. La troisième guerre punique éclate en 148 et, en 146, Scipion Émilien rase Carthage.

Les ruines de Kart Hadasht

La ville de la période hellénistique était, d'après Tite-Live, entourée d'une enceinte fortifiée de 34 kilomètres de longueur. Il n'en reste que des blocs épars le long du front de mer et un fossé appartenant aux défenses extérieures qui barraient l'isthme à hauteur de Chott Bahira. Les deux lagunes qui s'étendent aujourd'hui parallèlement au rivage entre Douar ech Chott et Le Kram sont sans doute les vestiges des ports intérieurs ceints de portiques ioniques décrits par Appien. Le bassin rectangulaire qui débouche dans la baie du Kram occuperait l'emplacement du port de commerce, et le bassin circulaire entourant un îlot, celui du Cothôn ou port de guerre, au centre duquel se dressait le palais de l'Amirauté. Au tophet de Salammbô, seul le niveau antérieur au IIIe siècle a subsisté ; il est formé de tertres truffés d'urnes contenant les cendres des enfants offerts en sacrifice et surmontés d'ex-voto, en forme de pilier funéraire ou de stèles à fronton triangulaire souvent flanqué de deux acrotères, ornées des emblèmes divins encadrés d'un décor floral ou architectural hellénisant. La couche supérieure a été bouleversée par les Romains, et les stèles arrachées de leur tertre, brisées, dispersées. Une chapelle de faubourg, détruite par l'incendie de 146, a été découverte sous la gare actuelle de Salammbô. Elle était décorée de colonnes en trompe l'œil alors fort à la mode et abritait des statues de divinités en terre cuite, alignées sur une banquette. Les socles et les montants des trônes de ces simulacres étaient ornés de plaques de terre cuite estampées, représentant des sphinx et des Victoires tropéophores émergeant de buissons d'acanthe, de style alexandrin. Des plaques de terre cuite analogues ont été aussi exhumées dans un sanctuaire domestique attenant à une villa située à Amilcar et dans la favissa où se trouvaient entassés des brûle-parfum et des bustes de Déméter provenant du temple de cette déesse sans doute. Sur les premières, on voit des Victoires ailées, un masque de Gorgone, Scylla et une procession dionysiaque, sur les autres une naissance d'Aphrodite et des Amours ailés. Sur la colline de Byrsa, les restes de maisons puniques détruites lors du siège de 146, des fragments de frises ou de corniches de céramique rehaussées de couleurs vives, des colonnettes tapissées de stuc laissent à penser que ces riches demeures ne différaient guère de celles des autres cités méditerranéennes de l'époque, si ce n'est par un goût assez prononcé pour les décors égyptisants. Les cimetières de la fin du IVe siècle et du IIIe ont livré de magnifiques sarcophages en marbre. Les uns portent sur leur couvercle l'effigie d'un homme barbu, la tête posée sur un coussin selon la mode étrusque, et tenant une lampe ou une cassolette ; le plus remarquable est orné d'un simulacre de Tanit, coiffée de la dépouille de l'épervier et drapée dans les ailes repliées de l'oiseau ; certains ont la forme d'un temple grec, au toit à double pente ; les frontons sont peints de motifs divers, Scylla, griffons affrontés, les bandeaux latéraux de rinceaux horizontaux encadrant une tête humaine. À l'époque des guerres puniques, les Carthaginois se faisaient souvent incinérer ; leurs restes étaient alors déposés dans des coffrets en calcaire, tandis qu'une stèle creusée d'une niche abritant un portrait fort schématique du défunt ou une statue grossière se dressait au-dessus de la tombe.

Carthage romaine

La reconstruction de la ville

En 123, le tribun Caius Gracchus fait voter la création à Carthage d'une colonie romaine. Le projet, violemment combattu par les oligarques, avorte aussitôt. Il est repris par Jules César, mais celui-ci ne put le réaliser avant son assassinat. C'est seulement en 44 avant J.-C. que les triumvirs, exécutant les volontés du dictateur, installent une colonie qui occupe non l'emplacement de l'ancienne ville punique, mais la zone située au nord-ouest, autour du village arabe de La Malga. Après des vicissitudes résultant des guerres civiles, Octave renforce cette colonie par un nouveau contingent de trois mille familles en 29 avant J.-C. Il fait alors recouvrir le sol maudit en 146 par une cadastration régulière dans laquelle s'inscrivent maisons et édifices publics ; le centre de cette cadastration se trouve sur l'actuelle colline de Byrsa, au chevet de la cathédrale ; elle a la forme d'un carré de 1 400 mètres de côté, avec un angle battu du côté nord-ouest correspondant à l'emplacement de la colonie césarienne.

Cette colonie possédait un vaste territoire aux limites d'ailleurs mal connues. On sait qu'il comprenait des *pagi* ou cantons, situés dans l'ouest de la Tunisie actuelle, dans la région de Dougga, à 100 kilomètres de Carthage. Il est possible que cet immense domaine ait été d'un seul tenant : s'y inséraient des terres laissées aux cités indigènes, des *latifundia* appartenant à l'empereur et aux sénateurs romains et même le territoire d'autres colonies moins importantes. Théoriquement, le sol de Carthage restait propriété publique du peuple romain. Les traces de cette fiction juridique ne disparurent qu'avec Septime Sévère, qui conféra aux Carthaginois le *jus italicum* comportant pleine propriété de leurs terres.

Les institutions

Les institutions de la *Colonia Julia Karthago* étaient, comme celles de toutes les colonies romaines, calquées sur celles de la République romaine. L'assemblée des citoyens élit annuellement les magistrats, dont les principaux sont les *duumvirs*. Les magistrats et anciens magistrats forment le sénat municipal ou *ordo*. En outre, Carthage est la résidence du proconsul, gouverneur de la province d'Afrique, toujours pris parmi les sénateurs romains parvenus au sommet de la hiérarchie ; il est assisté de légats. Le procureur gère les intérêts financiers de l'empereur ; il est le second personnage de la province. L'un et l'autre sont assistés d'un nombreux personnel administratif, les *officiales*, en majorité esclaves ou affranchis, dont on a retrouvé les tombeaux. Carthage est également le siège du conseil provincial, composé de délégués de toutes les cités africaines, qui choisit chaque année le prêtre du culte impérial. Très vite, les descendants des colons italiens se fondent avec les Africains qui accèdent de plus en plus nombreux au droit de cité romain. S'y ajoutent en assez grand nombre des immigrés venus de l'intérieur de l'Afrique et de toutes les régions de l'Empire. Le chiffre de la population est impossible à apprécier exactement. Les Anciens nous disent seulement que Carthage était la deuxième agglomération de l'Occident après Rome, et qu'elle ne le cédait guère aux principales villes d'Orient. Or Rome a compté au moins 500 000 habitants et probablement un million ; Alexandrie et Antioche en avaient plusieurs centaines de milliers. Le chiffre de 300 000 Carthaginois peut être considéré comme raisonnable.

Les édifices publics et privés de la Carthage augustéenne ont été presque tous détruits lors de reconstructions massives, dont les plus importantes se situent dans la seconde moitié du IIe siècle et au IVe. Très rares sont les murs en *opus reticulatum*, les mosaïques simples qui peuvent remonter au début de l'ère chrétienne. Même les sculptures datables sont en très grande majorité d'époque antonine ou sévérienne. Font exception : l'autel de la gens Augusta, dédié vers la fin du règne d'Auguste, et un relief représentant Mars Ultor et Vénus Genitrix (musée d'Alger).

Une histoire mouvementée

L'histoire de Carthage aux deux premiers siècles est fort paisible. En 70, dans la guerre civile qui suit la chute de Néron, le proconsul Pison tente de se faire proclamer empereur, mais son complot échoue. Sous le règne de Commode et le proconsulat de Pertinax (180 apr. J.-C.), les prophètes qui hantent le temple de Caelestis et qu'on appelle les « chiens de la déesse » provoquent de l'agitation, probablement pour protester contre la romanisation du culte. Le premier événement politique vraiment grave survient en 238 ; le proconsul Gordien ayant été proclamé empereur par les Thysdritains, Carthage, ainsi que l'Assemblée des villes de Proconsulaire, prend fait et cause pour lui, contre Maximin le Thrace. La légion IIIe Augusta, commandée par Capellien, fidèle à Maximin, bat les milices des cités et ravage la ville. Cette dévastation est toutefois moins grave que celle qui résulte en 311 de l'usurpation de Domitius Alexander. L'Afrique est alors dans l'obédience de Maxence, en même temps que l'Italie. Le vicaire d'Afrique se fait proclamer empereur ; il semble appuyé par des éléments sécessionnistes, ou du moins désireux de supprimer l'exportation du blé d'Afrique en direction de Rome. Les docks du port où ce blé était entreposé sont détruits. Maxence envoie une expédition punitive qui anéantit en grande partie la ville. Mais, peu de temps après, il est vaincu et tué par Constantin. Carthage est somptueusement rebâtie.

Les ruines de la Carthage impériale

Les thermes

Les vestiges les plus impressionnants de la Carthage impériale sont ceux des thermes d'Antonin, construits sur l'ordre de cet empereur, entre 145 et 162, au nord de la ville, le long du rivage. Leurs dimensions colossales (près de 300 m de long), la somptuosité de leur décor les classent parmi les plus remarquables des thermes impériaux. Un axe perpendiculaire à la mer sépare l'édifice en deux parties symétriques. On entrait par les faces latérales. Les bains se trouvaient à l'étage. Ils s'ordonnaient autour d'une immense salle centrale, aux voûtes soutenues par douze colonnes jumelées de granit gris, couronnées de chapiteaux corinthiens en marbre blanc, de plus de douze mètres de hauteur, et à laquelle on accédait en traversant vestibules et palestres. Les piscines froides sont à l'est ; un portique ouvert sur le golfe les borde ; les bains chauds, à l'ouest, comprennent un *caldarium* de plan rectangulaire fermé par deux absides semi-circulaires et situé entre deux salles polygonales. On ne voit plus aujourd'hui que le rez-de-chaussée des thermes et le sol des piscines : au centre et à l'est, les salles à pilastres, arasées ou ayant conservé leurs voûtes qui soutenaient les palestres et la salle centrale ; à l'ouest, les salles polygonales à double voûte circulaire portée par un pilier central et des piliers rayonnants, séparées par des magasins voûtés qui portaient les bains chauds. Ces pièces étaient encombrées de blocs provenant des voûtes de l'étage (l'un d'eux est recouvert d'une mosaïque à cubes de verre polychrome), d'éléments de sols pavés de mosaïque noire et blanche (encadrant des tableaux polychromes), de fûts de colonnes de porphyre ou de marbre de Chemtou vert et rose, de chapiteaux historiés (chapiteau aux anguipèdes, à la tête de Caelestis, à la chouette), de débris de statues (dont les portraits des empereurs Antonin le Pieux et Caracalla, des impératrices Livie et Faustine, et deux hermès ou statues piliers représentant l'une un Berbère, l'autre un Nègre). Une vaste esplanade entoure les thermes sur les trois côtés terrestres ; elle est bordée de salles de réunion richement décorées de stucs, de fontaines, de statues (on y a exhumé un magnifique portrait de Constance II), de latrines semi-circulaires. Le forum devait se trouver près des thermes, au sud, à l'emplacement de l'ancien palais beylical.

Le port

Du port et des docks, il ne reste qu'une faible partie des murs de fondation : mur courbe soutenant des magasins encerclant le port rond du Kram, voûtes et piliers portant des magasins alignés le long du bassin rectangulaire de Salammbô, édifiés au-dessus du champ de stèles du tophet. Il se peut que l'ancien Cothôn punique, situé au nord de cet ensemble, ait conservé sa fonction de rade militaire, car on y a trouvé des restes de quais et de dallage datant du IVe siècle après J.-C.

Les théâtres et le cirque

La cavea du Théâtre était creusée dans les flancs de la colline qui porte ce nom et qui domine la ville au nord-ouest : c'est là qu'Apulée prononça *Les Florides*. L'Odéon ou théâtre couvert fut édifié sous les Sévères, au sommet de cette colline. L'hémicycle des gradins était tourné vers le nord et reposait sur un dispositif de couloirs semi-circulaires, voûtés et étagés en amphithéâtre, qui servaient à la circulation des spectateurs. L'édifice était orné de colonnes corinthiennes en marbre de Chemtou vert et rose, et de statues. Le cirque et l'amphithéâtre se dressaient au sud-ouest de la ville. Aujourd'hui, on distingue à peine l'emplacement de la piste et de la *spina* du cirque. L'amphithéâtre aussi a été rasé, mais Edrisi, voyageur arabe du XIIe siècle, le décrit ceint de cinquante arcades, surmontées de plusieurs rangs d'arcades similaires, ornées de reliefs représentant des hommes, des animaux et des navires. Les *carceres* fermées par des herses occupaient le sous-sol du *podium*. À l'origine, Carthage était alimentée en eau par des réservoirs voûtés, dans lesquels s'installa le village arabe de La Malga, et par les citernes des maisons privées. Puis il fallut construire un aqueduc amenant l'eau du massif du Zaghouan pour approvisionner les thermes d'Antonin.

Les habitations

Les riches demeures s'étageaient sur les pentes des collines, bien aérées. La mieux conservée se dresse sur la colline du Théâtre, face à la mer. Le rez-de-chaussée est occupé par des boutiques ; au premier, les pièces de réception et le laraire, tapissés de marbre blanc, pavés de mosaïques, s'ouvrent sur une enfilade de jardins et de portiques, agrémentés de bassins. Une magnifique mosaïque figurant une volière où des oiseaux s'ébattent dans le feuillage couvrait le péristyle du *viridarium* ; elle a donné son nom à cette maison. Des bains chauds et des magasins se cachent dans la partie amont. Mais, en général, seules les mosaïques de sol des habitations ont été conservées : celles de *La Chasse*, du *Couronnement d'Ariadne*, de l'*Aurige Scorpianus*, du *Seigneur Julius*, du *Paon*, des *Saisons*... L'une de ces demeures est venue au jour lorsqu'on a creusé les fondations du lycée de Sainte-Monique. La pièce principale est divisée en trois parties. Un tableau de mosaïque, situé au centre, porte le portrait d'un personnage vu de face, en buste, coiffé d'un diadème, vêtu d'une tunique recouverte d'un manteau de pourpre et tenant un sceptre ; la tête est auréolée d'un nimbe ;

cette composition ressemble aux personnifications d'idées philosophiques, Sagesse, Magnanimité, Force ou autres, à la mode en Orient aux environs de 400 après J.-C. Le reste du sol est couvert d'un semis de roses.

Certains monuments ont servi de siège à des associations religieuses ou civiles. L'un d'eux, situé le long de la route d'Amilcar, abritait une secte mystique de douze membres, vénérant Sylvain, dieu berbère assimilé à Jupiter Hammon. Pourchassés par les chrétiens après la paix de l'Église, ces dévots païens entassèrent dans un caveau leur matériel cultuel, dont une statue de Déméter et une de Vénus, et en scélèrent l'accès par une mosaïque. Au pied de la colline de Junon, du côté nord, se tenait le « club » de la faction du cirque des Bleus, comprenant une vaste salle à colonnes de plan basilical, une cour à péristyle pavée de mosaïques représentant une chasse aux fauves, une frise d'enfants chasseurs, exécutées par l'équipe qui travailla à Piazza Armerina, et une immense salle où les dalles de marbre polychrome alternent avec quatre-vingt-six tableaux de mosaïque, qui représentent des chevaux de course dont les noms sont indiqués par des rébus. Enfin, à l'ouest des thermes d'Antonin se trouvait la *schola* des augustales vouée au culte impérial. Une cour centrale, fermée par une abside, creusée d'un bassin au centre et bordée de colonnes sur ses côtés les plus longs, donnait accès à l'ouest à des bureaux et à l'est à une salle de réception trifoliée. Le pavement d'une des absides représente des *putti* accrochant des guirlandes à la coupole d'un kiosque flanqué, aux deux ailes, d'une colonnade fermée par un rideau où devait se dérouler une cérémonie du culte impérial. Dans le quartier des Ports, un palais fastueux s'élevait au-dessus de l'*area* du tophet punique. Il n'en reste que des fragments de fresques figurant un thiase marin et des panneaux de mosaïques ornant les sols qui représentent des Saisons nimbées et ailées, datant de la première moitié du IVᵉ siècle. La banlieue nord de Carthage, l'ancienne Megara, était couverte de villas et de jardins.

Les sanctuaires

Aucun des grands sanctuaires de la Carthage romaine n'a été retrouvé. Un petit *metroon* a cependant été reconnu sur le flanc ouest de la colline de Byrsa ; une statue de Cérès, couronnée d'épis, une inscription mentionnant une confrérie de prêtres de Cérès (*sacerdotes cereales*) ainsi que de nombreux fragments architecturaux décorés de raisins et d'épis ont été exhumés sur le plateau de Bordj Djedid, là où devait s'élever le temple de la déesse ; de même, au tophet de Salammbô, on a retrouvé des vestiges de la modeste chapelle dédiée à Saturne, un buste du dieu, une mosaïque consacrée au « Seigneur » par Erucius et des cippes. Enfin, un bloc pesant plusieurs tonnes, portant l'inscription *Iussu Domini Aescu(lapi)*, découvert sur la colline du Théâtre, indique sans doute l'emplacement du temple de ce dieu, qui succéda à celui d'Eshmoun.

GILBERT-CHARLES PICARD

L'apport des fouilles depuis 1973

Carthage est la seule grande ville antique du monde méditerranéen dont la connaissance a été profondément renouvelée. De 1973 à 1989, la grande campagne internationale de Carthage patronnée par l'U.N.E.S.C.O. a fait participer des dizaines de missions venant de nombreux pays à l'étude des vestiges carthaginois à travers toutes les périodes.

La ville punique

Grâce aux fouilles, la ville punique, jusque-là mystérieuse, est réapparue, et son évolution est mieux connue. Malgré de grandes lacunes, les lignes générales de l'histoire de l'antique cité peuvent être esquissées. Surtout parce que la plus marquante, la dernière phase qui précède la destruction de 146 avant J.-C., a été mise au jour. Un quartier a été découvert, dégagé et restauré sur le flanc sud de l'acropole de Byrsa. Ce quartier, miraculeusement préservé, doit sa survivance aux énormes travaux entrepris par le constructeur romain : pour établir une immense plate-forme sur la colline, on a écrêté le sommet et comblé les versants sous d'énormes quantités de remblais maintenus à mi-pente par des murs de soutènement. Ce sont ces remblais qui ont enfoui et préservé les vestiges.

C'est un quartier d'habitation édifié à flanc de colline selon un plan régulier, suivant une orientation nord-est - sud-ouest ; chaque îlot rectangulaire (30 m × 15 m environ), entouré par de larges rues orthogonales, s'étage par paliers successifs suivant la pente et comprend plusieurs habitations de plan allongé comportant différentes variantes : donnant sur la façade, une grande salle longée d'un couloir d'accès conduit vers une courette centrale à ciel ouvert et débouche au fond sur un ensemble de petites pièces. Au sous-sol de chaque unité, une citerne très profonde était approvisionnée par les eaux de pluie provenant des terrasses. Le sol est pavé d'un tuileau de poterie concassée parsemé de petits cubes de marbre blanc. Les murs sont couverts d'un stuc blanc, parfois peint. Nul doute que cette architecture comportait plusieurs étages.

Ce lotissement a été daté de la fin du IIIe siècle-début du IIe siècle, c'est-à-dire de la seconde guerre punique. Après sa défaite à Zama en 203, Hannibal, devenu suffète de sa patrie, aurait été le promoteur de cet ensemble qui révèle une organisation urbanistique et architecturale remarquable.

Ce quartier aura la vie courte, puisque, en 146, il sera détruit par les soldats de Scipion, puis enfoui sous les remblais des terrassements de la ville romaine. Ce sont les fouilles récentes menées par l'équipe française dans le cadre de la campagne internationale qui le remettront au jour.

Un autre secteur essentiel de Carthage a fait l'objet de travaux de fouilles et de recherches : ce sont les ports puniques. L'identification des anciens ports de Carthage avec les deux lagunes actuelles n'était pas assurée et certains la contestaient. L'équipe britannique a pu, malgré l'état fangeux actuel des lagunes, les remaniements opérés à l'époque romaine et l'abandon ultérieur, reconstituer l'état et l'aspect des prestigieux ports de Carthage et plus particulièrement le port militaire circulaire. L'archéologie a confirmé la description qu'en avait faite Polybe, reprise par Appien : « Les ports de Carthage étaient disposés de telle sorte que les navires passaient de l'un dans l'autre ; de la mer, on pénétrait par une entrée large de 70 pieds [20,72 m] qui se fermait avec des chaînes de fer. Le premier port, réservé aux marchands, était pourvu d'amarres nombreuses et variées. Au milieu du port intérieur était une île. L'île et le port étaient bordés de grands quais. Tout le long de ces quais, il y avait des loges, faites pour contenir 220 vaisseaux, et, au-dessus des loges, des magasins pour les agrès. » On sait par les fouilles britanniques que cet état date de la dernière période de Carthage et qu'il ne peut être antérieur au IVe siècle avant J.-C.

Autre révélation des fouilles internationales : la découverte des niveaux et des vestiges du Ve siècle, c'est-à-dire de la période d'expansion de Carthage, sous les Magonides (fouilles allemandes). Sur la plaine littorale qui s'étend au pied de la colline de Byrsa, à l'abri d'une puissante muraille garnie de tours, fut construit alors un nouveau quartier d'habitation selon un plan régulier ; il était desservi par une voie de communication aboutissant à une porte maritime défendue par des bastions. Au IIe siècle, certaines demeures furent agrandies aux dépens d'autres : ordonnées autour d'une cour à colonnade, les ailes de la maison comportaient désormais au moins deux niveaux. L'architecture en était soignée : stucs peints aux murs, sols en mosaïques ; puits et citernes assuraient l'approvisionnement en eau. L'incendie de 146 détruisit ce quartier. Lorsque les Romains reconstruisirent la ville, ils reprirent le même schéma d'orientation urbanistique. Un sondage stratigraphique profond opéré sur l'axe du *Decumanus Maximus* dans la plaine littorale, au pied de la colline de Byrsa, a permis d'obtenir une séquence chronologique des différentes occupations urbaines de la ville.

Au plus profond du sondage, à 8 mètres au-dessous du niveau actuel, on a distingué plusieurs couches de sol en terre battue, datées à partir de la première moitié du VIIIe siècle grâce à des fragments de céramique d'importation grecque, phénicienne, chypriote et ibérique, ainsi que de la céramique locale.

Au-dessous des couches archaïques était édifié un grand temple que l'on a pu identifier grâce aux éléments architecturaux retrouvés. Une grande quantité de sceaux sigillés qui fermaient les rouleaux de papyrus permet d'affirmer l'existence d'archives qui ont brûlé.

Le temple serait consacré à Baal Hamon Jeune, assimilé au dieu égyptien Horus Harpocrate, dans lequel les Romains reconnaissaient Apollon.

Après la destruction de la ville punique, une grande basilique civile aurait été élevée, et l'on sait par les textes anciens qu'un tel monument donnait sur le forum de la ville basse, qui aurait succédé à l'agora punique.

Un autre témoignage important de la Carthage punique est le « tophet », sanctuaire de Tanit et de Baal Hamon. On sait par diverses sources antiques que les Carthaginois pratiquaient des sacrifices de jeunes enfants en l'honneur de divinités tutélaires de la ville. C'est par hasard que ce lieu consacré a été découvert, en 1920, à proximité du port marchand. Plusieurs milliers de stèles votives surmontant des urnes qui contenaient les restes des sacrifiés ont été recueillies par les fouilleurs. Comme elles se sont superposées au cours du temps, on a pris l'habitude de les répartir en trois grandes périodes : la plus ancienne, au niveau le plus bas, allant de 715 à 600, puis la deuxième de 600 à 300, enfin la dernière de 350 à 146. C'est là qu'a été découvert le dépôt le plus ancien recueilli à Carthage : constitué de céramiques d'importation chypriote et orientale, il remonte à 725 avant J.-C. La découverte du tophet démontre la persistance des sacrifices humains durant toute l'époque punique, même si l'on y substitua parfois des animaux. La fouille menée par une équipe américaine dans un secteur du tophet a confirmé les observations faites auparavant.

Sur la pente méridionale de Byrsa, on a découvert une nécropole très ancienne remontant à la fin du VIIIe et au début du VIIe siècle. Ce sont les poteries importées constituant le mobilier funéraire qui permettent de dater les tombes : en particulier les « kotyles », gobelets à boire à paroi très fine et décorée, produits à Corinthe et diffusés sur le pourtour de la Méditerranée.

De fait, c'est paradoxalement par les nécropoles que la Carthage punique a survécu et a été redécouverte : dès la fin du XIXe siècle, les fouilles de Gauckler et surtout celles de Delattre ont révélé la multitude des tombes, caveaux et fosses étalés sur les versants des collines de Borj Jédid et de l'Odéon ainsi qu'à Byrsa. Ces tombeaux ont fourni une quantité innombrable d'objets hétéroclites ayant constitué le mobilier funéraire : en dehors des stèles et des sarcophages, ce sont des milliers de vases en terre cuite, de lampes, accompagnés d'amulettes, de bijoux parmi lesquels figurent des pièces d'importation que l'on peut dater. Les fouilles de Delattre, qui se sont étendues sur plusieurs années, ont rempli le musée de Carthage, sans que toutes les précautions scientifiques aient été prises. Le mérite d'Hélène Bénichou-Safar est d'avoir repris l'ensemble de la question et d'en avoir présenté une étude complète : la carte qu'elle a établie permet de se faire une idée de l'extension et de la chronologie de la ville des morts.

Sans être exhaustives, les fouilles et les recherches effectuées depuis 1973 ont beaucoup contribué à faire connaître l'histoire de Carthage : la mise au jour des vestiges architecturaux, l'accumulation des niveaux d'occupation ou de destruction qui se sont succédé sur le site permettent d'en ébaucher une histoire archéologique à partir de l'époque archaïque, même lorsque ces niveaux se ramènent à quelques horizons entassés ou à quelques indices de murs évanescents. Leur datation est d'un apport considérable. La pratique du terrain révèle aussi la fragilité de la construction punique constituée de grands blocs superposés encadrant des assises régulières de moellons, sans liant autre que la terre ou la glaise ; ces murs se délitent facilement une fois abandonnés. De même, l'analyse de certains documents jusque-là négligés a permis de saisir ou de percevoir des phénomènes économiques nouveaux : en particulier la céramique d'importation grecque dont la présence fréquente dans les endroits fouillés révèle des échanges commerciaux assez soutenus, même durant les périodes d'hostilités.

La capitale de l'Afrique proconsulaire

À l'époque romaine, Carthage est la capitale de l'Afrique proconsulaire. La nouvelle ville s'élève sur le même emplacement que la métropole punique, au-dessus des vestiges détruits un siècle auparavant. D'emblée, le pouvoir impérial la voudra majestueuse. Le plan cadastral ayant pour centre la colline de Byrsa en est la preuve : le croisement du *Decumanus Maximus* avec le *Cardo Maximus* détermine un réseau de rues et d'avenues secondaires enserrant des îlots rectangulaires couvrant l'ensemble de la cité. C'est à l'intérieur de ces *insulae*, ou îlots, que prendront place les monuments publics et privés. Seuls les noyaux en béton des structures ou des voûtes ont subsisté pour les grands monuments. Des maisons, ce sont en général les citernes indestructibles et les pavements de mosaïques inutilisables qui ont survécu. Des grands temples et de leurs annexes, de même que des basiliques immenses, rien apparemment n'a subsisté ! Leurs structures architecturales spécifiques ainsi que la qualité de leur matériau sont responsables de leur quasi-disparition : colonnes, corniches et charpentes de pierre, de marbre et de bois ont été bien évidemment exploitées et récupérées avec profit. Ainsi, l'emplacement du *forum* de Carthage est resté ignoré jusqu'aux fouilles récentes : le décor architectonique, les murs en grand appareil et les grosses dalles de pavement ont totalement disparu. On sait aujourd'hui que le cœur de la cité s'élevait au sommet de la colline de Byrsa : vaste programme de construction commencé sous Auguste, agrandi par Antonin le Pieux en 155-156 et achevé par Marc Aurèle, ce qui fit de cette réalisation l'une des plus grandioses de l'empire. Il suffit d'évoquer la grandeur de la basilique judiciaire, longue de 84 mètres, large de 44 mètres, qui fermait du côté est l'esplanade du forum (elle n'offre plus aujourd'hui qu'un vaste terre-plein dans le jardin du musée).

En bas, sur la côte, dans l'îlot situé au milieu du bassin du port circulaire, une autre place, circulaire, elle aussi entourée d'un double portique, l'un tourné à l'intérieur, l'autre tourné à l'extérieur sur les quais, était le centre portuaire. On date l'aménagement de cette place et des portiques, ainsi que le réaménagement du bassin, du règne de l'empereur Commode qui avait créé la *Classis Commodiana* en 186, confirmant ainsi le rôle éminent du port de Carthage.

Ce sont là les deux principaux apports de la Campagne internationale de fouilles de Carthage pour la période romaine. Une autre découverte a trait à la période tardive.

Les envahisseurs successifs

Cadastrée, Carthage fut pendant longtemps une ville ouverte à la fois sur la mer par son port et sur son arrière-pays par les nombreuses routes qui y convergeaient.

Ce n'est qu'au début du Ve siècle que, sentant venir le danger barbare, elle se prémunit contre l'arrivée des envahisseurs en construisant à la hâte une muraille précédée d'un fossé qui fait le tour de l'agglomération.

Cette enceinte n'empêchera pas l'entrée des Vandales et leur installation dans la ville. De même qu'elle n'empêchera pas leur expulsion un siècle plus tard lors de la reconquête byzantine, ni la prise de la ville par les Arabes et son démantèlement en 698. Une muraille vaut ce que valent les hommes qui la défendent : celle de Carthage a donc disparu, démantelée pièce par pièce par le pillage et l'exploitation de ses matériaux, mais les archéologues ont retrouvé certaines traces de ses fondations : H. Hurst dans un grand sondage au sud de Salambô, Carandini et Wells le long de l'escarpement qui limite le quartier de l'Odéon.

Après un bref essor, marqué par la volonté de Byzance de conforter sa province reconquise, Carthage ne tarde pas à entrer en décadence. Délaissée par le pouvoir central préoccupé par sa propre survie, abandonnée progressivement par sa population dont l'aristocratie émigre, Carthage, affaiblie et dépeuplée, va être prise en 698 par le conquérant arabe Hassan Ibn Nôoman qui l'abandonnera au profit de Tunis. Désormais, l'antique Carthage va servir de carrière pour la nouvelle capitale de cette province de l'empire arabo-musulman naissant.

Perspectives d'avenir

Le développement économique introduit par le protectorat français et l'accroissement démographique qui s'ensuivit avaient déclenché l'expansion urbaine. C'est alors que cette zone de Carthage, jusque-là périphérique, se rapprocha de la nouvelle capitale, Tunis, et entra dans sa zone d'attraction. Le cardinal Lavigerie avait pris possession de toutes les hauteurs du site pour y édifier des monuments et des centres religieux. Visionnaire, il avait projeté de refonder la nouvelle capitale catholique du récent protectorat à l'emplacement de l'antique métropole africaine, punique, romaine et chrétienne. L'érection d'une immense cathédrale ainsi que d'un grand séminaire au sommet de Byrsa, haut lieu et centre géométrique de la presqu'île, devait être le cœur de cette résurrection. L'histoire en décida autrement. La nouvelle ville de Tunis s'étant établie au voisinage de la médina, le site de Carthage fut épargné. Mais la progression urbanistique constante de Tunis tout au long de ce siècle a fini par atteindre Carthage : elle n'est plus aujourd'hui qu'une des dix-neuf communes satellites d'une vaste banlieue et soumise à l'attraction et à la loi de Tunis. La confrontation entre la poussée urbaine et l'archéologie n'a donc pas été de tout repos. C'est au prix de nombreux faits accomplis et de dures concessions à la construction que l'on a pu constituer une zone archéologique *non aedificandi* : cette réserve doit constituer le futur parc archéologique de Carthage. Le site de Carthage figure depuis 1979 sur la liste du Patrimoine mondial établie par l'U.N.E.S.C.O. Après avoir fait l'objet d'une grande campagne internationale, il est désormais protégé de façon draconienne par la loi de classement nationale du 7 octobre 1985.

ABDEL MAJID ENNABLI

CHAPITRE V

LA SYRIE

La Syrie n'est pas entendue ici comme un État – ce qu'elle n'est devenue pour la première fois qu'en 312 avant J.-C., lorsque Séleucos, lieutenant d'Alexandre, fonda dans la vallée de l'Oronte le royaume de Syrie, avec Antioche pour capitale. Elle est considérée, d'un point de vue qui n'est pas celui de l'historien mais de l'archéologue, comme un ensemble géographique à l'articulation complexe et aux spécificités néanmoins très affirmées. Entre mer, montagnes et déserts s'est en effet formé au fil des siècles, pour reprendre la définition donnée par Jean-Pierre Callot, « un peuple syro-phénicien ayant une langue et une civilisation propres et se distinguant des peuples environnants, arabe, égyptien et anatolien ». C'est à la découverte de ce peuple que nous convient, en s'appuyant sur des recherches toujours en cours, les pages qui suivent.

J. B.

L'histoire des découvertes archéologiques de la Syrie n'est en rien comparable à celle des pays voisins. À une première et longue période marquée par l'indifférence des archéologues, beaucoup plus soucieux de confirmer les informations tirées de la Bible ou éblouis par les merveilleuses découvertes réalisées en Assyrie ou dans le pays sumérien, succède dans le courant du XXe siècle un vif intérêt pour l'archéologie syrienne, qui a provoqué depuis les années 1960 des fouilles de plus en plus nombreuses et surtout un renouvellement des problèmes. Malgré ce handicap de départ, la Syrie est devenue le point fort de la recherche archéologique au Proche-Orient, et les découvertes qui y ont été réalisées contribuent à une meilleure compréhension des civilisations voisines.

Les conditions géographiques ont leur part dans cette désaffection première. Les limites territoriales de la Syrie ne sont pas très faciles à préciser, sauf à l'ouest limité par la côte de la Méditerranée orientale ; la chaîne du Taurus au nord, une ligne verticale passant par le djebel Sindjar à l'est, et, vers le sud, les déserts qui prolongent ceux de l'Arabie, marquent les limites approximatives du domaine syrien. À l'intérieur de cet ensemble, il n'y a guère d'homogénéité, et là réside l'une des caractéristiques essentielles de ce pays ; en effet, au domaine côtier, typiquement méditerranéen, limité par les chaînes de l'Amanus, du mont Cassius et des Alaouites, succèdent des plaines plus ou moins marécageuses et des oasis nées des fleuves de l'Oronte (Ghab et plaine de l'Amuq) descendus de la Bekaa, ou du Barada (la Ghuta) ; à l'est, les larges étendues de la steppe syrienne, où viennent mourir les grands déserts méridionaux, sont limitées au nord par la région du massif calcaire, la région d'Alep, puis par l'ensemble formé par l'Euphrate et ses affluents, principalement le Balikh et le Khabur. De la juxtaposition de ces ensembles régionaux il résulte un compartimentage du pays en unités spécifiques, génératrices d'entités politiques fortement individualisées tout au long de l'histoire, situation peu favorable à la création d'un ensemble puissant et homogène. En outre, la position de la Syrie au contact de pays où se sont développés pendant l'Antiquité de grands empires (Anatolie, Mésopotamie, et, par-delà le Liban et la Palestine, l'Égypte) ne fait que souligner ce handicap. Ainsi, le contexte géographique, mais aussi les données économiques, les ambitions humaines ont fait de cette terre le point de rencontre, pacifique et guerrier à la fois et tour à tour, d'un grand nombre de civilisations de la Méditerranée orientale et du Proche-Orient. C'est là que résident la faiblesse politique mais aussi la force et la spécificité culturelle de ce pays.

1 L'évolution de la recherche archéologique

Les premiers pas

La recherche archéologique a commencé très tard en Syrie et les premières étapes se sont déroulées très lentement. La phase active a été précédée d'explorations conduites par des voyageurs curieux de l'Orient, qui eurent pour résultat de permettre la redécouverte de sites antiques oubliés. Ainsi J. L. Burckhardt (1784-1817), explorateur et ethnologue suisse, a contribué, grâce à la publication de ses notes de voyage, à la connaissance du Proche-Orient. Durant cette période et pour la plus grande partie du XIXe siècle, c'est l'intérêt pour la Bible qui est à l'origine de la connaissance du monde oriental : volonté souvent naïve de prouver la véracité des récits bibliques ou, plus simplement, avec E. Robinson dans ses *Recherches bibliques en Palestine* (1851), désir de retrouver et de consigner par écrit des témoignages de l'Antiquité biblique.

Dans la seconde moitié du XIXe siècle, la désaffection des archéologues vis-à-vis de la Syrie devient manifeste. Tandis que l'attention se concentre sur la Palestine (fondation du Palestine Exploration Found en 1862, fouilles entreprises à Jérusalem et sur plusieurs grands sites de Terre sainte, comme Lakish, Jéricho ou Megiddo), tandis que l'Assyrie est depuis 1842 - époque où P. E. Botta entama la fouille de Khorsabad - l'objet de toutes les attentions des archéologues, qui multiplient voyages, prospections, sondages et grandes fouilles, tandis que la Phénicie suscite l'intérêt, momentané il est vrai, des Français - lors de l'expédition dirigée par Ernest Renan en 1860 et des premières fouilles de Tyr, Sidon, Byblos et Amrit -, la Syrie paraît tout à fait délaissée ; on peut d'autant plus s'étonner de cette absence d'intérêt que nombre d'archéologues devaient traverser le pays et donc apercevoir ses monuments lorsqu'ils se rendaient sur les chantiers mésopotamiens.

C'est seulement vers la fin du XIXe siècle que quelques entreprises archéologiques furent engagées : une fouille de préreconnaissance à Carcémish en 1878, le début de l'exploration de Van Lushan à Sendjirli, l'ancienne Sam'al, en 1888, et le premier sondage à Tell Halaf, par von Oppenheim, en 1899. La redécouverte de la Syrie commençait ainsi par des vestiges du Ier millénaire conformément à toutes les grandes découvertes du XIXe siècle. Dans le même temps, on commence à s'intéresser aux grandes villes de l'époque classique : Melchior de Vogüé en 1853 et O. Puchstein firent connaître des inscriptions nouvelles de Palmyre, puis une mission allemande y commença des fouilles en 1902 et en 1917 ; les villages désertés de la région qui entoure Saint-Syméon attirent alors l'attention.

Le temps de l'exploration anarchique

Ainsi au début du XXe siècle la Syrie amorce son entrée dans le champ archéologique ; mais il faudra attendre la fin de la Première Guerre mondiale pour que l'on comprenne réellement l'intérêt que cette région de passage et de contacts pouvait offrir. Avec le mandat français, les entreprises archéologiques vont rapidement se multiplier : il est remarquable que presque toutes les régions, sauf celle de l'Euphrate, aient été affectées par cet engagement, comme si l'on voulait rattraper le temps perdu. Pourtant, on constate un certain désordre dans ces entreprises, où le hasard joue un rôle essentiel et non la définition d'un programme de recherche cohérent auquel, il est vrai, bien peu songeaient à l'époque. Il faut attendre les années 1970, marquées par la fouille de Tell Mardikh et par les premières conclusions de la campagne de sauvegarde des antiquités de l'Euphrate pour que prenne fin cette période d'exploration hasardeuse.

Certains chantiers ouverts avant la Première Guerre mondiale reprendront vie assez rapidement au lendemain du conflit, comme Carcémish, en 1920. Ce sont néanmoins les fouilles de la ville de Doura Europos, dont l'importance archéologique avait été constatée en 1920 - un trou de mitrailleuse avait permis de découvrir des peintures -, qui marquent symboliquement le début de la nouvelle période : d'abord sous la direction de F. Cumont, dix campagnes furent conduites jusqu'en 1937. Mais, une présentation chronologique des fouilles ne refléterait que le désordre des découvertes, et une présentation géographique des sites explorés a semblé préférable.

Curieusement, la côte méditerranéenne n'attira guère l'attention jusqu'à la découverte fortuite, à Minet-el-Beida, d'une tombe construite à proximité des monuments mycéniens et riche encore de son mobilier. La fouille engagée à cet emplacement par Claude Schaeffer, en 1929, se déplaça bientôt sur le tell voisin de Ras Shamra, siège de l'ancienne Ugarit ; depuis lors, le dégagement systématique du niveau de surface (Bronze récent) et l'étude stratigraphique des premières installations appartenant au Néolithique ont été poursuivis sous la direction de C. Schaeffer, puis sous celle de H. de Contenson, J. C. Margueron et M. Yon. Les tells plus méridionaux de Tell Sukas et Tell Kazel furent sondés respectivement en 1958 et en 1957. Quant aux sites de la seconde moitié du Ier millénaire, Amrit (l'ancienne Marathos), Jeblé (l'ancienne Gabala) et, sur le versant montagneux, Hosn Soleiman (Baetocécé), ils ont été, à la même époque, l'objet de reconnaissances, puis des relevés y furent entrepris.

De l'autre côté du relief côtier, le long du sillon nord-sud parallèle à la côte et plus particulièrement aux nœuds de relation avec les liaisons transversales, l'attention se fixe très vite ; Pézard engagea des fouilles en 1921-1922 à Tell Nébi-Mend, l'ancienne Qadesh, site célèbre pour la bataille qui y opposa les Égyptiens aux Hittites en 1285 avant J.-C. et qui marqua l'arrêt de l'expansion égyptienne ; mais la mort prématurée du fouilleur interrompit les travaux pour plus de cinquante ans. Du Mesnil du Buisson entreprit des sondages à Khan Sheikhoun puis des fouilles plus approfondies à Mishrifé, l'ancienne Qatna (en 1924, 1927, 1929). Mais ce sont surtout les fouilles conduites par Ingholt à Hama, de 1931 à 1938, qui marquèrent profondément l'exploration archéologique de cette région. Pratiquées avec rigueur, elles fournirent en effet la première séquence stratigraphique de la Syrie occidentale et donc le fil conducteur des recherches chronologiques à venir. Apamée, la célèbre ville fondée à l'époque séleucide, mais dont les restes actuels sont plus tardifs, fut l'objet des soins d'une mission belge à partir de 1930.

Au sud, les régions de Damas et du Hauran n'attirent guère l'attention à cette époque, alors que le nord est particulièrement à l'honneur : les ruines des villages antiques du massif calcaire (Bélus) et tout particulièrement le prestigieux centre de Saint-Syméon exercent un puissant attrait sur J. Lassus et G. Tchalenko qui, sous l'égide du Service des antiquités pendant la période du mandat français, puis de l'Institut français d'archéologie de Beyrouth à partir de 1945, entreprennent des relevés, des dégagements et des restaurations.

La plaine de l'Amuq, que traverse l'Oronte avant de se diriger vers la Méditerranée, fit l'objet d'une fouille stratigraphique systématique, extrêmement précieuse, de la part de l'université de Chicago, sous la direction de McEwan et de R. Braidwood ; Antioche, la capitale du Royaume séleucide fut étudiée par J. Lassus ; la séquence stratigraphique obtenue par l'étude de Çatal Hüyük, Jdaideh et Tell Taynat constitue le deuxième point d'ancrage de la chronologie de la Syrie occidentale, le premier étant celui d'Hama. En 1936, L. Woolley engagea aussi une fouille à Tell Atchana, qui permit de retrouver l'ancienne Alalakh : de très utiles renseignements sur le IIe millénaire furent ainsi obtenus, une fois redressées les erreurs d'interprétation portant sur la stratigraphie du site.

Plus à l'est, Palmyre et sa région ont exercé pour des raisons historiques, mais aussi du fait d'un cadre géographique exceptionnel, une étrange fascination sur les voyageurs, les explorateurs et les amateurs d'antiquités ; d'importants travaux de fouille, d'aménagement du site (par le déplacement du village moderne qui avait envahi les ruines antiques) et de restauration ont été menés à bien par une pléiade de savants, comme H. Seyrig, R. Amy, E. Will.

Vers le nord ce sont les zones de piémont, particulièrement aux endroits où les fleuves pénètrent dans le plateau syrien, qui ont vu les principaux travaux engagés : Carcémish a été étudiée en 1911-1914 et en 1920 par Hogarth et Lawrence ; à Tell Ahmar (Til Barsip) et Arslan Tash (Hadatu) ont été mis au jour deux palais de l'époque assyrienne par l'assyriologue français F. Thureau Dangin de 1928 à 1931. Aux sources du Khabur, la fouille de Tell Halaf engagée par von Oppenheim en 1911-1913 fut terminée en 1929. M. Mallowan s'installe dans la région entre 1935 et 1939 pour fouiller Chagar Bazar et Tell Brak ; il fournit ainsi les premières indications sur l'avancée de la civilisation sumérienne dans ces régions au IIIe millénaire.

Pour terminer cet inventaire des principaux sites fouillés pendant cette période, il faut se porter très à l'est ; à la suite de la découverte fortuite d'une grande statue de facture sumérienne, André Parrot engagea en décembre 1933, à proximité de la frontière irakienne, la fouille de Tell Hariri qui recouvrait les ruines de Mari, célèbre cité qui apparaissait dans les listes royales sumériennes. Mise au jour qui marqua d'une pierre blanche cette phase de la recherche archéologique en Syrie.

Cette longue énumération des sites dont l'exploration a été amorcée et parfois poursuivie tout au long de cette période est loin d'être complète. Pourtant, l'évolution de l'exploration de la Syrie est le fruit du hasard dans le plus grand nombre des actions engagées. L'information historique obtenue a donc été discontinue et déséquilibrée. Un exemple en rendra compte : une carte de répartition des sites fouillés jusqu'à la fin de cette époque, soit vers 1965, montre un vide étonnant tout au long de l'Euphrate, depuis Til Barsip jusqu'à Mari, soit sur près de 500 kilomètres (à l'exception d'un sondage sans suite à Meskéné-Balis, d'un autre à Terqa-Ashara et d'une fouille plus poussée dans la chrétienne Sergiopolis - l'actuelle Résafé -, située à l'écart de la voie fluviale.

Or, de toute évidence, la vallée de l'Euphrate est une zone essentielle pour la compréhension des phénomènes historiques du Proche-Orient.

Mais on ne doit pas sous-estimer la quantité et la qualité des informations recueillies pendant cette période : si le tableau n'était ni toujours très clair, ni très cohérent, s'il ne permettait pas de comprendre le jeu des forces qui se sont exercées au Proche-Orient, il permettait de raisonner sur des bases saines pour comprendre dans quelles directions il était nécessaire d'engager la suite de la recherche archéologique.

Le tournant

Le choix par P. Matthiae du site vierge de Tell Mardikh à quelque 70 kilomètres au sud d'Alep pour y entreprendre de nouvelles recherches en 1965 a été la conséquence d'une réflexion historique portant sur les conditions de l'urbanisation de la Syrie : elle a inauguré une nouvelle phase de l'exploration archéologique de ce pays ; une telle approche scientifique ne condamne pas les découvertes accidentelles, ni le fait que l'une d'elles puisse entraîner une recherche plus poussée, mais cela met bien en valeur le fait que l'archéologie syrienne sortait de l'enfance. Des résultats importants n'y furent pourtant obtenus que neuf années après le début de l'exploration, en 1974, quand les premiers textes de l'époque akkadienne (env. 2 400 av. J.-C.) apparurent et confirmèrent la justesse des analyses préalables.

Cependant, c'est une grande opération de sauvetage entreprise en 1969 par l'État syrien qui, avec la fouille de Tell Mardikh, allait inaugurer une ère nouvelle pour l'archéologie syrienne. L'entreprise de sauvetage des antiquités de l'Euphrate, la première du genre en Syrie, se déroula à un rythme qui alla en s'accélérant ; dans la grande boucle de l'Euphrate, là où le fleuve, après avoir longtemps hésité, opte définitivement pour un cheminement en direction du golfe Persique, un barrage devait être édifié à Tabqa et un lac d'une centaine de kilomètres de longueur et de plus d'une dizaine de largeur allait recouvrir la vallée qu'empruntaient depuis des temps immémoriaux les voyageurs qui se rendaient en Mésopotamie ; des dizaines de tells allaient être irrémédiablement engloutis. Aussi le gouvernement syrien entreprit-il des travaux de sauvetage et fit-il appel à des missions étrangères pour sauver le plus grand nombre de sites. En un temps très bref, de 1968 à 1975, quelque vingt-cinq missions archéologiques syriennes, françaises, allemandes, anglaises, hollandaises, américaines, italienne, suisse et belge ont sondé systématiquement le pays. On ne peut en quelques lignes faire le bilan de cette recherche ; retenons surtout qu'elle a mis en évidence une occupation très ancienne, dont la permanence n'est pas exempte de fluctuations. Il ressort aussi que les cités sont puissantes lors des moments de grande intensité des échanges entre la Mésopotamie et la Syrie. En effet, les marchandises déchargées des caravanes pour être embarquées sur l'Euphrate, ou vice versa, faisaient des ports où s'effectuaient ces transferts de grands centres commerciaux. Mureybet et Abu Hureira ont révélé l'importance de l'implantation néolithique et ses rapports avec le processus de néolithisation, si important au Proche-Orient. Les sites d'Habuba Kabira, de Tell Kannas et de Djebel Aruda ont permis de découvrir une installation sumérienne particulièrement vigoureuse puisqu'elle s'est traduite par la création d'une ville neuve à Habuba. Les sites de Souheyat, Hadidi, Moumbaqat, Salenkayihé, Meskéné, Tell Faq'ous et Tell Fray ont montré la richesse de la vallée et la continuité de l'occupation tout au long de l'Âge du bronze, ainsi que l'importance que les rois hittites accordèrent à cette province du XIVe au début du XIIe siècle avant J.-C. en y construisant la ville neuve d'Emar et la citadelle d'Astata, qui la protégeait. Après une étrange lacune au Ier millénaire (s'agit-il d'une désertion momentanée de la région peut-être liée à une modification des circuits économiques ou d'un simple hasard de la fouille ?), à l'époque romaine l'implantation se refait plus dense, et Dibsi Faradj - peut-être l'ancienne Neocaesareia -, Barbalissos, à l'emplacement de l'ancienne Emar, ainsi que de très nombreuses sépultures creusées dans les falaises ou sur les tells montrent le rôle de l'Euphrate comme point d'ancrage de l'implantation romaine.

Le mérite de cette extraordinaire campagne de sauvetage a été de faire prendre conscience que la recherche archéologique avait jusqu'à ce jour sous-évalué notre ignorance de l'Antiquité sumérienne et des forces qui se sont affrontées dans cette région à l'Âge du bronze.

Le grand essor

Les premiers résultats de cette campagne de sauvegarde et l'extraordinaire découverte des archives économiques d'Ebla en 1974-1975, qui fit apparaître la Syrie comme un des grands centres du Bronze ancien, ont attiré brutalement l'attention du monde scientifique sur le pays. La Syrie est devenue depuis cette date l'une des terres où la recherche archéologique est la plus dense. Le signe le plus manifeste de cet essor est donné par le grand nombre de *surveys* (prospection de surface) organisés depuis les années 1970, comme celui réalisé par l'équipe de l'Atlas historique de Tübingen dans la vallée du Khabur ou ceux qu'une équipe pluridisciplinaire du C.N.R.S., comprenant des géomorphologues et des préhistoriens, accomplit dans le Ghab, le Nahr-el-Kébir et dans la vallée de l'Euphrate (P. Sanlaville et F. Hours).

Ici encore, une analyse région par région permettra de mieux saisir l'intensification des recherches.

Sur la côte méditerranéenne, c'est la région d'Ugarit qui concentre l'attention ; un programme d'étude qui met l'accent sur la vie quotidienne d'une cité méditerranéenne au Bronze récent a été engagé. À quelques kilomètres plus au sud, à Ras Ibn Hani, une découverte accidentelle a permis à une équipe franco-syrienne (A. Bounni et J. Lagarce) de mettre au jour une cité qui appartenait à la sphère d'influence d'Ugarit. À l'époque hellénistique, le cap fut occupé par une cité dont seules les fondations d'une belle muraille ont subsisté (P. Leriche) : la rareté des monuments syriens de cette époque rend cette découverte très précieuse. À une quarantaine de kilomètres vers le nord, P. Courbin a engagé la fouille de Tell Bassit, l'antique Posidion, mettant au jour des niveaux de l'Âge du fer, encore assez mal représenté, et des niveaux du Bronze récent.

De l'autre côté de la chaîne côtière, le chantier d'Apamée a été remis en route par la mission belge (J.-C. Balty) qui a aussi engagé des recherches préhistoriques à Qalaat el Moudijk. À Tell Nebi Mend, l'exploration du site a pu reprendre, ainsi que l'étude du site voisin d'Argion (ép. d'Halaf, VIIe-VIe millénaire). Mais c'est bien entendu Tell Mardikh qui concentre l'intérêt avec la poursuite du dégagement du palais aux archives daté du XXIVe siècle et la découverte de tombes royales datées du Bronze moyen. Afin d'étudier de façon plus précise la région dominée par Ebla, P. Matthiae a engagé des sondages dans des tells proches, comme Tell Touqan ou Tell Afis.

Le secteur de Damas reste assez peu touché par ce grand essor. En revanche, plus au sud, Bosra et le Hauran ont vu se développer d'actives recherches concernant surtout le processus de romanisation (J.-M. Dentzer et R. Donceel).

Au nord, l'étude des sites romains et byzantins du Massif Calcaire a été reprise par J.-P. Sodini et G. Gate.

Dans la steppe syrienne, tandis que les fouilles et les restaurations se poursuivaient à Palmyre, l'attention s'est fixée sur l'oasis d'El Kowm où une équipe de préhistoriens, sous la direction de J. Cauvin, a engagé un vaste programme d'étude des hommes du Paléolithique et du Néolithique dans un site exceptionnel par son étendue et par la diversité des dépôts.

Ce sont surtout la vallée de l'Euphrate et celles de ses affluents qui fournissent les découvertes de la fin des années 1970 : le Tell Abu Danné et Oum el Marra, sur la route qui joint Alep à l'Euphrate, ont été sondés. Dans la région du nouveau lac el Assad, des fouilles entreprises à Halawa ont révélé des quartiers d'habitation et des restes de peintures murales. Des recherches ont été reprises à Mumbaqat, à Résafé et, au débouché du Balikh, la fouille du Tell Bi'a, identifié avec la ville de Tuttul mentionnées dans les textes de Mari, a été engagée. Un peu au-delà de la ville moderne de Deir ez-Zor la fouille de Bouqras a permis de retrouver le plan d'un village de la fin du VIIe millénaire ; des peintures murales représentant des autruches ornaient certains des murs des maisons qui ont un plan complexe. En remontant la vallée du Khabur, la mise en exploitation du Tell Sheikh Hamad, l'ancienne Dur Katlimmu, a permis de mettre au jour plusieurs salles d'un monument contenant des archives médio-assyriennes (env. trois cents textes) datées des règnes de Tukulti-Ninurta I et Salmanasar I ainsi que la ville néo-assyrienne au pied du tell médio-assyrien. Plus au nord, le long de Djaghdjagh, le Tell Barri a été choisi par une équipe italienne (P. Pecorella) car il contiendrait les ruines de l'ancienne Kahat, connue par les textes de Mari. À Tell Brak, la reprise des fouilles par J. et D. Oates s'est plus particulièrement attachée à définir les niveaux du IIIe millénaire. Enfin au nord-est, le très imposant Tell Leilan a fourni une séquence stratigraphique débutant au VIe millénaire et se poursuivant jusqu'au début du IIe ; on y a dégagé aussi un grand temple, qui contenait des tablettes. En revenant vers l'Euphrate on trouve, une quarantaine de kilomètres après le confluent du Khabur, Terqa, l'ancienne Ashara, capitale du royaume de Khana, où les fouilles, dirigées par G. Buccellati, ont porté sur le système de défense du IIIe millénaire et sur le niveau d'occupation du milieu du IIe, qui a fourni un temple et des documents écrits. On arrive ainsi à Mari, où les fouilles de l'équipe de J.-C. Margueron visent à définir ce qu'était une capitale du moyen Euphrate au IIIe millénaire et la nature de ses liens avec les cités et les civilisations environnantes.

Les orientations récentes

À la suite du grand essor archéologique de la période 1965-1980, on observe au cours des années 1980 une intensification et une diversification des recherches. En effet l'importance des dernières découvertes fit comprendre qu'il y avait encore beaucoup à explorer dans les tells syriens et qu'un renouvellement de la problématique était indispensable. À ce premier facteur est venu s'ajouter une conjoncture politique favorable aux fouilles en Syrie en raison du calme qui y régnait, alors que le Liban, l'Iran, l'Afghanistan et l'Irak connaissaient des troubles graves remettant en cause la présence de missions archéologiques. Enfin un troisième élément favorable est la poursuite de la mise en valeur économique du pays par l'aménagement du réseau hydrographique destiné à l'irrigation ; ainsi la vallée du Khabur a fait l'objet de prospections intensives suivies d'explorations aussi systématiques que possible jusqu'au début du remplissage du lac durant l'hiver 1996-1997. D'autres fouilles de sauvetage ont eu lieu dans la plaine du Khabur où plusieurs petits lacs sont en cours d'aménagement (barrage de Hassakeh), mais les grandes fouilles ont été ici plutôt commandées par la richesse en tells de ce secteur, richesse qui s'explique par la position de cette région située entre les montagnes du Taurus et les steppes syriennes, traversée par l'Euphrate, dans une zone où le volume des pluies annuelles permettait une agriculture sans irrigation. Une troisième grande campagne de sauvetage a été entreprise, en 1991-1992, dans la section supérieure de l'Euphrate où un nouveau lac, dénommé Tishrin, est en cours d'aménagement entre le lac el Assad et la frontière syro-turque.

Ainsi, cette dernière période (des années 1980 et 1990) où foisonnent les recherches, se distingue des précédentes par quelques traits qui lui confèrent son originalité.

C'est tout d'abord un accroissement considérable des prospections et des explorations de surface conduites par des équipes pluridisciplinaires. Au nombre des prospections les plus importantes on peut citer certaines sections des vallées de l'Euphrate (du site d'Halébiyé à la cité de Mari) et de quelques-uns de ses affluents comme la vallée du Khabur ou le Sajour ; en outre les marges septentrionales du piémont du Taurus, – la plaine du Khabur par exemple –, et la steppe qui s'étend à l'Est de la vallée de l'Oronte viennent d'être très soigneusement prospectés ou sont en cours d'étude.

Nombre des sites explorés depuis de longues années ont vu se poursuivre l'activité des archéologues : Ras Shamra-Ugarit, Ibn Hani, Apamée, Ebla, Bosra, le Hauran, la région du Massif Calcaire, Saint-Syméon, le site de Mumbaqat, El Kowm, Tell Chuera, Tell Sheikh Hamad, Tell Brak, Tell Bari, Mari enfin.

Mais les tells nouvellement ouverts ou réouverts hors des zones de sauvetage sont nombreux et certains se sont révélés de première importance. Dans le Hauran des sites de l'Âge du bronze (Khirbet el Umbashi) sont étudiés. Dans la Syrie intérieure, la reprise des fouilles sur le site de Mishrifé, l'antique Qatna, face à la trouée d'Homs est une promesse de découvertes importantes. Sur l'Euphrate les fouilles ont repris à Doura Europos ainsi que la mise en œuvre de travaux de restauration. C'est cependant la plaine du Khabur qui apparaît comme le lieu privilégié des opérations nouvelles : des recherches régulières y ont été engagées sur les sites de Tell Leilan (siège de Shubat-Enlil capitale du royaume de Haute Mésopotamie au début du IIe millénaire), de Tell Mozan (ville du royaume hourrite connue sous le nom d'Urkish au IIe millénaire) et Tell Beidar.

C'est aussi au chapitre des nouvelles fouilles qu'il faut ranger les dernières recherches portant sur le Paléolithique et qui ont été marquées par la découverte d'un Néandertalien dans la grotte de Dederiyeh près d'Afrin et celle, encore plus exceptionnelle, d'un pariétal d'*Homo erectus* datant d'environ 450 000 ans trouvé à Nadaouiyeh dans la cuvette d'El Kowm en plein désert syrien.

Le premier domaine des fouilles de sauvetage se trouve dans la vallée du Khabur : là, sur la trentaine de kilomètres du futur lac, une vingtaine de sites ont été systématiquement étudiés avant la mise en eau. Aucun n'a livré les vestiges d'une illustre capitale antique mais l'ensemble des fouilles donne une image très précise de l'histoire et des rôles successivement tenus par cet affluent de l'Euphrate depuis le Néolithique.

La seconde opération de sauvetage, dont l'achèvement devait survenir en 1997, a été entreprise à l'entrée de l'Euphrate en Syrie, en amont du lac el-Assad. Ici c'est la fonction de l'artère maîtresse de la Syrie au cours de l'histoire antique qui fait l'objet des fouilles d'urgence conduites sur une vingtaine de sites menacés de disparition, dont certains furent de véritables capitales régionales comme Tell Ahmar (Til Barsip à l'époque de l'Empire assyrien) ou Djebel Khaled (époque gréco-romaine). En tout état de cause, la submersion de la vallée masquant, sinon détruisant toutes les traces à peine effleurées par les fouilles des anciennes installations, ne peut être ressentie par les archéologues que comme une catastrophe. Là étaient rassemblés en effet dans un espace restreint les débuts de la sédentarisation et du Néolithique, dont les étapes sont ici essentielles pour l'intelligence du phénomène (Tell Qara Quzaq et surtout Jerf el Ahmar), celles de l'expansion de la civilisation d'Uruk, du développement à l'époque des Dynasties archaïques et du développement commercial à l'Âge du bronze.

Au total cependant, grâce à une intense activité archéologique menée depuis 1965, la Syrie a largement rattrapé le retard qui la caractérisait au début des années 1960 ; elle occupe désormais une position phare dans le domaine de l'archéologie proche-orientale, favorisée par sa situation, au croisement des recherches conduites de la Méditerranée à l'Asie centrale et jusque dans les pays de l'océan Indien.

2 Principaux résultats et problèmes

Grâce aux découvertes archéologiques, il est possible de présenter un panorama de l'histoire syrienne depuis les origines jusqu'au christianisme, même si certaines zones sont encore un peu floues et si de nombreux problèmes subsistent.

Le Paléolithique

L'existence d'un Paléolithique de tout premier intérêt est une découverte récente (1993) qui apporte un maillon manquant dans la chaîne de l'évolution humaine. Les plus anciennes traces d'une présence humaine, il y a quelque 800 000 ans, ont été observées dans la vallée du Nahr el Kébir, mais la fouille du site de Nadaouiyeh par l'équipe suisse dirigée par Jean-Marie Le Tensorer, dans la cuvette d'El Kowm, qui offre une séquence de plusieurs centaines de milliers d'années dans le contexte écologique d'une source en zone steppique, a livré (1996) le pariétal gauche d'un *Homo erectus* qui gisait dans une couche datée de 450 000 ans environ. La découverte est d'autant plus importante que les traits morphologiques de ce fragment de crâne conduiraient, selon les paléontologues, à le dater d'1 200 000 ans. Quoi qu'il en soit, il s'agit du plus ancien vestige d'un *Homo erectus* sorti d'Afrique et vivant dans ce Proche-Orient qui joue déjà un rôle de pivot ou de point de rencontre entre l'Afrique - terre d'origine de l'homme - d'une part, et l'Asie et l'Europe d'autre part où les ont conduits les migrations : la Syrie était un point de passage obligé. Le Néandertalien trouvé dans une sépulture (grotte de Dederiyeh près d'Afrin) nous ramène au Levalloiso-Moustérien vers 60 000 ans et fournit une documentation entièrement nouvelle sur une période mal connue de l'évolution du Paléolithique moyen.

Ces grandes découvertes viennent de donner à la Syrie la place de premier plan, qui devait naturellement lui revenir du fait de sa position géographique, dans l'évolution du Paléolithique.

Le Néolithique

La Syrie appartient, au Néolithique, à une vaste communauté qui couvre une partie du Croissant fertile. Après la fin du Paléolithique supérieur, ou kébarien, la culture natoufienne (XVe-XIIIe millénaire) voit, avec les premiers villages, s'engager le processus de sédentarisation, qui est un des éléments de la néolithisation du Proche-Orient. L'établissement progressif d'une économie de subsistance à la place des techniques de chasse et de cueillette aboutit à la fin du VIIe millénaire à la création de véritables villages d'agriculteurs : Mureybet et Abu Houreira sur l'Euphrate montrent les étapes de cette transformation, mais aussi Ras Shamra sur la côte, Ramad au pied de l'Hermon et Bouqras aux portes de la Mésopotamie ; dans tous ces sites, l'évolution de l'architecture est l'indice d'une modification profonde des activités et des besoins. À Bouqras on assiste à la progression de l'implantation des hommes en milieu semi-aride et peut-être aux débuts de la domestication de l'eau, affaire si importante qu'elle conditionnera tout l'avenir du Proche-Orient en donnant pour des millénaires la suprématie aux communautés de Mésopotamie qui sauront la régler. Il n'est certes pas certain que les habitants de Bouqras se soient déjà engagés dans cette voie, mais la nature de leur installation dans ce milieu peu favorable à une communauté agricole en raison de la faiblesse des précipitations permet de poser le problème. Les sites de la plaine de l'Amuq, ceux de la vallée supérieure de l'Euphrate, Ras Shamra, Leilan, Tell Argiun, Tell Assouad et El Kowm montrent que les civilisations néolithiques continuent de se développer en Syrie, sans toutefois suivre le même mouvement qu'en Mésopotamie parce qu'elles n'ont pas su résoudre les problèmes qui risquaient d'entraîner la sclérose des sociétés villageoises ou qu'elles n'en ont pas eu les moyens. Mais elles ont aussi ouvert des voies nouvelles dans lesquelles s'inscrit le développement qui conduit à l'histoire. C'est d'abord, à El Kowm, dans le courant du VIIe millénaire que l'on observe la mise en œuvre de la maison au plan tripartite qui deviendra dans l'ensemble du Proche-Orient le plan de référence de l'architecture monumentale des époques d'Obeid, d'Uruk et des débuts de l'Âge du bronze. Mais c'est surtout la découverte par D. Stordeur (1995-1996) à Jerf el Ahmar sur l'Euphrate, dans un niveau du IXe millénaire, de galets décorés de motifs gravés animaliers (quadrupède, rapace, serpent) ou abstraits (cercle, triangle, pointe de flèche...). Il est impossible de donner un sens global à ces pictogrammes, mais le fait remarquable est que l'on peut y reconnaître un répertoire de symboles compréhensibles par des initiés ; on est très loin encore de l'écriture, mais les bases d'une transmission matérielle de la pensée se mettent alors en place. De nouvelles fouilles préciseront sans doute dans un proche avenir les conditions de la vie en Syrie entre le VIIe et le IVe millénaire.

L'époque d'Uruk

L'évolution différente de la Syrie et de la Mésopotamie méridionale à la fin du Néolithique ressort clairement de la découverte d'une installation sumérienne à Habuba et à Aruda, datée de la fin du IVe millénaire. Le fait de retrouver des maisons pratiquement identiques à celles du bas pays sumérien, des temples organisés selon le même principe, de la céramique très voisine, des empreintes de sceaux sur bulle d'argile et le même matériel de comptabilité pourrait laisser songer à une simple influence de Sumer sur la Syrie du Nord, mais la présence d'un seul niveau, l'organisation de la voirie, l'existence d'une enceinte qui bloque la ville contre le fleuve, le choix du site à l'endroit même où le cours du fleuve pénètre le plus profondément à l'intérieur du territoire syrien, tout montre qu'il s'agit de l'importation brutale d'un ensemble cohérent de faits appartenant à une même civilisation qui ne peut être que celle d'Uruk. Il s'agit donc selon toute vraisemblance d'un phénomène de colonisation, signe d'un déséquilibre réel entre les deux régions, comme le laissent entendre les autres fouilles ; plutôt qu'un simple désir d'expansion des Sumériens, il convient d'y voir une nécessité pour Uruk d'établir une liaison économique sûre avec la Syrie. Que pouvaient alors chercher les habitants d'Uruk à plus de 1 200 kilomètres de leurs bases ? La réponse est simple : le bois et peut-être certaines pierres, qui faisaient totalement défaut en pays sumérien et dont on ne pouvait jamais totalement se passer dans une cité de l'importance d'Uruk. Et, pour leur approvisionnement, pouvaient-ils choisir mieux que l'axe de l'Euphrate sur lequel il était relativement facile de convoyer des matériaux pondéreux que l'on trouvait en grande quantité en Syrie du Nord ? Habuba apparaît ainsi, à notre connaissance, comme une implantation de la civilisation sumérienne en expansion pour satisfaire des besoins économiques de première nécessité. C'est aussi la première fois que nous avons la preuve du rôle de l'Euphrate comme axe économique dans l'Antiquité. La découverte d'Habuba est donc fondamentale car, au-delà de la preuve nouvelle qu'elle apporte, s'il en était besoin, du dynamisme de Sumer, elle montre l'émergence de la Syrie dans les relations internationales.

Le IIIe millénaire

Après Habuba, la documentation est assez lacunaire pour la première moitié du IIIe millénaire ; néanmoins, les découvertes des années 1970 ont brutalement placé sur le devant de la scène l'époque du milieu du Bronze ancien, c'est-à-dire de la fin des dynasties archaïques et de l'époque d'Agadé. On savait déjà que Mari, située sur l'Euphrate, aux portes de la Mésopotamie, avait développé une civilisation particulièrement brillante. La nouveauté réside dans ce que la Syrie occidentale apparaît au même moment comme le siège d'un puissant royaume, Ebla, qui ne le cédait en rien aux royaumes de Sumer et d'Akkad. Le palais d'Ebla, qui n'est encore que partiellement dégagé, avec son escalier et sa cour d'honneur, sa cour d'audience, l'emplacement du trône, ses réserves d'archives, est de toute évidence un centre de première importance. Si Ebla était alors la plus grande cité syrienne d'alors, ce dont nous ne pouvons être assurés, elle n'était en tout cas pas la seule, et l'on peut penser que le phénomène de l'urbanisation avait affecté toute la région. Les cités mentionnées dans les archives le prouvent, mais aussi la très belle muraille repérée à Tell Abu Danné ou, dans le Khabur, les cités de Tell Chuera, de Tell Beidar et de Tell Brak. Il semble donc que les Sumériens établis à Habuba à la fin du IVe millénaire ont lancé la Syrie sur la voie du développement économique en l'intégrant dans un système d'échanges complémentaires. La première moitié du IIIe millénaire avait sans doute été occupée à la maturation du milieu syrien et, lorsque les archives d'Ebla apparaissent, on peut penser que la Syrie a accompli sa mutation. Il faut insister sur le fait que ce développement a été sinon permis du moins grandement facilité par la présence de l'Euphrate : le fleuve est devenu l'artère vitale dans un système d'échanges qui était la base de la vie des royaumes du Proche-Orient. Dans ce contexte, Mari se comprend beaucoup mieux : en effet, la célèbre cité n'apparaît plus comme un point avancé de la civilisation sumérienne, sorte de bastion dont on ne saisissait pas très bien les conditions d'existence, mais comme une ville qui s'est établie sur un axe de passage reliant la Mésopotamie, Khabur et la Syrie occidentale afin de prélever des péages sur le transit des marchandises. La richesse et la puissance de Mari sont donc à la mesure de l'intensité des échanges qui passaient par son territoire.

Le IIe millénaire

La brillante émergence d'Ebla scelle pour longtemps le destin de la Syrie. Avec au sud l'Égypte, à l'occasion expansionniste, au nord le pays anatolien, où se met en place la puissance hittite, à l'est la Mésopotamie toujours vigoureuse, la région syrienne devient le champ clos des rivalités de ces puissances. Les diversités régionales, ajoutées à la large ouverture sur la Méditerranée, empêchent la constitution d'ensembles homogènes, provoquent la diversité des royaumes tiraillés entre des tendances contradictoires et favorisent non seulement les entreprises politiques ou militaires extérieures, mais aussi la pénétration d'influences multiples. Alors qu'au IIIe millénaire incitation politique et expression artistique nous ramènent toujours vers la Mésopotamie, au IIe millénaire on est constamment obligé de chercher à démêler l'écheveau très embrouillé de toutes les influences qui masquent une originalité pourtant réelle sur de nombreux points. Les fouilles des années 1970 ont montré qu'il est vain de présenter en quelques lignes l'évolution de la situation syrienne au IIe millénaire, en raison de la diversité des cas ; on peut seulement insister sur le fait que les cités, continuellement fécondées par des influences extérieures, atteignent un remarquable niveau de développement et de raffinement. La brillante civilisation du Bronze récent, dont rendent compte une cité côtière comme Ugarit ou une ville neuve comme Emar, protégée par la citadelle d'Astata, pures créations de la domination hittite, témoigne de l'un des sommets atteints par l'Antiquité proche-orientale. La civilisation du Bronze récent qui s'effondre peu après 1 200 dans des conditions qui ne sont toujours pas éclaircies est sans doute celle qui caractérise le mieux la Syrie, mais son originalité est trop souvent limitée ou masquée par les emprunts extérieurs.

Le Ier millénaire et les débuts du christianisme

À la fin du IIe millénaire renaissent des cités et des royaumes qui seront de nouveau l'objet des ambitions de puissants voisins ; Carcémish, Sam'al, Guzana, Alep, Damas et tant d'autres lutteront pour préserver leur indépendance ou entreront dans des alliances momentanées pour retarder l'échéance de l'assujettissement. Les grands empires assyrien, babylonien et perse dominèrent à tour de rôle la région ; ils n'empêchèrent pas une certaine originalité syrienne de se manifester, mais celle-ci a cependant eu beaucoup moins l'occasion de s'épanouir. Les fouilles archéologiques menées depuis les années 1970 n'ont pas beaucoup renouvelé nos connaissances sur cette période. Il en va d'ailleurs de même pour la période classique et pour la période byzantine, à l'exception des travaux réalisés dans le Massif Calcaire ou dans le Hauran, qui permettent de bien préciser les conditions de la romanisation de ces régions. Désormais, les influences dominantes ne proviennent plus de l'est ou simplement du Proche-Orient, mais bien de cette Méditerranée que l'Orient avait si longtemps fécondée. Avec Alexandre, puis avec l'époque greco-romaine, c'est l'Occident qui devient l'élément moteur. Ce gigantesque retour de balancier opère une transformation en profondeur dans le pays syrien, et si l'Orient est toujours présent tant dans les formes de la politique que dans les réalisations urbaines, l'art trouve des maîtres dans l'hellénisme triomphant puis dans le modèle romain. Le christianisme marqua enfin de son empreinte toute la région, jusqu'au déferlement de l'islam qui mit un terme à cette période occidentalisante de la Syrie.

Les travaux archéologiques menés depuis 1970 ont ainsi profondément transformé notre connaissance de l'histoire de la Syrie et de son rôle dans l'Antiquité. Il est exemplaire que les gains aient porté sur ce domaine et pas seulement sur celui de l'art ; c'est là sans doute l'un des signes les plus tangibles de cette transformation en profondeur des objectifs de la recherche archéologique. Grâce à elle, la Syrie devient l'un des grands foyers de l'histoire de l'humanité dès la préhistoire à l'égal des grands royaumes mésopotamiens. Peu de pays ont connu en si peu de temps une telle réhabilitation.

JEAN-CLAUDE MARGUERON

Pièces jointes

MARI

La mise au jour de la ville de Mari, dans l'est de la Syrie actuelle, est un temps fort de la recherche archéologique conduite depuis un siècle et demi dans le bassin syro-mésopotamien. Son urbanisme, ses monuments, ses œuvres d'art et ses archives font de la cité mésopotamienne, véritable site de référence pour toute étude portant sur cette période, une pièce maîtresse de notre connaissance du IIIe millénaire et du début du IIe au Proche-Orient.

Au cours de sa brève histoire - à peine plus de mille ans -, Mari a exercé un contrôle fructueux sur l'immense trafic reliant deux régions d'économie complémentaire ; mais les fluctuations économiques et historiques au IIIe millénaire ont scindé son histoire en trois grandes séquences très différentes les unes des autres, séquences révélatrices de contextes géopolitiques spécifiques. Que les échanges aient été pacifiques ou guerriers - la conquête et la formation d'empires est aussi une façon de résoudre les problèmes économiques - Mari s'est toujours trouvée à la charnière des trois pôles qui ont structuré le monde syro-mésopotamien des premières cités. Lorsque les circonstances étaient favorables et les échanges actifs, Mari contrôlait le commerce et s'enrichissait ; lorsque les échanges marquaient le pas parce que l'un des trois pôles était en crise, les deux autres entraient à leur tour en récession, et Mari, perdant ses ressources en même temps que sa raison d'être, connaissait une phase d'abandon ; puis elle finit par disparaître.

Les fouilles récentes ont mis en évidence l'existence à Mari de phases d'atonie (fin de l'époque d'Agadé et début des *Shakkanakku*) et même d'abandon (fin du Dynastique archaïque II-courant du Dynastique archaïque III, probablement). Comme celles-ci ne peuvent se comprendre que dans un cadre général, il faut les replacer dans le contexte politique de l'ensemble du Proche-Orient ; si un affaiblissement des relations se comprend aisément dans le contexte qui voit la disparition de l'empire d'Agadé sous les coups des Guti et dans le marasme qui, selon la liste royale, suivit leur arrivée, il faut prendre conscience que les autres moments dont rend compte l'histoire urbaine de Mari, et en particulier la lacune du Dynastique archaïque III, doivent correspondre à des phases de troubles graves dans les relations entre la Syrie et la Mésopotamie, dont l'histoire, elle, ne rend pas encore compte.

C'est donc un champ de recherches nouvelles qui s'ouvre aux archéologues si l'on admet que les données archéologiques peuvent correspondre à des faits historiques qu'il convient de retrouver.

Après trente et une campagnes de fouilles conduites sur le tell Hariri depuis 1933 et grâce à la découverte d'Ebla et de ses archives datant du IIIe millénaire, grâce aussi aux recherches passées et en cours le long de l'Euphrate, dans la plaine et dans la vallée du Khabur, Mari est le site de référence qui doit permettre de mieux comprendre les aspects fondamentaux du IIIe millénaire syro-mésopotamien.

Le contexte géographique

Le tell Hariri, où se trouvent les ruines de Mari, est situé dans la vallée de l'Euphrate à une quinzaine de kilomètres de la frontière syro-irakienne, Mari ayant été édifiée sur la terrasse holocène de la rive droite de l'Euphrate, à quelque 2 à 3 kilomètres du fleuve.

Grâce au tracé de l'Euphrate et de ses affluents, la ville était située à la charnière des trois grandes régions qui constituent le Proche-Orient :
- la Mésopotamie centrale et méridionale, avec en arrière-plan l'Iran et le golfe Persique ;
- la Syrie septentrionale avec le Khabur et le piémont du Taurus, ensemble qui s'ancre profondément dans l'univers anatolien ;
- la Syrie occidentale enfin, qui, grâce à l'Euphrate et au carrefour formé par Alep, offre une ouverture sur le monde méditerranéen, sur l'Anatolie et sur la Syrie méridionale menant à la Palestine et, par-delà, vers l'Égypte ; cette dernière reste d'accès difficile en raison de l'obstacle que représente le désert du Sinaï, situé entre la Palestine méridionale et la région du delta du Nil.

Ainsi Mari, installée en milieu subdésertique, mais étroitement associée à une portion du fleuve, fil ténu unissant de manière fragile à la plaine centrale de Mésopotamie collines, piémont, montagnes et vallées du nord et du nord-ouest, apparaît-elle comme un cas particulier dans la typologie fonctionnelle des cités du Proche-Orient. C'est donc un faisceau de relations, reposant sur une organisation géographique spécifique, qui s'est mis en place bien avant la fondation de la ville, et que les recherches archéologiques sont en train de faire renaître. Dans ce contexte, l'apparition, à la fin du IVe millénaire et au début du IIIe, d'un système économique fondé sur la complémentarité d'une plaine alluviale et d'un milieu montagnard a conféré à l'Euphrate une importance exceptionnelle qui lui permettra d'intervenir comme un acteur dominant pendant plus d'un millénaire, puis de jouer un rôle moins important pendant le millénaire suivant.

Historique des recherches

Des Bédouins soucieux d'ensevelir l'un des leurs sur une hauteur, le tell Hariri, découvrirent accidentellement, en 1933, un fragment d'une grande statue de facture sumérienne : par l'intermédiaire d'un officier du poste militaire d'Abou-Kémal, le lieutenant Cabane, et grâce à la diligence du directeur des Antiquités mis en place par le mandat français, Henri Seyrig, la nouvelle fut rapidement transmise au milieu scientifique parisien. André Parrot, envoyé de toute urgence, arrive sur le site au mois de décembre 1933, où il découvre une statuette en pierre dont l'inscription « Lamgi-Mari, roi de Mari » permit d'affirmer que le tell Hariri renfermait les ruines de Mari, ville que les listes généalogiques désignaient comme le siège de la Xe dynastie après le Déluge.

Jusqu'en 1974, date à laquelle André Parrot prit sa retraite après avoir conduit la vingt et unième campagne, des découvertes se succédèrent qui bouleversaient ce que l'on croyait acquis. La mise au jour de monuments parmi les mieux conservés du monde syro-mésopotamien – les palais du IIe et du IIIe millénaire – frappa les imaginations, mais elle a surtout permis une percée sans précédent dans la connaissance de l'architecture palatiale antique ; une demi-douzaine de temples – Ishtar, Ninni-Zaza, Ishtarat, Shamash, Ninhursag, le temple aux Lions... – ainsi que trois hautes terrasses – celle du Massif rouge, celle du temple aux Lions et celle du temple de Shamash – ont dessiné avec précision le cadre religieux de la cité, tandis que la découverte d'un quartier d'habitation donnait un aperçu de la vie quotidienne au IIIe millénaire. De nombreuses trouvailles furent faites : quelque 15 000 tablettes cunéiformes, appartenant pour la plupart aux trente dernières années de l'histoire de la cité, la plus belle collection de statues et de statuettes recueillies sur un site mésopotamien, des peintures uniques dans le palais du IIe millénaire et des milliers d'œuvres d'art ou d'objets de la vie quotidienne, qui constituent un corpus irremplaçable pour la connaissance de l'univers syro-mésopotamien. La gloire de Mari a trouvé dans les découvertes retentissantes d'André Parrot matière à s'épanouir.

La suite de l'exploration, à partir de 1979, a été assurée sous la direction de Jean-Claude Margueron ; onze campagnes ont été accomplies jusqu'en 1997.

Une prospection systématique de la région a d'abord été conduite ; elle a permis de mieux comprendre comment Mari était intégrée dans son environnement grâce aux travaux hydrauliques qui avaient été réalisés pour lui permettre de survivre dans un milieu naturellement hostile.

La fouille traditionnelle a été poursuivie : de nouveaux bâtiments (le palais oriental du chantier A) ont été découverts. Les édifices dont la fouille avait été réalisée ou engagée par André Parrot (le Grand Palais royal du IIe millénaire, les palais du milieu du IIIe millénaire, le secteur des temples) ont été étudiés attentivement. L'objectif principal a été de préciser la stratigraphie de l'ensemble du site afin de permettre une meilleure compréhension de l'histoire de Mari : pour cela des sondages ont été conduits jusqu'au niveau de la première occupation (sur le bord nord du tell et dans l'espace central au cœur de l'Enceinte sacrée du palais du milieu du IIIe millénaire), d'autres ont été engagés à l'ouest du site et à l'est de la zone des palais (chantiers F et H) afin de préciser l'aire d'extension des installations urbaines au début du IIe millénaire. Le programme de recherche en cours prévoit au moins deux sondages supplémentaires.

En outre, une enquête sur les processus de destruction de l'architecture de terre et leurs conséquences sur la formation de la stratigraphie a été conduite, essentiellement, dans les secteurs fouillés par André Parrot.

Enfin, en coopération avec le C.R.A. Terre (Centre de recherche sur l'architecture de terre) de l'École d'architecture de Grenoble, des expériences sur les possibilités de préservation des monuments construits en terre ont été effectuées depuis 1989. Les résultats acquis en ce domaine devraient permettre d'engager des opérations de restauration, tout particulièrement dans les palais du IIIe millénaire.

Au total, une récolte fabuleuse qui n'a pas encore été totalement exploitée. Mais ces différentes recherches ont mis l'accent sur l'insertion de Mari dans son cadre naturel, et permettent de comprendre les raisons de sa fondation, de connaître l'évolution de son urbanisme et de préciser les grandes phases de l'histoire de la cité.

Importance archéologique et place dans l'histoire

Un aspect fondamental, pour la recherche assyriologique actuelle, des enseignements récemment tirés à Mari réside dans la constatation que tout événement politique ou économique concernant l'une des trois grandes régions du monde antique proche-oriental (Mésopotamie, Syrie septentrionale et occidentale, Anatolie) a eu des répercussions sur la capitale de la moyenne vallée de l'Euphrate. Mari est un véritable révélateur du monde syro-mésopotamien : l'affaiblissement ou la disparition de son activité est le signe d'une crise grave dans l'une ou l'autre de ces régions, sinon dans les trois ; la prospérité de la ville ne s'explique que dans les périodes d'activité intense, de richesse et de prospérité économique de chacune des régions.

La seule étude de Mari permet donc, et c'est là une des révélations des recherches menées depuis les années 1980, de définir l'évolution et l'histoire du IIIe millénaire et du début du IIe dans l'ensemble du Proche-Orient.

Mari dans son cadre et l'aménagement régional

Entre 1980 et 1987, une prospection systématique a été engagée à partir d'Abou-Kémal jusqu'à la confluence de l'Euphrate et du Khabur pour déterminer les traces des occupations anciennes et les vestiges des installations qui avaient été réalisées par les habitants de Mari. Une carte des implantations humaines retrouvées a été dressée, leur chronologie ayant été précisée grâce à un ramassage des tessons de surface ; cette carte comprend aussi le tracé des principaux canaux qui ont joué un rôle essentiel dans la vie du royaume de Mari.

À l'issue de ces recherches, Mari apparaît comme une cité parfaitement intégrée à l'organisation régionale de cette partie de la vallée, depuis la confluence du Khabur jusqu'au verrou formé par les falaises de Baghouz (Abou-Kémal) ; organisation réalisée en tenant compte des impératifs climatiques et géographiques. Les conditions ne sont nullement favorables en effet à une installation humaine d'importance : les chutes de pluie annuelles sont tout à fait insuffisantes (moins de 150 mm), et ne permettent aucune activité agricole sans irrigation, les terres sont trop imprégnées de gypse pour attirer des exploitants habitués à des limons de meilleure qualité. Il a donc fallu d'autres raisons pour amener les hommes à s'établir dans cette région ingrate.

Deux éléments permettent d'expliquer en partie la mise en valeur de la vallée : la confluence du Khabur, à une centaine de kilomètres en amont, qui assure la relation du fleuve avec la plaine du Khabur et au-delà avec le piémont du Taurus, ainsi que la présence de l'Euphrate, qui assure la liaison entre le Levant et la Mésopotamie.

Mais c'est une autre particularité qui explique la fondation de la cité. Dans son parcours syrien, l'Euphrate a creusé sa voie dans le plateau de roches calcaires et gypseuses ; grâce à ses méandres, il a le plus souvent élargi la vallée, où, selon les variations du niveau marin, il a déposé ou enlevé des matériaux détritiques et, par le jeu combiné de ces différentes opérations, a édifié un système de terrasses ; mais le fleuve a aussi rencontré des résistances qui ont donné naissance à des resserrements de la vallée, parfois à de véritables verrous ; comme à Abou-Kémal au niveau de l'ancienne Baghouz, située sur la rive gauche, où il est particulièrement facile de surveiller le passage et de le bloquer si besoin est. On comprend tout l'intérêt d'une telle configuration pour qui voudrait opérer un contrôle sur le trafic des marchandises passant par le fleuve, voire des caravanes longeant son cours.

Les avantages de ce contexte géographique spécifique (réunion de deux voies d'eau en une seule, élargissement de la vallée suffisant pour installer une agriculture artificielle, verrou permettant le contrôle de la circulation) ont été bien compris par les habitants de la vallée au moment où les activités d'échange ont pris selon toute vraisemblance une ampleur sans précédent. Mais pour bénéficier de ce contexte favorable, encore fallait-il entreprendre des travaux d'envergure mettant un pouvoir déterminé en mesure d'exercer un contrôle qui garantisse à une population nombreuse une vie normale dans un espace approprié.

Il fallait d'abord établir un réseau d'irrigation pour assurer des récoltes suffisantes. Un grand canal de rive droite fut donc aménagé dans l'alvéole de Mari, là où la terrasse holocène offrait son plus grand développement ; des tronçons de cet important ouvrage ont été repérés sur plus de 17 kilomètres. On pouvait penser que ce canal était branché sur le fleuve lui-même selon le modèle bien connu en Mésopotamie même des canaux de dérivation ; il aurait donc franchi le débouché du wadi Es-Souab, particulièrement tumultueux en période de fortes pluies, plus fréquentes que ne le laisserait supposer la faible pluviométrie (à Mari, 140 mm par an). Mais aucun système de croisement par siphon n'a été retrouvé, il semble donc beaucoup plus vraisemblable d'admettre que le canal était alimenté par un lac de barrage installé en amont du wadi Es-Souab, à un endroit où la prospection a retrouvé non seulement un barrage plus récent, mais aussi des installations datant de l'Âge du bronze qui laissent entendre que les qualités de cette zone n'étaient pas connues ; d'autres systèmes de branchement furent aménagés, par exemple dans la plaine de Deir-ez-Zor. Grâce à ces travaux, la vie urbaine put se développer dans l'espace compris entre la confluence du Khabur et Baghouz au moment où se faisait sentir la nécessité d'un aménagement régional.

Un second dispositif est encore plus étonnant ; repéré il y a déjà une cinquantaine d'années, il était considéré comme un simple canal d'irrigation intégré dans le réseau dominé par Mari, mais son rôle exact a été précisé lors des dernières prospections en même temps que sa longueur réelle : c'est en fait un canal de navigation long de 120 kilomètres qui relie le Khabur à l'Euphrate (à la hauteur d'Abou-Kémal) et qui a été édifié dans la vallée ou creusé dans le plateau. Il avait pour fonction non seulement de raccourcir le trajet (120 km au lieu de 160 par la voie fluviale naturelle), mais surtout de permettre le transit même aux périodes d'étiage et de faciliter grandement la remonte des bateaux, qui ne pouvait se faire alors que par halage.

La première ville de Mari (XXIXe siècle env.)

C'est ce canal de navigation qui donne la clef de la fondation de la cité : rien d'autre, en effet, ne permet d'expliquer pourquoi dans un milieu subdésertique, hostile, dépourvu de matière première, on aurait à la fois installé un réseau d'irrigation et bâti une ville.

La création d'une ville nouvelle, sans doute vers le XXIXe siècle, apparaît donc comme le fruit de la volonté délibérée d'un pouvoir politique qui a aménagé la vallée pour faciliter et pour contrôler le trafic fluvial unissant la Syrie et la Mésopotamie et qui a installé un réseau d'irrigation pour assurer la production des céréales nécessaires à la population.

Au nombre des marchandises qui utilisaient la voie d'eau à cette époque, il faut certainement mettre en premier lieu le bois (surtout le cèdre), coupé dans les montagnes côtières (Liban, Amanus) ou septentrionales (Taurus). Il est vraisemblable, mais nous n'en avons aucune preuve, que les denrées qui formaient l'essentiel du trafic au XVIIIe siècle, denrées documentées pour l'essentiel par les archives retrouvées dans le palais du début du IIe millénaire, étaient déjà l'objet du commerce pratiqué au début du IIIe millénaire.

La fouille conduite en 1994 à l'emplacement de l'espace central de l'Enceinte sacrée des palais du milieu du IIIe millénaire atteste l'existence d'une importante activité artisanale. Elle a permis d'observer sur une hauteur de près de 4 mètres une succession de strates où l'activité métallurgique était prépondérante. Si les analyses confirment cette identification, il sera nécessaire de voir dans la cité de Mari à ses débuts un important centre métallurgique, placé sur l'axe qui unit le piémont du Taurus, sans doute fournisseur du cuivre, à la région de la Diyala en relation avec le plateau iranien fournisseur potentiel d'étain. C'est peut-être la seconde raison qui explique la création d'une ville dans cette vallée.

Nous ne connaissons pas l'organisation interne de la première cité à l'époque de sa fondation, car les sondages pratiqués n'ont atteint la première strate que sur quelques mètres carrés, qui n'ont rien révélé de particulier. Cependant il est possible de dresser quelques-uns des traits donnés par les constructeurs à la nouvelle cité, qui ne suit pas les normes habituelles de l'urbanisme syro-mésopotamien.

Le site choisi se trouve sur la terrasse holocène, à plus de 2 kilomètres du bord de la terrasse qui forme la limite du lit majeur du fleuve ; or, à cette époque, la règle était d'installer les cités ou les villages sur le bord même de la terrasse afin de les isoler de la zone d'inondation, tout en restant proche de l'axe de transport et de l'approvisionnement en eau. Pour quelles raisons les fondateurs de Mari se sont-ils éloignés du fleuve, donc de la règle ? Et comment ont-ils résolu les différents aspects du problème ?

Le choix du site a peut-être été commandé par le désir de s'éloigner réellement de la zone d'inondation naturelle afin d'éviter l'effondrement du bord de la ville dans la vallée à la suite de l'érosion naturelle, ce fut le cas de la ville qui occupait alors le site de Ramadi à une dizaine de kilomètres en amont et qui peut apparaître comme la première Mari à l'époque d'Uruk.

Pour résoudre le problème de l'indispensable liaison avec le fleuve, aussi bien pour l'approvisionnement quotidien en eau que pour assurer les relations avec le trafic fluvial, un canal a été aménagé entre le fleuve et le site choisi. Pour celui-ci c'est une forme circulaire que les constructeurs ont adoptée, forme qui traduit par elle-même la création artificielle : un bourrelet traçant un cercle parfait de 1 900 mètres de diamètre fermait la ville ; avant d'être un rempart, qui a peut-être été édifié au-dessus, cette élévation a été une digue, qui devait protéger la cité des inondations particulièrement fortes qui pouvaient recouvrir la terrasse holocène.

À l'intérieur de la zone ainsi délimitée, la ville avait été édifiée, dont l'organisation n'est actuellement pas accessible en raison de la profondeur des couches archéologiques ; elle semble avoir été inscrite dans un cercle intérieur qui avait peut-être 1 200 mètres de diamètre. Les deux seules parties connues sur une certaine superficie ont été fouillées sous les niveaux du temple d'Ishtar de la deuxième ville et dans le sondage effectué sous l'espace central de l'Enceinte sacrée. Dans le premier secteur ont été exhumées les fondations en pierre d'un grand bâtiment aux limites inconnues et dont le travail très soigné révèle l'importance ; trois grands tombeaux, dont deux jumelés, construits en pierre et voûtés en encorbellement, datables d'une période postérieure à celle du bâtiment aux fondations en pierre, ont été insérés dans ce niveau : pillés depuis longtemps, ils ont néanmoins livré un peu de matériel céramique qui permet de les dater de la fin du Dynastique archaïque I. Dans le deuxième secteur - la zone artisanale sous l'Enceinte sacrée - ont été dégagés des fours, des foyers ronds ou allongés consacrés à des activités métallurgiques comme le montrent un creuset et des objets en terre cuite qui entraient dans la confection de soufflets de forge. Enfin, au nord du tell, un troisième secteur atteste la surface occupée à cette époque : des niveaux d'habitation très fragmentaires et deux autres tombeaux en pierre, de même nature que les trois premiers retrouvés sous le temple d'Ishtar, mais plus petits. Voilà tout ce que l'on connaît de cette première ville.

On ignore en effet son histoire ; on sait seulement qu'elle a accumulé ses ruines sur une hauteur de 4 à 5 mètres, peut-être plus, car sans que l'on en sache la raison, elle a été abandonnée sans doute à la fin de la deuxième phase des Dynastiques archaïques (fin du XXVIIIe ou début du XXVIIe siècle ?). Cet abandon n'est vraisemblablement pas dû à une destruction provoquée par une défaite militaire, aucune trace de strate incendiée n'ayant été repérée.

La ville du milieu du IIIe millénaire

La documentation actuelle ne permet pas de dire avec précision combien de temps le site a été déserté, mais il semble bien que l'abandon ait été total, ou presque, et que tout ce qui touchait à l'ancienne organisation soit tombé dans l'oubli. Il paraît en effet difficile de penser que des Sémites, pour qui la mort est incompatible avec le monde sacré, aient pu construire le temple d'Ishtar immédiatement sur des tombeaux en pierre, dont les dimensions laissent envisager qu'ils abritaient des personnages importants ; la situation est la même sous l'Enceinte sacrée, peut-être le plus important sanctuaire de la deuxième cité, qui repose directement sur des tombes.

À l'issue de cette phase d'abandon pendant le Dynastique archaïque III (vers la fin du XXVIIe siècle ou au XXVIe ?), on constate donc l'installation d'une population totalement nouvelle, étrangère à la ville antérieure, mais parfaitement au courant des avantages que présentaient la vallée et son aménagement. La ville fut reconstruite selon des techniques très élaborées et des principes originaux dont les archétypes ne se retrouvent ni en Mésopotamie ni en Syrie (mais de nouvelles découvertes peuvent parfaitement contredire ce jugement, qui n'est que provisoire) et qui apparemment n'ont rien à voir avec les caractéristiques urbaines ou architecturales de la première cité.

La période d'Agadé (XXIVe-XXIIIe siècle), qui n'était que pressentie au cours des vingt premières campagnes de fouilles, est apparue comme le prolongement de la dernière phase du Dynastique archaïque, dont elle ne se différencie guère. Mari semble poursuivre de façon naturelle ses tendances artistiques et vivre sur son acquis, alors qu'en Mésopotamie centrale, sous l'impulsion de la nouvelle capitale, un renouvellement complet de l'art paraît engagé. À vrai dire, on ne sait pas encore très bien à quel moment le pouvoir sur Mari a basculé dans le camp agadéen : est-ce avec Sargon ou avec Naram-Sin ? Toujours est-il que, sans doute à la fin de l'époque agadéenne, une nouvelle dynastie, dite des *Shakkanakku*, terme qui signifie « gouverneurs », s'est installée à Mari et qu'elle est la responsable d'une mutation importante de la cité.

En tout cas, lors de la refondation, la ville semble choisir une organisation qui ne changera pas jusqu'à la fin de son histoire.

À la place du quartier artisanal s'édifie le plus grand sanctuaire de la cité et, étroitement associé à lui, un palais de grande envergure, association qui dans l'état actuel des recherches reste une formule exceptionnelle même si des rapprochements architecturaux peuvent être faits avec le Plano-Convex Building de Kish ou avec le plus ancien temple d'Ishtar à Assur. Les recherches conduites de 1980 à 1997 ont permis d'ajouter au plan connu en 1974 un nouveau quartier (situé sous la salle du trône du palais du IIe millénaire), la salle aux piliers d'époque agadéenne, sans doute une salle du trône (sous la célèbre cour du Palmier) et la porte monumentale (vraisemblablement la plus imposante de toutes celles connues pour cette époque). On peut considérer que les limites de cet édifice – identiques pour l'essentiel à celles du palais du IIe millénaire qui le surmonte – sont connues.

Les temples du secteur sacré que nous connaissons (Ninni-Zaza, Ishtarat, Shamash, Ninhursag) et celui d'Ishtar sur la bordure occidentale de la cité datent de cette reconstruction. Ils sont organisés pour la plupart selon le principe de l'Enceinte sacrée : un grand espace couvert, presque carré, où était assuré le service de l'offrande ; auquel on accédait par un porche parfois doublé d'un vestibule qui donnait accès au lieu très saint, résidence de la divinité. Les recherches conduites en 1987 dans le secteur sacré ont permis une meilleure connaissance du temple de Ninni-Zaza – en provient une admirable tête en pierre, l'une des plus expressives jamais retrouvées en Mésopotamie – et la mise au jour d'une nouvelle phase du temple de Ninhursag, sans doute du début du Dynastique archaïque III. Dans ce dernier, les découvertes ont été particulièrement importantes : dans une *favissa* (fosse servant de dépôt pour du matériel sacré désaffecté) près du podium du lieu très saint, un lot d'une soixantaine de vases de pierre était accompagné d'une vingtaine de superbes coquillages du type triton provenant de l'océan Indien et retravaillés pour servir de récipients à libation ; dans une seconde *favissa*, au milieu d'une profusion de perles, de fragments de feuilles d'or et d'éléments d'incrustations, a été trouvée une stèle, datable grâce à ses motifs iconographiques incisés de l'époque de Ninive V (début du IIIe millénaire) ; enfin entre les assises de la maçonnerie avaient été répandues les perles de pierre d'un collier ainsi que des objets en coquillages, certains en cours de fabrication.

La vie quotidienne au milieu du IIIe millénaire est bien documentée par la fouille de plusieurs habitations : en particulier la Maison rouge et la grande maison du chantier B qui a fourni des tablettes de l'époque d'Ebla (fouilles de 1980) ; un quartier de la ville appelé « présargonique » par André Parrot, mais qui est resté actif tout au long de la période agadéenne, est particulièrement intéressant parce qu'il montre le plus ancien exemple connu d'un petit centre commercial urbain organisé autour d'un espace à ciel ouvert de forme triangulaire, bordé d'un portique.

Les dernières campagnes ont apporté une moisson d'informations nouvelles sur la ville du milieu du IIIe millénaire ; c'est peut-être actuellement la ville la mieux documentée en matière d'urbanisme grâce à l'archéologie et en tout cas l'une des rares où l'on peut lire d'assez près l'organisation d'une cité de cette époque.

Grâce à la fouille d'un grand nombre de sanctuaires et à celle du palais, une très belle collection d'œuvres d'art a été réunie. D'abord des statuettes, retrouvées pour la plupart d'entre elles dans les temples d'Ishtar, d'Ishtarat et de Nini-Zaza, plus rarement dans le palais ; se détachent des lots, souvent anonymes, d'orants, quelques pièces exceptionnelles comme le roi Lamgi-Mari, l'intendant Ebih-Il, le meunier Idi-Narum, Iku-Shamagan ou le chanteur Ur-Nanshe : ce sont là les chefs-d'œuvre de la phase finale des Dynasties archaïques non seulement pour Mari, mais pour l'ensemble du bassin mésopotamien. La cité de la moyenne vallée de l'Euphrate apparaît alors comme le siège d'une école d'art de première importance. Citons tout particulièrement les panneaux décoratifs réalisés selon la technique de l'incrustation : encore qu'aucune œuvre ne nous soit parvenue complète, la qualité des fragments retrouvés et la diversité des thèmes abordés montrent la réelle maîtrise en ce domaine des artisans de Mari, dont un atelier a été découvert dans le palais du IIIe millénaire. On peut signaler aussi comme particulièrement représentatives de la cité à cette époque trois maquettes architecturales de plan circulaire parfaitement originales par rapport aux séries syro-mésopotamiennes. Quant au matériel contenu dans la « jarre au trésor » trouvée dans l'Enceinte sacrée – certainement un dépôt de fondation –, il est sans doute moins caractéristique de Mari que de la production syrienne (deux petites déesses, l'une en électrum, l'autre en ivoire) et de la production mésopotamienne (une perle en lapis-lazuli inscrite au nom du roi d'Ur et des sceaux cylindres).

Le matériel de la vie quotidienne, céramique, outillage lithique et outils de bronze, est bien représenté ; comme toujours ce sont les tombes qui en ont fourni le plus grand nombre d'exemplaires. Mais on notera aussi la découverte beaucoup plus rare d'un piège en terre cuite retrouvé sur le sol d'une maison. Les figurines et les plaquettes aux thèmes d'inspiration religieuse illustrent de nombreux aspects de la ferveur populaire. On notera encore la découverte de deux tombes d'enfants dans les fondations de deux maisons : s'agit-il d'un sacrifice, ou bien de l'ensevelissement d'un enfant décédé alors que la maison était en cours de construction ? Il n'est pas possible d'en décider.

On peut regretter que la récolte de documents écrits ait été à ce jour assez pauvre : une demi-douzaine d'inscriptions lapidaires et une quarantaine de tablettes de l'époque d'Ebla retrouvées dans une maison du bord septentrional du tell. Récolte suffisante pour attester l'usage courant de l'écriture, mais totalement insuffisante pour nous permettre de connaître l'histoire événementielle de la cité.

C'est ainsi que les circonstances du passage de la ville du milieu du IIIe millénaire à celle des *Shakkanakku* ne sont pas encore très claires. La nouvelle dynastie a-t-elle été en place avant la disparition du palais ou après ? Quelle est la cause réelle de la disparition de la deuxième ville ? Celle-ci a-t-elle connu un temps d'abandon avant que les *Shakkanakku* ne la reconstruisent ? On cerne encore assez mal le cours des événements. Le palais n'a pas été détruit violemment et il a été très rapidement enfoui sous une masse de terre après son abandon puisque l'on ne décèle aucune trace d'érosion par les intempéries ; pourtant, en certains endroits, il semble que la ville ait subi les effets d'une érosion intense : la rue qui desservait le secteur sacré a été érodée jusqu'au niveau de fondation de la cité ! Cela implique, compte tenu des conditions locales, une très longue exposition à des pluies diluviennes. Dans d'autres parties de la ville, le passage de l'une à l'autre période se fait de façon très obscure et donne l'impression d'une absence de stratification. Autrement dit, une partie de la ville pourrait avoir été abandonnée alors que l'occupation de certains monuments se poursuivait.

La ville des Shakkanakku

À la suite de cette nouvelle rupture, dont ni la durée ni l'intensité ne sont connues, on constate que les nouveaux maîtres de la cité, les *Shakkanakku*, entreprennent une reconstruction générale : c'est la troisième ville de Mari qui sort alors de terre. On ne saurait dire que c'est la plus belle, mais elle témoigne d'ambitions grandioses.

Dans un premier temps, un nivellement général a été opéré. Le niveau choisi a entraîné l'enterrement du palais de la deuxième cité sur parfois plus de 2 mètres de hauteur ; la même opération d'enfouissement a été réalisée dans le dernier niveau repéré au nord de la future Haute Terrasse, dans l'environnement du Massif rouge et dans le secteur de la voie sacrée qui desservait les temples ; sur le comblement artificiel a été répandue une épaisse couche de gros galets de rivière ; et c'est à partir de ce nivellement général qu'ont été édifiés les bâtiments qui permettent de définir la nouvelle ville.

Les édifices jusqu'ici exhumés et qui appartiennent à cette phase de reconstruction sont ceux qui ont fait la gloire de Mari.

En ce qui concerne l'architecture sacrée, c'est essentiellement la Haute Terrasse – anciennement appelée ziggourat –, étroitement associée sur sa face méridionale au célèbre temple aux Lions : de type allongé, celui-ci atteste l'influence prépondérante de la Syrie septentrionale en matière d'architecture religieuse ; quant aux deux lions de bronze juchés sur un podium, ils semblent émerger du mur à gauche de l'entrée et constituent un décor très particulier qui devait imprégner l'atmosphère du sanctuaire.

Un autre édifice célèbre est le Grand Palais royal fouillé par André Parrot avant la dernière guerre et qui, par sa conservation exceptionnelle et le contenu de ses ruines, a assuré la renommée de Mari. On a d'abord pensé que le dernier roi de Mari, Zimri-Lim, était l'auteur de ce bâtiment. Il n'en est rien et c'est bien l'un ou plusieurs des membres de la dynastie des *Shakkanakku* qui en sont responsables : une crapaudine (pierre creusée recevant le pivot d'une porte) de l'entrée mentionne d'ailleurs explicitement le *shakkanak* Hanun Dagan. Mais il est évident que le bâtiment qui a sombré dans les flammes en 1760 avant notre ère avait connu de nombreuses transformations et qu'il n'était plus le reflet exact de celui que les *Shakkanakku* avaient édifié quelque trois siècles plus tôt. Tel qu'il a été retrouvé, le Grand Palais apparaît comme un bâtiment complexe, formé d'unités architecturales de plusieurs modèles, répondant à des fonctions bien déterminées. Toutes ces unités sont étroitement hiérarchisées et articulées de façon à permettre une surveillance constante des allées et venues. Le palais se divise en deux grandes parties. La première, pourvue du grand porche d'accès accoté à une unité chargée du contrôle des entrées et des sorties, conduisait à une grande cour (n° 131) qui permettait de rejoindre le secteur des temples situé au sud-est ainsi que le domaine des magasins et des réserves au sud ; une chapelle vouée à la déesse Ishtar s'ouvrait au milieu de la façade méridionale. Dans l'angle nord-ouest de la cour se trouvait une porte qui conduisait à la seconde partie du palais, qui se subdivisait elle aussi en deux secteurs : la maison du roi, élément du groupe officiel (cour 104, ou cour du Palmier, salle 64 et salle 65 qui servait de salle du trône), les appartements privés du roi installés au premier étage au-dessus des réserves et, directement relié à celles-ci, le secteur des services et des cuisines (autour de l'espace 70) avec l'habitat du personnel et le secteur consacré à l'administration autour de la salle 1. Le second secteur était occupé par les femmes : on y retrouvait aussi les appartements privés situés à l'angle nord-ouest, la section du personnel sans doute servile, les réserves et les bureaux administratifs.

C'est dans cet édifice qu'ont été réalisées les découvertes qui ont assuré la gloire du site : 15 000 tablettes environ, provenant des archives épistolaires ou administratives des trente dernières années du palais. Grâce à elles, c'est non seulement la vie de l'édifice royal qui est réapparue, mais aussi celle du royaume, des provinces et les relations du souverain avec les rois de Syrie et de Mésopotamie. Y furent retrouvés également la statue d'Ishtup-Ilum, celle de la célèbre déesse au vase dont les eaux jaillissaient, la tête du guerrier à la mentonnière ainsi que les témoignages, rarissimes mais d'une qualité exceptionnelle, de la peinture syro-mésopotamienne : la scène de l'investiture de la cour du Palmier, le roi conduisant le sacrifice, les peintures murales de la salle de réception des appartements du roi, tout récemment restituées. On peut citer enfin le service de moules à gâteaux retrouvé près de la salle aux fours, des objets de la vie quotidienne, des bronzes, de la céramique commune, enfin des figurines humaines ou animales et des plaquettes qui révèlent les pratiques religieuses du petit personnel du palais.

Parmi les découvertes réalisées après la reprise de 1979, il faut signaler un second palais, appelé d'abord palais des *Shakkanakku*, mais qu'il convient plutôt de dénommer palais oriental. Il a en effet été construit sensiblement à la même époque que le Grand Palais, peut-être d'abord pour héberger le roi pendant l'aménagement de l'autre palais, et ensuite pour contenir les tombes royales que la nature sacrée du Grand Palais, héritée de l'Enceinte sacrée, empêchait d'abriter : deux d'entre elles, en brique cuite et pierre, voûtées en encorbellement, ont été retrouvées, l'une sous la salle du trône, l'autre sous une seconde salle. Elles ont malheureusement été pillées dans l'Antiquité. Quoique dépourvu d'étage, ce bâtiment a clairement mis en évidence le haut degré de technicité et le sens du décor des architectes de la fin du IIIe millénaire. Quelques empreintes de sceaux sur des scellements de portes ou de vases, un certain nombre de tablettes permettent de reconstituer une partie de l'histoire de l'édifice, qui a toujours appartenu au domaine royal. À l'époque de Zimri-Lim, dernier souverain de la cité, c'est Asqudum, beau-frère du roi, devin de son état, qui occupe les lieux ; auparavant, la femme ou la mère du roi y avaient résidé.

C'est la découverte (1987-1991) et la remise au jour partielle d'un grand édifice (chantier E) qui a fourni des indications de grand intérêt sur des modes de protection mis en œuvre dans l'Antiquité pour lutter contre les méfaits du « sillon destructeur » qui s'installe au pied des murs, en particulier lorsque la salinisation des terres est trop forte. Des techniques de couverture identiques à celles du palais oriental - le plus ancien exemple connu de plafond à caissons - y ont été observées.

Enfin, des quartiers d'habitation sont en cours d'étude au chantier F. On y a dégagé un nombre important de tombes qui normalement trouvaient place sous le sol des maisons, toutes pourvues d'un important mobilier (céramiques, outils ou armes de bronze et bijoux) ; l'une d'entre elles, en pleine terre, était exceptionnellement riche en bijoux en or. Notons encore la découverte d'un atelier de potier avec son poste de travail.

Il faut insister, pour conclure, sur le fait qu'une telle cité n'a pu être édifiée que parce que les ressources qu'elle tirait de ses activités, essentiellement le contrôle du trafic passant par la vallée, étaient énormes ; or les textes sont très rares pour cette période. Ce sont donc les inscriptions de la Mésopotamie qui révèlent la poursuite de l'activité de Mari, comme l'inscription de Gudéa ou encore les tablettes économiques de la IIIe dynastie d'Ur.

La disparition de Mari

À l'époque de la dernière dynastie régnante (début du XVIIIe siècle), la cité n'apparaît que comme le prolongement de plus en plus appauvri de la période des *Shakkanakku* ; tous les bâtiments occupés alors ont été édifiés à l'époque précédente ; aucun bâtiment caractéristique de la période amorrite n'a été retrouvé, soit à cause de l'érosion qui aurait fait disparaître une bonne partie du niveau, soit parce que la ville, amoindrie, ne vivait plus que dans les vestiges de sa grandeur passée.

La dernière dynastie de Mari - issue de Iaggid-Lim, avec les règnes marquants de Iahdun-Lim et de Zimri-Lim, séparés par l'interrègne de Shamshi-Adad, roi de Haute-Mésopotamie, et de son fils Iasmah-Addu - qui est la mieux connue, grâce aux milliers de textes retrouvés dans le palais, est sans doute paradoxalement l'une des moins puissantes de celles qui ont gouverné la cité, celle qui n'a pu empêcher sa ruine. Loin d'être une période de gloire et de puissance comme on se plaît trop souvent à le dire, c'est une phase crépusculaire avant la nuit définitive.

Ainsi l'incendie de la cité par Hammourabi de Babylone, en 1760, n'a-t-il pas frappé une cité à son apogée, mais plutôt une ville qui cherchait, sous l'impulsion de ses derniers rois, à se survivre. Le déclin était engagé vraisemblablement depuis longtemps, sans doute depuis que la route du piémont du Taurus, à cause du développement septentrional et des relations avec l'Anatolie, était devenue prépondérante. La ruine était en fait irrémédiable. Paradoxalement, la survie de Terqa, qui devient capitale régionale après la disparition de Mari, montre que si l'artère économique de l'Euphrate se maintient encore le système de contrôle qui avait assuré la fortune de Mari appartenait au passé.

JEAN-CLAUDE MARGUERON

UGARIT

En 1929, une mission archéologique française conduite par C. F. A. Schaeffer et G. Chenet entreprenait des fouilles sur le tell de Ras Shamra (le « cap du fenouil »), situé sur la côte syrienne à

12 km au nord de Lattaquié et à 1 km de la mer. Depuis lors, ces fouilles ont été poursuivies et ont mis au jour la cité d'Ugarit, capitale de la principauté du même nom : une acropole, où s'élèvent les temples de Baal et de Dagon, avec ses dépendances parmi lesquelles une bibliothèque religieuse ; un palais royal renfermant les archives diplomatiques et administratives ; des quartiers résidentiels et artisanaux ; un port de mer. Cette cité fut particulièrement florissante au IIe millénaire avant J.-C. et fut détruite brutalement aux environs de 1100. Elle constitue la source principale de nos connaissances sur la civilisation syro-palestinienne de cette époque. En raison de sa situation géographique, Ugarit était une cité commerçante et cosmopolite, un nœud de communications entre la Mésopotamie et les pays hittites à l'est et au nord, l'Égypte au sud, Chypre et les principautés grecques à l'ouest. À l'est, elle touche au désert syrien peuplé de nomades et de semi-nomades. Toutes ces civilisations y ont laissé des traces et l'ont marquée.

La langue

La langue d'Ugarit était cananéenne : langue sémitique à morphologie flexionnelle, à support sémantique trilitère, à verbe aux formes modales plutôt que temporelles, elle servait de langue religieuse. Le babylonien était la langue diplomatique et juridique. Le hourrite, langue d'origine asiatique, était couramment utilisé. On y a aussi trouvé des inscriptions hiéroglyphiques égyptiennes, des tablettes en écriture chypro-minoenne, hittite hiéroglyphique et hittite cunéiforme.

La fonction commerciale d'Ugarit et ses exigences pratiques, les difficultés dues à la pluralité linguistique, le maniement difficile du syllabaire cunéiforme ont poussé les scribes d'Ugarit à créer un alphabet cunéiforme de vingt-huit consonnes et semi-voyelles plus un signe de séparation des mots, le premier peut-être des alphabets. Son déchiffrement a été réalisé dès 1930, presque simultanément par trois philologues travaillant indépendamment les uns des autres : C. Virolleaud à Paris, H. Bauer à Halle et P. Dhorme à Jérusalem. Cet alphabet était utilisé pour l'écriture des textes cananéens et hourrites. Un abécédaire du XIVe siècle avant J.-C., suivant l'ordre de l'abécédaire hébreu, a été découvert en 1949.

La civilisation d'Ugarit est dominée par la religion. Aussi sa littérature est-elle constituée par des textes religieux : mythes et épopées.

Les mythes

Les mythes les plus importants appartiennent au cycle de Baal ; celui-ci constitue un long poème de deux mille lignes environ dont quinze cents nous sont parvenues. Il se divise en deux parties : les luttes de Baal et de Yam, le dieu de la mer, et les luttes de Baal et de Môt, le dieu de la mort.

Baal et le dieu de la mer

Au début de l'action, le monde divin est dominé par le dieu El, le père des dieux, des années et des hommes, « le bienveillant El qui est compatissant ». Il est représenté comme un vieillard barbu ; son animal attribut est le taureau, symbole de la force ; en fait, El est lointain, inactif et faible. Il habite avec son épouse Ashérat, ses enfants Yam et Baal, et les enfants de ce dernier, à la source des fleuves à la limite des deux abîmes, celui des eaux salées et celui des eaux douces. Le fils bien-aimé de El, probablement son premier-né, celui qu'il a tenu dans ses bras à sa naissance, est le prince Yam, le dieu de la mer qui porte encore le nom de Juge-Fleuve parce que son domaine s'étend aussi sur les eaux douces. Yam n'a point d'épouse. Son adversaire est Baal, appelé aussi Aliyan Baal, prince de la Terre et chevaucheur des nuées. Son associée, la déesse Anat, est vierge, aussi est-elle appelée sœur et vraie fiancée de Baal et non pas son épouse ; elle est la belle-mère des peuples et donne à Baal de nombreux enfants. La tension entre Baal et Yam naît de leur cohabitation, car Baal n'a pas de maison. Aux premières scènes du mythe, Yam, fort de la faveur de El, réclame de l'assemblée des dieux qu'on lui livre Baal et son domaine. À la formulation de cette exigence « les dieux plaquèrent leur tête à leurs genoux et à leurs sièges princiers » ; seul Baal garde son sang-froid, leur reproche leur couardise et se charge de répondre. Malgré cela, El acquiesce à la requête des messagers de Yam. Baal, alors, défend par les armes ses prérogatives : armé d'une massue magique, il s'élance en combat singulier ; Yam résiste ; une nouvelle arme plus efficace encore en main, Baal fonce sur son adversaire, le terrasse et le tue. Les dieux entonnent alors le péan de victoire : « Yam est vraiment mort, c'est Baal qui régnera », et s'assemblent autour du vainqueur en un grand banquet. À l'issue du festin, Anat, saisie d'une frénésie meurtrière, extermine « les peuples du bord de la mer et défait les hommes du Levant [...] ; elle se lave les mains dans le sang des gardes, les doigts dans les entrailles des opposants ». Le monde ainsi purifié, c'est à Baal d'en assurer la fécondité. Pour consacrer cette situation, un temple d'or et d'argent lui est construit sur les hauteurs du Nord, avec une ouverture qui permet au dieu de déverser sur le monde sa pluie, son tonnerre et sa rosée.

L'évocation de ce mythe, comme la mise à mort de Léviathan, fait penser aux grandes cosmogonies babyloniennes et bibliques. Les combats d'Anat avec les peuples du bord de la mer y introduisent peut-être des allusions à des combats anciens contre des envahisseurs marins. Le récit de la construction du temple de Baal en fait le mythe d'une liturgie de dédicace.

Baal et le dieu de la mort

La seconde partie du mythe de Baal est l'expression de l'attitude des Syro-Phéniciens face au caractère inéluctable de la mort. Malgré la défaite des puissances du mal et des fauteurs de troubles, la mort est toujours toute-puissante dans le monde. Cette situation est clairement exposée : peu après l'installation de Baal dans son temple, « les ennemis de Baal occupent les forêts, les adversaires d'Adad les gouffres des montagnes ». Pour mettre un terme à cette occupation malfaisante, le prince de la Terre envoie un messager à Môt, personnification de la mort et dieu du monde infernal, pour lui enjoindre de s'en tenir à son domaine et de se contenter des offrandes funéraires : « lui, Baal, doit seul régner sur les dieux afin que les dieux soient dans l'opulence et que les gens qui seront rassasiés, les multitudes de la terre soient à leur service ». Mais Môt ne se le tient pas pour dit et le mal continue à sévir sur terre ; le soleil dévore tout et la pluie ne parvient pas à rafraîchir le sol ; aussi Baal doit-il descendre personnellement dans l'antre de Môt ; il tergiverse et ne s'y décide qu'après qu'Anat a enfanté un mort. La lutte entre Baal et les « dévorants », auxiliaires de Môt, est acharnée ; enfin « Baal tombe à terre,

Baal est mort ». Aussitôt toute activité cesse sur la terre : le roi cesse de juger, les femmes cessent de puiser l'eau à la source, les temples sont abandonnés. À cette nouvelle, El, le grand dieu, emplit le cosmos de sa lamentation et la déesse Anat lui fait écho. On enterre alors Baal dans son temple, sur les hauteurs du Nord. Mais les choses allant de mal en pis malgré les efforts d'un substitut de Baal, Anat soupire après son frère et, s'attaquant soudain à Môt : « Du glaive elle le fend, / au van elle le disperse, / au feu elle le brûle, / aux meules elle l'écrase, / au champ elle le sème. » La prospérité revient alors sur la terre et Anat se met en quête de Baal. Six ans s'écoulent et la septième année Baal et Môt s'affrontent de nouveau avec sauvagerie mais sans résultat. À la suite de ce combat sans vainqueur, la déesse solaire prédit à Môt sa déchéance certaine. Celui-ci abandonne la compétition et Baal triomphe. Il connaît de nouveau la déesse Anat, et celle-ci lui donne un enfant à force de buffle.

Ce mythe est une transposition du renouveau annuel de la nature et donne son sens à la liturgie du Nouvel An.

Les épopées

Tandis que les mythes exposent la geste divine dans un but d'efficacité liturgique, les épopées sont consacrées à la geste humaine dans un dessein d'instruction ; elles enseignent aux hommes des « types » de comportements qui attirent sur eux la bénédiction des dieux et éloignent leur malédiction. Le mythe considère le monde du point de vue divin, l'épopée du point de vue humain. Elle est l'envers du mythe comme la voûte céleste est l'envers du monde divin. Le noyau de l'épopée est historique en ce sens qu'un personnage particulièrement représentatif cristallise autour de lui les traditions et les préoccupations constantes du pays. Les fouilles d'Ugarit ont révélé deux épopées, celle de Kéret et celle d'Aquehat, fils de Danel.

L'épopée de Kéret

Kéret est roi d'un Beth-Chabir, probablement d'un clan semi-nomade comparable à celui d'Abram dont la présence sur le parcours du Croissant fertile est si caractéristique de la situation du Proche-Orient au IIe millénaire. Le douar de Beth-Chabir est installé alors d'une façon stable à quelques lieues d'Ugarit ; au début du poème il est complètement anéanti : Kéret n'a plus ni résidence ni famille ; il est prostré dans sa chambre, pleurant, « ses larmes coulent à terre comme des sicles ». El lui apparaît, lui annonce qu'il doit quitter le lieu de ses malheurs et lui expose la marche à suivre : il doit d'abord offrir un sacrifice, préparer lui-même « la nourriture pour la cité et le froment pour le Beth-Chabir, le pain de cinq mois et les provisions de six mois » ; le clan tout entier doit partir, non seulement « la massive armée », mais aussi les isolés, les veuves, les malades et les aveugles ; six jours de marche sont prévus pour atteindre Edom, principauté au sud de la mer Morte ; il ne devra pas attaquer la capitale du pays mais attendre les propositions pacifiques de Pabil-malik, son roi ; celles-ci doivent lui parvenir au matin du septième jour, après son arrivée sous les murs de la ville ; en réponse, Kéret demandera à Pabil-malik sa fille en mariage ; le dieu El esquisse de la jeune fille un tel portrait que le bonheur réveille Kéret et termine par là même le songe prémonitoire.

Kéret se met immédiatement à l'œuvre et suit méticuleusement le plan divin, qui se déroule exactement comme prévu. La femme de son rêve lui est accordée, leur mariage est béni et ils ont de nombreux enfants.

Survient alors à Kéret, fils de El, une maladie mortelle dont il s'étonne, El lui ayant promis la vie. Le grand dieu se décide à agir en faveur du malade, mais aucun des dieux assemblés ne semble capable de le guérir ; El prend lui-même l'affaire en main et Kéret guérit, à la grande déception de son fils qui s'apprêtait à régner à sa place. L'épopée se termine par une malédiction du fils par le père.

Kéret apparaît dans tout le poème comblé par les dieux en récompense de sa docilité parfaite à leurs directives. La triste fin de l'épopée montre l'incompatibilité entre l'immortalité personnelle et les exigences d'une descendance.

L'épopée d'Aquehat, fils de Danel

La même quête de vie anime cette seconde épopée. Au début du récit, Danel n'a pas de fils comme en ont ses frères, pas de descendance comme en ont ses parents. Désespéré par la malédiction des dieux qui le rend stérile, Danel, le sage, se retire dans une caverne, symbole du tombeau, pour s'y lamenter. Après sept jours de réclusion, Baal s'approche du caveau, implore El en faveur de Danel, et l'épouse de celui-ci conçoit un fils. Sept jours de réjouissances marquent la naissance d'Aquehat. La scène centrale de la vie du héros est une proposition d'immortalité faite à Aquehat par Anat en contrepartie du don à la déesse de l'arc du jeune homme, et le refus d'Aquehat. Ce dialogue entre la déesse et le fils de Danel peut être considéré comme un sommet de la littérature du Proche-Orient au IIe millénaire : « Ne me dupe pas, ô vierge, / en vérité pour le vaillant la duperie est un crachat ! / Qui, étant mortel, peut tenir l'avenir ? / [...] La coupe de décrépitude est versée sur ma tête, / [...] comme tout homme je mourrai. » C'est en raison du symbolisme de cet arc que la déesse le désire avec tant d'ardeur : cet arc apparaît en Canaan comme le signe de la puissance suprême et de l'indépendance. Ce refus se révèle funeste à la famille d'Aquehat et à la nature entière : le fils de Danel est tué et Danel lui-même, malgré sa justice, ne peut empêcher la famine de s'étendre sur son pays. La mise au tombeau d'Aquehat semble devoir rétablir la situation. Aquehat s'insère ainsi dans la catégorie des héros de l'Antiquité qui se révoltèrent contre la divinité et perdirent l'immortalité. L'attitude d'Aquehat s'oppose à celle de Kéret comme la désobéissance à la docilité.

Cette brève, fragmentaire et parfois hypothétique esquisse met en valeur le caractère humain de la littérature religieuse d'Ugarit, sa parenté avec celles des pays voisins, entre lesquelles elle constitue un trait d'union, et son originalité très marquée.

RENÉ LARGEMENT

CHAPITRE VI

LA PERSE

L'histoire de la Perse est une très longue histoire, qui se poursuit bien au-delà du terme que s'est fixé ce chapitre. C'est pour des raisons qui touchent l'ensemble du volume que l'on a choisi d'arrêter le récit qui va suivre à l'arrivée de l'Islam. Voilà qui risque d'avaliser le morcellement désastreux, que déplorait naguère Henry Corbin, dont l'idée de l'Iran et les études iraniennes ont trop longtemps souffert. Situation d'autant plus dommageable que, de tous les pays devenus « terre d'Islam », l'Iran, comme le remarquait le grand arabisant, « apparaît comme le seul qui ait conservé présente à sa conscience l'histoire de son passé, et soit à même de la valoriser de plein droit ». On se contentera de rappeler ici que la langue persane, langue indo-européenne directement issue du moyen-iranien (le pehlevi), a traversé les siècles. On insistera également sur le fait que l'Iran, tout au long de son histoire, a constitué, pour citer encore Henry Corbin, « le carrefour, voire le foyer, des grandes religions mondiales ».

Une fois ces quelques continuités bien marquées (mais il y en a d'autres), il n'en reste pas moins légitime de considérer comme un ensemble, ou plutôt comme un sous-ensemble, l'histoire de la Perse ancienne depuis les origines de la civilisation élamite, au IIIe millénaire avant J.-C., jusqu'à l'irruption des conquérants arabes au VIIe siècle. Les épisodes, les péripéties de toute sorte y abondent, qui ne recoupent pas seulement l'histoire de la Mésopotamie mais aussi bien celle de la Grèce puis de Rome. Qu'il s'agisse du pouvoir politique ou du patrimoine culturel, la mondialisation (aux limites, bien sûr, du monde de l'époque) ne vaut pas seulement, comme concept et comme réalité, pour notre XXe siècle finissant.

J. B.

HISTOIRE

Pour tenter de saisir ce qu'a été dans sa continuité l'histoire de la Perse antique, des origines à la conquête arabe, il faut retenir au moins trois données importantes : le premier peuple, les Élamites, qui ait imposé sa marque au sud-ouest de l'Iran n'est pas d'origine iranienne, mais son influence sur les siècles postérieurs semble encore plus profonde qu'on ne le croit aujourd'hui ; d'autre part, la constitution de grands empires est l'œuvre des Iraniens de l'Ouest, chacun gardant toutefois son originalité, même si, dans la tradition persane postérieure, on a présenté les Sassanides comme les seuls et authentiques héritiers des Achéménides, en sous-estimant le rôle joué dans l'intervalle par les Parthes arsacides : une certaine civilisation ne se reproduit jamais sans de profondes modifications ; enfin, la tentative d'Alexandre le Grand, rêvant de constituer un grand empire gréco-iranien, quoique réussie sur le plan militaire, a échoué politiquement. Cette entreprise a eu cependant sur la culture des pays iraniens une influence considérable.

Il ne faudrait pas également ignorer l'existence des peuplades iraniennes du Nord et de l'Est, des Sakas aux Kouchans, qui ont rarement pu être intégrées dans ces empires, et dont l'histoire est liée à celle de l'Afghanistan.

Si l'on se place à un autre point de vue, en cherchant par quels traits communs les civilisations variées qui se sont succédé sur le plateau iranien pourraient être caractérisées, on sera amené à reconnaître que, tout en appartenant à des ethnies et à des langues différentes, elles ont toutes privilégié la tradition orale ; ce sont des peuples sans écrits, sinon sans écriture, qui ont fait la Perse antique. À peine quelques inscriptions à valeur historique et qui restent dans le style suranné des proclamations royales. Dans le domaine religieux, ni archives, ni textes, ni rituels ne nous sont parvenus, jusqu'à ce que la concurrence des religions à écritures contraignît les Iraniens à consigner eux aussi par écrit leurs traditions religieuses ; mais, pour cela, il faudra attendre presque la fin de l'époque sassanide, et même, quant à la rédaction définitive de l'ensemble des textes pehlevis, les IXe et Xe siècles !

Un autre trait commun à ces civilisations est leur grande faculté d'assimilation. Cela semble patent surtout dans le domaine de l'art. Dans ce pays qui a subi de multiples invasions, et partant de fortes influences, il semble que la culture en ait toujours retiré un gain important. On connaît l'apport des vieilles civilisations mésopotamiennes à l'Iran des Élamites et des Achéménides, et celui de l'hellénisme qui fit éclore des arts nouveaux et dont l'influence se fera sentir jusque sous les Sassanides.

On peut ajouter enfin que les Iraniens ont été des bâtisseurs, comme le furent les Grecs et les Romains. Comme eux, ils ont eu le goût de la construction architecturale, mais, là où la brique fut utilisée, elle résista mal à l'usure des temps, si bien que les pierres de Persépolis sont encore pour nous le symbole de la grandeur de la Perse.

1 Deux millénaires de civilisation élamite (2500-640 av. J.-C.)

Quoique non iranienne, la civilisation élamite fait partie du patrimoine de la Perse. Bien que dépendant pour une grande part de la civilisation assyro-babylonienne, elle a son originalité. Seule en Iran, la ville de Suse peut se glorifier d'un aussi lointain passé que Babylone, sa rivale. Ne serait-ce qu'à ce titre, il paraît justifié de faire commencer l'histoire de l'Iran par celle de l'Élam.

Cette première civilisation urbaine, produite par un peuple venu du Zagros en même temps que les Lullubi, Guti et Kassites, répond bien, en effet, aux caractéristiques définies ci-dessus. C'est un peuple de langue asiatique, qui n'a pas écrit, ou presque, et faute de documents comparables aux annales assyriennes ou aux textes religieux de l'Égypte ancienne, on doit se contenter des quelques tablettes de comptabilité, d'ex-votos ou de listes de divinités retrouvées, et faire appel aux sources étrangères, comme pour toute l'histoire de l'Iran ancien. Pourtant, les Élamites possédaient, dès le début du IIIe millénaire, leur écriture propre, pictographique et

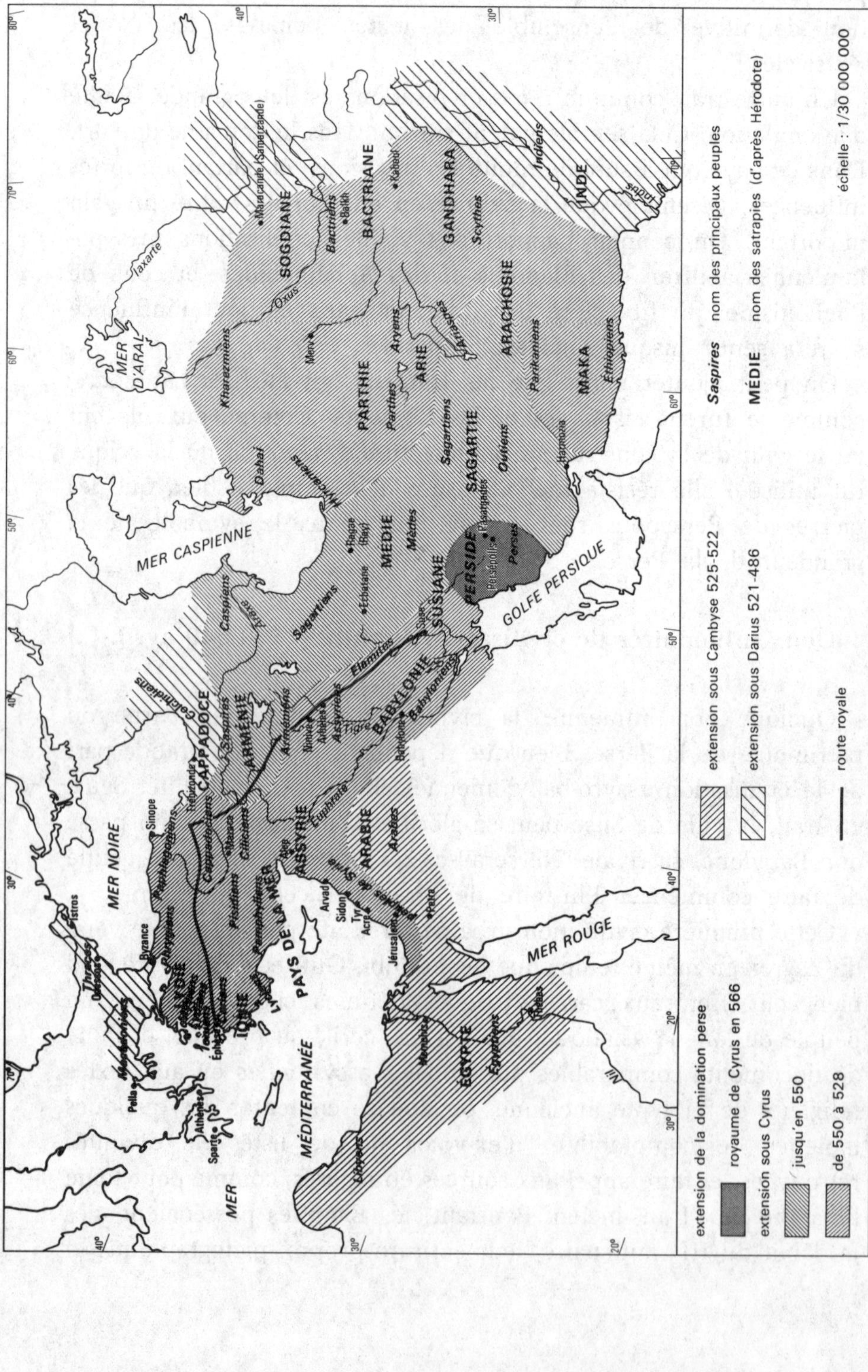

L'Empire perse

non encore déchiffrée. Mais le vieil élamite des inscriptions sur pierre est connu à travers une écriture empruntée aux Sumériens, ce qui est un indice du faible usage qui était fait de l'écriture nationale. Désormais, les Iraniens empruntèrent toujours leur écriture à des voisins, en la transformant, qu'il s'agisse du cunéiforme (élamite ou vieux perse) ou de l'araméen et des divers systèmes d'écriture qui en sont issus et ont servi à transcrire les dialectes du moyen perse. Dès le XVIe siècle avant J.-C., en effet, les Élamites utilisent une écriture cunéiforme dérivée du système akkadien. Les documents les plus récents sont les versions des inscriptions achéménides des Ve et IVe siècles, ainsi que les nombreuses tablettes commerciales retrouvées à Persépolis.

Puissance ou dépendance

L'histoire de ces Élamites est donc malaisée à retracer. À haute époque, ils sont soumis à Akkad, puis indépendants et à nouveau soumis sous le grand Sargon, et leur culture liée désormais à celle de la basse Mésopotamie. On peut distinguer trois grandes périodes. De 2500 à 1500 environ, plusieurs dynasties se succèdent, et la dernière, celle des Épartides, ou Grands Régents, témoigne d'une organisation bien élaborée et originale, dans laquelle les institutions sont fondées sur le fratriarcat. Ainsi, c'est le frère cadet du roi régnant (et vice-roi du royaume) qui hérite sa succession, tandis que le troisième personnage de l'État, chargé du gouvernorat de Suse, et fils aîné du roi, n'a aucune chance d'accéder à la charge suprême, si ce n'est au cas (rarissime) où il n'y a plus ni frères ni cousins capables d'assurer la succession. Ce droit du frère évolua cependant au profit du droit d'héritage du fils, parmi le peuple, mais non dans la maison royale où il se maintint jusqu'à la décadence de l'empire. Mais, en fait, ce droit était limité par une forte mortalité, aggravée par les lois du mariage consanguin et du lévirat. Il semble que nulle part ailleurs n'ait existé pareil système.

À partir de 1500, les sources se taisent et il semble bien que ce silence coïncide avec la domination d'un peuple voisin, les Kassites, qui s'emparèrent de Suse sous le règne de Kurigalzu II

(1345-1324) et furent les maîtres de Babylone pendant plus de cinq siècles, jusqu'en 1171. Ce peuple introduisit l'usage du cheval et du char de guerre.

Le rejet de la domination kassite fut suivi d'une réaction nationale qui inaugura la période classique et fut marquée par une brillante civilisation, par la construction de la célèbre ziggurat de Tchogha-Zambil, due à Untash-Napirisha, qui fit de grands travaux pour l'alimentation en eau de sa capitale Dur-Untash. Ses deux successeurs forment la dynastie des Shutrukides. Ils réussirent à piller la Babylonie et la fameuse stèle du code d'Hammourabi tomba entre leurs mains, de même que les statues des dieux Mardūk et Nana. Cette glorieuse époque s'achève avec la prise de Suse par Nabuchodonosor Ier, vers 1110.

Trois siècles obscurs séparent cette seconde période de la renaissance néo-élamite (750-640 env.), qui resta précaire en raison de la lutte contre l'Assyrie et l'émergence des Mèdes et des Perses en Iran. Suse fut la proie d'Assurbanipal en 646, et ses habitants déportés en Palestine.

Religion et art

La religion des Élamites, pour autant qu'on la connaisse, se caractérise par son conservatisme, attesté par des listes de divinités qui demeurent presque identiques entre 2260 et 640. Son originalité réside dans la primauté accordée à Pinenkir, déesse souveraine du ciel, qui céda cependant sa place au dieu Humban durant le second millénaire. Le serpent jouait un très grand rôle, et, divinisé, on le représenta partout, sur les portes, le trône des dieux, autour de l'arbre de vie. L'art proto-élamite est connu surtout par les cylindres-sceaux, qui attestent le goût de ces hommes pour la représentation animalière, particulièrement des serpents et des capridés. L'ancienne figure mythologique du « Maître des animaux » semble être remplacée par celle du roi-prêtre, et accompagnée de monstres divers. Mais l'Élamite fait preuve aussi de réalisme dans ces scènes pittoresques où il retrace ses activités quotidiennes : travail du tisserand, du magasinier, engrangement de la moisson.

La sculpture de bas-reliefs a mieux traversé les siècles que l'architecture, dont les constructions en brique sont très périssables. Avec moins d'éclat sans doute, cette civilisation élamite a bel et bien rivalisé avec Sumer et Uruk.

2 L'Empire des Mèdes et des Achéménides (VIIe-IVe s. av. J.-C.)

Le premier royaume iranien (VIIe-VIe s. av. J.-C.)

Après avoir séjourné dans la région du lac d'Ourmia, au contact des Urartéens, auprès desquels ils auraient appris les techniques de construction du type cyclopéen, des Aryens, les Mèdes et les Perses, s'établirent près de l'Élam dont la défaite servit leurs intérêts. Ce sont les Mèdes qui constituèrent sur le plateau iranien le premier empire, à l'instigation de Déiocès, auquel Hérodote attribue la construction d'Ecbatane (l'actuelle Hamadan), et de ses successeurs Phraorte (mort en 633) et Cyaxare (633-584), qui en firent leur capitale. Le dernier s'empara de l'Assyrie et de ses provinces d'Asie Mineure, et son empire confina à la Babylonie, maîtresse de l'Élam, et à la Lydie, puissant État commercial.

Parlant un dialecte du Nord-Ouest, les Mèdes n'ont laissé aucun monument écrit. Il est vrai que le site d'Ecbatane n'a toujours pas été fouillé, mais leur langue n'a apparemment jamais été écrite. Même si le gouvernement mède possédait ses archives, elles ont pu être rédigées en une autre langue. Le mède n'est donc connu qu'à travers des transcriptions d'Hérodote, et grâce à l'influence qu'il a exercée sur le vieux perse, ce qui a permis de tenter une reconstruction de la langue. On sait que des poètes mèdes se trouvaient à la cour, et Hérodote cite des « théogonies » récitées par les Mages, qui étaient une tribu d'où l'on recrutait les prêtres. Ils pratiquaient le culte solaire et la divination. Dans le domaine de l'art, quelques tombes rupestres ont été attribuées aux Mèdes par E. Herzfeld, mais on pense que l'art mède, encore mal connu, a pu jouer le rôle d'un organe de transmission entre l'art des Scythes et des Urartéens et celui des Achéménides. Plus que quiconque, les Mèdes se définissent, comme leurs devanciers, par ce refus de la tradition écrite.

L'Empire de Cyrus et de Darius (558-486 av. J.-C.)

La constitution d'un empire dominé par les Perses est l'œuvre de Cyrus, qui, s'étant emparé du royaume de Crésus (Lydie) et des possessions grecques d'Asie, étendit ses conquêtes à l'est avant de faire tomber Babylone en 539. Son fils Cambyse agrégea l'Égypte à l'Empire. Mais Darius Ier, qui dut reconquérir le pouvoir par la force, demeure le grand organisateur de cet Empire démesuré, par sa diligence à légiférer, par ses réformes financières (création de la darique, monnaie en or ; standardisation des poids et mesures, des valeurs des métaux précieux), par le développement des voies de communication (canal de Suez), par son œuvre de bâtisseur : Persépolis, après Suse et Pasargades, est sa création grandiose, que poursuivit son fils Xerxès, dont la tâche ne fut pas facilitée par les conflits avec les Grecs. Cette ville semble avoir été surtout une capitale d'apparat, comme Versailles, où les délégations des peuples sujets venaient chaque année, à la fête du Nouvel An, apporter tribut et présents au Roi des rois qui les recevait à cette occasion. Les bas-reliefs de Persépolis attestent pour nous ces cérémonies somptueuses qui tentaient aussi de manifester d'une manière tangible l'unité de ce si vaste empire, peuplé d'Indo-Européens, de Sémites et d'Asianiques. Le système des satrapies, organisé par Cyrus et calqué sur le modèle des provinces assyriennes, fut renforcé par un contrôle strict de l'administration centrale, qui dépêchait chaque année un inspecteur dans chaque satrapie. En outre, trois hauts fonctionnaires de la satrapie (secrétaire, trésorier, commandant de la garnison) étaient placés sous les ordres directs du Grand Roi.

Cet âge d'or est connu essentiellement par le récit des historiographes grecs, surtout grâce à Hérodote. Son témoignage, qui ne manque pas de valeur, ne peut être tout à fait impartial, car les conflits entre les cités grecques et les Perses ne cessèrent d'envenimer les relations entre les deux parties : ces guerres tendaient à libérer des régions de l'Asie Mineure colonisées depuis longtemps par les Grecs et occupées par le Roi des rois, qui tenta (avec Xerxès) de porter la guerre jusqu'en Grèce, mais échoua au désastre de Salamine. Aussi les inscriptions monumentales que Darius fit graver en vieux perse et traduire en élamite et en akkadien sont-elles de la plus haute importance ; mais, en dehors du grand texte de Behistūn, qui fournit la liste des pays conquis par Darius et relate les événements de son règne, les autres inscriptions sont courtes et se répètent volontiers. Toutefois, ces textes sont uniques, en ce qu'ils représentent l'état le plus ancien de la langue parlée (à la cour). Il reste que les Achéménides ont si peu écrit qu'ils sont bien - sur ce plan - à l'image de leurs prédécesseurs.

Tolérance religieuse, mazdéisme

L'*Avesta*, collection de textes religieux assez consistante, ne contrevient pas à la primauté de la tradition orale, car elle n'a été réunie que très tardivement, à l'époque sassanide, probablement sous la pression des religions *à écritures*, comme le judéo-christianisme et le manichéisme. Parmi ces textes, ceux que l'on attribue à Zoroastre (hymnes des *Gāthās*) reflètent l'état d'une langue morte, parlée mille ans avant qu'elle ne fût écrite ! C'est en effet vers 600 avant J.-C. qu'on s'accorde à placer la vie de ce prêtre d'une petite communauté se livrant à l'élevage du bœuf, en Chorasmie. On pense aussi généralement qu'il a été un réformateur de l'ancienne religion indo-iranienne : en écartant des dieux comme Mithra et Zurvan, en donnant à Ahura Mazda la première place et en lui subordonnant une série de sept entités divinisées, il a transformé l'ancien polythéisme des Indo-Européens en une sorte de monothéisme compatible avec un dualisme relatif, où le parti d'Ahriman et des démons sera finalement vaincu.

Le problème qui préoccupe particulièrement les iranistes est de savoir si les Achéménides ont connu cette réforme ; il ne le semble pas, du moins avant Artaxerxès Ier (465-424). Tout ce que l'on connaît de la religion de ces souverains, c'est leur politique tolérante (et habile) envers les autres religions, dont ils acceptèrent la cohabitation. Quant aux données fournies par Hérodote, elles concernent sans doute les pratiques de la religion populaire.

3 La cassure de l'hellénisation (IVe-IIIe s. av. J.-C.)

La conquête d'Alexandre (334-323 av. J.-C.)

L'Empire achéménide n'était pas sans faiblesses : à l'intérieur, l'immensité même du territoire et la pression des impôts entraînant le mécontentement en rendaient l'unité fragile ; à l'extérieur, les guerres incessantes avec la Grèce, qui furent rarement à l'avantage de cette dernière, détournaient le Grand Roi des vrais problèmes intérieurs. Le dessein de libérer les cités grecques d'Asie, devenu pourtant impopulaire en Grèce, fut repris par Philippe de Macédoine, puis par Alexandre qui ruina en quelques années l'Empire perse, s'emparant d'abord des côtes de l'Asie Mineure, des pays méditerranéens jusqu'à l'Égypte, puis du cœur même de l'Empire, de ce qu'on appela plus tard les satrapies supérieures (Babylonie, Mésopotamie, Iran). Cette fantastique conquête s'acheva, à l'est, par la prise des provinces orientales et de l'Inde occidentale, où Taxila près de Peshāwar témoigne encore de la colonisation gréco-macédonienne.

Mais avec la mort prématurée du conquérant en 323, ce nouvel Empire s'effrita rapidement, au milieu des disputes des généraux d'Alexandre, puis de leurs successeurs, les Séleucides, qui ne furent pas en mesure d'empêcher la sécession des provinces orientales, d'endiguer la montée de nouveaux venus, les Parthes arsacides, ou de réaliser cette symbiose entre les populations indigènes et les colons macédoniens qu'Alexandre avait préconisée.

Conséquences de l'hellénisation

Si l'espoir du conquérant de réaliser un empire unissant l'Orient à l'Occident semble bien avoir été déçu, il n'en est pas de même quant à la symbiose obtenue sur le plan culturel. Certes, la conquête du Macédonien constitue une véritable cassure dans l'histoire de l'Iran ancien, mais le bilan en est plutôt bénéfique sur le plan de la civilisation. Partout, en effet, l'hellénisme s'est imposé comme la culture internationale du temps. À la prédominance de l'araméen, utilisé auparavant comme langue officielle de l'administration, se substitua celle du grec, qui évolue en une *koinè* ayant cours dans tous les pays méditerranéens et iraniens. Et cette hellénisation ne s'arrêta pas avec la disparition des Séleucides, puisqu'aussi bien le grec était encore utilisé au IIIe siècle après J.-C. (cf. la version grecque de la grande inscription de Shābuhr). La durée de la domination grecque ne coïncide pas avec celle de l'hellénisme.

Cela se vérifie aussi dans l'art : partout, de l'Euphrate à l'Indus, les fouilles révèlent l'influence de l'art grec. Aï Khanoum, découverte en 1964, est une cité entièrement grecque sise sur l'Oxus (aujourd'hui Amou-Daria). Et Taxila, en Inde, aussi bien que Faïlaka sur le golfe Persique attestent cette omniprésence de l'hellénisme en Iran. Certes, il est malaisé d'en suivre l'évolution dans l'espace comme dans le temps, car cet art grec s'est mué, assez vite peut-être, en un art gréco-iranien et, à l'est, en un art gréco-bouddhique. Comme l'a recommandé D. Schlumberger, il faut se défaire d'une fausse vision historique (et latine) qui fait des Romains les sauveurs d'un hellénisme qui n'aurait pas dépassé l'Euphrate, à l'est. Or, « de l'héritage hellénistique, Rome n'a recueilli qu'une part » (*L'Orient hellénisé*).

Dans le domaine religieux, les données sont si ténues qu'on en est réduit à des hypothèses. Certes, une certaine résistance à l'hellénisme s'est manifestée, spécialement dans les milieux juifs, mais il ne faut pas la surestimer. On ne sait pas si la religion grecque, qui a nettement influencé la dynastie parthe, a été vraiment combattue par les Iraniens, soucieux de conserver leur patrimoine culturel et religieux, mais aptes également à accueillir les apports étrangers, comme cela est si patent dans les arts dès l'époque achéménide où, à partir d'influences diverses, une culture originale s'est épanouie.

4 La réaction nationale des Parthes arsacides (IIIe s. av. J.-C.-IIe s. apr. J.-C.)

Aux prises avec les Séleucides et avec les Romains

Face à l'hellénisme envahissant, l'installation au pouvoir de nouveaux Iraniens, pour près de cinq siècles, peut apparaître comme une réaction nationale. Il s'agit d'une nouvelle vague d'envahisseurs sakas, venus des steppes araliennes, qui, sous la conduite d'Arsace, s'établissent en Hyrcanie-Parthyène dès la seconde moitié du IIIe siècle. Leur premier objectif fut de conquérir les provinces soumises aux Séleucides, et la réussite en est due à Mithradate Ier (171 env.-138 env.) qui enleva Séleucie du Tigre en 141 et captura le roi séleucide lui-même, l'emmenant en Parthie. Cet exil forcé fut une erreur politique, car les Séleucides réagirent très vigoureusement. Mais Démétrios II ayant été relâché, les Parthes devinrent maîtres de la plus grande partie des pays iraniens. Ils se heurtèrent cependant encore à d'autres obstacles : d'abord à la pression des nomades sakas, des Huns et des Tochariens, ensuite à celle des royautés indo-scythes et des Kouchans, à l'est.

Une fois la puissance séleucide vaincue, c'est à celle de Rome que furent confrontés les Parthes. Toute leur histoire, de Phraate III (71-58 av. J.-C.) à Artaban IV (mort en 224 apr. J.-C.), le dernier des Arsacides régnants, est une lutte incessante, dans laquelle les Romains furent souvent les attaquants pour disputer aux Parthes l'Arménie, sorte d'État tampon passé sous leur contrôle et gouverné par une branche de la famille arsacide. Les Parthes tentèrent d'imposer comme limite naturelle aux deux empires le cours de l'Euphrate.

Les premières guerres se soldèrent pour Rome par de graves échecs, soit que l'infanterie des légions ne pût résister aux assauts de la cavalerie parthe très mobile, comme ce fut le cas à Carrhes, soit que, attirés dans les montagnes de l'Arménie, les Romains ne pussent supporter les dures conditions stratégiques et climatiques qui leur étaient infligées. Préparé par César, le projet d'une grande expédition en Arménie fut mis à exécution par Antoine, croyant à la fidélité de l'alliance romano-arménienne. Cette campagne se transforma en retraite sanglante, à l'image de celle des Dix Mille. Après le règne florissant de Vologèse Ier, les Romains furent plus fortunés dans leurs conquêtes, au début du IIe siècle après J.-C. Les succès de Trajan, qui s'empare de Ctésiphon, ville fondée sur le Tigre par les Parthes et érigée en capitale d'Empire (en remplacement d'Hécatompylos située près de la mer Caspienne et donc trop excentrique) en 115-117, puis de Lucius Verus en 165, de Septime Sévère en 197-198 entraînent le déclin de Séleucie-Ctésiphon ainsi que la décadence de la royauté parthe, qui fut anéantie par les Sassanides.

Caractéristiques de la civilisation parthe

Ainsi confrontés successivement aux Séleucides et aux Romains, les Parthes ont dû lutter pour maintenir l'unité de leur Empire. Celle-ci fut menacée aussi à l'intérieur : les nobles, devenant de plus en plus puissants, de même que les sept grandes familles qui possédaient d'immenses propriétés foncières, tendirent à ruiner l'autorité de la monarchie, non héréditaire, qui cherchait, par l'élimination cruelle des rivaux possibles, à s'imposer par un despotisme impopulaire. Le bilan de cette période ne doit pas pour autant être négatif. Cependant, faute de documents écrits (presque rien, hormis les ostraca de Nisa) ou de monuments proprement parthes (rien n'est resté de la Ctésiphon parthe), il est difficile de mesurer l'impact de cette civilisation. Ce qui est sûr cependant, c'est qu'elle reste tributaire de l'hellénisme, comme l'atteste la numismatique : les dieux représentés sont purement grecs jusqu'à Vologèse Ier et les rois se proclament « philhellènes ». Des villes cosmopolites aux confins des deux empires, comme Hatra, Assur ou Doura-Europos, témoignent du syncrétisme religieux, ou du moins de la cohabitation des grandes religions. Le culte de Mithra a pris une coloration et une extension nouvelles sous la forme du mithraïsme, se répandant dans tout le bassin méditerranéen. Les Parthes ont-ils été des bâtisseurs ? L'exemple de Vologèse, qui construisit Vālaxshābād (Vologesocerta) pour remplacer Séleucie, pourrait l'attester. L'art parthe, en tout cas, si mal connu soit-il, a su être original, en généralisant la représentation *de face* dans la sculpture, et l'emploi de l'*iwān* (pour le plan), de l'arc et de la voûte (pour la couverture) dans l'architecture.

5 Le dernier Empire : les Sassanides (IIIe-VIIe s.)

Les fondateurs du IIIe siècle

L'opinion communément admise d'une réaction sassanide à l'hellénisme et d'une tentative de restauration de l'âge d'or achéménide est à réviser quelque peu. L'usage du grec sous Shābuhr Ier (241-272), qui fit graver en cette langue (à côté du parthe et du pehlevi) le mémorial de ses victoires sur les Romains et de ses fondations religieuses en faveur de la famille royale, suffit à indiquer qu'il y a continuité avec la période parthe. Ce qui change, c'est que les nouveaux maîtres de l'Iran sont originaires du Fārs : c'est de là que partit la révolte d'Ardachīr, qui tua de sa main Artaban IV, tout comme huit siècles plus tôt Cyrus le Perse avait pris l'Empire mède des mains d'Astyage. Le renouvellement de l'histoire se borne là. Shābuhr Ier arrache aux Romains d'importants territoires en Syrie et vainc trois empereurs, tuant l'un (Gordien) et capturant un autre (Valérien) ; ses victoires furent suivies de la déportation de populations qui sont probablement à l'origine des premières communautés chrétiennes en Perside. Les deux premiers Sassanides fondèrent de nombreuses villes dans le Fārs et le Khuzistan, et il semble que ce fut là le cœur de l'empire au IIIe siècle, et non plus Séleucie-Ctésiphon, qui le redevint toutefois plus tard.

Les quelques inscriptions laissées par Shābuhr en plusieurs endroits ont une très grande importance, même si l'essentiel de la documentation pour cette période demeure l'historiographie arabo-persane postsassanide et les chroniques syriaques et arméniennes. À ces inscriptions royales s'ajoutent quelques textes privés dus à un mage nommé Kirdīr.

Les persécutions religieuses (276-fin Ve s.)

Simple prêtre sous Shābuhr, Kirdīr eut une carrière étonnante et devint le chef suprême du zoroastrisme érigé en religion d'État, avec l'appui de Bahrām II (276-293). Il employa toute son énergie à fonder de nouveaux temples du feu, à développer le culte, à accroître le nombre de ses ministres et à encourager le prosélytisme auprès des incroyants. En même temps, il combattit les égarés de la « religion mazdéenne » (maguséens et zervanites ?) et persécuta les juifs, les chrétiens, les bouddhistes et brahmanes, les manichéens. Ces derniers représentaient un danger sérieux pour le mazdéisme, car le manichéisme était une religion fortement structurée, avec un corps de doctrines que son fondateur avait tôt mises par écrit, et redoutable par son expansion prodigieuse et par sa prétention à l'universel. Bien reçu par Shābuhr, il ne fut plus toléré par Bahrām qui, sur l'instigation de Kirdīr, fit périr Mani en 277.

La conversion de Constantin (et de l'Empire romain) à la foi chrétienne entraîna pour les chrétiens de nouvelles persécutions, sous Shābuhr II, qui se poursuivirent de manière sporadique dans les siècles suivants, jusqu'à ce que, l'Église de Perse devenant tout entière nestorienne et autonome (fin du Ve s.) sous Vālaxsh, les rapports entre Église et État en fussent améliorés.

Une civilisation très policée (Ve-VIe s.)

Après la tentative d'un manichéen hérétique, Mazdak, de secouer l'ordre établi et d'instaurer une sorte de communisme pour venir en aide aux plus défavorisés, avec l'appui de Kavād Ier qui dut en conséquence renoncer à son trône, le VIe siècle sassanide fut marqué par le règne de deux grands souverains, Xosrō Anushirvān (531-579) et son petit-fils Xosrō Parvīz (591-628), dont les fastes et le luxe sont restés légendaires. Le premier sut maintenir la paix et entreprendre de nombreuses réformes. C'est le type du roi juste, généreux et magnanime, selon la tradition arabe. À l'instar des premiers Sassanides, il fut aussi un bâtisseur de villes. Ctésiphon faisait partie d'un ensemble de sept villes.

C'est aussi la plus belle période littéraire et philosophique ; l'enseignement était entièrement aux mains du clergé. L'influence de la Grèce, dans la médecine, ou de l'Inde, sur la littérature, est incontestable. La cour de Xosrō II, qui avait épousé la chrétienne Shīrīn, n'a pas été moins florissante. Mais les règnes très éphémères qui suivirent attestent l'affaiblissement du pouvoir monarchique, qui profita aux généraux et aux gouverneurs devenus indépendants, et finalement aux envahisseurs arabes dans les années 640-650.

Si peu de sites sassanides ont jusqu'ici été fouillés, l'art semble cependant rompre avec celui qui l'a précédé : l'abandon de la frontalité, l'emploi de la coupole, le retour au décor achéménide manifestent une rupture et, en tout cas, la fin de l'influence grecque.

PHILIPPE GIGNOUX

LANGUES ET LITTÉRATURES

Le vieux perse constitue avec l'avestique l'iranien ancien du groupe indo-iranien, principal représentant de l'indo-européen en Asie.

Ancêtre du pehlevi (moyen perse) et du persan (iranien moderne), il est attesté par les inscriptions des anciens rois perses de la dynastie achéménide, éparpillées à travers leur empire : à Bīsutūn (dans la partie occidentale de l'Iran, en Médie), à Persépolis (dans le sud-ouest de l'Iran), à Suez (en Égypte), etc. La quasi-totalité de ces inscriptions émanent de Darius (521-486 av. J.-C.), dont la plus importante est celle de Bīsutūn, et de son successeur Xerxès (486-465 av. J.-C.).

Les inscriptions vieux-perses sont en général accompagnées de deux autres versions, akkadienne et élamite.

Ces monuments épigraphiques sont importants du point de vue historique et linguistique, mais dénués de caractère littéraire. En effet, ils contiennent presque exclusivement proclamations et titres royaux, récits de conquêtes et de châtiments infligés aux adversaires, inventaire des pays constituant le royaume, ainsi que des formules répétées et quelques courtes recommandations. Par conséquent, on ne donnera ici qu'un aperçu du système linguistique du vieux perse.

MOHAMMAD DJAFAR MOÏNFAR

Le pehlevi (*pahlavīk*) désigne le parthe, langue du Nord (par opposition au *parsīk*, langue de la Perside), mais l'usage a fait qu'on appelle ainsi la langue des écrits mazdéens qui est en réalité du moyen perse, tandis que pour les textes manichéens on distingue correctement le (moyen) parthe et le moyen perse.

De la littérature pehlevie, nous savons par les auteurs musulmans qu'une grande partie, encore connue d'eux, a aujourd'hui disparu : ils en ont parfois recueilli des morceaux, surtout de morale, en les traduisant en arabe ou en ont incorporé l'essentiel des traditions épiques dans d'immenses poèmes dont le plus riche et le plus justement célèbre est le *Livre des rois* (*Sah Nāmeh*) de Firdousi. Exception faite du *Mêmorial de Zarēr*, récit poétique, en partie versifié, d'un épisode de la guerre de Vištasp, premier champion du zoroastrisme, contre les Khyonites, et de la geste d'Ardasīr, fondateur de la dynastie sassanide, le peu qui nous reste de cette littérature a trait à la religion et à la morale, sans présenter aucune qualité littéraire. Ce n'en est pas moins d'un grand intérêt par ce que nous y apprenons de l'Iran avant son islamisation.

JEAN DE MENASCE

1 Le vieux perse

Système graphique

L'écriture cunéiforme du vieux perse, déchiffrée seulement au XIXe siècle, a été faite uniquement pour graver des inscriptions. Syllabo-alphabétique, elle a été dérivée du syllabaire akkadien et comporte trente-sept signes, dont un pour marquer la séparation (tabl. 1). Elle s'écrit de gauche à droite. Quelques idéogrammes sont utilisés dans certaines inscriptions. Les nombres sont notés par des chiffres (tabl. 1).

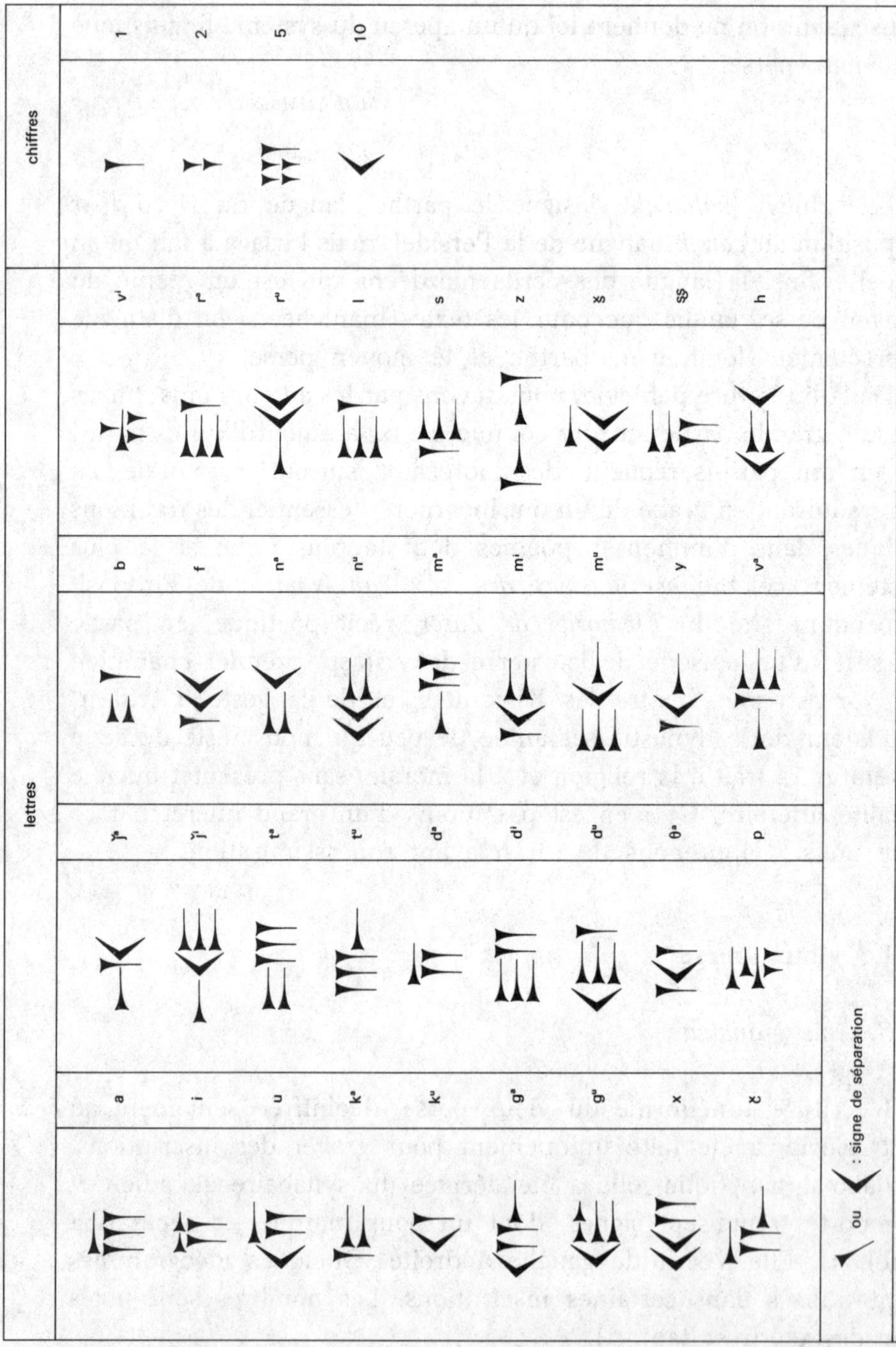

tabl. 1 - *Système graphique du vieux perse*

Système phonologique

Le vieux perse comprend vingt-sept phonèmes. Le système vocalique est constitué de trois voyelles : *i*, *a* et *u*, chacune avec deux quantités, longue et brève. Le système consonantique est caractérisé par une classe d'occlusives comprenant deux séries sourde et sonore, par une série de fricatives sourdes, deux nasales, deux semi-voyelles et une vibrante. La latérale *l* n'existe en vieux perse que dans la transcription de quelques noms propres étrangers. Le phonème qu'on note *ss* d'après les enseignements d'Émile Benveniste (et qu'on note communément *ç*) est une unité phonématique qui répond au groupe *θr* avestique (équivalent du groupe *tr* en sanskrit). C'est une sifflante forte qu'on pourra classer avec *s* et *z*.

Système grammatical

Le vieux perse est une langue à flexion avec une déclinaison pour les noms et une conjugaison pour les verbes. La déclinaison comprend les cas suivants : nominatif, vocatif, accusatif, génitif-datif, ablatif, instrumental et locatif. Le génitif et le datif se sont confondus en une seule forme qui est en principe l'ancien génitif. Le pehlevi et le persan ne possèdent aucun de ces cas, et il semble que la décomposition de la déclinaison était commencée à l'époque où les dernières inscriptions en vieux perse ont été rédigées. On distingue trois nombres : singulier, duel et pluriel, et trois genres : masculin, féminin et neutre. Le féminin s'identifie par des adjectifs et démonstratifs qui se rapportent à un substantif. Localités, noms de matières, d'éléments ou de temps et noms abstraits sont du genre neutre.

Le système verbal du vieux perse est celui de l'indo-iranien, mais avec quelques réductions. C'est surtout le système du présent qui a gardé toutes ses variétés. Les désinences primaires, secondaires et spéciales à l'impératif sont conservées. Les formes actives et moyennes sont bien distinctes. Les préverbes, autonomes en indo-iranien, peuvent être soudés aux verbes pour distinguer l'action achevée de celle non achevée. Les désinences personnelles sont suffisantes pour indiquer le nombre et la personne. Un pronom au nominatif peut être employé lorsqu'on veut marquer une insistance.

N'ayant aucune influence sur les fonctions grammaticales, l'ordre des mots est en principe : sujet, complément direct, verbe. Les autres compléments peuvent être placés avant (surtout lorsqu'ils sont mis en relief) ou après le verbe.

À titre d'exemple, voici la traduction de l'inscription de Darius à Suez :

« Le grand Dieu est Ahuramazdā, qui a créé ce ciel-là, qui a créé cette terre-ci, qui a créé l'homme, qui a créé la félicité pour l'homme, qui a fait Darius roi, qui a concédé à Darius ce grand royaume, aux bons chevaux, aux hommes de qualité. Je suis Darius, le Grand Roi, le Roi des rois, le roi des pays aux nombreuses races, le roi de cette terre grande au loin, fils de Vištāspa achéménide. Dit le roi Darius : je suis perse, depuis la Perse j'ai conquis l'Égypte. J'ai ordonné de creuser ce canal, de la rivière nommée Nil, qui coule en Égypte, à la mer qui va jusqu'en Perse. Alors ce canal fut creusé comme je l'avais ordonné, et des bateaux allèrent d'Égypte, par ce canal, jusqu'en Perse, comme tel était mon désir. »

MOHAMMAD DJAFAR MOÏNFAR

2 Le moyen perse ou pehlevi

L'écriture

L'écriture du moyen perse, ou pehlevi, comporte un type calligraphique avec deux alphabets, selon qu'il s'agit du parthe ou du moyen perse, dont les lettres sont presque toutes distinctes et individualisées. Il a été employé pour les inscriptions rupestres officielles, les monnaies, des intailles, les *dipinti* de la synagogue de Doura-Europos, la traduction pehlevie du psautier découverte au Turkestan chinois. On a d'autre part un type cursif d'écriture où plusieurs lettres sont confondues et où les ligatures ambiguës sont nombreuses : c'est celui qu'on trouve dans les livres mazdéens, des inscriptions rupestres privées, des intailles et, à un degré extrême de simplification, dans les papyrus et les ostraca. Ces deux types dérivent de plusieurs écritures araméennes en usage dès l'époque achéménide dans les chancelleries : outre la graphie, furent empruntés des mots araméens, désormais utilisés comme idéogrammes, munis en cas de besoin de « compléments phonétiques ». L'idéographie est utilisée par toutes les écritures moyen-iraniennes, à l'exception de celle inventée par Mani, qui adapte l'écriture estranghelo du syriaque à la phonétique iranienne. Les linguistes modernes la suppriment également dans leur transcription qui tend soit à reproduire le graphisme (H. S. Nyberg), soit à rendre le phonétisme reconstruit surtout d'après les documents manichéens (W. Henning, D. N. MacKensie).

Les inscriptions rupestres des premiers Sassanides, bilingues (parthe et pehlevi) ou trilingues (les deux langues précédentes plus le grec), sont d'un grand intérêt historique, de même que celles de Kartēr, « ministre des cultes » de Shahpur II et d'Hormizd, riches en détails sur la centralisation religieuse qu'il opéra.

Chronologie et œuvres

La chronologie, même relative, des œuvres est le plus souvent impossible à établir et sans véritable intérêt, la plupart des livres étant postérieurs à la pénétration islamique. On peut cependant citer en premier la traduction pehlevie du *Yasna*, du *Vidēvdāt* et du *Nirangistān* avestiques, qui, représentant une tradition exégétique autorisée, a fixé les sens et la résonance des termes qui vont se retrouver partout. Le même intérêt s'attache au livre IX du *Dēnkart* (dit « des mille chapitres ») qui traduit, résume ou glose d'anciens commentaires (perdus) des *Gāthās*. Le livre VIII du même ouvrage renseigne sur l'organisation et le contenu de toutes les parties du corpus avestique dont n'a été conservé qu'une infime partie. Le livre VII est une légende de Zarathustra, replacée dans son contexte d'historiosophie cosmique et qui contient de nombreux passages littéralement traduits de poèmes avestiques perdus. Un bref résumé de cette vie se retrouve au livre V, à titre de justification historique insérée dans une défense de la religion adressée à un « païen », suivie d'une série de réponses aux objections d'un chrétien. Le livre VI est un vaste ensemble de sentences à caractère moral et psychologique transmises par les Anciens. C'est là la forme propre à l'Iran du genre sapiential richement représenté dans l'Orient ancien. En pehlevi même, s'y rattachent les petits écrits dénommés *andarz*, « conseils » ou « testaments » attribués à un roi ou à un sage : *andarz* de Vuzurg Mihr, d'Aturpat i Mahraspandān, d'Ošnār, de Zartušt, d'Ardašīr, de Husrow, dont certains seront versifiés en persan par Firdousi, ou traduits en prose arabe par Miskawayih et d'autres encore. Ce genre restera vivant dans la poésie persane classique. Les livres III et IV du *Dēnkart* (les livres I et II sont perdus) ont un caractère plus original. En de courts chapitres, ils exposent d'une manière systématique des questions de dogme et de morale qui défendent le dualisme à la base du mazdéisme et qui réfutent par l'absurde les autres religions existant dans l'Iran du IXe siècle : judaïsme, christianisme, manichéisme. Mais c'est surtout l'islam, dont le nom n'est pas prononcé, qui est l'adversaire le plus menaçant. Aussi est-il partout reconnaissable dans les positions attaquées, qu'il s'agisse de textes coraniques ou de thèses du mu'tazilisme de l'époque. La polémique rationnelle permet d'affirmer plus fortement les grands traits de la foi mazdéenne : la venue de la révélation prêchée par Zartušt, la consolidation mutuelle que s'apportent la religion et la royauté, la conversion du monde qui s'effectuera grâce au triomphe des dynasties iraniennes et qui, en dépit de revers passagers, aboutira à la rénovation de la création et à la résurrection générale. C'est certainement dans le livre III qu'Aturpāt i Emetan, qui se déclare l'auteur du *Dēnkart*, a mis le meilleur de lui-même : ses écrits occupent plus du tiers de l'ouvrage entier, et sont en quelque sorte condensés dans les vingt pages qui forment le livre IV. Sa méthode a été reprise et accentuée dans le *Skand gumānīk vičār* (*Solution décisive des doutes*), dont l'auteur, Martān Farrux, se proclame le disciple admiratif d'Aturpāt. Chez lui, la polémique est à la fois plus franche et plus incisive, l'information plus détaillée et s'étendant aussi bien aux autres religions qu'à l'islam. C'est sans doute peu de temps après que commença l'exode d'une partie de la communauté mazdéenne de Perse vers la côte occidentale de l'Inde du Nord.

Ce sont les seuls ouvrages de ce type. Le *Bundahišn*, conservé dans une version longue, dite iranienne, qui est probablement originale, et une version courte dite, improprement, indienne, est d'abord une encyclopédie de cosmologie sur l'Assaut primordial d'Ahriman, puis une description détaillée de l'univers. Les mythes y sont ajustés aux données de l'astronomie, de la géographie, de la botanique et de la zoologie. Le degré de précision de ces données n'atteint pas le niveau scientifique de l'époque (Xe s.), mais l'ouvrage vaut par tout ce qu'il apporte en fait de notions mythologiques en complément de l'Avesta. Écrit dans une langue simple et claire, il n'est souvent qu'un assemblage de citations traditionnelles, alourdi par des répétitions. Le chapitre sur l'homme-microcosme a été considéré par certains spécialistes (depuis Goetz) comme l'indice de l'influence de l'Iran sur le corpus hippocratique. Fort bien construit, par contre, mais plus bref quant à la cosmogonie parallèle à celle de *Bundahišn*, est l'ouvrage du prêtre Zātspram intitulé *Sélections* (*Vicītakīhā*). Il renferme d'abord une vie de Zaratušt, plus concise que celle du livre VII du *Dēnkart* et puisant à d'autres sources, ensuite d'importants chapitres sur la psychologie et l'eschatologie. Les innovations liturgiques de Zātspram soulevèrent la réprobation de son frère Manušcihr, dont la juridiction religieuse était plus vaste, qui s'en exprima dans trois lettres d'un style solennel et obscur. On possède également de lui un recueil de réponses intitulé *Affaires de religion* (*Dātistān i dēnīk*), portant sur des questions de théologie et sur des cas pratiques posés aux mazdéens dans un Iran où leur Église perdait de plus en plus d'adeptes. Le traité sur *L'Esprit de la sagesse et le sage* (*Dātistān i mēnōg i xrat ut dānāk*), dont certains chapitres relèvent du genre *andarz*, la *Rivāyat* d'Aturfarnbarg i Farrunxzātān, surtout préoccupée de minuties rituelles, la *Rivāyat* d'Emēt i Ašavahištān, très riche en renseignements précis sur l'état des institutions du droit religieux (mariage, succession), se rattachent à ce genre des réponses de circonstance qui donnent lieu à un utile rappel des données de la foi. Il en est de même de la *Rivāyat pehlevie*. Mais le livre essentiel traitant des institutions et du droit privé, tel qu'il fut en vigueur sous les Sassanides et au-delà, est le *Mādigān i hazār dādistān* (*Livre des mille jugements*), malheureusement incomplet.

Le livre d'*Arta Virāz* rapporte un voyage en songe dans l'au-delà où les récompenses et les châtiments illustrent l'échelle des valeurs morales. L'histoire de *Yavišt i Friyān* reprend le thème des énigmes dont la juste solution peut seule écarter un enjeu fatal.

Gujastak Abališ (*Le Maudit Yahballah*) est le compte rendu d'une dispute publique entre un musulman transfuge du mazdéisme et un docteur répondant à ses critiques en présence du calife Ma'mūn, convaincu par les arguments de celui-ci.

Cette revue des principaux livres de la littérature pehlevie permet de mesurer, par contraste avec le souvenir que l'Iran musulman a gardé de la brillante culture sassanide, combien est mince la part qui en a été conservée. Mentionnons en terminant la joute oratoire entre l'Arbre d'Assyrie et le Bouc, en écriture pehlevie mais en langue parthe, qui repose sur un modèle qui pourrait remonter à la littérature sumérienne où ce genre est bien représenté.

JEAN DE MENASCE

LES ARTS

1 L'Élam et l'Iran avant la conquête d'Alexandre

Avant l'unification de l'Iran par les Perses, le pays d'Élam était la seule entité historique des hautes terres qui dominent les plaines de Mésopotamie, de Turkménie et de l'Indus. Situé sur le flanc sud-ouest de ce vaste ensemble montagnard, l'Élam, ou « pays haut », était fondamentalement double. Il englobait la plaine susienne, prolongement de la Mésopotamie, et les vallées du rebord occidental du plateau dont la principale correspond au Fars actuel, appelé à devenir la terre d'élection des Perses. Cette dualité géographique était aussi ethnique et culturelle, car les gens de la plaine étaient des sémites comme leurs voisins de Mésopotamie, alors que les montagnards de langue élamite étaient apparentés à leurs voisins de l'immense arrière-pays, pauvre quant à l'agriculture, mais riche de métaux et de minéraux. Les déplacements associés aux transhumances de ces gens largement nomades les ont de tout temps conduits dans la plaine agricole de Susiane, carrefour indispensable de leurs itinéraires lointains. C'est ce qui s'exprima par la dualité des capitales : Anshân appelée à être remplacée par Persépolis, puis par Chiraz dans le haut pays, et Suse dans la plaine où se rencontrent les deux populations complémentaires qui lui ont donné ses deux noms actuels, Khuzistan en persan et Arabistan en arabe.

La préhistoire

Parcouru depuis des temps immémoriaux comme le reste du monde par des chasseurs-cueilleurs paléolithiques, l'Iran occidental accueillit, dans le courant du VIIIe millénaire avant J.-C., des nomades venus des plaines de l'Ouest, qui semblent y avoir introduit alors l'idée, née au Levant, d'une exploitation des plantes cultivables et des animaux domesticables qui y vivaient à l'état sauvage. Dès lors, ce que nous appelons la « révolution néolithique » suscita le long développement de la civilisation villageoise d'agriculteurs et d'éleveurs. Un décor de têtes de bélier, dans les maisons très archaïques de Ganj Dareh, au Kurdistan iranien, ne relève pas réellement de l'art, mais on commença à façonner des figurines féminines et animales en argile, ainsi que de petits objets : sphères, cônes, disques, utilisés pour compter. Ce procédé suffisait à une économie archaïque, sans vraiment évoluer. Au contraire, on peut suivre les étapes du développement d'un premier art dans les figurines de femmes aux formes opulentes, délibérément stylisées afin d'éviter de reproduire la réalité apparemment redoutée du visage humain, selon une tradition spécifiquement préhistorique remontant en somme au Paléolithique. Le décor peint de la céramique allait désormais être le mode d'expression privilégié des cultures villageoises réparties du VIe au IVe millénaire jusqu'en Iran oriental. On exploitait le cuivre natif des montagnes bordant la vaste dépression centrale correspondant aux déserts de Kévir et de Lut, mais sans que cette industrie suscitât une supériorité culturelle particulière. Toutefois, dans la province de Kerman, les habitants de Tépé Yahya créèrent une petite statuaire très vigoureuse dans la simplification des formes de la femme et du bélier aux cornes spiralées.

Les transhumances des montagnards du Luristan les amenaient à descendre déjà dans les plaines adjacentes de Deh Luran et surtout de Susiane dont les habitants élaborèrent longuement, en symbiose avec ces nomades, une civilisation sédentaire, prélude à l'urbanisation. Finalement, autour de 4000 avant J.-C., ils fondèrent la grosse agglomération de Suse dont les chefs furent en mesure de patronner la construction d'une énorme terrasse haute de plus de 10 mètres, socle de leur demeure de prestige malheureusement anéantie, mais certainement comparable à celle d'Eridu, en Mésopotamie présumérienne. La céramique contemporaine illustre alors l'apogée de la tradition encore préhistorique montagnarde, répandue dans la plaine susienne, avec une splendide stylisation des figures organisées dans un cadre rigoureux. L'être humain en est presque absent ; il apparaît plutôt sur les sceaux, sous l'aspect mythique de maîtres des animaux qui n'étaient certainement pas des dieux proprement dits. La conception de la divinité semble ainsi avoir été encore étrangère à l'archaïsme préhistorique. Mais ce type de personnage était apparenté à une figure nouvelle apparemment bien humaine et représentative d'une évolution sociale décisive : celle d'un chef religieux, sorte de préfiguration du roi des États urbanisés des temps historiques, qu'annonçaient déjà les usages proprement administratifs des sceaux. Et, cependant, la stylisation de ces figures restait conforme à la tradition archaïque de la préhistoire, qui rejetait sans doute inconsciemment le réalisme humain.

L'avènement de l'État urbain de type sumérien

Dans le courant du IVe millénaire, les populations de basse Mésopotamie prirent leur identité sumérienne en créant la première civilisation urbaine et en rejetant non les acquis, mais les traditions, devenues archaïques, des temps révolus. La cité d'Uruk semble avoir été le berceau de cette « révolution urbaine » dont elle mérite d'être prise pour la référence historique et archéologique, en s'achevant par l'élaboration de la plus ancienne écriture. Or le même processus de rejet des traditions archaïques illustrées par la céramique peinte s'observe en Susiane, qui se rattacha ainsi culturellement à la Mésopotamie proto-sumérienne, certainement du fait de sa population apparentée, qui dut supplanter et acculturer les porteurs des traditions montagnardes qui les côtoyaient cependant toujours. Cette seconde période de l'histoire de Suse mérite ainsi d'être définie comme l'époque d'Uruk ; elle vit l'essor d'un art ayant le réalisme pour idéal, avec un répertoire où l'homme avait la primauté, de sorte que l'on est en droit, comme à Uruk, de parler d'une forme d'humanisme qui ne cessa depuis lors de progresser, en coordination avec le développement intellectuel suscité par l'usage de l'écriture. Une page décisive de l'histoire humaine se tournait ainsi : celle de l'entrée potentielle dans l'histoire, solidaire de la première prise de conscience historique.

À Suse mieux qu'à Uruk, on peut suivre le développement de la comptabilité qui mena à l'écriture. Les petits « jetons » symboliques de chiffres n'avaient guère évolué depuis l'époque néolithique ; on eut l'idée, pour répondre à une demande de la gestion de l'économie, de les grouper dans des enveloppes d'argile, ou « bulles », qui furent les premières pièces comptables. À leur surface, on reproduisit les jetons sous forme d'encoches symboliques de chiffres. Après quoi, on put faire l'économie des jetons, en imprimant ces derniers sur ce que nous appelons des tablettes. Il restait à les définir par des signes d'écriture proprement dite, à peine attestés à Suse, mais pleinement élaborés à Uruk. Ces documents étaient garantis par l'apposition de sceaux désormais cylindriques qui furent le vrai banc d'essai des autres arts graphiques. À côté des animaux et de monstres, les occupations quotidiennes des hommes avaient la prédilection : chasse, élevage, agriculture et engrangement des récoltes, boulangerie, tissage, et aussi la guerre présidée par un roi-prêtre, héritier direct de la figure de chef de l'époque précédente. Ce personnage n'apparaît qu'une fois à Suse ; de façon plus explicite à Uruk, il joue le rôle du dieu-patron, conçu de ce fait pour la première fois comme anthropomorphe, époux d'une déesse elle-même incarnée.

Les Susiens continuaient à recevoir le cuivre d'Iran central ; ils maîtrisaient la technique de la cire perdue tout en s'essayant aux premiers alliages pour fondre des outils et de belles épingles surmontées de figurines élaborées. Enfin, ils taillaient dans l'albâtre de charmantes statuettes d'orants et de dévotes, ainsi que d'animaux et des vases : un art totalement ignoré de la préhistoire était né d'un seul coup.

De même que les Proto-Sumériens colonisèrent la haute Mésopotamie, les Susiens se lancèrent sur les routes lointaines pour exploiter les richesses du plateau ; leurs relais d'étapes ont été découverts dans la future Médie et aux confins du désert central, à Tépé Sialk. Or, vers la fin du IVe millénaire, cette brillante civilisation traversa une grave crise ; les colonies lointaines furent abandonnées aux autochtones, et il semble que les nomades du Fars, descendus en force dans la plaine, y aient imposé leurs traditions montagnardes. Du coup, Suse rompit ses liens avec les Proto-Sumériens pour devenir, face à la Mésopotamie, un avant-poste de la civilisation nouvelle centrée sur le plateau du Fars où fut fondée une capitale plus considérable, couvrant plus de 50 hectares. Selon toute vraisemblance, elle devait s'appeler déjà Anshân, du nom de la métropole élamite située au même emplacement à l'époque pleinement historique. C'est le nom de proto-élamite que mérite cette civilisation, avec son écriture exprimant une langue toute différente de celle des Sumériens.

Ces gens, à leur tour, se firent colonisateurs, mais se tournèrent vers le sud-est de l'Iran, où ils réoccupèrent le site préhistorique de Tépé Yahya abandonné, et franchirent le désert de Lut pour atteindre le delta de l'Hilmand à Shahr-i Sokhta. Ils y rencontrèrent une civilisation urbaine plus archaïque, répandue jusqu'en Turkménie et au sud de l'Hindu Kush. Les Proto-Élamites écrivaient beaucoup pour leur administration, et, une fois de plus, leurs sceaux apposés sur les tablettes apparaissent comme le banc d'essai d'un art expressif de leur personnalité. Essentiellement animalier, il transposait dans le monde de la fable les activités humaines évoquées si complaisamment naguère par les Susiens. Et les animaux évoquèrent le mythe en jouant le rôle d'atlantes, porteurs des éléments du monde. De telles figures furent représentées en ronde bosse ; le chef-d'œuvre en est une lionne-atlante extraordinaire de vigueur.

L'urbanisation excessive pour les capacités agricoles du Fars rendait cependant fragile cette civilisation qui s'effondra après trois ou quatre siècles à peine, vers 2700 avant J.-C. Retournant à leur nomadisme ancestral, les Proto-Élamites disparurent, leurs vallées devenant pour de longs siècles un vide archéologique, tandis que les Susiens retombaient dans l'orbite mésopotamienne.

La prépondérance mésopotamienne et les échanges interiraniens au IIIe millénaire

Suse apparaissait désormais comme une petite cité de type sumérien, avec sur son acropole au moins un temple dans lequel les dévots perpétuaient leur prière par des effigies sculptées de même style que celles de la future Babylonie jusqu'à Mari. Cependant, l'originalité susienne se manifestait parfois dans une forme de « cubisme » savoureux, à côté de ce qui peut être considéré comme une maladresse provinciale, sensible aussi sur les reliefs votifs, fixés aux murs par une cheville enfoncée dans une perforation centrale. La Susiane est proche de gisements de pétrole et de bitume ; on fit de ce dernier un mastic durcissant que l'on pouvait tailler afin d'imiter des objets d'art en pierres exotiques importés d'Iran oriental. Les sculpteurs susiens imitèrent cet art tout en manifestant leur personnalité dans le décor en bas relief de supports d'offrandes, de vases et parfois aussi de statuettes voués dans les temples. Cet art local rappelle dans sa rudesse celui du décor peint sur les vases, tout différent de celui des temps préhistoriques, tout en illustrant une veine populaire que l'on retrouve chez les montagnards contemporains, certainement apparentés aux Susiens. Ce « second style », monochrome ou

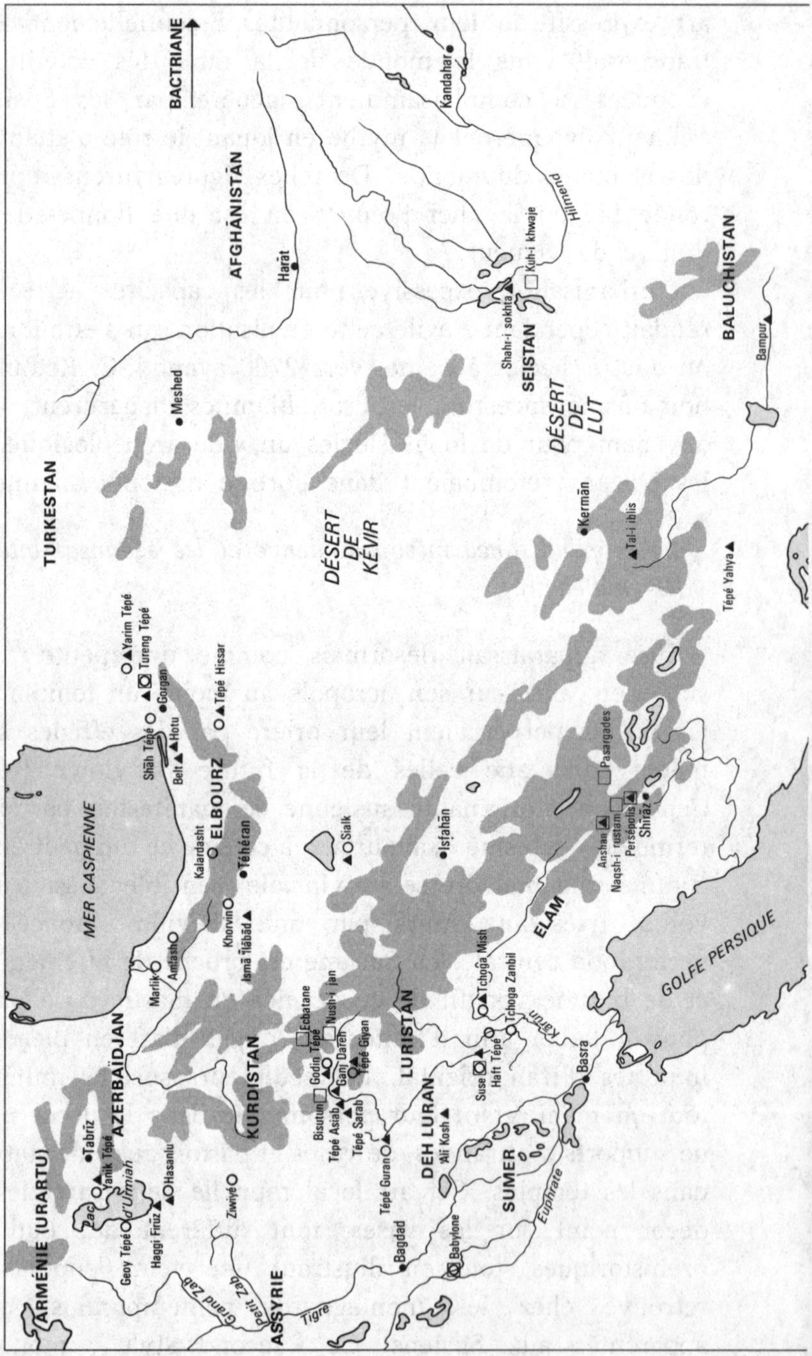
BACTRIANE
TURKESTAN
AFGHĀNISTĀN
MER CASPIENNE
ARMÉNIE (URARTU)
AZERBAÏDJAN
KURDISTAN
ELBOURZ
LURISTAN
DEH LURAN
SUMER
ASSYRIE
ELAM
SEISTAN
BALUCHISTAN
DÉSERT DE KÉVIR
DÉSERT DE LUT
GOLFE PERSIQUE
Kandahar
Harāt
Meshed
Hilmend
Shahr-i sokhta
Kuh-i khwaje
Bampur
Kermān
Tal-i iblis
Tépé Yahya
Yarim Tépé
Tureng Tépé
Gorgan
Tépé Hissar
Shāh Tépé
Hotu
Belt
Kalardasht
Téhéran
Sialk
Isfahān
Pasargades
Anshan
Naqsh-i rustam
Persépolis
Shirāz
Amlash
Marlik
Khorvin
Ismā'ilābād
Ecbatane
Nush-i jan
Godin Tépé
Ganj Dareh
Tépé Giyan
Bisutun
Tépé Asiab
Tépé Sarab
Tépé Guran
'Ali Kosh
Suse
Haft Tépé
Tchoga Mish
Tchoga Zanbil
Karun
Basra
Euphrate
Tigre
Babylone
Bagdad
Grand Zab
Petit Zab
Tabriz
Yanik Tépé
Hasanlu
Haggi Firuz
Geoy Tépé
Lac d'Urmiah
Ziwiyé

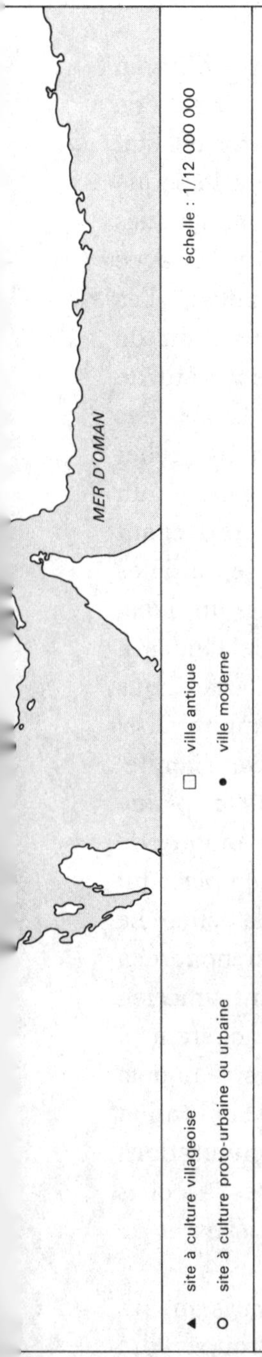

Les principaux sites de la Perse antique jusqu'à la conquête d'Alexandre

polychorme, revêtait un caractère archaïque dans l'évocation des animaux, et très rarement des humains. L'élite susienne, en revanche, avait adopté massivement l'inspiration et le style des sceaux de Mésopotamie, illustrant les ébats des animaux transposés dans le monde du mythe. Cependant, un orfèvre inscrivit à son nom un grand sceau-cylindre où était mis en scène un panthéon presque exclusivement féminin, caractéristique de la mythologie élamite au moins de cette époque. Le plus souvent, l'élite susienne se passait de l'écriture, jusqu'au moment où le sémite Sargon intégra, vers 2340, le pays à ce que nous appelons l'empire d'Agadé, qui unifiait les vieilles cités-États de type sumérien au sein de ce qui apparaît comme une ébauche d'État territorial. C'est alors que fut introduite une administration utilisant, définitivement en Susiane, l'écriture cunéiforme « modernisée » sous les auspices du conquérant accadien, et la langue sémitique parlée aussi en Susiane. Mais cette écriture commença à être adaptée à la langue élamite, comme le révèle un acte diplomatique conclu entre le grand

Naram-Sîn d'Agadé et le roi d'une principauté élamite appelée Awân.

Par la suite, autour de 2100 avant J.-C., le dernier roi d'Awân nommé Puzur-Inshushinak, souverain de Suse, profita de l'effondrement de l'empire d'Agadé pour tenter de restaurer un État élamite double, associant le haut et le bas pays, comme à l'époque proto-élamite. Cette entreprise était symbolisée par les deux langues officielles : accadien, avec l'écriture cunéiforme, et l'élamite, avec une écriture linéaire nouvelle, utilisée aussi sur le plateau. Les inscriptions bilingues de ce grand bâtisseur furent portées sur de nombreuses sculptures : des statues qui le représentaient vêtu de la toge amplement plissée, comme naguère les rois d'Agadé, des lions gardiens de temple, et de gros galets sculptés en bas relief dans le style néo-sumérien contemporain. Cet art gardait un caractère provincial ; en revanche, un vase en argent provenant du haut pays porte, à côté d'une inscription élamite, les effigies de deux princesses dont l'expression raffinée exprime un idéal d'humanisme comparable à celui d'un Sumérien tel que Gudéa à la même époque. Mais, précisément, les rois d'Ur, que nous désignons comme néo-sumériens, restaurèrent alors un empire aussi puissant que celui d'Agadé et mirent fin à la tentative élamite, certainement prématurée, d'union du plateau et de la plaine susienne. Ils reprirent possession de Suse, vraie clé du monde de l'Iran, et ils y fondèrent ou y restaurèrent les deux temples qui allaient désormais constituer le cœur religieux de la cité. Le dieu-patron « Seigneur de Suse », Inshushinak, fut ainsi honoré à côté du vieux sanctuaire de son épouse, qui reçut le nom sumérien de Ninhursag Susienne. Les rois néo-sumériens s'attachèrent à soumettre les principautés élamites plus lointaines, au-delà desquelles s'était organisé depuis la chute de la civilisation proto-élamite un immense réseau d'échanges avec les civilisations d'au-delà de l'Iran, comparables, quoique plus archaïques, à celles de Mésopotamie. Ainsi s'était constitué un monde d'artisans et de transporteurs semi-nomades aux nettes affinités élamites.

Au nord de la Susiane, dans les hautes vallées du Luristan, les nomades se faisaient enterrer dans d'énormes caveaux groupés loin de toute agglomération, avec un mobilier comprenant des vases peints semblables à ceux des Susiens, et, surtout, un abondant outillage et un armement de cuivre et progressivement de bronze. Leurs bronziers créèrent ainsi une tradition artistique des armes ornées de figurines complétant l'harmonie des formes.

À l'est, au-delà du territoire traditionnel de l'Élam, dans la province actuelle de Kerman, l'exploitation des carrières de chlorite verte ou noire suscita l'essor d'un art qui jouit d'une extrême faveur en Mésopotamie, où ses produits furent massivement exportés jusqu'à Mari, actuellement en Syrie. Le transport se faisait en grande partie par la voie maritime du golfe Persique, avec une escale dans l'îlot de Tarut, au nord de Bahreïn, où ont été trouvés de très nombreux vases. Il semble que les sculpteurs trans-élamites aient voyagé avec leur production et aient travaillé en s'inspirant du répertoire mythologique de leurs clients, ce qui pourrait expliquer le caractère « interculturel » de leur art. On y observe en effet l'évocation d'une mythologie archaïsante, avec des maîtres d' animaux rappelant ceux des cachets préhistoriques, domptant des serpents et des fauves et associés à une architecture exotique à linteaux concaves, à côté de palmiers aux branches tombant jusqu'au sol. Mais, par ailleurs, des figures telles que l'aigle léontocéphale et l'homme-taureau sont des emprunts au répertoire mésopotamien. Cet art touffu, caractérisé par son horreur du vide, céda la place après 2300 environ à un art plus sobre, associé à des récipients plus petits, destinés peut-être à contenir des parfums. Cette forme relativement récente de l'art trans-élamite s'est trouvée associée à la production plus diversifiée d'ateliers installés aux confins du désert de Lut, près de la ville de Shahdad. Le sceau-cylindre mésopotamien y fut adopté, avec un décor inspiré par celui de l'empire d'Agadé, mais affectionnant les divinités féminines de la végétation. Shahdad n'était qu'un centre parmi d'autres agglomérations artisanales réparties en Iran oriental et à la périphérie : notamment dans la plaine de Gorgan, au sud-est de la mer Caspienne. Le potentat local y édifia une énorme tour comme socle de sa demeure de prestige, ressemblant de façon trompeuse à une ziggourat mésopotamienne. Il faut la rapprocher plutôt d'édifices de Turkménie et du sud de l'Hindu Kush. Le fait le plus remarquable est que la civilisation trans-élamite ait essaimé jusqu'aux confins de l'Asie centrale, en Bactriane située au nord de l'Afghanistan. Des potentats marchands y édifièrent des forteresses au plan élaboré, par exemple en forme de croix potencée, à Dashly Tépé. Le mobilier d'usage courant était sobre et rustique, mais on recevait et on exécutait sur place un abondant mobilier de luxe souvent identique à celui que les Trans-Élamites exportaient jusqu'à Suse, voire plus loin vers l'ouest. Outre les flacons à parfum ou à fard en chlorite, les objets d'apparat en cuivre parfois allié à de l'arsenic, tels que les haches-emblèmes de dignité, présentaient de fortes affinités élamites, avec leur lame crachée par la gueule d'un serpent. La vaisselle d'or et d'argent portait un décor au repoussé et gravé illustrant les activités purement profanes d'une élite exclusivement masculine : les labours et la fête de la moisson, des courses de chars lourds et légers, et surtout la chasse. Les animaux chassés, des capridés principalement, étaient représentés au galop volant, qui est certainement une création de l'art mycénien vers le XVIIIe siècle avant J.-C., transmise aux pays du Levant, et, de là, jusqu'en Bactriane grâce aux échanges interiraniens. L'inspiration religieuse s'observe sur de grands cachets en cuivre, compartimentés, où figurent des divinités féminines, trônant comme le grand dieu élamite sur un serpent ou un dragon. Le visage peut avoir une finesse proche de celle de l'art néo-sumérien, mais il est parfois remplacé par une tête de rapace, qui évoque une religion plus archaïque. Enfin, des statuettes de femmes en chlorite et calcaire blanc portent une crinoline comme les reines d'Élam et confirment la force des liens qui unissaient la civilisation de Bactriane à celle des Élamites. Or la civilisation de Bactriane s'éteignit vers le XVIIe siècle avant J.-C., comme ses proches parentes d'Iran oriental, de Turkménie et de l'Inde, pour des raisons obscures, tandis que, paradoxalement, le royaume d'Élam prenait son essor.

La naissance du royaume d'Élam

Les interventions des rois d'Ur dans les monts Zagros amenèrent les princes élamites à affirmer leur solidarité autant que leur personnalité culturelle, qui retrouva sa force. Finalement, les princes du royaume de Simashki situé au nord-est de la Susiane chassèrent les Sumériens de cette dernière composante indispensable à tout État élamite cohérent. Dans la foulée, ils détruisirent l'empire d'Ur, mettant définitivement fin à de longs siècles d'hégémonie mésopotamienne. Les conditions de l'essor d'un royaume élamite se trouvaient remplies. Peu importent les vicissitudes ultérieures, et notamment le passage de la prépondérance de Simashki au nord, à la ville d'Anshân au sud-est, réoccupée après sa désertion par les Proto-Élamites et restaurée. L'essentiel est que la mémoire historique de l'Élam devait désormais prendre l'annexion de Suse pour point de départ. Le souvenir des fondateurs sumériens des temples de Suse fut donc rejeté au profit de celui des rois montagnards élamites, maîtres de la plaine susienne, cependant majoritairement sémite et donc de culture mésopotamienne, en ce début du IIe millénaire qui voyait d'autre part l'avènement de la puissance de Babylone. Ces observations sont indispensables à une compréhension du développement de l'art élamite. Les rois vivant en semi-nomades une partie de l'année dans le haut pays ne patronnèrent aucun art officiel à Suse, métropole culturelle, mais capitale mineure. Et c'est dans le haut pays qu'ils aménagèrent leurs sanctuaires rupestres, loin de tout habitat sédentaire. Sur le rocher de Kurangun, dans la vallée qui relie Suse à Anshân, le grand dieu à la fois élamite et royal, patron du peuple-seigneur élamite, fut représenté, trônant sur le serpent lové et couvert comme par une voûte par les flots jaillissants. Ce dieu figurait aussi plus loin à l'est, à Naqsh-i Rustam, sur un rocher réutilisé par Darius et ses successeurs, puis par les Sassanides.

À Suse, les sujets sémites de ces rois montagnards connurent sous leur domination une grande prospérité. La cité s'agrandit d'un quartier neuf où l'aristocratie administrative édifia les vrais palais qu'étaient ses résidences, dont la salle d'honneur ouvrant sur une grande cour ressemblait à la salle du trône des palais royaux de Mésopotamie. Les artistes améliorèrent la maîtrise du matériau semi-artificiel qu'était le mastic de bitume, plus fin qu'autrefois. Ils exécutèrent ainsi des vases de luxe qui furent exportés en

Mésopotamie babylonienne et déposés en grand nombre dans les tombes des riches Susiens. Les plus beaux de ces vases étaient des bols dont la poignée était constituée par l'avant-train d'un animal accroupi faisant corps avec la panse. La métallurgie était florissante et apparentée à celle, cependant plus exubérante, du Luristan voisin et des colons trans-élamites. Mais c'est bien à Suse qu'est attestée la tradition pour les rois de remettre comme insigne à leurs hauts fonctionnaires une hache d'apparat en forme de serpent-dragon crachant la lame. Les sceaux, enfin, illustrent la pluralité culturelle du royaume double, avec des sceaux-cylindres purement babyloniens, et d'autres, souvent plus rudement gravés, spécifiquement élamites. Le roi y apparaît parfois en compagnie de la reine revêtue de l'ample crinoline à volants, comme les statuettes de Bactriane. Les rois d'Élam portaient alors le titre impérial de *sukkalmah*, « Grand Régent », emprunté à l'administration néo-sumérienne. Leur histoire nous échappe largement, de sorte que nous ignorons dans quelles circonstances s'éteignirent de leur temps les échanges interiraniens, avec les civilisations liées au nomadisme du Luristan et d'Iran oriental.

L'apogée de l'Élam

La seconde moitié du IIe millénaire vit l'apogée de la civilisation élamite et, en Iran du Nord, des bouleversements considérables qui préparaient l'entrée en scène des Iraniens appelés à donner leur nom au plateau. Cependant, cette époque dite médio-élamite doit désormais être divisée en trois périodes distinctes.

Au XVe siècle, la Susiane semble avoir été morcelée en plusieurs principautés, et Suse dut perdre son rang de capitale au profit de la ville de Kabnak (Haft Tépé) située au sud-est. Le roi Tepti-ahar y édifia un grand ensemble architectural, avec son temple funéraire, à côté d'un complexe artisanal où l'on exécutait notamment des portraits en terre cuite peinte. À Suse, de tels portraits étaient déposés dans les tombes familiales, à côté de la tête des morts. Exceptionnellement en Orient, qui ne s'intéressait habituellement qu'à des types idéalisés plutôt qu'aux individualités, on trouve ainsi l'évocation de ces dernières : les hommes dont la rudesse austère exprime le caractère élamite, et les femmes dont la chevelure est diversement élaborée. Une stèle de Suse est le seul témoin de la sculpture ; elle représente entre autres la grande déesse guerrière comme androgyne, barbue, selon une spécificité élamite.

Dans la seconde moitié du XIVe siècle, une nouvelle dynastie rétablit l'unité de l'Élam en reprenant le titre de roi d'Anzân (au lieu d'Anshân) et de Suse, ou d'Élam et de Susiane. L'Élam proprement dit, ou haut pays, était alors le Fars actuel, largement retourné au nomadisme, où Anzân pratiquement désertée restait la capitale théorique, avec son dieu-patron Napirisha. Le roi placé sous ce patronage, Untash Napirisha, fonda une capitale portant son nom : Al-Untash Napirisha (Tchoga Zanbil) à l'est de Suse, sur la route menant à Anzân. Il y patronna pour la première fois en Susiane un art officiel spécifiquement élamite, solidaire d'une architecture grandiose, connue grâce aux fouilles de R. Ghirshman. Au centre se dressait initialement un temple voué à Inshushinak, dieu-patron de Suse. Mais la conception de ce « lieu saint » n'était pas spécifiquement cultuelle ; il comprenait seulement une grande cour entourée de magasins, sauf d'un côté où étaient aménagés deux petits sanctuaires, de part et d'autre du passage central gardé par des animaux et monstres en terre cuite émaillée. Les parvis extérieurs étaient délimités par une enceinte dans laquelle s'inséraient les sanctuaire, conçus comme des maisons profanes, des divinités secondaires, avec des ateliers destinés à la fabrication d'objets de culte, émaillés. Par la suite, le roi transforma l'édifice initial en une ziggourat de type mésopotamien, en construisant dans la cour centrale trois étages emboîtés et portant au sommet une chapelle vouée désormais aux dieux-patrons des deux composantes majeures de l'empire : Inshushinak de Suse et Napirisha d'Anzân. Un escalier intérieur remplaçait les escaliers appliqués contre une façade selon le modèle mésopotamien ; cela conférait à l'ensemble, haut d'une soixantaine de mètres, une élégance unique, avec un revêtement, au sommet et sur les portes, de plaques et pommeaux émaillés. Une deuxième enceinte abritait les temples de divinités patronnes des autres composantes de l'empire ; une troisième

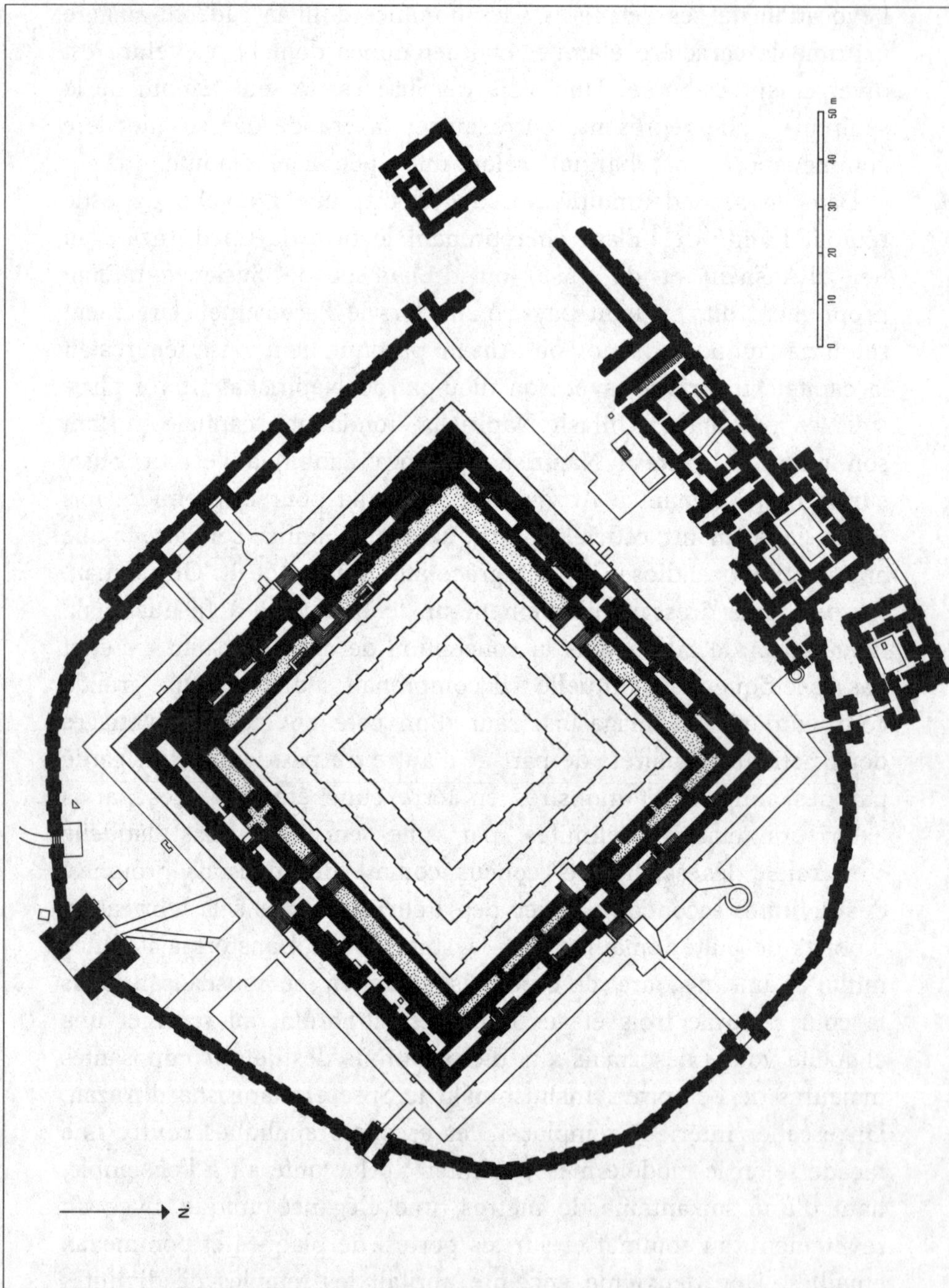

Coupe et plan de la « ziggourat » de Tchoga Zanbil près de Suse (d'après R. Ghirshman, « Tchoga Zanbil », t. I. Paris, 1966).

enceinte devait entourer une ville de 100 hectares, dont les maisons ne furent jamais construites. Le roi édifia seulement pour sa famille et ses dignitaires une série de résidences de même conception que l'état initial du temple central et groupant simplement des appartements individuels. Un dernier palais était affecté à la personne royale, avec en sous-sol la nécropole comprenant de grands caveaux où furent déposés les restes incinérés du roi et de quelques membres de sa famille, selon un rituel attesté aussi chez les Hourrites et les Hittites. Non loin de là, un temple de conception insolite, avec une grande cella à ciel ouvert, était adapté au culte de Nusku, le Feu personnifié.

Cela pose l'intéressant problème de l'influence éventuelle de la religion élamite sur celle des futurs immigrants iraniens. Les stèles et les statues vouées dans le lieu saint ont été transportées plus tard à Suse ; bien que très mutilées, elles révèlent un art spécifiquement élamite, renouant avec la tradition montagnarde, qui précédemment n'était attestée que dans les lieux du culte rupestres. Le témoin majeur en est une stèle en grès haute originellement d'environ 2,70 m et divisée en registres (musée du Louvre). Ceux du haut évoquaient l'intérieur du temple, avec le roi en prière devant Inshushinak représenté sous les traits du grand dieu élamite, trônant sur un serpent à tête de dragon. Le roi figurait au-dessous entre son épouse et une prêtresse. Les registres inférieurs évoquaient les éléments cosmiques personnifiés par des monstres et représentant le domaine du dieu : les flots gardés par des déesses-poissons, et des hommes-mouflons, transpositions élamites des hommes-taureaux mésopotamiens, gardiens de l'arbre sacré et stylisés avec une rudesse spécifique. Enfin, les bronziers mettaient au service de leur originalité artistique une technique unique à cette époque. Leur chef-d'œuvre reste la statue de la reine Napir-asu, aux fines mains aristocratiques jointes sur la robe harmonieusement évasée (musée du Louvre). Curieusement, l'art populaire des sceaux révélait une autre maîtrise : celle du verre et de la faïence ignorait pratiquement les traditions montagnardes au profit de celles de Babylone, à l'exception peut-être de l'illustration du culte du feu.

La troisième période de cette longue époque correspond au XIIe siècle ; elle vit l'apogée de la puissance élamite, marquée par la conquête de la Babylonie kassite et l'envoi à Suse des chefs-d'œuvre de la civilisation tels que la stèle de Narâm-Sîn et le Code de Hammurabi (musée du Louvre). Les constructions des conquérants : Shutruk-Nahhunté et ses deux fils, ont été anéanties, à l'exception de leur décor en briques moulées et éventuellement émaillées, représentant des couples royaux. Or le costume de ces derniers permet de dater de la même époque les reliefs rupestres sculptés dans la vallée écartée d'Izeh Malamir. On découvre ainsi qu'à nouveau c'est dans le haut pays que les rois d'Élam ont développé leur art officiel, tandis qu'à Suse, en dehors du décor architectural, ils ne patronnaient ni statuaire ni art du bas-relief et se contentaient d'apporter les œuvres d'art des capitales désertées : Al-Untash Napirisha et même Anzân. Les reliefs rupestres, visités essentiellement par des nomades, représentaient le roi et la reine en prière devant des dieux dont les images n'apparaissent pas, ou encore le roi porté sur une estrade à étages par la foule de son peuple. Ce thème, repris bien plus tard par le grand Darius sur son tombeau, illustrait une conception toute nouvelle de la nation foncièrement nomade, désolidarisée d'un territoire. Ce poids du nomadisme montagnard dans un empire aux composantes mal soudées explique la facilité avec laquelle le roi de Babylone, Nabuchodonosor Ier, prit sa revanche à la fin du XIIe siècle. Il saccagea Suse et ses trésors et rejeta les Élamites dans leurs vallées où leur monarchie dut éclater en dynasties rivales. Celles-ci furent responsables de reliefs rupestres plus récents sur lesquels fut maintenue la rude tradition artistique, dans une obscurité historique totale.

L'« Âge du fer » et l'avènement des nations

Le XVe siècle a correspondu au nord de l'Iran à l'effondrement du style de vie traditionnel dans les villages prospères, en marge de l'histoire, qui furent alors désertés. La population passa largement au nomadisme lors de ce qu'on appelle assez abusivement

« l'Âge du fer », puisque ce métal ne fut introduit qu'ultérieurement ; l'Iran s'ouvrit ainsi sur le nomadisme déjà en vigueur à l'est de la mer Caspienne dont il adopta la céramique grise lustrée, sans décor peint. Mais, du coup, nous ne connaissons plus guère les populations que par le mobilier de leurs tombes, qui révèle une maîtrise impressionnante de la métallurgie et des autres techniques ne réclamant pas un cadre sédentaire pour leur développement. Ce processus semble avoir débuté dans le nord de l'Iran ; c'est ainsi qu'à Marlik, situé dans la région verdoyante qui domine le sud de la mer Caspienne, des princes inconnus se firent enterrer avec un mobilier d'une extraordinaire richesse. La céramique lustrée est le témoin d'un développement original, spécifiquement autochtone.

Les pièces les plus remarquables en sont les vases en forme de taureau, et aussi de libateur et de libatrice-pleureuse. Très exceptionnellement en Orient, il s'agit alors de vases destinés au culte funéraire, tandis que le reste du mobilier avait été conçu, comme toujours, pour les vivants. Il en était ainsi de l'outillage et de l'armement de bronze. Or cette population jamais urbanisée encore ne possédait ni écriture ni iconographie exprimant sa pensée. Ses artistes extrêmement habiles empruntèrent donc aux grandes civilisations historiques de Syrie, des Hourrites, du renouveau assyrien, de Babylone et d'Élam des thèmes animaliers le plus souvent, selon un éclectisme spécifique des temps nouveaux qui débutaient. Cet art est le mieux illustré par le décor des vases d'or et d'argent représentant des monstres ou des animaux, passant ou cabrés avec élégance, la tête projetée en haut relief. Ces emprunts, bien datés du XIVe au XIe siècle, révèlent la création d'un nouveau réseau d'échanges commerciaux. Les rares agglomérations qui se maintinrent permirent la survivance d'une tradition architecturale née en Anatolie : la tradition dite du mégaron à foyer central encadré par deux ou quatre colonnes. Hasanlu, au Kurdistan iranien, est le site le mieux connu, où finalement fut développée, à l'abri d'un rempart, une architecture de prestige à partir de cette tradition. Le mégaron originel fut amplifié, avec une grande salle à trois nefs déterminées par des colonnes de bois ; on y ajouta au IXe siècle une entrée à portique et escalier d'accès à l'étage, s'inspirant directement du modèle créé au Levant, dans les États nationaux nés de la sédentarisation des Araméens et peuples apparentés. Il est vraisemblable que, en Iran aussi, un tel processus aboutit à la formation d'entités nationales telles que les Mèdes, mentionnés depuis lors par les Assyriens. L'architecture élaborée alors exprime ce processus, car elle était conçue pour l'accueil d'assemblées, reflets d'un corps social de type national, tout différent des cours mésopotamiennes. Le mobilier très riche des « bâtiments brûlés » de Hasanlu, incendiés autour de 800 avant J.-C., illustre la diversité des échanges avec l'Assyrie impérialiste, certes, mais aussi avec ses voisins d'Anatolie et du Levant. Le chef-d'œuvre en est le grand vase d'or portant un décor mythologique emprunté aux traditions du Levant, exaltant la geste du dieu de l'Orage et des thèmes développés par les Hourrites (musée de Téhéran). Le passage au nomadisme du Luristan se fit un peu plus tard, à partir du XIIe siècle ; immédiatement renaquit la tradition des bronzes ornés, éteinte depuis quelque cinq siècles lors de la sédentarisation. Cet art est connu pour l'essentiel par le mobilier des tombes de nomades, dont les chefs résidaient cependant dans de rares habitats tels que la forteresse de Baba Jan et ses manoirs à colonnes destinés, peut-on présumer, aux réunions modestes de l'élite autour de son chef. Les bronziers élaborèrent des traditions locales remontant à la préhistoire et traitées dans le même esprit, en stylisant délibérément les figures qu'à l'opposé les civilisations historiques contemporaines traitaient avec un idéal de réalisme. Les taureaux ailés assyriens se retrouvent ainsi complètement transposés sur les plaques de mors de chevaux du Luristan. La population était autochtone, mais elle accueillait des immigrés mèdes qui adoptèrent son art dans un processus réciproque d'acculturation. Les nouveaux venus introduisirent, rarement, des allusions à leur religion iranienne archaïque. C'est ainsi qu'apparaissent des officiants brandissant le *barsom*, ou rameau sacré iranien. Mais, à cette exception près, les Mèdes restaient encore des préhistoriques, sans écriture et même sans art figuratif. Cependant, ils surent développer, dès le VIIIe siècle, la tradition architecturale inaugurée à Hasanlu, avec des salles de réunions à colonnes. Mais, sur la citadelle de Tépé Nush-i Djan, ils commencèrent par édifier un temple du feu en forme de tour haute de quelque 8 mètres, de plan cruciforme. L'antichambre donnait accès à une sorte de crypte voûtée, jouxtant la cella obscure, aux murs ornés de fausses fenêtres, où se dressait l'autel du feu sacré. Cela semble impliquer une forme de culte caché, mystérieux, par opposition à celui qui se célébrait sur la terrasse accessible par un escalier intérieur. Ce témoin de la religion prézoroastrienne fut curieusement condamné au VIe siècle, et rempli de pierres. Précédemment, il était encadré par une salle d'audience à colonnes, et par un petit donjon utilisable comme trésor et magasin. Alors qu'à l'est, en Iran central, des paysans semi-nomades de Tépé Sialk apparentés aux Mèdes renouaient avec la tradition préhistorique de la céramique peinte, à l'ouest, dans la région carrefour qu'était le Kurdistan, s'épanouit au VIIe siècle un art hétérogène, touffu, dans la tradition interrompue à la fin du IXe siècle par l'incendie de Hasanlu. Malheureusement, la citadelle de Ziwiyé a été pillée par des clandestins, et nous savons seulement qu'un prince inconnu s'y fit enterrer, avec un « trésor » où se mêlaient des emprunts à l'Assyrie et à son ennemi l'Urartu, à l'Anatolie et aux pays du Levant, mais aussi aux Scythes, dont l'art semble être né dans ce creuset, au sein d'un petit groupe immigré. Ces gens l'auront transmis ensuite au-delà du Caucase. Toute reconstitution historique demeure hasardeuse sur ce point.

Néo-Élamites et Perses

Le royaume élamite fut restauré à la fin du VIIIe siècle, mais éclaté en plusieurs principautés, avec Suse pour métropole de prestige. Sur son acropole fut édifié un petit temple revêtu de carreaux émaillés polychromes, fixés par des pommeaux en forme de protomes d'animaux et de monstres. C'était là une adaptation de l'art de la faïence siliceuse inauguré à l'époque médio-élamite et développé alors dans les arts mineurs, en Iran occidental comme en Assyrie. Nous devons au roi Adda-Hamiti-Inshushinak un dernier

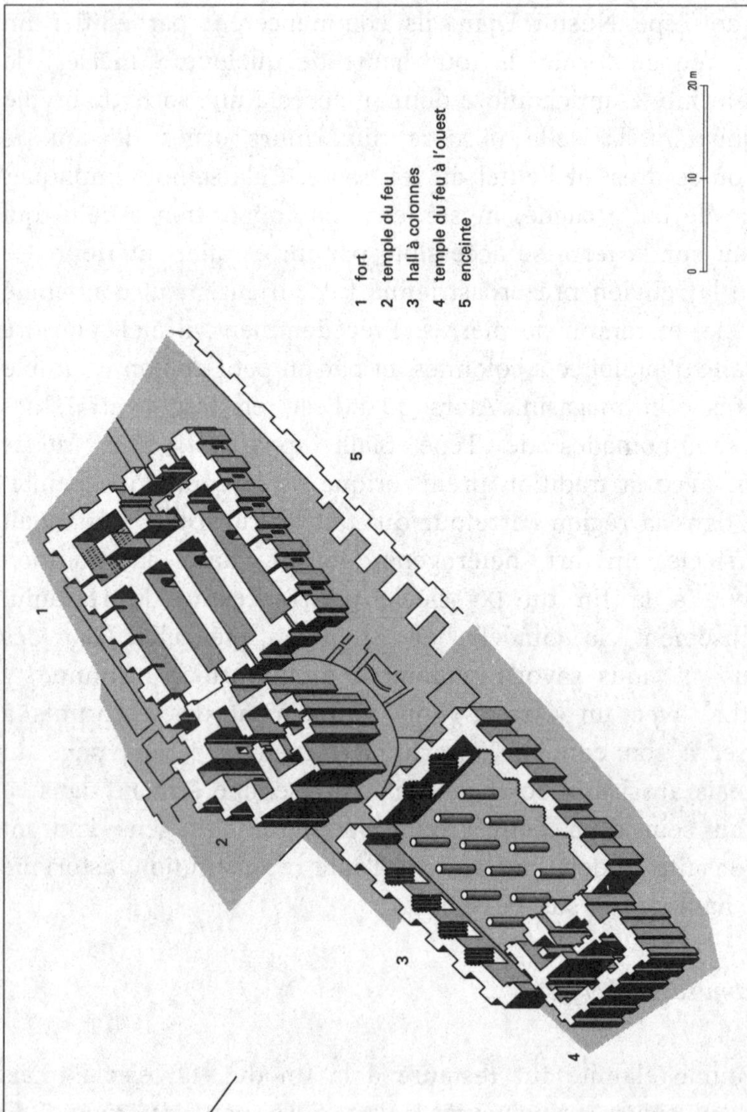

Citadelle de Tépé Nush-i jan (d'après D. Stronach).

grand monument : une stèle qui le représente coiffé du casque à visière et portant un bracelet stylisé comme ceux du Luristan (musée du Louvre). Il accueillait la reine, qui accompagnait ses prédécesseurs sur les reliefs rupestres d'Izeh/Malamir usurpés au milieu du VIIe siècle par le roi de l'obscure principauté élamite d'Aïapir. Le haut pays correspondant aux vallées des Bakhtiari et du Fars restait ainsi le cœur de la civilisation élamite, alors que paradoxalement sa population était totalement passée au nomadisme. Ses chefs usurpèrent ou surchargèrent les vieux reliefs rupestres. Cependant, dans cette société nomade, la tradition de l'écriture au service de la monarchie restait vivace ; elle suscita un art nouveau de la gravure des sceaux, inscrits en élamite tout en révélant la présence de Perses, aux noms iraniens et répandus aussi dans la plaine susienne. Or, à cette époque, Assurbanipal, dernier grand roi d'Assyrie, décida d'en finir avec l'ennemi élamite, dont la monarchie se disloqua après la mise à sac de Suse. Les chefs perses s'emparèrent de cette monarchie, gage de la cohésion culturelle des Élamites. Les Élamites se firent ainsi des Perses, ces derniers adoptant leur écriture et leur art qui mérite d'être défini comme *élamo-perse*, symbolique de l'acculturation réciproque. Cet art extrêmement raffiné affectionnait le thème de la chasse à cheval, au galop aérien, qui fut transposé dans celui de la victoire sur le sceau d'un prince nommé « Kurash (Cyrus) l'Anzanite, fils de Teispès ». C'était évidemment un ancêtre de Cyrus II le Grand (vers 559-529) qui, comme lui, devait encore s'attribuer le prestigieux titre royal élamite. De ce fait, les Perses étaient prêts à s'imposer aux autres Iraniens, notamment aux Mèdes qui ne formèrent jamais qu'une nébuleuse, même après leur victoire sur les Assyriens en 612.

L'art des Perses

Cyrus II fit de sa capitale moins une ville qu'un vaste jardin arrosé par des canaux délimitant des parterres que dominaient deux palais construits successivement. Ce n'étaient pas des résidences, mais des salles d'apparat à fenêtres hautes, destinées aux audiences royales et amplifiées par des portiques moins hauts, permettant d'accueillir en outre la masse du peuple perse répandue alentour. Ces édifices étaient l'aboutissement de la tradition architecturale née chez les autochtones à Hasanlu et développée ensuite au Luristan et en Médie. Mais l'exécution de cette architecture devenue purement « iranienne » fut confiée aux meilleurs tailleurs de pierre de l'empire nouvellement créé : les Ioniens, annexés après la victoire sur la Lydie. Ces gens sont responsables de l'aspect grec des fines colonnes reposant sur un tore cannelé porté par une base blanche et noire. Cependant, les chapiteaux en forme de doubles protomes d'animaux étaient originaux, et le décor intérieur du palais le plus récent reproduisait des monstres assyriens. Le pavillon d'entrée avait des portes dont les jambages étaient décorés de génies-gardiens dont le seul qui subsiste est vêtu à l'élamite, avec une tiare égyptisante conforme à l'éclectisme en vigueur au Levant. Cyrus en somme n'avait pas créé, pour le décor de sa capitale, un art vraiment nouveau. Après sa mort prématurée comme celle de son fils Cambyse, la monarchie perse fut prise en main par l'usurpateur que devait être Darius l'Achéménide (522-486). Ce fut lui qui patronna pour près de deux siècles un art symbolique des ambitions universelles du peuple-seigneur des Perses, héritier du peuple-seigneur élamite. Comme en Élam, il y eut deux capitales dont la plus prestigieuse se trouvait dans le haut pays élamite devenu terre d'élection des Perses : ce fut Parsa, ou Persépolis, construite à proximité de la nécropole royale aménagée dans le même rocher qu'un vieux lieu de culte élamite. La seconde capitale fut à nouveau Suse, complètement remodelée. On accédait au palais par une porte monumentale isolée, gardée par deux statues dont celle qui subsiste, représentant Darius, avait été taillée en Égypte. Le palais était double, avec au nord l'énorme salle du trône, ou Apadana. C'était en somme la réplique plus grandiose de celles de Cyrus, avec ses colonnes cannelées hautes de près de 20 mètres. Au sud, la résidence proprement dite était au contraire de pure tradition mésopotamienne, avec ses deux salles d'audience en enfilade comme à Babylone, encadrée par des magasins qui devaient porter les appartements privés. Les murs étaient revêtus de briques

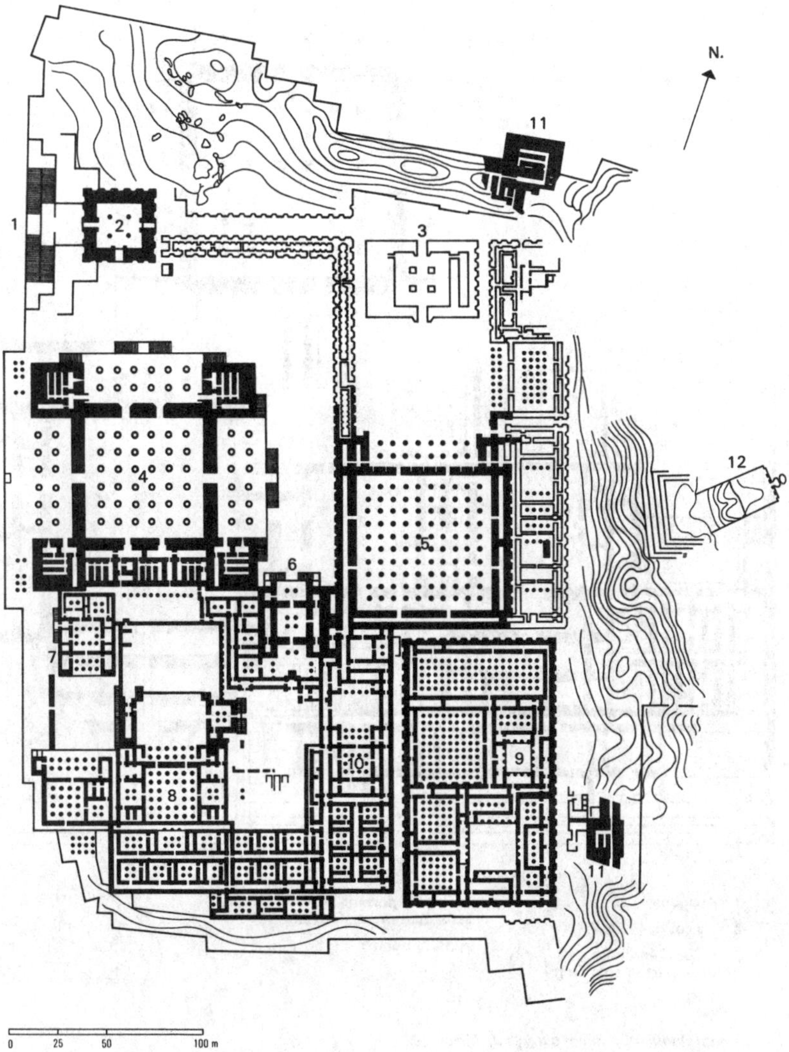

1 escalier conduisant à la terrasse
2 propylée de Xerxès
3 porte monumentale inachevée
4 « Apadana » de Darius Ier
5 palais aux Cent Colonnes de Xerxès
6 Tripylon
7 palais de Darius Ier
8 palais de Xerxès
9 trésorerie
10 « harem »
11 fortifications
12 tombe royale

Plan général de Persépolis (d'après E. F. Schmidt, « Persepolis », t. I, Chicago, 1953)

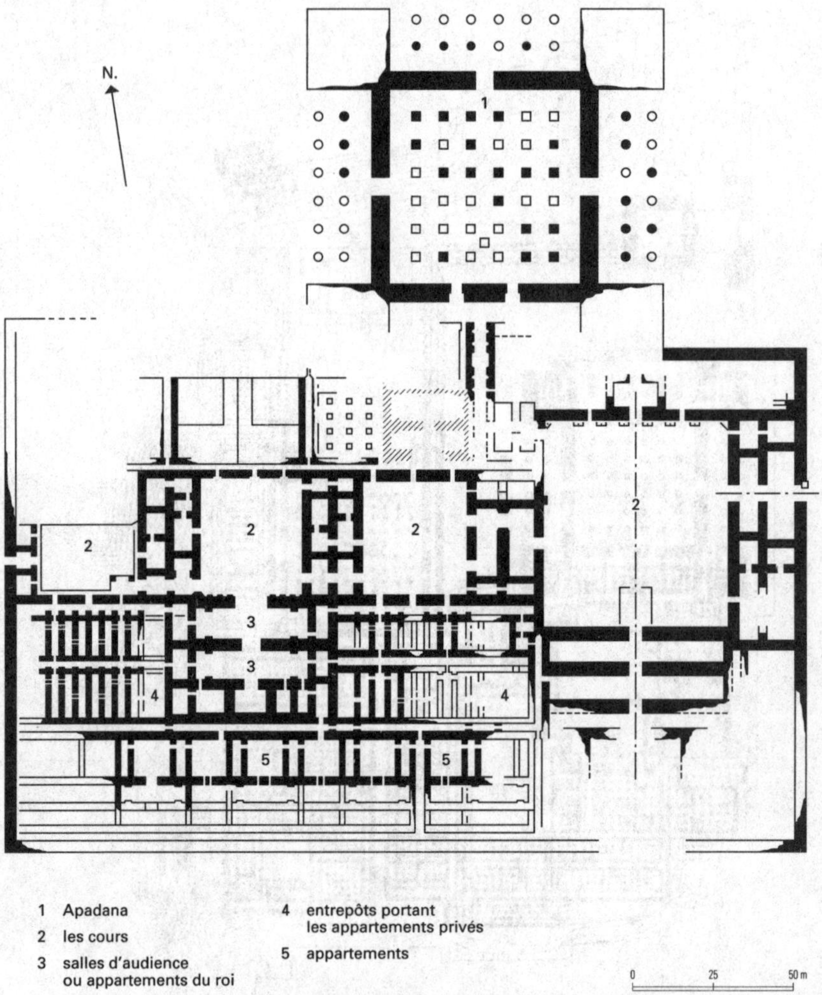

Le palais de Darius Ier à Suse (d'après J. Perrot, 1980).

émaillées représentant soit des monstres ou des animaux, soit le peuple perse en armes, les fameux archers en robe d'apparat. Persépolis fut construite ensuite, par Darius et ses successeurs, exclusivement selon la tradition iranienne des palais à colonnes ne différant guère que par leur module. La salle du trône identique à celle de Suse se dressait sur un soubassement dont deux des côtés sculptés illustraient le défilé des nations de l'empire devant le roi trônant au centre à côté de son fils. Il ne s'agissait pas là de l'évocation d'une fête particulière, mais du thème amplifié et constant de l'idéologie impériale, développé sous des formes différentes sur les jambages de portes des autres palais et surtout sur la façade de la tombe royale de Darius, reproduite par tous ses successeurs. Elle reproduisait en bas relief le portique à colonnes de l'entrée d'un palais et au-dessus, c'est-à-dire à l'intérieur, l'estrade portée par les personnifications des peuples soumis, nommément désignés, en costumes nationaux et en armes, parce que néanmoins libres. Sur cette estrade, le roi apparaissait en prière devant l'autel du feu et, planant dans le ciel, un personnage divin dans lequel on peut reconnaître soit Ahura Mazda « dieu des Aryens », soit la personnification de la dynastie. Ce décor était commenté par ce texte : « Si tu penses : combien de pays possédait le roi Darius ? Regarde l'image de ceux qui soutiennent mon trône. Tu les reconnaîtras et tu apprendras ceci : que l'Homme perse a bataillé loin de la Perse ! » Ce décor illustrait donc comme la sacralisation du pouvoir, analogue à celle que l'on trouve sur nombre de sceaux où le vieux thème du maître des animaux a été transposé sur le plan politique : le personnage y apparaissait soit comme le roi, soit plutôt comme cet Homme perse, seigneur des autres hommes. Comment ne pas observer ainsi à la fois la permanence des thèmes de l'art en Iran, et le renouvellement de leur symbolisme par les Perses, héritiers des Élamites ?

PIERRE AMIET

2 D'Alexandre à l'Islam

Après avoir brûlé Persépolis, Alexandre, nous dit la tradition, conçut le projet d'une union étroite entre Hellènes et Perses ; il ne resta de lui, dans le vaste domaine iranien, que quelques villes qui portèrent son nom. De même, c'est par la fondation de colonies gréco-macédoniennes que les Séleucides tentèrent d'assurer les bases de leur pouvoir et de faciliter la diffusion de l'hellénisme

(Séleucie de l'Élaios-Suse, Laodicée-Nehavend...). Aucune de ces villes n'est connue avec précision ; des ruines clairsemées, des sculptures dispersées et quelques inscriptions en langue grecque témoignent encore de cet effort.

Très vite, la domination des Séleucides fut graduellement refoulée par les Parthes, une tribu des confins du Nord, sous la conduite des Arsacides (notamment Mithridate Ier, 171-139 ou 138, et Mithridate II, 123-87). Une nouvelle géographie politique et culturelle s'élabore entre 250 et 140. Les provinces orientales, la Bactriane et la Sogdiane (actuel Afghanistan), devinrent de petits royaumes plus fortement hellénisés que l'Iran proprement dit et évoluèrent en liaison avec l'Inde, à laquelle elles se trouvèrent unies dans l'empire des Koushans. Quant à l'Iran, il forma avec la Mésopotamie (fondation de Ctésiphon) l'Empire parthe dressé face au monde gréco-romain. C'est cet antagonisme politique et aussi culturel qui domine l'histoire du Proche-Orient pendant environ trois siècles, et au-delà, quand les Sassanides auront remplacé les Parthes. À une période d'expansion et de consolidation du nouvel empire (liquidation des Séleucides, défaite romaine à Carrhes en 53 av. J.-C.) succède une période de stagnation et de décadence (assauts réitérés des Romains, émiettement interne).

Il reste toujours difficile de se faire une image précise de ce que furent la civilisation séleucide et surtout celle des Parthes en Iran même ; il n'y existe guère de fouilles de grande envergure sur un site parthe ; les documents demeurent rares et sont ordinairement mal datés. L'art parthe, dont on a tant parlé, nous apparaît le mieux à travers les découvertes faites en Mésopotamie, à Séleucide du Tigre, Assour, Hatra, Doura, Palmyre et Édesse.

L'hellénisation de l'Iran et l'art gréco-iranien

Les monuments propres à la période correspondant à l'hellénisation de l'Iran sont rares et la chronologie reste flottante. On attribue à la domination séleucide les vestiges d'un temple à Kengavar, temple entouré d'un péribole rectangulaire à portiques ; des colonnes ioniques à Khorhè et un chapiteau corinthien

o site antique
△ ville moderne
● Persépolis : capitale antique
▲ Bagdad : capitale moderne

Perse séleucide, parthe et sassanide

d'Istakhr. L'altération plus ou moins accusée des modèles helléniques (base en tore, à feuilles dressées, profils et proportions) témoigne de la naissance rapide d'une architecture gréco-iranienne (on la comparera pour la même période avec Aï-Khanoum en Afghanistan et Ikaros-Faikala dans le golfe Persique).

Dans les arts plastiques, sculptures, pièces de bronze ou d'orfèvrerie pouvaient être importées des centres hellénistiques ; elles pouvaient être exécutées sur place par des artistes grecs itinérants ou installés dans une nouvelle patrie ; elles pouvaient encore sortir des mains des élèves que ces artistes ne manquèrent pas de former sur place. De fait, des statues et statuettes de sujet et de style grecs (des Aphrodites, Tychès, Silènes, etc.) ont été découvertes ici et là en Iran ; une tête de bronze présumée d'Antiochos IV faisait partie d'un lot de Shami et, à Bisutun, l'image d'Héraclès couché, taillée dans le roc, est dédiée en 148 par Cléomène, gouverneur des « satrapies hautes ».

L'arrivée des Parthes ne changea rien d'abord à cette situation. Les découvertes faites dans le palais de la première capitale arsacide à Nisa (Turkménistan soviétique) le prouvent à l'évidence (statues et rhytons de style grec). Les plus grands souverains parthes se proclamèrent d'ailleurs philhellènes et on a reconnu la reine Mousa, épouse de Phraate IV (38-4 av. J.-C.), dans une œuvre de style grec, une tête de marbre de Suse, signée d'un certain Antiochos.

Cependant, une évolution dans laquelle devaient se combiner les traditions de l'Orient et de la Grèce était inévitable. C'est le monnayage des rois parthes qui montre avec quelle rapidité, après les profils des premiers souverains encore modelés par une main grecque, les images deviennent plus schématiques et linéaires ; l'image d'Héraclès étranglant le lion, récemment découverte à Masdjid-è Sulaiman, montre la même alliance entre modèle grec, motif oriental et raideur d'expression.

Dans le relief, ce style gréco-oriental est bien attesté en dehors de l'Iran par des stèles d'Assour et par les monuments des rois de Commagène (Nemroud Dagh, Arsameia du Nymphaios en Turquie). En dehors du sujet (investiture royale), la tradition achéménide s'affirme dans les têtes de profil et le relief plat, tandis que l'influence grecque se manifeste dans les bustes de face, les visages de trois quarts et le modelé de la musculature. Ce style dominait aussi la cour des rois parthes ; on le reconnaît sur deux reliefs très mutilés de Bisutun, l'un de Mithridate II, de 110 avant J.-C., l'autre de Gotarzès II (38-51). On peut y ajouter le relief du souverain à cheval de Hung-i Nauruzi.

L'art parthe

C'est le repli de l'empire parthe sur lui-même aux deux premiers siècles de notre ère sous la pression de Rome à l'ouest, de l'empire koushan à l'est, qui détermine une évolution nouvelle. Dans l'empire koushan, les influences grecques et gréco-romaines très vivaces donnent lieu à la floraison de l'art dit gréco-bouddhique ; dans l'empire parthe, au contraire, les tendances non classiques s'affirment dans ce qu'on appelle, de façon plus étroite, l'art parthe.

On ne sait que peu de chose des villes parthes. Le plan circulaire (Takht-é Sulaiman, Firuzabad, Merv) semble devoir leur être attribué. Les découvertes faites dans leur première capitale de Nisa restent malheureusement énigmatiques sur plus d'un point. Le palais d'Assour (Irak) permet d'attribuer à l'architecte parthe l'introduction dans la grande architecture de *l'iwan*, pièce d'apparat voûtée en berceau, ouverte en façade sur toute sa hauteur et dont l'origine iranienne est tenue pour certaine ; l'adaptation des architectures appliquées disposées sur plusieurs étages, qui sont, elles, d'origine gréco-romaine ; et enfin l'utilisation de plaques de stuc sculptées comme revêtement décoratif. On retrouve architectures appliquées, salles voûtées (sinon l'iwan véritable), plaques de stuc dans le seul palais parthe qu'on connaisse en Iran, celui du Kuh-é Khwadja. Le même palais comportait aussi un temple du feu de plan achéménide. Deux sanctuaires aménagés en terrasse et liés au culte du feu ont été dégagés à Badr-é Neshandé et à Masdjid-é Sulaiman, où fut découvert aussi un temple d'Héraclès de type grec.

Le domaine de l'art parthe le mieux connu est celui des arts figurés, bien que, là encore, les séries les plus complètes et les plus variées se trouvent en Mésopotamie. En Iran, l'ensemble le plus remarquable est celui de Tang-i Sarwak, où une petite dynastie locale (IIe s.) s'est immortalisée dans une série de reliefs rupestres (scènes d'investiture, d'adoration, de chasse et de combat). On ajoutera des reliefs isolés ou moins importants à Bisutun, Shimbar, Sar-i Pul, Hung-i Nauruzi, Badr-é Neshandé et, pour clore la liste, un médiocre relief de Suse montrant l'investiture d'Artaban V.

La caractéristique la plus frappante de ce style est l'application quasi mécanique de la « frontalité » : les personnages sont représentés entièrement de face, toujours tournés vers le spectateur. L'artiste accorde ensuite une grande attention aux détails extérieurs de la coiffure, du costume et de l'armement. Enfin, au point de

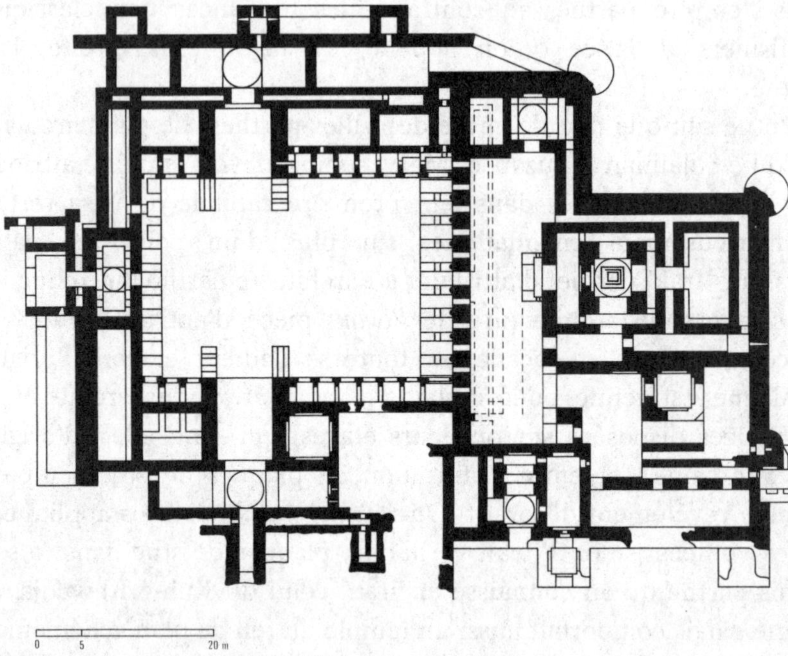

Palais de Kuh-é Kwadja en Sistan, province de l'Iran oriental (d'après E. Herzfeld, « Iran in the Ancient East », Londres, 1941).

vue technique, le relief reste plat, plus graphique que plastique, et les détails sont exprimés avec des formules figées. On est aux antipodes de l'art grec qui, épris de vie et de mouvement, cherche à représenter hommes et choses tels qu'on les voit (procédés illusionnistes).

Le recours à des conventions fixes rattache l'art parthe aux traditions de l'Orient ancien. Mais ces arts anciens appliquent de façon rigoureuse la convention du profil ; l'adoption de la frontalité s'explique par l'influence de l'art grec qui accorde dès l'origine une place notable à la représentation de face. On a été frappé par le caractère primitif ou populaire de cet art : on se demandera si une place prépondérante ne revient pas aux villes et plus précisément aux villes mésopotamiennes dans la naissance d'un art qui n'apparaît pas comme un art de cour, à l'inverse des arts achéménide et sassanide.

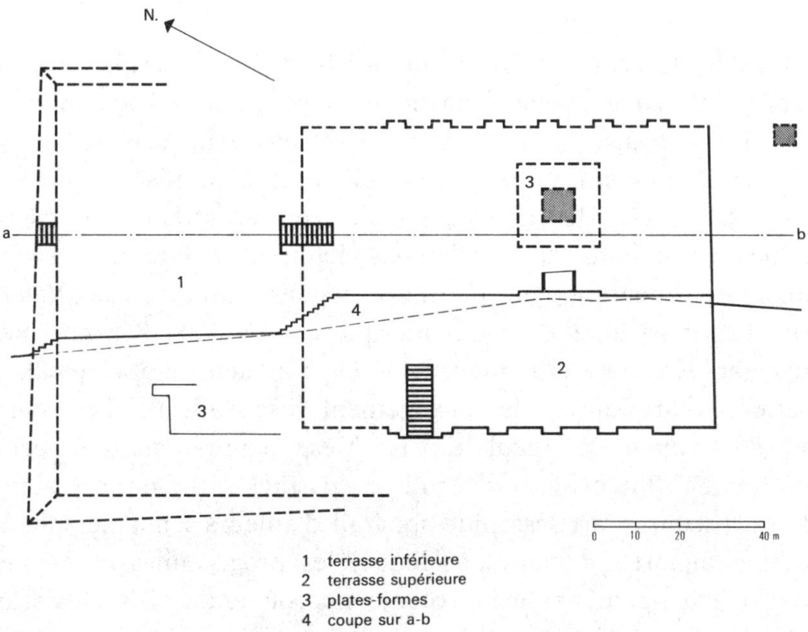

Plan et coupe de Badr-é Neshandé (d'après A. Godard, « L'Art de l'Iran », Paris, 1962)

Seul le palais du Kuh-é Khwadja a livré un lot important de peintures. Leur inventeur, E. Herzfeld, y distinguait trois styles : achéménide, grec, mixte ou gréco-bactrien, et les rattachait à l'art de la Bactriane hellénisée. Elles se distinguent en effet nettement des séries de Doura ou de Palmyre qui possèdent un style parthe uniforme ; mais, isolées, ces peintures restent difficiles à dater et à classer.

Pour la ronde-bosse, l'Iran a livré au moins une pièce de premier ordre de style parthe : la statue de bronze d'un homme debout, vêtu du costume parthe, trouvée à Shami (Ier s. apr. J.-C.). Ce grand bronze fait regretter la disparition de la très grande majorité des créations parthes en Iran même ; il constitue aussi par sa qualité une réponse sans réplique à ceux qui, frappés par le niveau « pathétiquement bas » de beaucoup d'œuvres de cette période, étaient prêts à parler d'un art abâtardi et décadent.

L'art sassanide

En 224, le Sassanide Ardashir défait et tue le dernier Arsacide, Artaban V. La nouvelle dynastie se signale par son agressivité en face de l'étranger, son fanatisme zoroastrien, son retour aux traditions iraniennes ; elle crée un État centralisé appuyé sur des castes féodale et sacerdotale, et possédant sa capitale stable, Ctésiphon. De brillantes victoires, notamment sur les Romains, illustrent les premiers règnes (capture de Valérien par Shapur Ier en 260), de même que les derniers (Byzance menacée par Khusraw II) précédant la conquête arabe (642). En matière d'art aussi, le changement est radical. Les années 260-270 voient le recul de la Mésopotamie marqué par la destruction d'une série de villes « parthes » : Doura, Palmyre, Hatra, Assour. L'art sassanide apparaît d'ailleurs fondamentalement comme un art de cour dans lequel les programmes et même le style n'échappent pas à la volonté du souverain. Les palais avec leur décor et les grands reliefs royaux taillés dans le roc, si l'on y ajoute les produits de luxe des arts mineurs, épuisent presque les créations d'un art auquel la religion ne posait guère de problèmes.

L'architecture

Les premiers souverains furent des fondateurs de villes dont certaines commencent à être mieux connues. Aux plans circulaires traditionnels (Firuzabad, Takht-é Sulaiman) s'oppose le damier de type hellénistique de Bishapur, ville édifiée par les prisonniers ramenés de Syrie tout comme la « digue de César » à Shushtar.

La technique de la construction ne varie pas fondamentalement depuis l'époque parthe : usage de la brique, maçonnerie au mortier de plâtre, stuc pour les revêtements, notamment plaques de stuc décorées ; la pierre de taille trahit une influence gréco-romaine. Le problème majeur de l'architecte sassanide est celui de la couverture monumentale à réaliser sans recourir, ou le moins possible, au bois (ni cintres ni charpentes).

Deux solutions furent jugées suffisantes dans la pratique. C'est, d'une part, la voûte en berceau chère aux Parthes et qui connut quelques réalisations grandioses, tel le grand iwan du palais de Ctésiphon dit arc de Khusraw (largeur : 26 m ; hauteur : 34 m), et, d'autre part, une nouveauté, la coupole du type à trompes d'angle. Les plans résultent de combinaisons à des échelles diverses de salles voûtées en berceau et de salles à coupole.

La religion zoroastrienne, qui n'exigeait ni temple-demeure de la divinité, ni salle d'assemblée pour les fidèles, se contentait d'édifices modestes. La demeure du feu pouvait n'être qu'une petite salle carrée coiffée d'une coupole et l'abri du feu, destiné à l'ostentation de l'élément sacré, n'était en règle générale qu'un baldaquin à quatre arcades (*tchahar-tak*), lui aussi coiffé d'une coupole. On peut voir encore les deux monuments à l'état pur réunis à Tang-é tchak tchak.

Les souverains sassanides perpétuent la tradition orientale des palais édifiés souvent en dehors des villes. Le principe des grands « paradis » (parcs) achéménides est plus vivant que jamais. Khusraw II (590-628) encore en aménage de magnifiques au Tak-é Bostan et à Kasr-é Shirin : là, dans un parc de 120 hectares, s'élevait un immense palais de 372 mètres sur 190.

Le palais de Firuzabad édifié par Ardashir Ier offrait déjà des solutions définitives : ainsi la division en partie antérieure officielle et partie postérieure réservée à l'habitation. La partie officielle ouvrait sur l'extérieur par un iwan suivi d'une salle à coupole. Les salles à coupole les plus remarquables sont celle de Sarwistan (début du Ve s.) et celle de Bishapur , haute de 25 mètres et portée par une salle carrée de 22 mètres de côté ; de grandes niches aménagées en iwan occupent le milieu de chaque côté. La salle voûtée - ouverte en iwan ou fermée - connaît une évolution remarquable. À Sarwistan , le berceau principal est contrebuté par des niches rectangulaires coiffées de demi-coupoles et séparées par des faisceaux de colonnes jumelées ; à Damghan (Ve s.) et à Kasr-é Shirin, des rangées de colonnes simples amorcent ou forment une salle à trois nefs. À Iwan-é Karkha enfin (IVe s.), la salle est couverte par une série de voûtes transversales en berceau portées par des

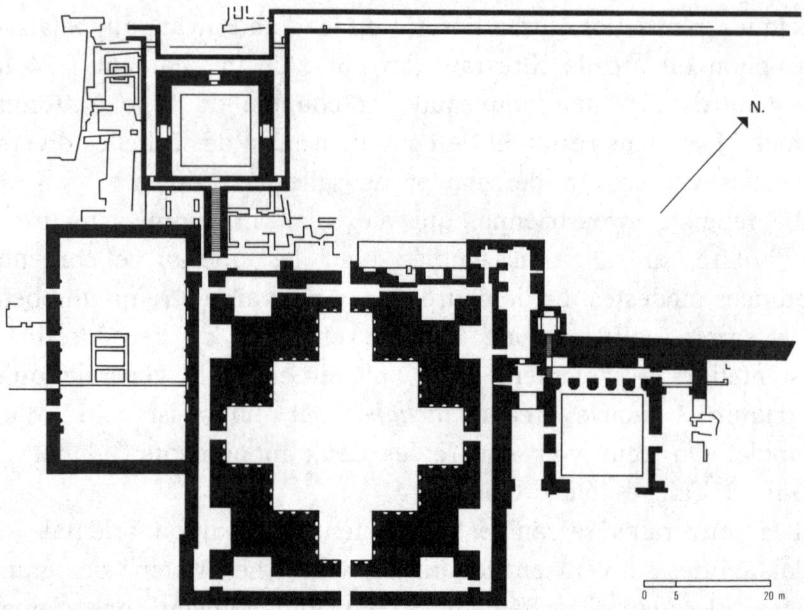

Plan du palais de Bishapur situé dans le Fars occidental (d'après R. Ghirshman, « Bichapour », Paris, 1956)

arcs transversaux. Ce système, visible en France à Saint-Philibert de Tournus, a fait naître la thèse des origines iraniennes de l'architecture gothique.

Il ne reste que de médiocres vestiges du très riche décor qui ornait ces palais. La grande façade de Ctésiphon témoigne de la persistance des architectures appliquées étagées et la salle à coupole de Bishapur avec ses soixante-quatre niches, prises dans une architecture à pilastres avec entablement, donne la meilleure illustration d'un décor intérieur, d'influence gréco-romaine lui aussi. On ne peut que rappeler les peintures, plaques de stuc, tentures aussi, couvrant les murs ou les tapis et mosaïques au sol. Pour ces dernières, le palais de Bishapur est le seul qui possède un bel ensemble, œuvre probable de prisonniers syriens.

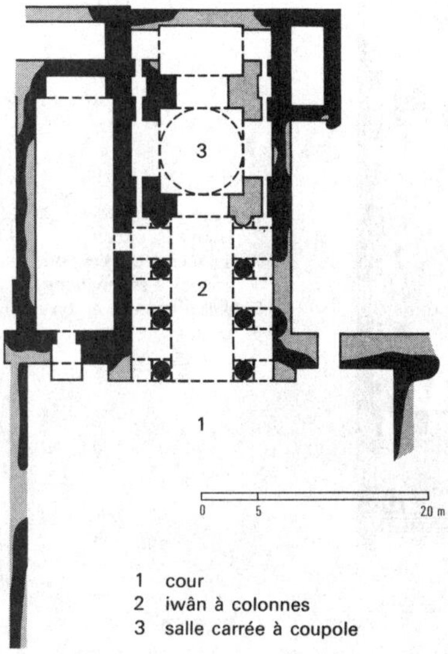

Plan du palais de Damghan (d'après A. Godard, « L'Art de l'Iran », Paris, 1962).

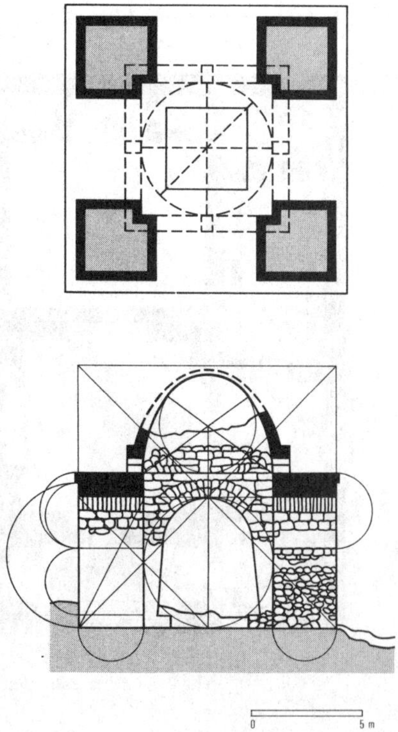

Plan et coupe analytique du Tchahar-tak de Neisar (d'après A. Godard, « L'Art de l'Iran », Paris, 1962).

La sculpture

On ignore pratiquement tout de la peinture sassanide qui connut certainement une grande diffusion et, pour la ronde-bosse, à côté de quelques petits bronzes images de souverains, on ne peut citer que la grande statue de Shapur Ier, découverte dans une grotte de Bishapur. Mais une trentaine de grands reliefs ornent toujours de puissantes falaises rocheuses, à quelques exceptions près (Tak-é Bostan) situés en Perside (Firuzabad, Bishapur, Naksh-é Rustam, Naksh-é Radjab). Ils datent en majorité des soixante-quinze premières années de la dynastie ou des cinquante dernières, seuls quelques-uns sont de la fin du IVe siècle.

Le thème unique est le roi : on voit le souverain abattant son adversaire en combat équestre, recevant sa soumission ou le foulant aux pieds de sa monture ; on le voit, à pied ou à cheval, recevant

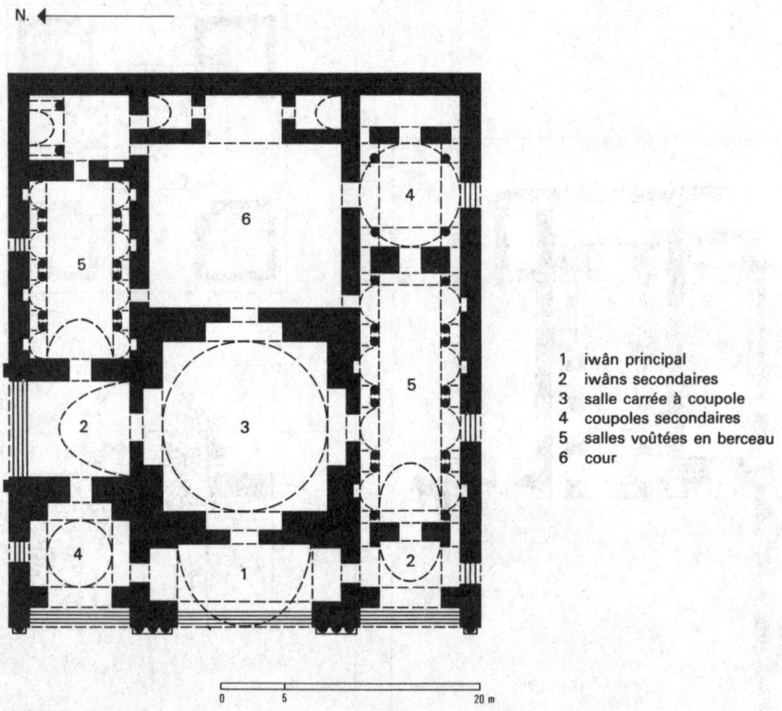

Plan et coupe axonométrique du palais de Sarwistan (d'après A. Godard, « L'Art de l'Iran », Paris, 1962).

l'investiture divine ; dans la même posture, ou encore trônant, accueillant l'hommage de ses sujets ou le tribut des peuples vaincus ; on le voit à la chasse enfin.

Le style de ces œuvres marque un retour aux formules gréco-orientales antérieures à notre ère ; la frontalité parthe a vécu et l'on revoit les bustes de face aux têtes de profil avant une évolution tardive vers la position de trois quarts ou de face. Sous l'influence gréco-romaine, le modelé du relief gagne rapidement en profondeur et en vigueur (pour Ardashir Ier, différence entre Firuzabad et Naksh-é Radjab). De même, dans les grandes compositions de Bishapur immortalisant la victoire sur Valérien, les sculpteurs de Shapur Ier se sont inspirés des ensembles triomphaux romains (panneaux groupés, registres ; représentations de foules, etc.) ; mais conformément à la tradition de l'Orient, la représentation est

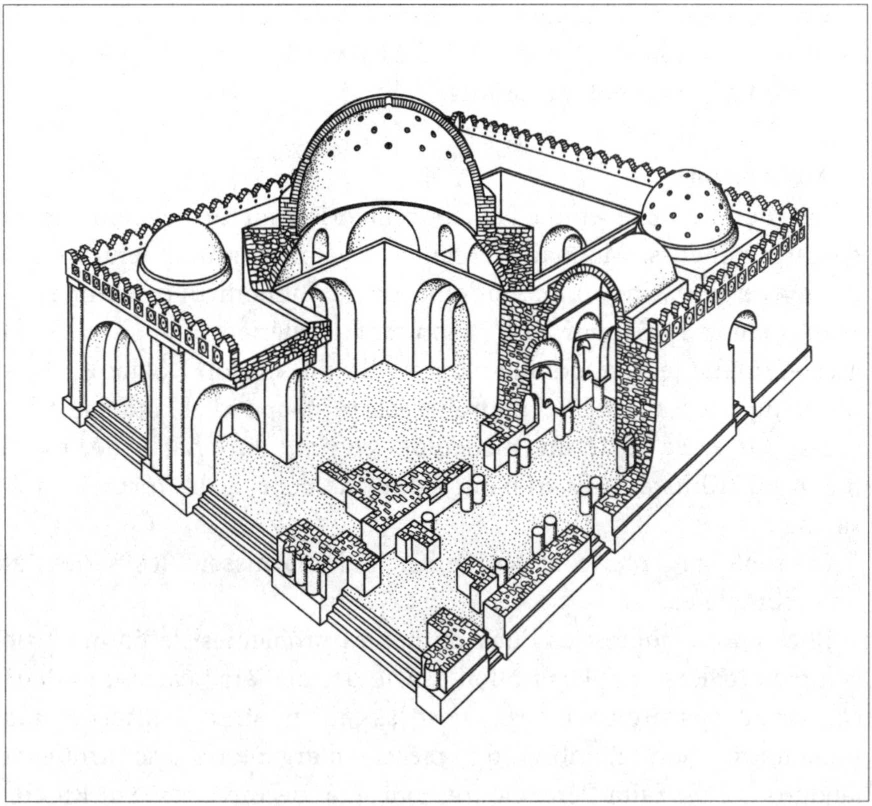

symbolique et non historique ; le moment est celui du triomphe du roi ; il est le centre vers lequel convergent tous les regards (voir aussi les figures trônantes de Bahram II et de Shapur II).

L'extraordinaire grotte de Khusraw II au Tak-é Bostan unit de même harmonieusement des influences diverses. L'arcade aux piliers ornés de rinceaux et encadrée de Victoires ailées se réfère encore au répertoire triomphal romain ; l'investiture divine et la grandiose figure du roi en cavalier cuirassé de la paroi du fond sont traités dans un style illusionniste et avec une technique de la ronde-bosse qui, à cette date, ne peuvent avoir leur source que dans l'hellénisme indobactrien. Les fameuses chasses des parois latérales, avec leur perspective étagée, leurs figures bien isolées ainsi que les proportions hors échelle de la figure royale, se placent de nouveau dans la ligne de la peinture parthe.

Une plaque de Tchahar Tarkhan montre que des tableaux de ce genre pouvaient être aussi taillés dans le stuc, de même que des motifs purement décoratifs.

Arts mineurs

Le goût du luxe et de l'apparat favorisèrent le développement des arts mineurs. Monnaies, intailles et camées multiplient l'image du souverain. Ainsi, une sardoine de la Bibliothèque nationale à Paris montre Shapur Ier capturant Valérien ; le style est gréco-romain (exception faite du motif du « galop volant »). Une pièce unique, au même endroit, est la coupe d'or incrustée de pâtes de verre et d'un médaillon central en cristal de roche montrant Khusraw II trônant conformément à la formule sassanide.

Ce sont l'argenterie et les étoffes qui fournissent les séries les plus complètes.

Elles posent toutes les deux de graves problèmes de chronologie comme d'ailleurs de localisation exacte des ateliers ; car toutes deux connurent des prolongements post-sassanides et en des terres non iraniennes. Bon nombre de pièces d'argenterie, se trouvant aujourd'hui à Saint-Pétersbourg, ont été découvertes en Russie, d'autres nous orientent vers l'Inde. Les formes sont relativement peu variées ; à côté d'aiguières et de flacons, la pièce la plus courante est le plat rond sur lequel des dorures peuvent rehausser le sujet. Le thème majeur reste celui du roi, mais vu dans ses occupations pacifiques, trônant, au banquet et surtout à la chasse. On voit aussi des danseuses et surtout des fauves (lions, loups) et le dragon-paon (*simourv*), spécifiquement sassanide. La technique est variable (repoussé, gravure, ciselure) et le relief reste plat. Le style est très proche de celui des reliefs.

Le contrôle d'une partie de la célèbre route de la soie amena les Sassanides à s'intéresser à la fabrication de tissus de soie, et ces tissus ont joui d'un grand prestige en Iran comme au-delà de ses frontières. Il est cependant plus aisé de discerner les motifs sassanides propres à ces tissus, plutôt que les tissus fabriqués sûrement en Iran, ou encore de dater ces derniers. L'imitation des tissus sassanides semble s'être faite aussitôt en Syrie et en Égypte et a duré, pendant de longs siècles, en Iran même.

Pour l'auteur du canevas, le problème consistait à créer un motif décoratif susceptible d'être multiplié sur une certaine surface ; des rangées de cercles ou de losanges ou des cadres géométriques plus compliqués liés à des éléments floraux ou végétaux sont meublés de figures animales : coqs, ibex, lions, griffons, sangliers, dragons-paons (parfois seulement tête d'ibex et de sanglier). Le vieux schéma héraldique oriental des animaux affrontés n'est pas rare et connaît parfois un développement sous la forme des cavaliers affrontés. Les scènes figurées plus complexes qu'on trouve dans le monde gréco-romain font défaut. Ces tissus connurent une grande faveur et plus d'un entra dans un trésor d'église en Occident.

L'art sassanide achève la période de l'art antique en Iran par une sorte de feu d'artifice. S'il est arbitraire de reconnaître en lui une « renaissance » de l'art achéménide, on peut dire qu'il lui fait pendant au cours d'une histoire qui s'étend sur douze siècles. Art royal au même titre que celui des fondateurs de l'Empire perse, il s'exprime dans les mêmes domaines et se contente de même d'un registre relativement limité. Particulièrement asservi à une lassante apologie du souverain tout-puissant et à la satisfaction de ses goûts, il n'apparaît pas comme très inventif dans les quatre siècles de sa durée. Plus sans doute que celui des Achéménides, plus en tout cas qu'on n'a l'habitude de le dire, c'est un art éclectique ; largement tributaire des arts gréco-orientaux et parthe qui l'ont immédiatement précédé en Iran, il ne s'est jamais fermé aux influences venues du monde gréco-romain ou de la Bactriane et de l'Inde.

On a sans doute grossi le rayonnement de l'art sassanide, notamment dans le domaine de l'architecture. Ce rayonnement n'en est pas moins certain et il fut durable, comme le prouve la diffusion de certains thèmes figurés ou décoratifs, et important dans la période du haut Moyen Âge bien en dehors de l'Iran. Mais le rôle historique principal de l'art sassanide restera d'avoir été l'initiateur des arts qui lui succédèrent en Iran et qui étaient appelés à un si brillant avenir.

ERNEST WILL

Pièces jointes

LES MÈDES

L'apparition en Asie antérieure des éléments iraniens qui faisaient partie de la branche occidentale des Irano-Aryens introduit une nouvelle et importante page dans l'histoire des grandes puissances du Moyen-Orient : l'Assyrie, la Babylonie, l'Élam, l'Urartu. L'arrivée de ces tribus, différentes des autochtones asianiques par leur aspect ethnique, par leur langue, par les formes de leur culture matérielle, par le mode de vie et leurs croyances religieuses, amenait des changements radicaux dans les destinées de ces régions au cours des premiers siècles du Ier millénaire avant notre ère. Une nouvelle époque s'annonçait dans l'histoire des peuples de langue iranienne à partir de la formation des grands États iraniens, celui des Mèdes et celui des Perses, aux VIIe et VIe siècles avant notre ère. À ces deux groupes d'Iraniens, viendront s'ajouter les Cimmériens et les Scythes, Iraniens aussi. Mèdes et Perses, Cimmériens et Scythes apporteront à cette partie de l'Asie antérieure une vie historique qu'elle ignorait jusqu'alors.

Le plateau auquel ces Iraniens donneront leur nom s'ouvre aux nouvelles étapes de sa culture matérielle. Les villages préhistoriques se trouvent remplacés par des villes où, à l'intérieur d'une puissante muraille, un château fortifié élevé sur une butte voisine avec la ville basse. Les traditions funéraires subissent une profonde novation : les morts ne sont plus ensevelis sous le sol des maisons mais dans des nécropoles, à une certaine distance des villes habitées. Les défunts sont accompagnés de leurs armes, bijoux, poterie, puisque leur existence dans l'au-delà ne devait pas différer de leur vie sur terre.

Les origines

Salmanazar III, roi d'Assyrie (859-824 av. J.-C.), lors de sa campagne de 843 avant J.-C. s'empare du pays de Parsua ou pays des Perses, au sud et à l'ouest du lac d'Urmiya (Rezaiyé), au nord-ouest du plateau iranien. En 834 avant J.-C., au cours d'une autre opération, ses troupes pénètrent au sud-est de ce lac, dans le pays de Mada ou celui des Mèdes. Ces deux passages des annales assyriennes sont les plus anciennes mentions de la présence des Iraniens, Mèdes et Perses, dans cette partie de l'Iran.

Des deux hypothèses concernant la voie suivie par ces tribus, est-ouest ou nord-sud, pour arriver sur le plateau, nous retiendrons la seconde, celle qui passait par cet isthme que forme le Caucase. Elle semble trouver sa justification dans le fait que, déjà au XIe-Xe siècle avant J.-C., l'onomastique attestée au nord du lac d'Urmiya, donc non loin de la Transcaucasie, connaît des éléments iraniens. Cette route était aussi celle que suivirent quelques siècles plus tard Cimmériens et Scythes, ces nomades iraniens, et qui fut décrite par Hérodote. Enfin, certaines affinités de la culture matérielle mède avec celles du Caucase seraient susceptibles d'étayer cette conjecture.

Cavaliers nomades, arrivés avec leurs chevaux et leur bétail, les Mèdes se fixent dans un pays montagneux propice à leur existence où l'agriculture cède le pas à l'élevage. Les régions où ils s'installent n'ont qu'une population clairsemée qu'on désigne sous différents vocables ; tantôt « caspienne », tantôt « zagro-élamite », ou par un terme négatif

« asianique », qui indiquerait la non-appartenance de ces autochtones au groupe indo-sémite comme les Assyriens, ou indo-européen comme les Iraniens. Ces aborigènes ne seront absorbés qu'au cours de longs siècles par les Mèdes grâce à la supériorité de la puissance de ceux-ci, grâce à leurs institutions militaires et tribales plus développées. Ils s'imposeront à la longue par une large diffusion de leur langue, au début moyen de liaison entre les tribus mèdes, puis acceptée par les autochtones assimilés. Il faut, semble-t-il, renoncer à les considérer comme arrivés en « conquistadores », idée qui a naguère été exprimée pour illustrer l'implantation des Mèdes sur le Plateau.

Mèdes et Assyrie du IXe au VIIe siècle avant notre ère

Dès le IXe siècle avant notre ère, les Mèdes entrent dans la sphère des intérêts de l'Assyrie et pendant plus de deux siècles, c'est-à-dire jusqu'au moment de la destruction de celle-ci, leur sort restera étroitement lié à la politique expansionniste orientale des Assyriens. C'est aussi en fonction de cette pression de leur puissance voisine que les tribus mèdes dispersées réaliseront une première étape dans l'organisation de leur vie socio-religieuse en constituant une amphictyonie (ou fédération). L'étape suivante sera la création d'une union politique sous l'autorité d'un souverain, chef d'État indépendant qui résistera au conquérant.

On distingue deux périodes d'invasions assyriennes en Médie : celle de 843-788 et celle de 744-678 séparées par près d'un demi-siècle, lorsque l'Assyrie se trouve politiquement affaiblie.

Au IXe siècle avant notre ère, il n'est pas encore question pour les Assyriens de contrôler le pays des Mèdes ; ils se contentent alors de raids qui leur procurent un riche butin de métaux, de pierres dont le lapis-lazuli, et surtout des chevaux. Pour combattre les montagnards-cavaliers, l'Assyrie du IXe siècle avant notre ère est obligée de créer une cavalerie qu'elle n'avait pas, et pour cela de se procurer des chevaux de selle. Le Plateau devint la source principale de remonte et l'une des raisons de l'implantation de l'Assyrie en Médie. Il faut noter à ce propos l'importance que joua le cheval chez les Iraniens : les Perses, lors des guerres médiques, introduisent en Grèce la culture de la luzerne, originaire du Plateau, et qui s'appelait *aspati* ou « nourriture de cheval ».

L'armée assyrienne pénètre de plus en plus profondément dans le pays : les annales assyriennes mentionnent les « Mèdes lointains » puis les « Mèdes puissants ». En 744, Tiglat-Pilasar III (745-727) pousse ses conquêtes jusqu'au mont Bikni (Demāvend près de Téhéran) et obtient des Mèdes un important butin de neuf tonnes de lapis-lazuli et de quinze tonnes d'objets en bronze. Quelques années plus tard, il poursuit ses conquêtes jusqu'aux Mèdes qui habitent près du « désert salé » qui, comme on sait, couvre la partie centrale du Plateau.

Les premières opérations du rattachement des Mèdes à l'Empire assyrien ont lieu sous Sargon II (722-705) qui crée dans la Médie occidentale deux provinces assyriennes, ce qui semble provoquer un durcissement dans l'attitude du peuple soumis. Les intrigues de leurs chefs avec les ennemis de l'Assyrie obligent Sargon II, lors de sa campagne de 715, à déporter à Hama, en Syrie, avec toute sa famille, Daïakku, un chef mède compromis par ses contacts avec le royaume d'Urartu. La déportation des peuples par les grandes puissances était un procédé de répression qui n'a pas disparu, même aux temps modernes.

Sargon fera amener en contrepartie, en Médie, les Israélites de Samarie, prise quelques années plus tôt, et les installera « dans les villes des Mèdes » (II Rois, XVII, 6 ; XVIII, 11), probablement à Néhavend, Hamadan et Ispahan.

On a proposé avec raison de reconnaître dans le Daïakku des sources assyriennes, le Déiocès qui, d'après Hérodote, était le fondateur de la dynastie mède, le créateur de l'union de son peuple, le bâtisseur de la ville d'Ecbatane et qui, devenu roi, instaura une justice sévère dans son nouvel État (I, XCVI-XCVIII). Il faut croire, toutefois, que l'informateur de l'historien grec avait attribué à Déiocès certaines réalisations qui étaient l'œuvre de ses successeurs, en particulier l'union des Mèdes et leur constitution en État. Déiocès, chef écouté, contribua peut-être à l'adoption par les tribus mèdes de l'amphictyonie et au choix, comme centre de ralliement de ces hommes, de la ville d'Ecbatane (*Hagmatāna* – « lieu de réunions » selon Diakonov, ou, *hama-stāna* ou « séjour de la confrérie » selon É. Benveniste), ville située au cœur de la Médie, au croisement des voies les plus importantes.

Les annales assyriennes illustrées par les bas-reliefs font connaître comment les Mèdes furent installés dans plusieurs villes fortifiées, dont les défenses servaient pour les protéger tant contre les Assyriens que contre l'hostilité d'autres tribus. L'union des Mèdes n'était qu'un but encore lointain au VIIIe siècle avant notre ère. Pour tenir le pays et prélever régulièrement le tribut, ce qui était une entreprise souvent dangereuse, les Assyriens créent une troisième province dans la Médie occidentale ; toutes trois sont confiées à des chefs mèdes responsables et surveillés. Cette organisation servit sans doute plus tard à affermir la conscience des vaincus et à ouvrir la voie de la libération.

L'État mède

L'écrasement de la puissance assyrienne

« L'amour de la liberté les rendit excellents guerriers [les Mèdes]. Ils combattirent avec succès contre les Assyriens, repoussèrent la servitude et devinrent libres » (Hérodote, I, XCV).

L'idée qu'il était nécessaire de se réunir pour se dégager de l'emprise assyrienne faisait son chemin ; une large coalition des tribus finit par se former au cours du premier quart du VIIe siècle avant notre ère. L'âme de la révolte était Kachtariti ou Khchatriti, très bien connu par les textes assyriens, un descendant de Déiocès, dans lequel on reconnaît Phraorte, le deuxième roi de la dynastie mède décrite par Hérodote (env. 675 avant notre ère). La coalition est vaste ; elle dépasse largement les trois provinces créées par les Assyriens et déborde aussi bien vers le nord que vers le sud. Le roi Asarhaddon (681-669) lutte contre cette menace et cherche à démanteler la coalition par des intrigues. Ainsi, le chef scythe Partatua, le Protothyès d'Hérodote, abandonne les Mèdes insurgés et passe aux Assyriens, après avoir obtenu la main d'une princesse assyrienne. Un parti pro-assyrien s'était-il formé parmi les chefs hostiles à Kachtariti ? Toujours est-il qu'à deux reprises au moins les textes assyriens relatent l'arrivée dans la capitale assyrienne de plusieurs chefs mèdes parmi les plus éloignés, semble-t-il, donc occupant des terres sur les arrières des insurgés. Ils signent avec le roi d'Assyrie un acte par lequel ils reconnaissent sa suzeraineté et leur obligation de l'aider contre les insurgés.

Les archives d'Asarhaddon conservent de nombreuses tablettes qui portent les demandes du roi consultant l'oracle du dieu Shamash sur l'issue de ses entreprises militaires contre les coalisés. La mention des Mèdes et de leur chef Khchatriti, soutenu par les Cimmériens et les Manna, mais non par les Scythes, revient constamment. L'inquiétude du souverain illustre la gravité de la situation et une grande tension dans la lutte qui se termine par le recul de l'Assyrie et la formation d'un État mède indépendant, qui réunit sous un seul roi les nombreuses petites principautés dont les chefs formeront la noblesse mède.

Hérodote, notre source principale (pour la suite), affirme que Phraorte-Khchatriti commença à « conquérir l'Asie », s'attaqua aux Assyriens et périt avec toute son armée après un règne de vingt-deux ans. On admet que cette victoire sur les Mèdes fut remportée par les Scythes, les alliés des Assyriens, après quoi la Médie resta sous la domination scythe pendant vingt-huit ans (Hérodote, I, CVI). On ignore comment se présentait en Médie cette période de dépendance, mais puisque Hérodote affirme que les Scythes enseignèrent aux Mèdes leur tactique militaire, on peut croire que le pays sortait non pas affaibli, mais au moins capable de se libérer de cette tutelle ; ce fut l'œuvre de Cyaxare, le troisième roi mède (env. 625 av. J.-C.).

L'expansion de l'État mède, retardée par la domination scythe de plus d'un quart de siècle, reprend avec force, ce que manifeste une jeune et dynamique nation. Plusieurs petits États voisins deviennent ses vassaux. C'est sous Cyaxare sans doute aussi qu'eut lieu l'annexion du petit royaume perse. Ce peuple qui, au IXe siècle avant notre ère, est signalé au sud et à l'ouest du lac d'Urmiya quitta le nord-ouest du plateau peu de temps après (peut-être sous la pression assyrienne et urartienne qui provoqua ce mouvement) et vint s'installer au sud-ouest de l'Iran, dans le pays de Parsumash et d'Anshan, occupant les contreforts des Zagros, sur le territoire du royaume de l'Élam, plus bienveillant. Ainsi, si Phraorte-Khchatriti réalisa l'union des Mèdes, c'est Cyaxare qui porta son effort sur l'expansion « extérieure », œuvrant à l'agrandissement de son royaume et rassemblant tous les Iraniens sous sa couronne.

La conjoncture politique de son temps favorisa ses entreprises ; les mouvements antiassyriens se manifestèrent avec force chez les peuples du Moyen-Orient assujettis à l'Assyrie. La vieille coalition antiassyrienne de Babylone et de l'Élam avait vécu, la seconde de ces puissances ayant subi un effacement à la suite de la terrible invasion d'Assurbanipal de 640 avant notre ère. L'Élam se trouve désormais remplacé par le jeune royaume mède ascendant. Un accord avec la Babylonie où règne une nouvelle dynastie nationale se trouve scellé par le mariage de Nabuchodonosor, fils du roi Nabopolasar, avec la fille de Cyaxare, Amuhid. Les Babyloniens commencent les opérations contre l'Assyrie, et les Mèdes, après avoir protégé leur flanc droit, dévalent les Zagros et s'emparent d'Assur, la capitale méridionale de l'ennemi (614 av. J.-C.). La jonction des alliés se réalise, suivie de la prise de Ninive (612 av. J.-C.). Le rôle des Mèdes dans ces succès fut prépondérant.

La Médie « puissance mondiale »

Le butin dont les Mèdes se sont emparé, constitué par les richesses accumulées par les rois assyriens au cours de siècles de conquêtes et de rapines, était immense. Pour la première fois dans l'histoire des peuples de cette

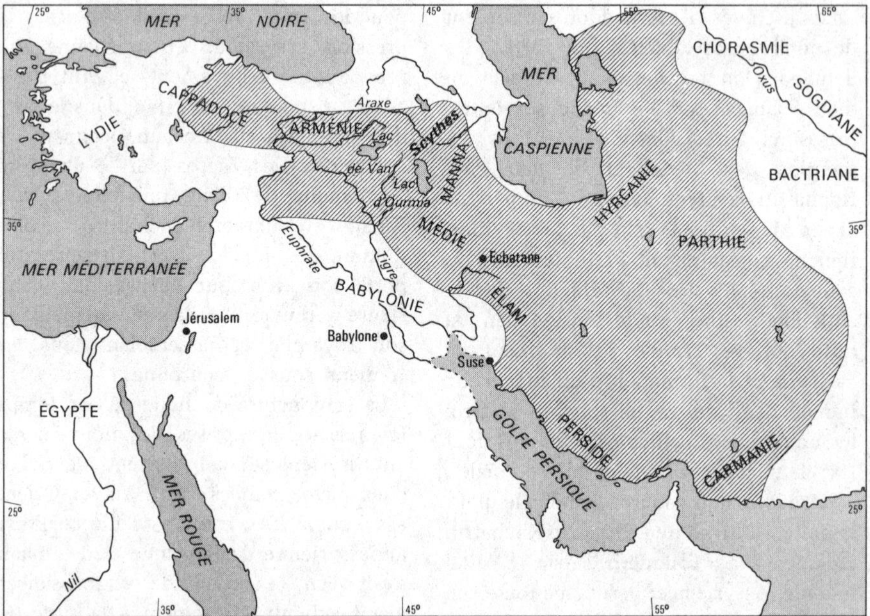

Le royaume mède à la première moitié du VIe siècle av. J.-C.

partie du monde, les victoires des Mèdes semblent être animées d'un souffle nouveau : ils ne chercheront pas, semble-t-il, à exterminer le peuple vaincu, ni à l'obliger à quitter ses champs et ses demeures ; celui-ci ne sera pas réduit en esclavage, les atrocités ne rehausseront plus le triomphe.

Les alliés ne parachevèrent leur succès qu'en 605 avant J.-C., après la prise de Harran où se réfugia la dernière résistance assyrienne. On ignore les entreprises de la Médie après la chute de l'Assyrie, mais on admet que ses réussites portèrent le jeune État contre son voisin du Nord, le royaume d'Urartu qui englobait la Transcaucasie et s'étendait jusqu'à l'Asie Mineure orientale. La fortune qui accompagna Cyaxare dans cette région l'amena à cette dernière frontière où il se trouva face à la Lydie, puissance qui régnait sur toute l'Asie Mineure. Le choc fut inévitable : la lutte entre les deux États s'est poursuivie jusqu'au moment où, lors de la bataille du 28 mai 585 avant J.-C., une éclipse du soleil fut prise par les ennemis pour un signe de paix. Les hostilités furent arrêtées et la frontière entre les deux États fixée sur l'Halys (le Kizil Irmak). Le mariage d'Astyage, fils de Cyaxare, avec Aryenis, fille d'Alyatte, roi de Lydie, fut scellé par le « sang mêlé ».

La paix avec la Lydie et les gains territoriaux marquèrent l'extension maximale atteinte par le royaume mède dans sa lente mais constante ascension durant un siècle. La Médie devient une puissance « mondiale » ; elle partage avec la Babylonie et la Lydie la majeure partie de l'Asie occidentale et contrôle les peuples sur un immense territoire allant de l'Asie Mineure aux confins de l'Asie centrale.

La fin du royaume mède

Astyage, le dernier roi mède (585 ou 584-550 av. J.-C.) était, s'il faut comprendre les sources anciennes, un homme suspicieux, méfiant, jaloux de son pouvoir, bref un caractère qui ne facilitait pas ses rapports avec la noblesse de son pays, jalouse, elle, de ses droits.

Quelques gestes maladroits du roi créèrent une hostilité entre le prince et cette élite mède, à la tête de laquelle se trouvait Harpagus. La tension intérieure dans le royaume mède fut adroitement exploitée par Cyrus II, fils de Cambyse, roi des Perses, et de Mandane, fille d'Astyage, donc petit-fils de celui-ci et son vassal, qui décide de s'affranchir de cette dépendance. Les hostilités entre Perses et Mèdes durèrent trois ans. Leurs débuts n'étaient pas favorables au prince achéménide qui finit pourtant par remporter un succès définitif, surtout grâce à la trahison d'Harpagus qui, avec d'autres nobles mèdes, passa aux Perses. L'armée mède fut battue, Astyage fut fait prisonnier mais il fut traité humainement. Cyrus s'empara d'Ecbatane qui fut pillée et se déclara « roi des Mèdes » ; il épousa Amytis, fille d'Astyage et par ce geste légitima sa succession au trône de la Médie. Harpagus, qui commanda plus tard l'armée de Cyrus, fut responsable de la conquête perse de l'Ionie et devint ensuite satrape de Lydie. Tel ne fut pas le sort de la noblesse mède qui tira peu de profit de sa trahison : déjà sous Darius, les postes de responsabilité dans l'Empire perse furent occupés presque exclusivement par les Perses.

Les Mèdes perdirent leur indépendance sans pour cela abandonner l'espoir de la reconquérir, ce qu'ils essayèrent de faire, sans succès d'ailleurs, lors de l'accession au pouvoir de Darius Ier. Ils étaient les premiers Iraniens à être entrés en contact avec les grandes puissances de l'Orient ancien ; leur nom resta vivant même après la chute de leur royaume et servit à désigner les Perses : les hostilités qui opposèrent les Grecs aux Achéménides portent le nom de « guerres médiques ». Dans « l'espace iranien », la Médie a gardé une place privilégiée par rapport aux autres parties de l'Empire perse achéménide.

La civilisation des Mèdes

L'onomastique mède du IXe siècle avant J.-C. fait connaître plusieurs noms théophores composés avec *mazda* (sage) ou *chura* (seigneur), ce qui indiquerait que les Mèdes pratiquaient la religion « mazdéenne » avec Ahura Mazda comme divinité suprême, dont l'émanation était le feu sacré. Rien dans cette religion ne la met en liaison avec l'*Avesta*, le livre sacré plus tardif des Perses, ni avec son panthéon. D'après Hérodote, l'une des tribus mèdes, celle des mages, était la seule caste sacerdotale qui servait cette religion naturaliste. Leur enseignement n'était pas celui de la religion zoroastrienne qui ne sera pratiquée, dans toute sa plénitude, que sous les Sassanides en devenant l'Église de l'État.

On sait peu de chose sur la vie sociale des Mèdes dont le fondement était la famille. Ces familles étaient groupées en clans qui formaient des tribus. Le Mède était libre et comme tel il devait se présenter en armes en cas d'hostilités. L'état intellectuel de la société mède nous échappe ; des études récentes semblent établir une influence de la langue mède sur celle, littéraire, des Achéménides. On admet que l'écriture cunéiforme vieux-perse existait déjà chez les Mèdes.

Les Mèdes devaient commercer avec leurs voisins bien avant la constitution de leur État ; le produit de leur élevage, spécialement les chevaux, devait constituer la base des échanges que complétait la fourniture des métaux, du cuivre en particulier, l'une des richesses du Plateau. Le commerce lucratif de transit du lapis-lazuli, pratiqué sur le Plateau depuis des millénaires, était passé entre les mains des Mèdes. Extraite au Badakhshan, en Afghanistan, et cela jusqu'à nos jours, cette pierre semi-précieuse, si recherchée par les artistes orientaux, était amenée par les indigènes jusqu'à la région du Démavend où avaient lieu les tractations avec les commerçants locaux. C'est du fait de ces opérations qui se faisaient au pied de cette montagne que le pic le plus élevé de la chaîne de l'Elbourz prit le nom de *Bikni*, ou « montagne de lapis-lazuli », que ni sa couleur ni la composition de sa roche ne justifient.

Les sources anciennes évoquent les grandes richesses accumulées par les Mèdes, par leur noblesse en premier lieu, ces larges moyens favorisant l'activité des artistes et des artisans, tant étrangers que locaux. La production des objets en bronze devait être en plein essor dès le IXe siècle avant notre ère, puisque Tiglat-Pilasar ramena de sa campagne quinze tonnes de ces objets, ce qui représente un ensemble impressionnant. Même si ce chiffre est exagéré, il semble confirmer une large production sur laquelle le mobilier funéraire - armes, harnachement et pièces d'usage courant très nombreux dans les tombes de la nécropole de Sialk - apporte un témoignage précieux. Les objets en bronze mis au jour à Hamadan (Ecbatane), identiques à ceux qui proviennent des tombes du Luristan, invitent à reconnaître dans ceux-ci le produit de la symbiose médo-cimmérienne, les Cimmériens, alliés fidèles des Mèdes, les ayant largement aidés dans la lutte pour leur indépendance. À l'art mède doit être attribuée une partie du trésor de l'Oxus conservé au British Museum, et dont un fourreau en or, arme princière, aurait appartenu au roi Astyage. Les orfèvres mèdes avaient acquis une si grande réputation pour leur travail de l'or qu'ils furent chargés par Darius de décorer son palais à Suse.

Les palais mèdes d'Ecbatane, ensevelis sous la ville moderne d'Hamadan, nous échappent toujours, mais nous connaissons les tombes royales rupestres mèdes, taillées haut dans les rocs et qui peuvent évoquer les demeures des vivants. Nous ignorons encore comment vivait le peuple mède. Mais le mobilier funéraire des tombes du Luristan, riche et varié, une fois « interrogé », ne se récusera pas pour nous initier à cette société aux aspirations guerrières et à son intimité avec le cheval. À cela s'ajoutent, venues des mêmes sépultures, quelques images du panthéon adoré, parmi lesquelles nous croyons pouvoir reconnaître quelques rares divinités de la religion archaïque iranienne. Ce sont : le dieu Zurvan, l'androgyne, donnant naissance aux jumeaux Ahura Mazdâ et Ahriman, les deux principes du bien et du mal, et Sraosha, le justicier. Ces rares évocations des croyances iraniennes paraissent noyées dans une débordante profusion d'autres images où se croisent les survivances des religions des aborigènes du Plateau, en démontrant que la fusion des Iraniens et des autochtones fut un processus lent et long, chacun des deux groupes ethniques conservant jalousement ses propres traditions.

ROMAN GHIRSHMAN

LES ACHÉMÉNIDES

La dynastie perse des Achéménides, aux débuts légendaires, n'a d'abord régné que sur son peuple ; puis, après avoir conquis (VIe s. av. J.-C.) tous les pays du reste de l'Orient, jusqu'à l'Asie centrale et à l'Inde, elle s'est trouvée, jusqu'à sa disparition (330 av. J.-C.), à la tête d'un empire d'une étendue (6 millions de kilomètres carrés) qui n'avait jamais été atteinte. Mais son histoire est toujours restée mal connue.

Pourtant, le plus ancien des historiens, Hérodote, un Grec du Ve siècle avant J.-C., a rassemblé dans ses *Histoires* des renseignements recueillis auprès de ses contemporains et se rapportant au conflit entre Grecs et Perses, depuis ses origines légendaires jusqu'à la destruction de l'armée et de la flotte perses (479). Plus curieux que les gens de son temps, il reste, avec toute sa naïveté, notre meilleur informateur.

En effet, l'histoire des Achéménides est difficile à retracer à partir de leurs documents. En Orient, la voie orale tenait le rôle essentiel pour la transmission des ordres et des informations. Par ailleurs, les plus brillantes cultures, celles de la Mésopotamie et de l'Égypte, étaient en déclin et leurs écritures compliquées étaient de moins en moins employées. Quant aux peuples marchands, ils utilisaient leurs alphabets pour leurs comptes. Dans les palais perses, l'écriture, en dehors de la comptabilité, servait uniquement pour des inscriptions royales, qui avaient une valeur magique, comme l'indique l'emplacement de certaines : en effet, qui pouvait lire les textes des dépôts de fondation ou ceux de la falaise de Behistoun ? Le roi marquait sa présence par des formules monotones : nom et généalogie du souverain, remerciements au dieu. Si Darius Ier a fait exception, avec de longs récits de son avènement et de ses conquêtes, c'est pour masquer son usurpation ; après lui, le retour à la tradition a été rapide.

L'Empire achéménide n'a duré que deux siècles. Il était affaibli par la relative liberté que ses rois avaient dû concéder, à cause des distances, à leurs satrapes et aux communautés sujettes ; et il n'a pu résister à l'armée macédonienne. Déjà l'incendie de Persépolis, sur les ordres d'Alexandre, annonce la disparition rapide de la culture achéménide. Il faudra attendre les orientalistes du XIXe siècle pour que l'on relise les textes perses anciens et 1931 pour que commence la restauration des palais de Persépolis.

La conquête de l'Orient

Le peuple perse, qui fait partie de la dernière vague indo-européenne ayant envahi l'Iran, apparaît dans l'histoire lorsqu'il entre en contact avec les Assyriens. Au IXe siècle avant J.-C., le pays de Parsoua est situé dans la cuvette du lac Rezaiyeh, et le pays de Parsoumash, dans les monts Bakhtiari (vers l'actuelle Khurramabad, au nord de Suse). Est-ce le début d'une longue émigration du nord-ouest au sud-est à travers le Zagros, ou bien s'agit-il de deux rameaux d'un même peuple, dont un seul, voisin de la Susiane, est destiné à marquer l'histoire ?

C'est en Parsoumash, en effet, qu'apparaît la dynastie achéménide, dont les origines obscures ont donné lieu à des hypothèses contradictoires. Leur nom viendrait de Hahamanish (Achéménès en grec), roi de Parsoumash et sans doute vassal de l'Élam. Son fils, Tshahipaïsh (Téispès ; 675-645 env.) se proclame roi d'Anshan (au sud-est de Suse). Après avoir enlevé cette ville aux Élamites, il conquiert le pays de Parsa (l'actuel Fars – qui garde le nom des Perses – dans la province de Chiraz). Tshahipaïsh partage ses domaines entre ses deux fils, Ariaramna (645-600 env.), roi de Parsa, et Kourash Ier (Cyrus Ier ; 645-600 env.), roi d'Anshan, en Parsoumash, qui reste en principe sous la dépendance de son frère. La branche d'Anshan l'emporte d'abord : Kamboujiya Ier (Cambyse Ier ; 600-559 env.), fils de Kourash Ier, retire le titre royal à Arshama, fils d'Ariaramnès, mais le maintient comme gouverneur en Parsa. Le vainqueur de cette lutte familiale épouse Mandane (fille de son suzerain Astyage, roi des Mèdes), dont il a un fils, Kourash II (Cyrus le Grand, 559-530 env.).

Maître d'une fraction des tribus perses, vassal du puissant roi des Mèdes, Cyrus sait exploiter le mécontentement causé par la mauvaise gestion du gouvernement des grands souverains de l'Orient. Des offensives foudroyantes lui livrent la Médie (550), la Lydie (547) et la Babylonie (539) avec toutes leurs dépendances. Non content d'avoir acquis les pays les plus riches et les plus évolués de l'Asie occidentale, Cyrus unifie à son profit l'Iran, réserve de soldats éprouvés. Il mourra au combat dans la steppe sauvage du Nord-Est. Son fils Cambyse II (530-522) achève la conquête de l'Orient ancien en s'emparant de l'Égypte (525). Plus autoritaire, il excède ses sujets en leur extorquant impôts et recrues. Il meurt en 522, au moment où triomphe une révolte menée par son frère Bardiya. Le second fils de Cyrus, au pouvoir durant sept mois, mène une politique originale : il supprime conscription et tribut pour trois ans, et cherche à imposer le monothéisme des mages en faisant détruire les temples des dieux. Attachée à ses divinités et aux profits de la conquête, l'aristocratie perse l'assassine ; elle fait ensuite courir le bruit que Cambyse avait fait tuer secrètement Bardiya et que c'est un mage (prêtre mède, donc un étranger) qui s'est fait passer pour le fils de Cyrus. L'accession au trône d'un des meurtriers, Dariyawaoush (Darius Ier, 522-486), petit-fils de l'Achéménide Arshama, déchaîne des révoltes. Mais Darius sauve l'Empire, en porte les limites au Danube, à l'Iaxartes et à l'Indus, et en parachève l'organisation administrative amorcée par ses deux prédécesseurs.

Pourtant, le lourd fardeau des impôts provoque la révolte de l'Ionie (499-493), qui est à l'origine des guerres médiques. Afin de mieux tenir les cités grecques d'Asie, la cour perse entreprend de soumettre la totalité du monde hellénique : son morcellement en villes indépendantes augure mal de sa résistance. La petite armée envoyée par Darius Ier est battue à Marathon (490). La grande expédition, montée par son fils et successeur Hshayarsha (Xerxès Ier, 486-465), est finalement écrasée à Salamine (480) et à Platées (479). Une nouvelle coalition des Grecs, dirigée par Athènes, poursuit la lutte de libération des cités helléniques des îles et du littoral asiatique. C'est là peu de chose pour le grand empire menacé par des crises intérieures : révoltes nationales en Égypte (486-485) et à Babylone (482 ou 479), intrigues de palais, insubordination des satrapes issus des grandes familles.

Les institutions

Tant que dure le règne de Xerxès Ier, qui avait suscité chez ses soldats tant d'actes de bravoure, la façade de l'Empire reste imposante. L'Empire perse, création d'un peuple sans passé et sans culture, reprend les méthodes des grands États qui l'ont précédé : l'Élam, qui avait guidé les débuts du royaume d'Anshan ; l'Assyrie, premier exemple d'une domination « universelle » ; Babylone, dont Cyrus a maintenu l'administration expérimentée.

Comme ses prédécesseurs en Asie occidentale, le monarque perse est un maître absolu, appuyé sur des castes privilégiées : le peuple perse, exempt d'impôt car il fournit les sujets les plus braves et les plus loyaux, et, en seconde ligne, Mèdes et autres Iraniens, également vaillants. D'autre part, la Perse proprement dite (à peu près l'actuelle province de Chiraz) et sans doute aussi le reste de l'Iran sont dominés par une aristocratie de grands propriétaires, qui pourvoit le roi en généraux, conseillers et administrateurs, et lui procure des troupes recrutées sur ses terres. Enfin, des privilèges extraordinaires ont été accordés aux six clans de la noblesse perse, dont les chefs ont aidé Darius à tuer Bardiya. Les aristocrates perses reçoivent dès l'enfance une éducation traditionnelle - tir à l'arc, équitation, sobriété et respect de la vérité - qui les prépare à servir le roi.

Instrument des conquêtes de Cyrus, l'armée est renforcée par des contingents levés parmi les peuples soumis, mais c'est de Perse ou du moins d'Iran que viennent ses chefs, sa cavalerie et les Immortels (on appelait ainsi les dix mille archers et piquiers de la garde royale, parce que chaque soldat tué était immédiatement remplacé). Dans chaque province, un satrape commande les troupes qui assurent le maintien de l'ordre ; il est également chargé de faire rentrer les impôts - tribut et « dons » - et de surveiller les communautés politiques locales. Incapable d'exercer une administration directe, l'Empire achéménide, comme ses prédécesseurs orientaux, n'a détruit que les grands royaumes. Les autres institutions subsistent : petits royaumes (comme à Chypre ou en Cilicie), villes marchandes de Phénicie gouvernées par un roi ou un sénat recruté parmi les citoyens riches, théocraties (comme l'État juif de Jérusalem), sans parler des tribus montagnardes (Pisidiens, Cadusiens, Carduques) et nomades (Scythes, Arabes).

Les Achéménides ont même toléré l'émiettement de leur domaine en laissant se former de nouveaux royaumes indigènes (en Bithynie, en Paphlagonie) et en créant des principautés pour les transfuges grecs (comme Thémistocle). Les satrapies étaient immenses, du moins au Vᵉ siècle, et leurs titulaires détournaient fréquemment l'impôt à leur profit pour mener une politique personnelle. Le souverain se voit donc contraint d'exercer un contrôle vigilant. Il dispose à cet effet d'inspecteurs, d'espions (l'œil du roi, l'oreille du roi) et de la poste royale pour laquelle un réseau de routes est soigneusement entretenu, afin que les ordres du maître puissent être transmis rapidement.

L'impôt permet de collecter d'énormes richesses (la valeur de 388 tonnes d'argent par an) qui s'entassent en lingots dans les palais. En dehors du réseau routier, qui favorise aussi le commerce, les investissements productifs se limitent à deux réalisations de Darius Iᵉʳ : le canal du Nil à la mer Rouge, et le voyage d'exploration de Scylax de Caryanda qui descendit l'Indus, contourna l'Arabie et gagna l'Égypte par la mer Rouge. Les rois ne frappent qu'une quantité réduite de monnaies (les dariques d'or à l'archer couronné), réservée au recrutement des mercenaires et à l'achat des consciences dans le monde grec. La raréfaction des métaux précieux dans l'Empire est à peine compensée par le crédit, ou plutôt l'usure. Au IVᵉ siècle, la partie occidentale du domaine achéménide, incapable de payer ses achats au Pirée, produit elle-même ses bronzes, sa céramique, son huile et ses vins. Mais les impôts excessifs causent d'incessantes révoltes provinciales. C'est ainsi que l'Égypte, protégée par les déserts, recouvre son indépendance en 460-456 et en 405-343.

L'Empire de la démesure

Il faut mettre en doute le tableau idéalisé par certains Grecs et par les textes zoroastriens, d'une domination achéménide très supérieure à celles des autres Orientaux, grâce à une tolérance et une douceur qui lui auraient assuré une grande popularité. Déjà, les cités grecques virent dans l'État achéménide tour à tour l'incarnation de la démesure et une proie facile à piller. D'ailleurs, les Achéménides ont déporté des populations rebelles et dépossédé les indigènes de leurs terres pour constituer des colonies perses en Babylonie et en Asie Mineure. Les mutilations et supplices infligés par le roi dépassent en raffinement les atrocités assyriennes. La tolérance diplomatique à l'égard des dieux locaux est traditionnelle en Orient ; cette coutume fut abandonnée par les Achéménides comme par leurs prédécesseurs lorsqu'ils voulurent châtier les rebelles. Il reste que la conquête achéménide, réalisée au VIe siècle par un homme supérieur et un peuple jeune, fut un grand événement. Mais les rois perses ne pouvaient espérer, avec les moyens techniques du temps, tenir un État de six millions de kilomètres carrés ; leur échec fut d'autant plus rapide que les Perses, descendant de leurs montagnes, s'orientalisèrent rapidement. Après Xerxès, il n'y a plus que décadence. La politique de Suse ne vise qu'à endiguer l'audace de minuscules États grecs qui tentent de profiter de la situation. Les Achéménides commencent par susciter des querelles dans le monde hellénique pour arrêter les attaques lancées contre l'Empire. Plus tard, ils réconcilient les villes dans l'espoir que leurs conflits ne s'étendent pas aux domaines de la dynastie, ou dans la crainte qu'elles cessent de leur fournir des mercenaires. En fait, aucune cité grecque n'est de taille à conquérir le royaume achéménide, qui survivra encore un siècle et demi.

La mort de Xerxès est un de ces drames de palais, ou plutôt de harem, qui se produisent désormais à chaque succession, quand la fin du roi n'est pas hâtée par son entourage. Son successeur, Artakshasra (Artaxerxès Ier, 465-424), fait tuer son père et ses deux frères par le capitaine des gardes, dont il se débarrasse ensuite. Les guerres médiques ne sont pas vraiment terminées : Périclès envoie la flotte athénienne soutenir la révolte des Égyptiens (460). Artaxerxès riposte en expédiant de l'or en Grèce, où une coalition se forme contre Athènes, dont l'armada est détruite sur les bords du Nil (456-454). La fière cité de Pallas tente un dernier effort contre la Perse, puis, après la mort de Cimon (449), accepte un compromis : Artaxerxès renonce au littoral occidental de l'Asie Mineure et des îles, Athènes s'engageant à ne plus aider les rebelles d'Égypte. La guerre du Péloponnèse (431-404), qui coupe en deux le monde hellénique, va permettre aux satrapes d'Anatolie de reprendre du terrain en occupant les cités d'Asie révoltées contre la domination athénienne.

La fin d'une dynastie

À sa mort en 424, Artaxerxès Ier laissait dix-huit fils. C'est alors une période obscure avec des rois légendaires (Sogdianos) ou éphémères (Xerxès II). Puis un

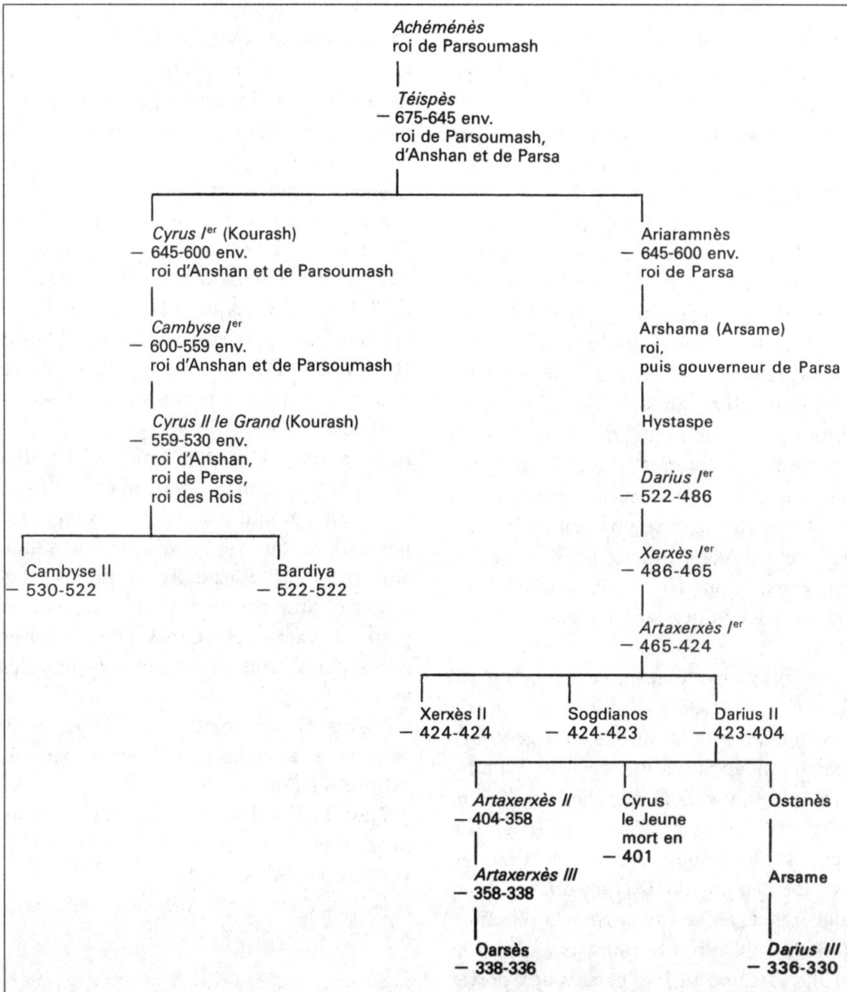

Tableau généalogique des Achéménides.

prince, Darius II (423-404), prend définitivement le trône en se débarrassant de ses autres frères, laisse gouverner sa sœur et épouse la féroce Parysatis. Suse exploite la guerre de Décélie (413-404) où Athènes commence à perdre sa suprématie maritime. Les satrapes financent la flotte spartiate et récupèrent quantité de villes helléniques d'Asie enlevées aux Athéniens. Mais Sparte, qui se sent pour cela déconsidérée aux yeux de l'opinion grecque, se montre une alliée incommode. Le satrape Tissapherne juge plus sage de pratiquer une politique de bascule entre les deux grandes cités helléniques ; il est désavoué par la cour de Suse qui confie le commandement en Asie Mineure au fils cadet du roi, Cyrus le Jeune, artisan de la victoire définitive de Sparte (405).

À la mort de Darius II, son fils aîné, Artaxerxès II (404-358), faible de caractère, épargne la vie de son frère Cyrus qui conspirait contre lui avec l'appui de Parysatis. Le jeune prince, revenu en Asie Mineure, rassemble des troupes et marche contre son frère, mais il est tué à la bataille de Kounaxa (401), près de Babylone. L'armée du prétendant se disperse, sauf les dix mille mercenaires grecs qui, menacés d'extermination, défient Artaxerxès ; ils traversent ses États et aboutissent sept mois plus tard à la mer Noire. L'exploit des Dix Mille discrédite l'Empire achéménide et provoque la convoitise du monde grec. Sparte, qui domine alors en Grèce, attaque les domaines du roi et se pose en libératrice des Grecs d'Asie Mineure (400), mais son armée est rappelée en Europe par une coalition hellénique suscitée par l'or perse (394).

Les Spartiates s'épuisent et bientôt le roi dicte sa paix (386) : il garde la côte de l'Asie et Chypre, les autres cités grecques restent indépendantes, ce qui signifie qu'il n'y aura pas d'empire athénien. Artaxerxès II peut désormais tenter de récupérer les provinces perdues : l'Égypte révoltée depuis 405, Chypre dominée par Euagoras de Salamine passé à la rébellion en 390. Le Chypriote finira par capituler (379), mais une série d'échecs aux portes de l'Égypte provoque le soulèvement général des satrapes d'Asie Mineure. La monarchie n'est sauvée que par la division de ses adversaires.

Artaxerxès II eut cent quinze fils de ses trois cent soixante concubines. Quelques-uns tentèrent d'abréger son règne : l'aîné fut tué, un autre fit tuer deux de ses frères avant de succéder à son père sous le nom d'Artaxerxès III (358-338). Dur et cruel, il restaure l'Empire. Après plusieurs échecs, il vient à bout des satrapes et de l'Égypte (346-343). Inquiet de l'ascension de la Macédoine, il soutient secrètement les adversaires du roi Philippe II, et ne se démasque que lors du siège de Périnthe, sur les Détroits, qui est sauvée par les Perses (340).

Mais l'impérieux monarque meurt empoisonné par l'eunuque Bagoas, qui fait boire également la coupe fatale au fils et successeur d'Artaxerxès, Oarsès (338-336). L'eunuque « faiseur de rois » choisit alors l'arrière-petit-fils de Darius II. Mais Darius III (336-330) se débarrasse de son protecteur Bagoas en lui faisant boire le breuvage que celui-ci lui destinait. Quant à Philippe II, il a envoyé une armée pour libérer l'Asie, mais sa progression est arrêtée par l'assassinat du roi de Macédoine (336). Son héritier Alexandre reprend son projet et annonce une grande expédition pour venger les Grecs des injures faites par Darius et Xerxès aux temples grecs.

Darius III est battu en Cilicie et en Assyrie, et assassiné en Hyrcanie par ses satrapes (330).

C'est la fin de la monarchie achéménide, dont héritera la monarchie « universelle » d'Alexandre.

GILBERT LAFFORGUE

LES PARTHES

S'il est une période obscure dans l'histoire de l'Iran ancien, c'est bien celle des cinq siècles durant lesquels les Parthes imposèrent leur autorité à l'ensemble du plateau iranien. Certes, l'abondance relative des sources étrangères, qui proviennent principalement de l'historiographie gréco-latine, a pu conduire à négliger la recherche de documents proprement iraniens ; l'intérêt qu'on a porté en premier lieu aux civilisations les plus anciennes a pu amener les fouilleurs à ne pas prendre garde aux témoins qui restaient encore de ces époques plus récentes. Cela ne suffit pas, néanmoins, à rendre compte de l'indigence des sources iraniennes concernant la période parthe. Force est d'admettre, semble-t-il, que dans cette partie de leur histoire, aussi bien qu'au cours des périodes antérieures, les Iraniens ont manifesté une certaine répugnance envers les documents écrits, privilégiant en revanche la tradition orale. L'écriture ne fut pour eux qu'un luxe, souvent passager, et hérité des civilisations voisines, et les Arsacides ont, mieux que d'autres, illustré cette tendance à se contenter de la transmission orale de leur culture.

Par ailleurs, un autre phénomène tend à obscurcir considérablement le visage de cette civilisation : c'est l'apport de l'hellénisme, dont l'impact exact demeure difficile à déterminer mais qui a certainement exercé une forte influence sur l'art, la culture, la religion iranienne, au-delà même de la période parthe. Quoique réceptifs à cet apport grec, et capables de s'en enrichir, les Parthes ont-ils su créer une civilisation originale ? À cette question, il n'y a pas encore de réponse, sinon très partielle. Il semble peut-être que les Arsacides aient voulu être considérés comme les héritiers des Achéménides, si le fait d'avoir gravé un bas-relief au-dessous d'un relief achéménide a une signification précise. Quoi qu'il en soit, pour tout ce qui touche à cette histoire, il faut s'en remettre à Strabon, à Arrien, à Polybe, à Dion Cassius aussi, sans négliger les sources arméniennes (Moïse de Xoren) et syriaques.

Cinq siècles d'histoire politique

La formation de l'Empire parthe

Dans la première moitié du IIIe siècle avant J.-C., des tribus scythes font irruption en Iran ; appelées par les historiens *Parnes* (ou *Aparnes*), elles auraient émigré de la région de la mer d'Aral pour s'installer en *Parthie*, après avoir été refoulées par le satrape Diodote Ier de Bactriane, qui se rendra indépendant du pouvoir séleucide vers 240. Conduits par Arsace, qui donnera son nom à la dynastie, ces nomades vont, comme Diodote Ier et avec l'aide de Diodote II, profiter de l'incapacité des Séleucides à maintenir leur autorité sur les régions orientales, pour s'y implanter ; de là, elles se tailleront un empire en s'emparant des territoires de l'Ouest, ce qui ne sera pas facile ni acquis avant 140. Vers 228, le roi séleucide Séleucos II (246-226) marcha vers l'est et Arsace dut battre en retraite, mais il semble que ce dernier devint néanmoins maître de toute la province de Parthie.

La première grande capitale des Parthes fut Hécatompylos. Elle fut investie par Antiochos III (223-187), qui entreprit avec succès une expédition dans les territoires séleucides de l'Est, peut-être en vue de rétablir la liberté des voies commerciales avec l'Extrême-Orient.

Le véritable fondateur de l'Empire arsacide fut Mithradate Ier (171 env.-138 env.). C'est avec lui que les Parthes envahirent les régions de l'Ouest, causant le départ précipité d'Antiochos IV Épiphane (175-164), de la Palestine vers l'est. En dépit de ses efforts, celui-ci fut battu et mourut de consomption près d'Ispahan. La disparition du dernier des grands rois séleucides consacre le déclin de leur dynastie et leur empire sera vite réduit à la Syrie proprement dite. Mithradate s'empare de la Médie ; après avoir vaincu un général de Démétrios II, il s'avance en Mésopotamie et entre dans la cité royale de Séleucie (141) où il est reconnu comme roi. Mais il dut retourner à l'est, probablement en raison de difficultés créées par les Scythes d'Asie, que les Perses appelaient Sakas.

La partie néanmoins n'était pas gagnée pour les Arsacides. Démétrios II repartit en guerre en 140, mais il fut capturé vivant par les Parthes en Mésopotamie et envoyé à Mithradate, qui lui donna sa fille Rhodogune en mariage. Malgré ces marques d'honneur, le roi arsacide commettait une erreur politique en retenant prisonnier son ennemi, car il provoqua un réveil des Séleucides, désireux de mettre fin à cette situation, un dernier sursaut qui coûta cher aux Parthes. Mithradate, qui s'était emparé de Suse, mourut en 139 ou 138, ayant conquis la Parthie, l'Hyrcanie, la Médie, la Babylonie, l'Assyrie, l'Élymaïde et peut-être la Perside.

Démétrios II essaya en vain de s'évader par deux fois. Son frère Antiochos VII (138-129) remporta plusieurs victoires sur les Parthes et, s'étant rendu maître à nouveau de la Babylonie et de Suse, s'installa en Médie et proposa la paix au roi parthe Phraate II (vers 138-128) aux conditions suivantes : libération de Démétrios, reddition aux Séleucides de tous les territoires sauf la Parthie, payement d'un tribut. Phraate ne pouvait certes que refuser une paix aussi défavorable pour lui. Il libéra et renvoya Démétrios en Syrie pour forcer Antiochos à s'en aller des régions qu'il contrôlait. Mais, surtout, les cités que celui-ci occupait se révoltèrent, ce qui facilita l'écrasement des troupes séleucides. Antiochos fut même abandonné par ses hommes et mourut. La dernière tentative des Séleucides pour reprendre les provinces de l'Est avait échoué.

Phraate II périt en combattant des Sakas à l'est. Ce sera aussi le sort de son oncle et successeur Artaban Ier (127-124 env.). Sous le règne des rois suivants, qui rivalisent pour le pouvoir – comme ce sera désormais souvent le cas dans la famille arsacide –, il faut noter trois faits importants, dans cette période déclinante pour les Séleucides, qui seront absorbés par Rome dès la première moitié du Ier siècle avant J.-C. C'est tout d'abord la formation en basse Mésopotamie du royaume de Characène par l'Arabe Hyspaosine, qui s'empara même de la Babylonie qu'il dut toutefois rétrocéder à Mithradate II (124 env.-90 ou 87). C'est ensuite l'entrée de l'Arménie sur la scène internationale, pays qui deviendra l'enjeu constant des luttes postérieures entre Rome et les Parthes. En effet, Tigrane (94 env.-54 env.), fils du roi d'Arménie, que Mithradate détenait prisonnier, se trouve, à la mort de son père, installé sur le trône avec l'aide des troupes parthes. L'ingérence des Arsacides dans les affaires intérieures arméniennes sera plus manifeste encore quand Mithradate épousera la fille de Tigrane, et qu'une branche de la famille arsacide accédera au pouvoir. Mais Tigrane profite de la disparition de Mithradate et de l'affaiblissement de l'Empire parthe pour se retourner contre ses anciens alliés ; il l'emporte et se fait même appeler « roi des rois » après avoir conquis de nombreux territoires.

Le troisième fait à retenir, ce sont les incursions des Sakas à l'est et l'invasion des Huns, puis des Tochariens, cause de graves difficultés pour les Parthes. En même temps, ces Sakas créent plus à l'est, en Inde, des royautés, dites indo-scythes, qui, de Mauga aux Pahlavas, connaîtront un grand rayonnement et seront continuées par les Kouchans dont le plus célèbre souverain est Kanishka (milieu du IIe s. apr. J.-C.).

En outre, dès la fin du IIe siècle avant J.-C. se développe le commerce avec l'Extrême-Orient. On sait qu'une ambassade chinoise arriva dans la capitale parthe vers 125. La route de la soie joua un rôle de premier plan dans l'activité économique de cet empire aux ressources essentiellement agricoles et commerciales. Les routes caravanières ont, dès cette époque, fait de l'Iran parthe un pays transitaire des denrées orientales acheminées vers la Mésopotamie, la Syrie et l'Empire romain.

Les conflits romano-parthes

Les guerres avec Rome, qui se déroulent sur deux aires principales, en Mésopotamie et surtout en Arménie, constituent comme un tournant dans l'histoire des Arsacides. Du côté romain, l'entreprise s'est le plus souvent soldée par des échecs tant que des plans grandioses, visant à la domination de l'Arménie, furent conçus. Les menées des Romains en Mésopotamie furent davantage couronnées de succès, au cours du IIe siècle après J.-C., et elles entraînèrent le déclin de la monarchie, devenue une proie facile pour d'autres Iraniens. Du côté parthe, l'affrontement avec les Romains obligea le roi des rois à déplacer sa capitale de Parthie en Babylonie, où fut créée Ctésiphon pour des raisons stratégiques, Hécatompylos étant par trop excentrique. Mais, de fait, la défense de l'Empire sera non plus tant assurée par le roi que par de vaillants généraux issus des grandes familles disposant de forces armées autonomes.

On ne retiendra de ces conflits de trois siècles que l'essentiel : après les tentatives de Lucullus et de Pompée pour s'imposer en Arménie, la première campagne importante fut due à Crassus. En 54 avant J.-C., à la tête d'une armée de quarante-deux mille hommes, il attaqua en Mésopotamie avec Séleucie pour objectif. Mais près de Carrhes, l'infanterie romaine fut détruite en grande partie par les dix mille cavaliers parthes placés sous les ordres du fameux général Sūrēn. Crassus fuit en Arménie. Sūrēn proposa la paix, mais la rencontre fut troublée par un incident au cours duquel un Parthe fut tué. Aussitôt une mêlée s'ensuivit, dans laquelle Crassus et Octavius trouvèrent la mort. Les Romains avaient perdu vingt mille hommes, et dix mille autres faits prisonniers furent emmenés à Merv. Le roi Orode (57 env.-39), jaloux du succès de Sūrēn, le fit mettre à mort.

La politique se déplace pour un temps en Syrie, où Rome est désormais en situation dangereuse par suite de la suprématie parthe. Les appels au secours de Cicéron demeurent vains ; César, qui a bien vu le danger et prépare une expédition avec Octave, est assassiné avant d'avoir pu mettre à exécution son projet. Celui-ci fut repris par Antoine, alors que le roi parthe Pacore avait envahi la Syrie et s'était avancé en Judée jusqu'à Jérusalem, qui passa sous son contrôle et reçut comme gouverneur un roi juif à sa convenance ; ce ne fut que pour quelques années, car la ville fut réoccupée par Rome en 37. Après que les Romains eurent récupéré la Syrie, la deuxième campagne en Arménie conduite par Antoine fut, elle aussi, un désastre : en 36, le Romain, allié au roi d'Arménie Artavasde, décida, avec une armée de cent mille hommes, d'entreprendre le siège de la capitale de la Médie Atropatène ; mais tous ses engins et son matériel de guerre, demeurés en arrière, furent détruits par les Parthes. Artavasde déserta avec une partie des forces alliées. Antoine dut, à l'approche de l'hiver, lever le siège et subir les attaques répétées de la cavalerie parthe dans des régions montagneuses. La famine s'installa parmi les Romains qui battirent péniblement en retraite sur l'Araxe, et Antoine perdit, dit-on, trente-cinq mille hommes. Après un séjour en Égypte auprès de Cléopâtre, Antoine eut plus de succès, en s'assurant le contrôle de l'Arménie par ruse. Faisant prisonnier Artavasde, il le livra à la cruauté de Cléopâtre qui le fit mettre à mort. Cette lutte entre les trois parties en cause se poursuivit jusqu'en 20 avant J.-C. : l'apaisement se fit cette année-là, grâce à la remise aux Romains des étendards et au retour des prisonniers dont les Parthes s'étaient emparés au cours des campagnes de Crassus et d'Antoine.

La période suivante fut très troublée. Le don fait par Auguste à Phraate IV (40 env.-2 env.) d'une esclave nommée Musa était un cadeau empoisonné : celle-ci, devenue reine, tua son mari, pour permettre à son fils de régner. D'ailleurs, les dissensions et les meurtres à l'intérieur de la famille royale deviennent monnaie courante, affaiblissant l'autorité du pouvoir central qui n'arrive plus à s'imposer aux nobles et aux grands. Les luttes à propos de l'Arménie, dont chacun des deux empires cherche toujours à se rendre maître, se poursuivront jusqu'au règne de Vologèse Ier, durant lequel elles connaîtront de nouveaux rebondissements.

*Un grand roi : Vologèse Ier*

Vologèse Ier (51 ou 52-79 ou 80) semble s'être montré plus magnanime envers les siens que ses prédécesseurs, en confiant à son frère Pacore la province de Médie, et à son autre frère Tiridate celle d'Arménie – ce qui n'était pas fait pour plaire aux Romains. La lutte fut vive entre Néron, le général romain Corbule et le roi de Géorgie d'une part, Vologèse et Tiridate d'autre part. La capitale d'Arménie, Artaxate, succomba ainsi qu'une ville fondée par Tigrane le Grand, Tigranocerte. Le pays tomba finalement tout entier aux mains des Romains, qui y placèrent un gouvernement à leur gré. Après de nouvelles péripéties, Vologèse reprit l'avantage et les deux adversaires entamèrent des négociations. Pour ménager les susceptibilités romaines, il fut décidé que Tiridate recouvrerait son pouvoir, mais devrait recevoir la couronne d'Arménie des mains mêmes de Néron à Rome. Tiridate fit le voyage par terre, pour ne point souiller cet élément sacré qu'est l'eau. Le règlement de la question arménienne amena une période de paix. Le règne de Vologèse semble avoir été marqué par une activité économique plus intense, qui se manifeste en particulier par la construction d'un centre commercial, destiné à supplanter la vieille cité de Séleucie désormais à son déclin et édifié à quelques kilomètres seulement de celle-ci : Vologesias (en iranien Vālaxshābād), qui drainera alors tout le commerce arrivant par le golfe Persique et transitant vers Palmyre et les territoires romains.

Les succès romains du IIe siècle et la fin des Arsacides

Le déclin de Séleucie n'est pas dû à la seule concurrence de Vologesias ; il résulte aussi des conditions politiques tout au cours du IIe siècle. Dans le même temps, la capitale parthe de Ctésiphon subira les assauts répétés des Romains. N'est-ce pas là une des causes principales de la décadence de l'Empire arsacide ? Tant que la lutte se situait en Arménie, le danger était moins grand. Frapper le cœur même des cités de l'Empire, le centre vital de l'économie et de la direction politique et administrative devient le nouvel objectif de Rome. Ainsi la conquête de l'Arménie par Trajan, qui en fit une *provincia romana*, fut-elle suivie de la prise de Ctésiphon en 115-116. Les expéditions de L. Verus en 165, puis de Septime Sévère en 197-198 contre Séleucie-Ctésiphon contribuèrent à la ruiner de plus en plus. Parallèlement, se poursuit la dégradation de l'autorité monarchique, due en partie aux conditions sociologiques qui seront exposées ci-dessous. Dès lors, le désordre qui s'installe dans le pays profitera aux Perses d'Ardachir, qui tuera de sa propre main le dernier des Artaban, comme on peut le voir encore aujourd'hui à Naqš i Rustam, sur un relief d'investiture du premier Sassanide.

Structures sociales et politiques

L'une des causes de la chute de la dynastie arsacide paraît avoir été la faiblesse du pouvoir monarchique, qui réussit toutefois à se maintenir durant près de cinq siècles. Assurer l'unité d'un si vaste empire semble d'autre part avoir été une tâche moins aisée pour les Parthes qu'elle ne le fut peut-être pour les Achéménides, en raison des structures sociales différentes, pour autant qu'on peut entreprendre de les décrire, car les documents nous font défaut. Certes, le roi détient un pouvoir monarchique absolu, dont il use et abuse, mais qui n'est pas héréditaire : ce sont les grands du royaume qui élisent le successeur du roi défunt et, quand il y a désaccord, on aboutit à ce que règnent en même temps deux princes soutenus par des factions rivales. Cela explique aussi pourquoi les rois parthes se montrèrent souvent si cruels envers leur propre famille, en faisant massacrer tous les rivaux possibles. Ce procédé lui-même s'avéra inefficace du fait qu'il restait toujours quelque part un prince arsacide capable de renverser le roi régnant, avec l'aide de la noblesse. Celle-ci paraît avoir joui d'une assez large indépendance et pesé notablement sur les destinées de l'empire. Les structures administratives plus souples lui étaient favorables : il semble, en effet, que les provinces parthes furent moins vastes que les anciennes satrapies, qui étaient divisées en plusieurs régions, et, qu'en tout cas, leurs gouverneurs étaient beaucoup plus indépendants du pouvoir central que jadis. Ceux-ci étaient choisis dans la famille royale ou parmi les six autres grandes familles, qui étaient très puissantes, possédaient d'immenses propriétés foncières et levaient elles-mêmes des armées, qui ont contribué à défendre la monarchie, comme à Carrhes. Ces familles portaient des noms qui sont devenus illustres, tels celui de Sūrēn (cette famille avait reçu la charge héréditaire de couronner le roi) ou celui de Kārēn. Mais à la base du système social, les quatre divisions de l'ancien régime patriarcal des Indo-Iraniens se maintiennent, attestant le traditionalisme de ces Iraniens du Nord-Ouest : ainsi, le chef de *dahyu* (pays) est le Grand Roi ; le chef de *zantu* (tribu) correspond aux satrapes ; le chef de *vis* (clan) se recrute dans les grandes familles ; enfin, les chefs de *nmana* (maison) étaient probablement de petits gentilshommes.

Aux quelques rares renseignements que fournissent les historiographes gréco-latins sur les institutions de l'État parthe, on peut ajouter ceux qui sont transmis par les sources arméniennes ; les institutions de l'Arménie furent en effet réorganisées sur le modèle parthe à partir du Ier siècle avant J.-C. : ainsi y avait-il quatre *bdeašx* (vice-rois), qui gouvernaient les territoires frontaliers situés aux quatre points cardinaux.

Art et religion

Si les institutions et, d'une manière plus générale, cette civilisation parthe demi-millénaire demeurent encore tellement mal connues, c'est en raison de l'inexistence quasi totale de documents écrits indigènes. Ni archives ni ouvrages profanes ou religieux n'ont été retrouvés. Seules les monnaies et quelques rares inscriptions tiennent lieu de sources. Tout a-t-il donc été détruit, ou ne serait-il pas plus raisonnable de penser, tout en mentionnant l'insuffisance des fouilles opérées sur les sites proprement parthes, que la culture arsacide repose essentiellement sur des traditions orales et que l'on a affaire à un peuple qui, semblable en cela à ceux qui le précédèrent sur le plateau iranien, n'a pas cru devoir confier à l'écriture les faits de son histoire ou les propositions de ses lois ?

Si les monuments de la littérature font défaut, a-t-on plus de bonheur avec ceux de l'art ? Il faut constater hélas, qu'en ce domaine également la civilisation parthe se trouve être très dépourvue. Certes, les sites archéologiques ont été insuffisamment fouillés, parfois même pas du tout. Des grandes capitales, on ne connaît à peu près rien : le site d'Hécatompylos n'a pas encore été décelé, celui de Ctésiphon n'a rien révélé, à tel point que l'art de la cour arsacide demeure tout à fait inconnu. Seul le site de Nisa, centre religieux des Parthes, rebaptisé par Mithradate Ier sous le nom de Mithradatkirt, témoigne dans son décor et ses sculptures de fortes influences grecques.

À l'inverse de la Parthie et de la Babylonie, l'Iran oriental a laissé quelques monuments ; d'autre part, plusieurs villes-frontières entre les deux Empires parthe et romain sont suffisamment bien conservées pour pouvoir donner quelque idée de l'art de certaines régions de l'Empire. Palmyre, grande cité caravanière et foyer du commerce international, possède encore de grandioses monuments, dont l'architecture est toutefois très semblable à celle des villes de la Syrie romaine. Doura-Europos, sur l'Euphrate, fut surtout une colonie militaire et une place forte parthe, remarquable par la coexistence d'édifices religieux appartenant à des religions différentes ; elle est célèbre par les peintures murales miraculeusement préservées qui y ont été mises au jour, en particulier dans une synagogue, et qui attestent d'une manière unique l'existence d'un art figuratif juif. Il s'agit d'un art composite, qui a emprunté à la fois à la Grèce et à l'ancien Orient ; son originalité réside dans la représentation de face de tous les personnages. Les villes d'Assour et de Hatra (l'actuelle Al Hadr) témoignent également d'influences diverses, assyro-babyloniennes, grecques et iraniennes. Dans l'Est iranien, les influences de l'art grec sont aussi prédominantes, comme Kūh-i Xvāje (Séistan), où le stuc, d'importation grecque, a cette particularité d'être utilisé en panneaux de revêtements. Mais, à travers ces sites, comment caractériser un art proprement parthe ? Quelques reliefs rupestres ont été généralement attribués aux Parthes ; ils trahissent une grande maladresse. Seule la statue de Shami (Musée archéologique, Téhéran) est une œuvre importante. En bref, l'art parthe, qui ne devient un art original qu'aux alentours de notre ère, présente plusieurs innovations : les historiens s'accordent à reconnaître, par exemple, le rôle joué dans l'architecture par l'iwān, sorte de construction carrée possédant une ouverture très large sur le devant, et couverte d'une voûte utilisée alors sur de grandes portées. La généralisation aussi de la loi de frontalité qui bannit complètement la représentation de profil des personnages est spécifique des œuvres parthes. Non complètement dégagé des influences de l'art grec, l'art parthe a cependant son originalité, mais il n'aura pas de successeurs.

S'il est malaisé et hasardeux de définir ce qu'a été l'art des Parthes dans sa continuité, il est quasiment impossible de retracer l'histoire religieuse de ce demi-millénaire. Tout au plus peut-on réunir quelques données. Ce qui est certain, c'est que la religion iranienne est mêlée, après la conquête d'Alexandre, d'éléments étrangers, grecs et sémitiques. De même que l'art, elle a manifestement subi l'influence de l'hellénisme, mais celle-ci reste difficile à évaluer. Les rois parthes portent le titre de « philhellènes », comme ils l'indiquent sur leurs monnaies, où sont représentés des dieux grecs. Certains souverains se font appeler dieux comme Alexandre, ou représenter comme tels : ainsi Phraate Ier, avec une massue sur l'épaule, est figuré en Héraclès. Les monnaies de Mithradate Ier portent des représentations de Zeus ou de Déméter. Une réaction contre l'hellénisme semble s'affirmer vers le milieu du Ier siècle après J.-C. : les dieux iraniens réapparaissent, ainsi que les légendes en caractères pehlevi. Le culte du feu est aussi attesté ; toutefois, aucune littérature religieuse de cette époque ne nous est parvenue.

Les sites d'Assour, de Hatra et de Doura-Europos font entrevoir la situation religieuse de ces villes cosmopolites, où la religion astrale des sémites avait accueilli des apports grecs et iraniens, et voisinait avec de nouvelles religions, telles que le mithraïsme, le christianisme et le judaïsme. Mais les vrais centres religieux des Arsacides ont été Nisa (Parthie), Istaxr (Perside), Shiz (Azerbaïdjan) et Ray (Médie). Le culte de la déesse Anahita est bien attesté, jusqu'en Arménie. Cependant, c'est le culte de Mithra qui demeure le moins mal connu, surtout sous la forme étrange qu'il a prise à l'Ouest et dans tout le monde romain : amalgame d'éléments iraniens, babyloniens, gréco-romains et judéo-chrétiens, le mithraïsme célèbre le culte d'un dieu iranien, solaire et sauveur. L'iconographie à laquelle il a donné lieu, par exemple à la synagogue de Doura-Europos, dont les peintures représentent les épisodes de la vie du dieu, avec le sacrifice du taureau figuré à la place d'honneur au-dessus de l'autel du mithraeum, paraît assez éloignée de l'orthodoxie mazdéenne, qui est restée, semble-t-il, imperméable à toute représentation figurative ; c'est là un nouveau constat du manque de sources iraniennes, pour lequel le recours aux documents étrangers est l'unique palliatif et le seul moyen de parvenir à une certaine connaissance de l'histoire des Parthes. S'il en est encore besoin, ajoutons un dernier indice de cette indigence des sources : alors que les collections de sceaux de l'époque sassanide, publiques ou privées, comprennent des milliers d'exemplaires, on a jusqu'ici retrouvé tout juste quelques dizaines de sceaux parthes.

PHILIPPE GIGNOUX

Langue et littérature

Les souverains sassanides, qui régnèrent du IIIe siècle après J.-C. aux invasions arabes au milieu du VIIe siècle, utilisaient un dialecte moyen iranien occidental appelé moyen perse ou parfois pârsîk, originaire du Sud-Ouest, et constituant le chaînon intermédiaire entre le vieux perse des inscriptions achéménides écrit en caractères cunéiformes et le persan moderne écrit à l'aide de l'alphabet arabe. Le moyen perse est connu par les inscriptions des rois sassanides, par une abondante documentation sur papyrus datant du VIIe siècle et par des textes d'inspiration mazdéenne ou manichéenne.

Une fâcheuse confusion, et cela pour plusieurs raisons, risque de se produire entre les deux dialectes du moyen iranien occidental, l'un du Nord-Ouest, le parthe, l'autre du Sud-Ouest, le moyen perse. Tout d'abord, le terme générique pour désigner le moyen iranien occidental est généralement le pehlevi, ou pahlavîk, qui n'est autre qu'un dérivé de l'ethnique Parthava. Certains auteurs emploient donc le terme de pehlevi au lieu de parthe, tandis que pour d'autres ce nom désigne la langue officielle de l'État et de l'Église sassanides. D'autre part, il existe une continuité historique et politique entre l'époque arsacide et l'époque sassanide, d'où une successivité de certains documents. Dans d'autres textes, en revanche, on constate une simultanéité entre les écrits en parthe et ceux en moyen perse : ainsi dans les inscriptions officielles d'époque sassanide ou dans les textes manichéens conservés sur des manuscrits provenant du Tourfan (Sin-Kiang).

Les plus anciens témoignages du parthe, consistant en trois noms propres, datent de la grande inscription achéménide de Bîsoutoûn. Leur interprétation est douteuse, de même que celle des noms de gouverneurs « parthes » mentionnés dans une inscription assyrienne.

On admet actuellement que les milliers d'ostraca trouvés à Nisâ, à proximité de la moderne Ashkhâbâd en Turkmenistan du Sud, sont rédigés en parthe, mais presque seuls les compléments phonétiques de ces textes écrits à l'aide de mots araméens utilisés à la manière d'idéogrammes présentent un intérêt pour la connaissance du parthe du Ier siècle avant J.-C. La documentation provenant d'Avromân, dans les monts Zagros, et datant de la même époque n'aide guère davantage. En effet, la langue écrite reste le grec ou l'araméen. C'est ainsi que les légendes des monnaies arsacides seront longtemps en grec, de même que les inscriptions royales jusqu'aux premiers Sassanides comprendront aussi une version grecque.

À partir du Ier siècle de notre ère apparaissent les premiers témoignages clairs de la langue parthe : le bas-relief rupestre de Sarpoul (Shar-I-Poul), des monnaies parthes ou sogdiennes avec légendes en langue parthe. À la même époque, la tutelle exercée par les Parthes sur l'Arménie, qui dura de 66 avant J.-C. à 387 après J.-C., fut la cause de l'infiltration de nombreux termes parthes en arménien.

La langue utilisée dans les inscriptions officielles éventuellement accompagnées d'un texte grec et moyen-perse et datant des derniers Arsacides et des premiers Sassanides est archaïque et savante. La langue parlée par le peuple, en revanche, continua son évolution, et c'est dans ce dialecte rajeuni que furent composés les textes manichéens datables de la fin du IIIe siècle et du IVe siècle, dont les plus anciens sont contemporains de Mani (216-274 ou 277). Les textes font ensuite défaut durant deux siècles. Cette constatation, rapprochée de faits historiques, pousse les savants à admettre la disparition de la langue parthe, remplacée peu à peu, dans l'usage vivant, par le moyen perse introduit par des garnisons sassanides. Vers la fin du Ve siècle un schisme se produisit dans l'Église manichéenne d'Orient, opposant l'Église mère de Babylone et les rigoristes dēnāvar (dēnāwarryya). Parmi ces derniers, se développa une littérature religieuse écrite en parthe, mais rédigée par des scribes dont ce n'était plus la langue maternelle. Du point de vue linguistique, ces documents écrits en une langue morte ne sont pas d'un grand secours.

La majorité des manuscrits parthes ont été composés à l'aide de l'alphabet manichéen. Cette écriture, utilisée aussi dans quelques textes sogdiens, turcs et syriaques, était la cursive araméenne employée en Chaldée au IIIe siècle de notre ère. Mais l'usage du parthe comme langue liturgique provoqua des essais de transcription de certains textes en écriture sogdienne, en écriture chinoise (textes de Toun-Houang datant du VIIIe-IXe siècle) et en écriture turque runique (textes trouvés à Tourfan et datant de la même période).

L'étude linguistique du parthe est tributaire de cet ensemble de difficultés d'ordre historique et graphique et, malgré quelques bons travaux sur des questions assez limitées, on manque toujours d'études générales qui feraient la synthèse de nos connaissances de ce dialecte moyen-iranien.

GUY JUCQUOIS

LES SASSANIDES

Le règne en Iran des Perses Sassanides, arrivés au pouvoir en 224 après J.-C. et restés maîtres d'un immense empire jusqu'au milieu du VIIe siècle, peut être considéré comme une transition entre l'Iran hellénisé des Parthes imprégnés de culture grecque et l'Iran islamisé pénétré par la culture arabe. On a défini cette période comme étant un retour à l'âge d'or des Achéménides et une réaction nationaliste hostile aux influences étrangères. Certes, il existe des analogies entre ces deux périodes : de même que les Perses d'Achéménès supplantèrent les Mèdes, leurs frères de race, de même les Perses d'Ardachir succédèrent aux Parthes ; et de même que l'empire des Achéménides s'effondra rapidement sous les coups d'Alexandre, de même celui des Sassanides ne résista pas longtemps aux armées arabes. Les uns et les autres surent profiter de l'expérience de leurs devanciers, en ne les écartant pas des postes de responsabilité. La présence de la langue parthe, à côté du moyen perse, à l'époque sassanide, atteste aussi une certaine continuité. Il serait pourtant vain d'exagérer la portée de ces analogies. Aussi bien, la Perse de cette époque fait partie d'un monde nouveau, marqué par l'extension du christianisme, en Mésopotamie d'abord, et par l'apparition de nouvelles religions qui voient le jour en Iran, comme le manichéisme, ou y pénètrent, comme le bouddhisme à l'est, en Asie centrale. Il se produit là un fait nouveau, capital pour l'histoire religieuse de l'Iran : ce foisonnement sur son sol de religions concurrentes et prétendant à l'universalisme a conduit le zoroastrisme non seulement à s'organiser en une religion d'État puissante et hiérarchisée, mais encore à se faire le persécuteur de ces religions étrangères. Dès le IIIe siècle, la religion de Zoroastre, qui avait toléré tant les cultes assyro-babylonien, chaldéen, juif, égyptien que la religion grecque, devient véritablement intolérante. C'est la fin d'un monde où la cohabitation des croyances était possible. Toutefois, sur le plan de la culture profane, l'Iran demeure perméable aux apports étrangers.

Le IIIe siècle sassanide

C'est à Istaxr, en Perside, qu'Ardachir, petit-fils de Sāsān, l'éponyme de la dynastie, et fils de Pābag, attaché au temple d'Anahita, fomenta une révolte, puis battit et tua le Roi des rois parthe Ardavān IV dans la plaine d'Hormizdagān en 224. Il soumit la Babylonie et la capitale de Séleucie-Ctésiphon, ainsi que d'autres provinces de l'empire. Son fils, Shābuhr Ier (241-272), tout en consolidant le nouvel empire, s'illustra par plusieurs victoires remportées sur les Romains ; il triompha de l'empereur Gordien, obligea Philippe l'Arabe à faire la paix, et captura Valérien, comme l'attestent les bas-reliefs que ce Roi des rois fit sculpter en plusieurs endroits.

Les succès des deux premiers Sassanides, dans la fondation de leur empire, sont dus à une conjoncture exceptionnelle. Ils ont su profiter aussi bien de la désagrégation de la monarchie arsacide, résultant de la sécession des satrapies et de l'insoumission des nobles, que de la faiblesse des Romains, qui vivent alors la période la plus sombre de leur histoire, puisque, de 221 à 268, douze empereurs se succédèrent, dont certains ne restèrent au pouvoir que trois semaines. Les invasions barbares, les guerres malheureuses avec les Perses, la famine et la peste sont les principales raisons des profonds désordres qui ont marqué l'Empire romain après la disparition des Sévères.

Sous Ardachir et Shābuhr furent édifiées de nouvelles cités, portant le nom de ces souverains. Séleucie fut rebâtie sous le nom de Veh-Ardachir, mais ne resta probablement pas la capitale de l'empire. En comparant les listes de provinces au IIIe siècle, on s'aperçoit que la Babylonie n'apparaît qu'au cinquième rang, et il y a tout lieu de penser que ces rois ont vécu en Perside et gouverné de là leur empire. Les bas-reliefs et inscriptions gravées sur l'ordre de Shābuhr, et les nombreuses villes qu'il fit bâtir, se trouvent pour la plupart en Perside et dans le Khuzistān (l'ancienne Susiane). Ainsi, Shābuhr fonda en Perside Veh-Shābuhr (ou Bichāpour), sorte de résidence princière que R. Ghirshman compare à Versailles, Nev-Shābuhr (ou Nichāpour) en Parthie, Hormizd-Ardachir et Veh-Andiyōk-Shābuhr (ou Gundeshābuhr) dans le Khuzistān, Pērōz-Shābuhr sur l'Euphrate. Personnalité de premier rang, ayant accédé au pouvoir avant même la mort de son père, Shābuhr s'intéressa aussi aux arts et à la religion, en manifestant une curiosité bienveillante pour les nouvelles doctrines de Mani.

Le foisonnement des idées religieuses

Mani bénéficia d'une large tolérance sous les premiers Sassanides et put tout à la fois former des disciples, consigner par écrit son enseignement et le propager dans l'empire. Il effectua même des voyages en Inde. Mais cette tolérance à son endroit cessa sous le règne des Vahrām, de Vahrām II (276-293) en particulier, qui, sur dénonciation du grand mage Kirdīr, le fit arrêter et jeter en prison, où il mourut. Kirdīr est une autre figure célèbre du IIIe siècle. Il est assez bien connu aujourd'hui, grâce aux quatre inscriptions qu'il a laissées et qui retracent sa carrière prestigieuse. Il fut l'organisateur, sinon le fondateur, d'un zoroastrisme d'État, dont il devint le chef suprême, devenant, par là même, le deuxième personnage de l'empire. Il employa toute son énergie à développer le culte, à accroître le clergé, à établir partout des temples du feu. Les fouilles semblent confirmer cette dernière affirmation, car c'est de l'époque sassanide qu'on date le plus grand nombre de ces monuments, soit quarante-neuf sur les soixante-six connus à ce jour. Parmi ceux-là, une quarantaine sont des *čahār tāq*, petits bâtiments carrés à quatre murs ouverts sur l'extérieur et surmontés d'une coupole ; la moitié d'entre eux sont situés en Perside (Fārs).

Kirdīr ne se borna pas à promouvoir la « bonne religion des mazdéens », mais, par suite des progrès réalisés en Iran et ailleurs par les religions à Écritures, comme le judéo-christianisme et le manichéisme, il en persécuta les adeptes, comme il le dit lui-même. Il n'épargna pas non plus, semble-t-il, ceux qui, à l'intérieur du mazdéisme, ne professaient pas des doctrines orthodoxes, tels peut-être les maguséens, qui s'étaient laissé séduire par l'astrologie chaldéenne, ou les Zervanites, qui croyaient en un mythe des origines foncièrement dualiste, selon lequel le dieu du temps, Zurvān, aurait engendré deux jumeaux, Ohrmazd et Ahriman, dieux du bien et du mal. Comme ce mythe est connu surtout par des sources étrangères (syriaques et arméniennes), on pense aujourd'hui qu'il ne représentait sans doute qu'une forme de croyance populaire, dont l'orthodoxie officielle n'avait guère à s'inquiéter et au sujet de laquelle il était aisé pour les apologétistes chrétiens de polémiquer.

Les circonstances de la fin de Kirdīr demeurent obscures ; on peut se demander s'il conserva sa charge ou s'il mourut avant l'usurpation de Narseh (293-302), oncle de Vahrām II, qui profita de la présence sur le trône, en 293, du mineur Vahrām III pour le renverser. Kirdīr, en effet, est tout juste nommé sur le monument inscrit que Narseh fit ériger à Paikuli, en souvenir de son retour d'Arménie, où il était roi, à Séleucie-Ctésiphon, où l'attendaient ses partisans. Après une période assez troublée, son règne semble avoir ramené la paix et marqué la fin des persécutions allumées par Kirdīr, après les défaites que lui firent subir les Romains en Arménie, car le traité de paix qui avait été conclu en 298 pour quarante ans fut respecté par Ohrmazd II (303-309), roi réputé pour sa douceur et sa justice.

Les persécutions contre les chrétiens

Le long règne du successeur d'Ohrmazd II, Shābuhr II (309-379), fut marqué par de nouvelles guerres contre Rome et par la reprise des persécutions contre les chrétiens. Ceux-ci se trouvèrent en effet dans une situation très inconfortable et furent tenus pour des ennemis non seulement religieux mais politiques quand le christianisme fut reconnu comme la religion officielle de l'Empire romain (312) et que Constantin se fut converti (323). Les comportements maladroits et parfois violents de quelques chrétiens ne suffisent pas à justifier la répression de Shābuhr, comme le voudrait A. Christensen. Mais celle-ci atteste plutôt des habitudes déjà anciennes, remontant au IIIe siècle : l'emprisonnement, la torture, la délation, le ré-endoctrinement de ceux qui étaient passés du mazdéisme au christianisme devinrent des pratiques courantes. Les Actes des martyrs perses, en syriaque, et les récits des historiographes arméniens sont une source précieuse sur ce sujet.

Les chrétiens eurent encore à souffrir de Mihr-Narseh, ministre de Yazdigird Ier (399-420), et après le règne du très populaire Vahrām V (421-438), surnommé l'Onagre en raison de sa passion pour la chasse ; le même ministre entreprit, sous Yazdigird II (438-457), d'obliger les chrétiens d'Arménie à embrasser la foi zoroastrienne, sans grand succès, semble-t-il, en dépit de l'envoi de sept cents mages. Quand, sous Vālaxsh (484-488), l'Église de Perse devint tout entière nestorienne et autonome, à la suite de divergences théologiques avec Rome, concernant surtout les deux natures dans le Christ, les persécutions s'apaisèrent, car les rapports entre l'Église et l'État en furent améliorés. Mais l'ordre social fut troublé à nouveau sous Kavād Ier (488-497), qui favorisa un mouvement revendicatif dirigé par Mazdak, adepte d'une secte manichéenne dont le fondateur fut un certain Bundos, et qui prônait le partage des biens, et même la communauté des femmes. Cet idéal « socialiste », qui réclamait l'abolition des inégalités, proscrivait la haine et la lutte violente. On dit qu'au cours d'une famine Mazdak aurait obtenu du roi qu'il permît aux affamés de s'emparer des provisions des bien-pourvus et qu'il punît de mort ceux qui s'obstinaient à ne pas partager. Le roi aurait aussi décrété des lois instaurant une plus grande justice dans la détermination des taxes et de l'impôt, et préconisant un mariage de caractère plus libre. Tout cela finit par mécontenter fortement le haut clergé et une partie de la noblesse. Kavād fut détrôné et emprisonné dans la « forteresse de l'Oubli » ; il réussit à s'en évader. Il reprit le pouvoir (499-531) et dut réprimer le mouvement des mazdakites, qui avait, semble-t-il, pris un caractère de violence et qui se réfugia dans la clandestinité.

Deux grands rois : les Xusrō

À la faveur de la paix religieuse et grâce à deux rois sages et réformateurs, le VIe siècle est la période la plus brillante de l'histoire des Sassanides. Xusrō Ier Anushirvān (« à l'âme immortelle » ; 531-579) entreprit de profondes réformes : il remédia aux désordres causés par le mouvement mazdakite (biens et femmes enlevés sont restitués), rendit moins lourde la taxation foncière et personnelle, réforma le système militaire. À l'extérieur, il signa la paix avec Byzance, anéantit les Hephtalites qui menaçaient l'empire à l'est et étendit sa domination sur le Yémen. La tradition arabo-persane le présente comme le type du roi juste et magnanime. Bâtisseur de villes (Veh-Andiyōk-Xusrō), résidant à Ctésiphon qui formait alors avec Séleucie un ensemble de sept villes, il encouragea les lettres et les arts, qui bénéficièrent d'apports étrangers : l'influence de la Grèce en médecine, celle de l'Inde dans la littérature (*Kalile u Dimna*) sont bien connues. Les écrits sapientiaux (*andarz*) ont aussi fleuri à cette époque. La tolérance religieuse était finalement restaurée.

Les fastes de la cour du petit-fils de Xusrō, Xusrō II Abarvēz (« le Victorieux » ; 591-628), sont restés célèbres à juste titre. Après avoir dû chercher aide auprès de l'empereur byzantin Maurice pour recouvrer son trône, Xusrō II, qui épousa une princesse chrétienne, Shīrīn, demeurée légendaire, guerroya jusqu'à Jérusalem, où il s'empara de la sainte Croix qu'il rapporta à Ctésiphon, et poursuivit ses conquêtes jusqu'à Alexandrie en Égypte. Le nord-ouest de l'Inde dut même reconnaître sa suzeraineté. Mais Héraclius lui fit subir plus tard de dures défaites en Asie Mineure, en Arménie, et alla jusqu'à assiéger Ctésiphon d'où Xusrō dut s'enfuir. La mort de ce dernier qui intervint peu après fut suivie de règnes éphémères et de troubles, à la faveur desquels les armées arabes, dès 636, déferlèrent sur l'Iran. Les folles dépenses engagées à la cour de Xusrō II, dont le luxe était proverbial, ne sont sans doute pas étrangères à cette chute rapide d'un grand empire.

L'art sassanide

La recherche archéologique a été jusqu'ici trop négligée en ce qui concerne cette période. Les sites sassanides ne manquent pourtant pas. Mais peu de constructions ont échappé aux destructions successives (arabe, mongole) et à l'usure des ans. Grâce aux sources arabes, on peut évoquer la magnificence des palais royaux avec leurs mosaïques recouvertes d'or, leur marbre multicolore, leurs panneaux de stuc (à Ctésiphon). Selon D. Schlumberger, l'art sassanide rompt avec celui qui l'a précédé. Certes, on utilise encore l'*iwān* et la salle à coupole, mais on abandonne la frontalité (représentation de face des personnages) et on s'inspire du décor achéménide encore visible à Persépolis.

L'art des monnaies est le seul à fournir des séries continues de documents. La sculpture est représentée par une trentaine de bas-reliefs, dont les principaux retracent les victoires de Shābuhr Ier ou évoquent les chasses royales comme à Taq-i Bustān.

On a enfin retrouvé des soieries sassanides, une centaine de pièces d'orfèvrerie, et plusieurs milliers de cachets, inscrits ou non, dont l'intérêt tant linguistique qu'iconographique est indéniable.

PHILIPPE GIGNOUX

LE ZOROASTRISME

La religion de Zoroastre (forme grecque de Zarathuštra) fut celle de l'Iran avant qu'il ne fût islamisé par la conquête arabe. On la nomme aussi « mazdéisme », du nom de son dieu suprême, Ahura Mazdāh (le Seigneur Sage), ou « parsisme », du nom des Parsis (Persans) qui, vers le Xe siècle, pour échapper à la domination musulmane, émigrèrent de Perse vers l'Inde du Nord-Ouest où ils forment encore une communauté solide et prospère. Ce fut par elle que la langue et les textes de l'antique religion de l'Iran parvinrent à la science européenne, grâce à l'enquête de A. H. Anquetil-Duperron (1771). C'est donc une religion vivante, dont on peut suivre l'histoire des croyances dans ses livres anciens, et le culte dans sa pratique actuelle, fort traditionnelle, tant en Inde qu'en Iran. Les témoignages anciens portés de l'extérieur sont souvent difficiles à interpréter et à concilier avec les textes zoroastriens, dont les principaux sont notoirement obscurs. Il en résulte parmi les savants des divergences d'opinion considérables sur presque toutes les questions importantes : historicité, date et habitat de Zarathuštra, sens obvie des textes fondamentaux sur la doctrine et le culte. Cette absence quasi totale de consensus est un cas unique dans l'histoire des religions. C'est une situation que cet exposé n'entend pas masquer : son éclectisme même laissera subsister les incertitudes.

Pour être en mesure de restituer la personnalité historique de Zarathuštra, force est d'abord, on le verra, de dégager le genre littéraire, la doctrine et le terrain d'origine des écrits qui émanent ou qui parlent de lui.

Les Gāthā

De toute la littérature avestique, les Gāthā sont les textes les mieux assurés, en raison de leur dialecte, et les plus sacrés : provenant, selon la tradition, de Zarathuštra lui-même, et lourdes d'une autorité incontestée, elles sont actuellement insérées dans le *Yasna*, rituel du sacrifice du *haoma*, dont elles constituent les chapitres (*ha*) 28 à 34, 43 à 51 et 53. À vrai dire, ces divisions découpent le texte de cinq Gāthā : Ahunavaiti (Y. 28-34), Uštavaiti (Y. 43-46), Spenta

Mainyu (Y. 47-50), Vohuxšathra (Y. 51) et Vahistōišti (Y. 53). Entre la première et la deuxième se place une *Gāthā des Sept Chapitres*, qui est un texte postérieur et non métrique. Leur langue, proche du védique, est masquée par une graphie qui, sans doute pour des raisons musicales, allonge toutes les finales, confondant ainsi les désinences casuelles et accroissant l'obscurité d'un texte déjà concis et allusif.

Au faîte du monde divin que chantent ces poèmes, le dieu suprême créateur et promoteur de l'ordre cosmique et moral, Ahura Mazdāh, le Seigneur Sage, vers qui montent la prière et l'adoration, règne sur plusieurs catégories divines. Ce sont d'abord les Ameša Spenta, Immortels Bénéfiques : Vohu Manō, la Bonne Pensée ; Aăa Vahišta, la Meilleure Rectitude ; Xšathra Varya, l'Empire Désirable ; Spenta Armaiti, la Bénéfique Pensée Parfaite ; enfin, Haurvatāt et Ameretāt, Intégrité et Non-Mort. Les Gāthā parlent de rapports de parenté entre Ahura Mazdāh et certains de ces six, et la tradition fera d'eux les premières des créatures, créatures qui sont néanmoins les divinités adorables qualifiées d'une épithète qui équivaut au nom de dieu, *yazata*. Ces divinités, dont le principe est un dieu suprême et qui, sans être créatrices, habitent avec lui, seront présentées comme présidant chacune à un domaine de la nature, leur « fonction » étant dans l'ensemble moins marquée dans les Gāthā. Mais le panthéon védique permet des rapprochements qui éclairent la préhistoire religieuse de l'Iran (G. Dumézil) et précisent le caractère de ces dieux où certains auteurs n'ont vu que des « aspects » d'Ahura Mazdāh, alors qu'un texte (Y. 31, 4) les désigne clairement comme « Seigneurs ». Non moins éminent qu'eux est Spenta Mainyu, l'Esprit Bénéfique, tout proche de Vohu Manah et, avec lui, d'Ahura Mazdāh, qui comptera, le premier, un adversaire spécifique, Angra Mainyu, le Mauvais Esprit (Y. 45, 2). Ils s'opposent si radicalement, dès l'origine, comme principes du bien et du mal que l'on voit, à juste titre, dans ce couple le germe qui devait doubler le monothéisme mazdéen d'un dualisme très caractéristique ; Angra Mainyu sera plus connu sous son nom moyen-iranien d'Ahriman, adversaire prééternel d'Ohrmazd (Ahura Mazdāh), auquel s'est identifié, éminemment, Spenta Mainyu. Les deux Esprits sont en effet jumeaux (Y. 33, 3), ce qui donnera lieu à une théogonie secondairement moniste, que le mazdéisme « orthodoxe » ne cessera de rejeter. Dans les Gāthā et les autres écrits avestiques, on ne s'explique pas davantage sur l'origine de cet esprit pervers primordial, jumelé par sa nature et antagoniste par son vouloir et ses choix. Toute la théologie postérieure admettra comme une donnée première son autonomie et son éternité, sa primauté parmi les forces du mal et son infériorité par rapport aux forces du bien ; mais son statut, à partir de son mauvais choix, n'est jamais décrit en termes de « chute », pas plus que la victoire remportée sur lui à la fin des temps ne l'entraînera dans une apocatastase.

Les Yašt

À côté de ces divinités majeures, les Gāthā en mentionnent quelques-unes, dont les noms sont également abstraits, Sraoša (Discipline) et Aši (Fortune, Récompense) qui ne joueront que plus tard un rôle important. Mais elles ne disent rien de ce vaste panthéon invoqué à chaque pas dans tous les autres textes avestiques, notamment dans les *Yašt*, où les dieux sont décrits de manière concrète à l'intérieur d'un ensemble de mythes, où les noms des héros et des dieux nous replacent, pour la plupart, dans la mythologie védique. Ces textes ne sont pas des fossiles ; ils sont largement exploités par la liturgie, tant quotidienne que solennelle - les Yašt sont, en effet, répartis sur les trente jours du mois. Cette omission singulière, le contraste qu'elle souligne entre les Gāthā et l'Avesta dit récent posent d'emblée, sur le terrain de la théologie, la question de la situation du zoroastrisme gāthique dans la religion de l'Iran et la question du rôle de Zarathuštra dans ce qui apparaît comme une mutation.

C'est que, outre le silence jeté sur les divinités des Yašt, qui sont très certainement celles du plus vieux panthéon indo-iranien, donc antérieur à l'auteur des Gāthā, on pourrait voir une condamnation portée et contre le vieux culte indo-iranien du haoma (védique : *soma*), et contre tout sacrifice sanglant (Y. 32, 14 ; 48, 10), notamment celui du bovin (bœuf ou vache). Le haoma n'est pas nommé explicitement, mais son épithète ordinaire de *duraoša*, « qui éloigne la mort », est transparente. À ce rejet s'ajoutent des invectives contre les « mauvais souverains », les déprédateurs, tous qualifiés de « menteurs », c'est-à-dire d'adversaires d'*aša*, qui sont au premier chef les ennemis du bovin dont l'« âme » (Y. 29) se lamentait devant Ahura Mazdāh d'avoir à être exposée à leur violence et réclamait un défenseur. Or celui-ci leur est accordé en la personne de Zarathuštra, ce qui emporte l'assentiment du bœuf à se laisser créer.

Réforme zoroastrienne ?

La répudiation de toute pratique orgiastique et sanglante semblait donc se combiner avec celle du panthéon ancien comportant des sacrifices animaux, dont les textes ne font pas mystère ; l'action de Zarathuštra se présentait ainsi comme une revendication des éléments de paix et de conversion agraire. Cette synthèse, satisfaisante au premier abord et soutenue par de nombreux savants, se heurte à des objections qu'il est malaisé de tourner. Il faut avant tout expliquer comment il se fait que des conceptions si nettement contradictoires voisinent dans les mêmes Écritures. Doit-on croire à une rentrée en force de la théologie et de la liturgie antiques que le réformateur avait voulu éliminer ? Pourquoi ce retour de flamme n'avait-il pas, à son tour, éliminé les textes gāthiques gênants qui, tout au contraire, conservent une place centrale et toute leur autorité ? Serait-ce qu'ils n'étaient plus compris ? On l'admettra difficilement. Plus sensible à cette difficulté est la théorie qui voit dans les Gāthā l'expression d'une prédication laborieuse, d'une tentative de réforme avortée qui contraignit le novateur lui-même à proposer une solution de compromis en réintégrant, moyennant des accommodements, certains des dieux antiques ainsi que leur accompagnement rituel (H. S. Nyberg). Sans doute les Gāthā attestent-elles l'opposition que devait rencontrer Zarathuštra, mais il est difficile d'y trouver les traces du revirement que l'on suppose. Force est donc de reprendre à la base l'interprétation des textes qui nous avaient paru clairs.

Ce que Zarathuštra combat et rejette, ce n'est pas nécessairement le sacrifice sanglant en général, mais son déroulement violent, cruel, désordonné, la déprédation sauvage, privée de toute mesure rituelle, peut-être même seulement la violence à l'encontre du bovin, l'animal protégé par excellence dans le monde indien. Et peut-être n'est-ce pas le haoma qui est qualifié d'ordure et de liqueur enivrante, mais bien les ersatz qu'on lui substituait.

La condamnation des perversions du culte suppose l'approbation du vrai culte, sans qu'il soit besoin d'y insister. En revanche, l'insistance se marque sur l'excellence des dieux les plus proches d'Ahura Mazdāh, dont les noms abstraits laissent entendre peut-être qu'ils émanent d'une élaboration qui devait enrichir le panthéon traditionnel iranien. Résultat d'une substitution (G. Dumézil) ou d'une élaboration (M. Molé), la formation du groupe des Ameša Spenta demeure obscure, mais ne soulève pas de contradiction insoluble. Ce qui ressort du moins clairement de cette théologie, c'est la marque de l'opposition morale (et, par voie de conséquence, rituelle), dans ce monde et au-delà, qui dérive de la conception centrale et spiritualisée des Gāthā jusque sur les zones mythiques dont le caractère « naturiste » nous est connu par leurs équivalents védiques. Question d'accent sans doute, car il n'est pas évident que les mythes indo-iraniens ne sont pas soutenus par une véritable éthique. De même, il serait trop simple de considérer comme un renversement complet le fait que les Gāthā désignent par *daēva* des êtres mauvais de la zone des hommes plutôt que des dieux, alors que *deva*, en védique, ne désigne que ceux-ci ; car l'*asura* védique n'est pas toujours un dieu hostile. Toujours est-il que la tendance au dualisme moral ira en s'affermissant en Iran, au point que s'établiront deux vocabulaires des êtres et des actions, desservant chacun exclusivement le domaine du bien ou celui du mal. Mais le principe du mal, loin d'incarner la religion antique, est le Mauvais Esprit des Gāthā ; et, même plus tard, les dieux indo-iraniens, Indra entre autres, ne joueront parmi les démons qu'un rôle effacé et insignifiant. Autrement dit, la « réforme » zoroastrienne, quelle qu'ait été sa réalité, ne coïncide pas avec le dualisme, caractéristique du zoroastrisme.

Eschatologie

Dès les Gāthā, l'eschatologie comporte un passage discriminatoire, le pont Cinvat, aboutissant après la mort à un enfer ou à un paradis, séjour des bienheureux et d'Ahura Mazdāh lui-même. La résurrection est promise dans le nom même du sixième des Bénéfiques Immortels. Ameretatat, la non-mortalité par excellence. Deux notions, dont la première est à peine perceptible dans les Gāthā, enrichissent et caractérisent cette eschatologie : celle des Fravarti, « doubles » tutélaires des êtres humains, qui se confondent parfois avec les âmes des morts. Une fête annuelle en leur honneur atteste la fidélité que leur vouent les vivants, et le Yašt 13 qui leur est consacré renferme des listes de héros disparus dignes de commémoration.

L'autre, plus riche et plus personnelle, celle de *daēna* (plus tard, *dēn*, puis *dīn*), est à la fois la « religion » comme corps de croyance et l'aspect ou faculté de l'âme par où elle touche au transcendant et, à ce titre, se détache de la personnalité empirique. Un récit attesté dès l'Avesta dépeint l'âme, parvenant au paradis, accueillie par une belle jeune fille qui se révèle être l'incorporation de tout ce qu'elle a pensé, dit ou fait de bien. À l'inverse, l'âme damnée rencontre une horrible mégère qui représente tous ses méfaits. *Dēn* a ensuite désigné la « Bonne » Dēn, c'est-à-dire le zoroastrisme et ce qui, dans l'âme humaine, lui fait face. Il est fort probable que le mot arabe *dīn*, religion, vient de l'iranien plutôt que de la racine sémitique *dyn*, juger. On a là l'expression de la survivance de la personnalité humaine, qu'on retrouvera plus tard épanouie dans la croyance à la résurrection des corps ; mais on ne saurait affirmer que ce développement soit un ajout. Le nom qui sera celui des « sauveurs », dont l'apparition scandera le rythme de l'histoire, désigne dans les Gāthā le champion sur qui peut compter Zarathuštra, le Saošyant, dont la personnalité n'apparaît pas encore clairement, mais qui fait déjà partie de l'historiosophie zoroastrienne.

Vištāspa et l'histoire de Zarathuštra

Plus proprement historique est la mention faite dans les Gāthā du personnage de Vištāspa, roi qui, avec quelques autres proches, va protéger Zarathuštra. La tentation était grande de voir en lui le père de Darius l'Achéménide, ce qui aurait permis d'intégrer Zarathuštra dans un contexte historique daté et localisé, à quoi ont cédé et cèdent encore de nombreux savants qui, sans soutenir que l'origine de Zarathuštra soit à chercher en Iran occidental (la langue, la géographie de l'Avesta l'excluent), s'efforcent, à bon droit, de déterminer à quel moment cet Occident a adopté le zoroastrisme, et sous quelle impulsion. Car, si Vištāspa est converti à la « nouvelle » foi, rien n'empêche, en principe, que le maître ou la doctrine soit venu d'ailleurs. Les inscriptions des Achéménides ne donnent guère d'indications univoques sur le contenu de la religion alors dominante, à l'exception du nom d'Auramazda (en un mot), et moins encore sur la religion à laquelle celle-ci aurait succédé. Les dieux y sont dénommés *baga*, non *yazata* comme dans l'Avesta, et ce n'est qu'à partir d'Artaxerxès II qu'apparaissent les noms de Mithra et d'Anahita. Mais il n'est pas exclu que les quelques notions éthiques qui y sont mises en valeur s'accordent avec la morale zoroastrienne qui serait présentée dans une version royale. Pour s'avancer davantage, il faudrait en savoir plus sur la religion extrazoroastrienne des Iraniens. Les campagnes entreprises par Darius contre des rivaux et des usurpateurs ne rappellent en rien les guerres de religion que la légende prête à Vištāspa. Mais, quelle que soit l'incertitude de son temps et de son lignage, il n'y a pas lieu de refuser une certaine historicité à ce personnage dont la légende a surtout retenu sa « conversion », qu'elle attribue aux miracles cautionnant la prédication de Zarathuštra, et son rôle quasi archétypal de fidèle et de champion de la religion, rapport qui se retrouvera, tout au long de l'histoire de l'Iran préislamique, entre royauté et religion. Cette légende fait partie d'une vie de Zarathuštra dont il ne nous reste qu'un *rifacimento* pehlevi d'un texte avestique, signalant surtout sa naissance et son enfance merveilleuses, ses entretiens avec les dieux, sa prédication, les persécutions qu'il endure. À sa mort, sa semence recueillie et conservée au fond d'un lac fécondera, au cours des siècles, trois vierges qui donneront naissance à trois saošyant présidant à des ères de rénovation cyclique : la dernière inaugurera une transfiguration définitive, l'apocatastase et la résurrection des corps.

Le culte

La persistance du culte zoroastrien offre des données plus sûres. Le Yasna est tout entier consacré au sacrifice du haoma et les rubriques, notées en pehlevi, sont, dans l'ensemble et avec des variantes assez légères, encore en vigueur aujourd'hui. Le pressurage de tiges de haoma (sanskrit : *soma*) fournit une liqueur qui est consommée dans un mélange de lait et d'eau en offrande aux dieux et aux éléments du feu et de l'eau. Y sont associées des offrandes de lait, d'eau et d'un peu de beurre, reste d'une offrande animale attestée dans les textes. Avant d'assumer les proportions considérables dont témoignent les vieux rituels védiques, l'*agnistoma* indien était peut-être aussi simple. Les textes avestiques incorporent des éléments qui n'étaient sans doute pas primitifs : ainsi le *Yasna haptahanti*, le *Hom Yašt* et le *Sroš Yašt*. Les « invitations » initiales à tous les dieux permettent d'embrasser le panthéon le plus vaste, et l'office est constamment rythmé par les grandes prières sacrées de la religion, celles qu'on récite en toute occasion en les répétant plusieurs fois.

La place occupée par le feu est plus importante, et de beaucoup, que les textes du Yasna ne le laissent supposer. Dans les Gāthā, le Feu, fils d'Ahura Mazdāh, n'est nommé que deux fois (Y. 31, 19 et 51, 9), dans le contexte d'un jugement eschatologique qui annonce et la pratique de l'ordalie judiciaire et la transfiguration eschatologique du monde. Y. 17 énumère les feux selon leur origine naturelle, y comprenant celui qui entretient la vie, celui de la foudre céleste et celui qui brûle au paradis suprême (*garotman*). Une autre classification, non moins vivante, rattache chacun des feux à une classe sociale : prêtres, guerriers et paysans. On a ainsi le Feu Atur Farnbag (de Farr, équivalent de *xvarenah*, le charisme divin), qui revient éminemment aux prêtres ; le Feu Gušnāsp (« au cheval mâle »), feu des guerriers et des rois ; le Feu Burzin Mihr, qui contient le nom de Mithra et qui protège les agriculteurs. Dans les textes pehlevis très postérieurs, les traditions mythiques sur la localisation de leurs sanctuaires principaux, qui se rattache à l'Avesta, se combinent avec des données réelles de l'époque sassanide, tout en reflétant un état ancien de la géographie religieuse qui renvoie à l'Iran oriental.

Une troisième classification, de caractère cultuel, se fonde sur l'importance inégale des feux. Le Feu Varharām, roi des feux, exige une longue préparation qui commence par la « collecte » de seize feux d'usage courant : feux d'un prêtre, d'un roi, mais aussi d'un foulon, d'un maçon, d'autres artisans et, chez les Parsis de l'Inde, d'une incinération de cadavre. On les « purifie », c'est-à-dire qu'on ne retient que la dernière des ignitions successives opérées à distance sur des matières inflammables (il peut y en avoir jusqu'à quatre-vingt-onze) ; on les consacre par les offices du Yasna et du Visprat ; on les installe enfin dans un temple qui doit lui-même être consacré. Ce rituel, fort long, est utilisé pour des feux majeurs, uniques dans une ville ou une région donnée. Le feu de deuxième catégorie, Ataš Adur, n'a que quatre composantes et peut en principe être établi dans toute bourgade où résident dix familles zoroastriennes. Enfin, un troisième feu est celui que l'on consacre à l'occasion de l'installation d'un temple. La propriété d'un feu par une famille entraînait des obligations, notamment en droit successoral, dont on connaît le détail pour l'époque sassanide. La garde de certains feux pouvait constituer une charge honorifique, une sorte de bénéfice dont la collation revenait au roi.

Si l'attestation récente de ces pratiques n'est pas à négliger pour la reconstitution des pratiques anciennes, il se peut bien qu'il en aille de même des sacrifices sanglants : la grande inscription rupestre de Shāhpuhr Ier institue, à la suite de ses victoires, des feux Vahraram en l'honneur des grands et de la famille royale, qui doivent, l'année durant, être alimentés par des sacrifices animaux et végétaux dont le détail est spécifié. Il semble bien invraisemblable que ces rites aient pu constituer une innovation.

Exception faite de Persépolis, il ne nous reste quasi rien de l'architecture religieuse de l'Iran ancien, sinon, datant pour la plupart de l'époque sassanide, de très nombreux vestiges de temples du feu : ce sont de petits édifices comportant une salle où brûlait le feu et où, sans doute, on procédait au pressurage du haoma. Ils étaient couverts d'une coupole reposant sur une structure à quatre pieds ; les plus importants étaient sans doute flanqués de salles annexes (où il n'est pas interdit de voir des « écoles de mages », de même que, plus tard, la mosquée musulmane sera aussi le siège d'une madrasseh), ainsi que de dépôts d'archives officielles, comme l'était probablement la tour dite Kaʿba-ye Zartušt à Naqš-e Rustam. Dans les ruines de temples qui ont été fouillés se trouvent, en effet, de nombreuses bulles ayant servi à sceller des documents.

Les ministres du culte, qui depuis de longs siècles ne sont plus que deux, étaient à l'origine au nombre de sept, lesquels peuvent se comparer à ceux du culte védique. Leur initiation et leur ordination comportaient des degrés marqués par des cérémonies d'investiture. Leurs fonctions embrassaient aussi bien le culte sacrificiel que les purifications auxquelles ils étaient tenus avant d'être habilités à les administrer aux autres ; mais ne sont ordonnés que les membres des familles sacerdotales. Si leur nombre a notablement diminué au cours des siècles, ils restent dépositaires des usages cultuels, alors qu'à l'époque sassanide ils exerçaient également le pouvoir judiciaire.

La coutume zoroastrienne qui, de tout temps, a excité le plus de curiosité est celle qui concerne l'exposition des cadavres aux oiseaux de proie dans des tours à ciel ouvert appelées *dakhma*. Ils y sont placés sur des dalles de pierre disposées en rayon autour d'une fosse qui recueillera les os, une fois le corps dépecé. On connaît aussi des ossuaires creusés horizontalement à même le roc, qui datent probablement du temps où la construction des dakhmas était devenue difficile ou restreinte. Le rituel du transport était minutieux et visait à préserver le milieu ambiant de tout contact avec l'impureté d'une charogne : on est là tout à l'opposé de la pratique de l'incinération, courante dans l'Inde antique et moderne, qui constitue pour le zoroastrisme un péché majeur comme violation de la pureté des éléments, aussi bien le feu que la terre. Mais il n'est pas certain que cette notion soit contredite par l'usage des tombeaux creusés dans le roc et inaccessibles, tels qu'ils existaient chez les grands rois achéménides ; et l'incertitude où nous sommes est accrue du fait que le nom de ce lieu d'isolement et de préservation des éléments signifie proprement « combustion » (racine : *dag-*). Les porteurs de cadavres, au premier chef, sont astreints à la purification majeure appelée *baršnum*, qui occupe une durée de neuf jours et consiste en ablutions sur tout le corps avec une eau consacrée par admixtion d'urine de bœuf ou de vache (*gōmēz*). Le rite s'opère dans un espace ouvert, délimité par des sillons, à l'intérieur duquel sont creusés des trous pour l'écoulement des eaux purificatrices et disposées des pierres où peut s'asseoir le candidat, tandis que le purificateur se tient hors de l'enceinte et verse l'eau au moyen d'un gobelet maintenu par une chaîne rattachée à une canne.

Prêtres du feu, du sacrifice, des purifications, les ministres du culte zoroastrien ne sont jamais désignés dans l'Avesta sous le nom de mages, que leur donnent en tout temps les auteurs grecs, plus tard les byzantins, les syriens et les arabes, *majous* désignant pour ceux-ci tous les zoroastriens. Dans l'Avesta, le mot, qui ne se présente qu'une fois et dans une expression composée, n'a vraisemblablement pas de sens religieux. Les plus anciens témoignages classiques laissent entendre que le mot pouvait désigner, d'une part, des prêtres, des sages, de l'autre, des « magiciens » chaldéens de moins bon renom. Toujours est-il que, dès le début de l'époque sassanide, le mot désigne clairement une catégorie sacerdotale comportant des fonctions variées et des degrés dont les noms sont certainement anciens : l'*ērpat*, enseignant, et le *magopat* (*mobed*), ou *magōmart*, c'est-à-dire chef de mages et homme-mage, ou mage ordinaire.

À côté de leur vénération du feu, de leurs pratiques funéraires et de leur corps sacerdotal, un élément qui contribua à l'image que se fit des zoroastriens le monde environnant est la pratique de l'endogamie incestueuse, nommée *xvaētodata*, dans l'Avesta. Elle est fort clairement attestée dans les périodes postérieures, et persista jusque sous l'Islam, mais aujourd'hui elle est complètement éteinte. Il est difficile de savoir à quoi elle se rattache et quel est le sens profond de l'apologie religieuse à laquelle elle a longtemps donné lieu.

Histoire du zoroastrisme

Il est impossible de retracer l'histoire de la religion zoroastrienne depuis son origine (vers ou avant la période des Achéménides) jusqu'à la chute de l'Empire parthe.

C'est avec la réorganisation et le renforcement qu'elle reçoit au début de la dynastie sassanide qu'on est en mesure de constater la persistance de la religion à travers les périodes séleucide et parthe. L'ère nouvelle, celle d'une monarchie nationale forte et centralisée, marque la fondation d'un zoroastrisme d'État, qui a les mêmes caractères que le régime civil et jouit de son appui. Les rois auraient joué un rôle décisif dans cette fondation, à en croire le rapport historique que l'on trouve au début du IVe livre du *Dēnkart*, leur première tâche ayant été de recueillir et de codifier les Écritures jusque-là conservées, semble-t-il, en de rares exemplaires, dans les sanctuaires ou dans les « trésors », la tradition orale étant prédominante dans la classe sacerdotale. L'ērpat Tosar (lu aussi Tansar) aurait été le principal ouvrier et sans doute l'inspirateur de ce travail, qui eut pour objet non seulement de fixer l'Avesta ancien, mais aussi de l'enrichir de données scientifiques empruntées aux mondes indien et byzantin. À cet effet, une écriture beaucoup plus précise, qui a reçu l'appellation d'écriture avestique, fut inventée à partir des écritures défectives d'origine sémitique en usage jusque-là. On se mit aussi à traduire dans la langue parlée, le moyen-perse ou pehlevi, ces vieux textes rédigés dans un dialecte oriental qu'on ne comprenait plus. Cette activité littéraire, suscitée sans doute par la présence au cœur même de l'Empire, qui était alors la Mésopotamie, de nombreux adeptes des religions du Livre (juifs et chrétiens), couronnait le développement de la vie proprement cultuelle, où le rôle exemplaire du pouvoir n'était pas moins grand.

Le principal instigateur de cette politique ecclésiastique aurait été – à en croire son propre témoignage, publié par ses soins dans quatre importantes inscriptions rupestres qu'il eut soin de mettre en bonne place – le mage Kartir, qui fut une sorte de ministre des cultes de Shāhpuhr Ier à Bahrām II. Or, excepté des textes en moyen-perse et en copte qui font état de son rôle dans la persécution et l'exécution de Mani, il n'est nommé nulle part dans la littérature pehlevie ou chez les auteurs musulmans pourtant richement documentés ; on peut donc penser que son action a été moins éclatante qu'il ne le donne à entendre, et qu'il a surtout marqué par une sorte de vision qu'il raconte avoir reçue afin de confirmer les fidèles dans l'existence du paradis et de l'enfer. Il assure aussi avoir usé de force pour réprimer la diffusion des religions étrangères (christianisme et religions indiennes) plus missionnaires par nature que le zoroastrisme. Les chrétiens avaient pu, en raison de leur foi, être soupçonnés de sympathie pour Byzance, l'ennemie héréditaire ; mais, quand, rompant avec les Grecs et se groupant sous leurs évêques locaux, ils se mirent à tenir leurs propres synodes, on vit ceux-ci s'ouvrir sous la protection des rois iraniens. Il n'empêche que la période fut riche en controverses religieuses : contre les chrétiens de Mésopotamie et d'Arménie, mais aussi contre les zoroastriens coupables de quelque hérésie. Celles du début de la dynastie ne nous sont pas bien connues : nous savons seulement qu'une censure fut exercée et même qu'en une circonstance un docteur zoroastrien se soumit à une ordalie pour revendiquer sa foi. Vers la fin du Ve siècle, une doctrine comportant d'importantes conséquences quant au régime matrimonial (la communauté des femmes, disent les polémistes) mena à la révolution : le roi Kavad se rallia au système de Mazdak, qui ne fut abrogé qu'à l'avènement de son fils, Chosroès Ier. On connaît bien mal la pensée qui fut à l'origine de ces ébranlements sociaux.

Un autre courant, que nous discernons, dès les âges les plus anciens, par les témoignages grecs et jusqu'aux époques où l'information est fournie en abondance par les auteurs syriaques et arabes, se rattache au concept de temps tel que le dessine l'Avesta. Il y est question, en effet, d'un temps illimité (*Zurvan akanara*) et d'un temps souverain de longue durée (*Zurvan daregō xvadātem*), ce qui laisse entendre qu'un temps cyclique s'inscrit à l'intérieur d'un temps infini. Le mythe apparaît quand le Temps devient primordial et, par là même, père du dieu créateur et de son adversaire, dont la fraternité pouvait sembler suggérée, dès les Gāthā, par l'idée du jumelage des deux Esprits. Dans le mythe zuravaniste, ce jumelage n'est pas antérieur au choix éthique qui les oppose : le principe du mal comme tel est de la même origine que le principe du bien. Au commencement, Zurvan, être primordial, étant seul, fit des sacrifices pendant mille ans afin d'obtenir un fils : comme il se prit à douter qu'il en eût jamais un, voici qu'en récompense de ses sacrifices un bon fils, Ohrmazd, se forma dans son ventre, tandis qu'en châtiment pour son instant de doute se forma simultanément un fils pervers, Ahriman, le principe du mal. Zurvan ayant déclaré qu'il donnerait la souveraineté au premier des deux qui naîtrait, Ahriman s'empressa de devancer son frère ; et Zurvan le reconnaissant comme l'adversaire mais, tenu par sa parole, lui accorda une souveraineté avant sa défaite finale. Ainsi se concilient les thèmes du dieu unique, des principes antagonistes et des âges du monde servant à épuiser le mal et à assurer la victoire du bien. Le nom de Zurvan a certainement été en honneur à l'époque sassanide ; c'est lui que le manichéisme iranien a choisi pour désigner le Père des Grandeurs, réservant celui d'Ohrmazd à l'Homme Primordial ;

le mythe du jumelage des deux principes a dû obtenir une certaine créance en Iran, puisqu'il est répudié explicitement et avec force par les zoroastriens ainsi que par les manichéens. Néanmoins, le zurvanisme n'a pas constitué une religion établie ; ce fut seulement une hérésie larvée, dont la persistance devait justifier l'acharnement de la polémique islamique.

Avec la conquête arabe et la venue de l'Islam, la communauté zoroastrienne de l'Iran fut fortement ébranlée, perdant son statut de religion d'État, ses fidèles et son clergé diminuant de plus en plus et son statut en terre d'Islam devenant celui d'une minorité mal définie. Il est singulier que ce soit de cette époque que date la plus grande partie des écrits zoroastriens qui nous sont parvenus. Le principal, le *Dēnkart*, est, d'une part, une sorte de résumé et de conservatoire de la littérature ancienne, et, d'autre part, une mise au point théologique du zoroastrisme, une véritable systématique du dualisme, qui ne va pas sans une vigoureuse critique de l'islam.

À compter du Xe siècle, la production littéraire s'arrête. Les communautés survivent en Iran, menant une vie dure et ne participant pas à la vie publique avant le milieu du XIXe siècle. Leur fidélité à maintenir les traditions religieuses fut d'un grand secours pour leurs coreligionnaires de l'Inde, qui entretinrent avec eux un vivant commerce épistolaire, les interrogeant sur toutes matières de foi ou de pratique. Le recueil de ces *responsae* constitue les volumineuses *Rivâvat* persanes. Au XIXe siècle, les Parsis de l'Inde se mirent à s'occuper de leur passé selon les méthodes de la science européenne et firent chercher en Iran ce qui restait en fait de livres anciens. Par ailleurs, ils appliquèrent leur richesse et leur influence au relèvement des zoroastriens de l'Iran. Jusqu'à la révolution de 1979, l'intérêt des élites iraniennes pour leur passé préislamique suscita la collaboration des Persans et des Parsis entre eux et avec le monde savant tout entier.

JEAN DE MENASCE

BIBLIOGRAPHIE

On trouvera ci-après quelques indications succinctes qui permettront soit d'aller plus loin dans l'initiation soit d'approfondir au besoin tel ou tel sujet particulier. Pour la grande majorité d'entre eux, les ouvrages signalés sont disponibles en librairie ; priorité a été donnée, chaque fois qu'il était possible, à l'édition la moins onéreuse.

Études d'ensemble

P. Amiet, *L'Art antique du Proche-Orient*, Citadelle-Mazenod, 1977.

J. Bottéro, C. Herrenschmidt & J.-P. Vernant, *L'Orient ancien et nous*, coll. Pluriel, Hachette Littératures, rééd. 1998.

E. Cassin, *Le Semblable et le différent, symbolismes du pouvoir dans le Proche-Orient ancien*, coll. Textes à l'appui, La Découverte, 1987.

B. Hrouda, *L'Orient ancien*, Bordas, 1991.

Initiation à l'Orient ancien, prés. J. Bottéro, coll. Points-Histoire, Seuil, rééd. 1992.

M. Roaf, *Atlas de la Mésopotamie et du Proche-Orient ancien*, Brepols, 1991.

La Mésopotamie

J. Bottéro, *La Mésopotamie, l'écriture, la raison et les dieux*, coll. Folio-Histoire, Gallimard, 1987 ; *L'Épopée de Gilgamesh, le grand homme qui ne voulait pas mourir*, Gallimard, 1992.

J. Bottéro & S. N. Kramer, *Lorsque les dieux faisaient l'homme*, Gallimard, 1989.

Le Code de Hammurapi, trad. A. Finet, Cerf, rééd. 1996.

J.-L. Huot, *Les Sumériens, entre le Tigre et l'Euphrate*, coll. U, Armand Colin, rééd. 1992.

S. N. Kramer, *L'Histoire commence à Sumer*, coll. Champs, Flammarion, rééd. 1994.

S. Lackenbacher, *Le Palais sans rival : le récit de construction en Assyrie*, coll. Textes à l'appui, La Découverte, 1990.

F. Malbran-Labat, *L'Armée et l'organisation militaire de l'Assyrie*, Droz, 1982.

J.-C. Margueron, *Les Mésopotamiens*, 2 vol. (I : *Le Temps et l'espace*, II : *Le Cadre de vie et la pensée*), Armand Colin, 1991.

Naissance de l'écriture (exposition au Grand Palais, 1982), R.M.N., rééd. 1998.

G. Roux, *La Mésopotamie*, coll. Points-Histoire, Seuil, rééd. 1995.

H. W. F. Saggs, *Au temps de Babylone*, P. Lebaud, 1998.

M.-J. Seux, *Hymnes et prières aux dieux de Babylone et d'Assyrie*, Cerf, 1976.

R. J. Tournay & A. Shaffer, *L'Épopée de Gilgamesh*, Cerf, 1994.

Les Scythes

V. Schiltz, *Les Scythes et les nomades*, coll. L'Univers des formes, Gallimard, 1994.

Les Hittites

K. Bittel, *Les Hittites*, coll. L'Univers des formes, Gallimard, 1987.

Les Hébreux

J. Briand & M.-J. Seux, *Textes du Proche-Orient ancien et histoire d'Israël*, Cerf, 1978.

R. Lebeau, *Une histoire des Hébreux*, Tallandier, 1998.

P. Reymond, *Dictionnaire d'hébreu et d'araméen bibliques*, Cerf, 1991.

Les Phéniciens

F. BRIQUEL-CHATONNET & E. GUBEL, *Les Phéniciens, aux origines du Liban*, coll. Découvertes, Gallimard, 1998.

G. HERM, *Les Phéniciens*, Fayard, 1996.

La Syrie

Syrie, Mémoire et civilisation, Catal expo.,Flammarion, 1993.

La Perse

P. DU BREUIL, *Zarathoustra et la transfiguration du monde*, Payot, 1978.

P. BRIANT, *Histoire de l'empire perse, de Cyrus à Alexandre*, Fayard, rééd. 1996.

A. CHRISTENSEN, *L'Iran sous les Sassanides*, Zeller, rééd. 1971.

E. WILL, *Les Palmyréniens, la Venise des sables*, coll. U, Armand Colin, 1992.

INDEX

Cet index, qui repose sur une analyse approfondie des textes et non pas sur un simple relevé mécanique des occurrences, regroupe essentiellement des noms propres, noms de personnes et noms de lieux. Mais il concerne aussi bien des notions ou des faits de nature et d'importance très variées, choisis pour leur rapport étroit avec le sujet traité. Voilà qui permet donc tout à la fois d'entreprendre des recherches sur un thème général et d'obtenir des précisions sur un point particulier. Le signe conventionnel ~ précédant une date indique que cette date se situe avant notre ère.

ABRAHAM 178

ACHÉMÉNIDES 192, 278

ADAD ou HADAD 100, 127

ADAD-NIRARI Ier, roi d'Assyrie (~1304 env.-env. ~1275) 61

AELIA CAPITOLINA 198

AGADÉ 45, 261, 301

AGATHOCLE (~359 env.-~289) 222

AGOUM II, roi de Babylone (~XVIe s.) 81

AHRIMAN 360, 367

AHURA MAZDĀ 360

AKITU 104

AKLAMÉENS 123

ALEXANDRE JANNÉE, roi de Judée (~103-~76) 194

ALIYAN 212

ALPHABET 34

AMEŠA SPENTA 360

AMORRITES ou AMORRHÉENS 58, 79

AMPHITHÉÂTRE 227

AMRIT 214

ANAT 268

ANATOLIE 154, 172

ANGRA MAINYU 360
ANITTA, prince hittite, roi de Koushshar (fin ~XIXe s.) 156
ANTHROPOMORPHISME 145
ANTIOCHE 239
ANTOINE, lat. MARCUS ANTONIUS (~83-~30) 349
ANTU 100
ANU 100
ANZU MYTHE D' 117
APAMÉE 238, 243
AQUEHAT ÉPOPÉE D' 270
ARABO-PERSIQUE GOLFE 15
ARDACHIR Ier (mort en 241), roi des Perses (224-241) 355
ARINNA 159
ARISTAGORAS (mort en ~497 env.), roi scythe 131
ARMÉNIE 348
ARMES & ARMEMENTS 134
ARSACE (mort en ~248 env.) 347
ARSACIDES 347
ARSLAN TASH ou HADATU 239
ARTABAN LES 348
ARTAXERXÈS Ier, roi des Perses (~465-~424) 344
ARTAXERXÈS II, roi des Perses (~404-~358) 346
ARTAXERXÈS III, roi des Perses (~358-~338) 346
ARZAWA 157
ASMONÉENS ou HASMONÉENS 194
ASSARHADDON ou ASSOUR-AH-IDDIN, roi d'Assyrie (~680-~669) 71, 86
ASSOURBANIPAL, roi d'Assyrie (~668-~627) 71
ASSOUR-DAN Ier, roi d'Assyrie (~1179-~1134) 64, 83
ASSOURNATSIR-APLI II ou ASSURNASIRPUL II, roi d'Assyrie (~883-~859) 65
ASSOUR-OUBALLITH Ier, roi d'Assyrie (~1365-~1330) 61
ASSUR ou ASSOUR 17, 25, 53, 97, 323
ASTYAGE, roi de Mèdes (~585 env.-~550) 339
ATARGATIS 127
ATÉAS (mort en ~339), roi scythe 131
ATRA-HASIS POÈME D' 118, 143
ATURPĀT I EMĒTĀN 292
AVESTA 291, 361
AWAN ROYAUME ÉLAMITE D' 302
BAAL 267
BAAL HAMMON 222
BABEL TOUR DE 88
BACTRIANE 304
BAGOAS (mort en ~336 env.) 346
BAHRĀM ou VAHRĀM LES 356
BARCIDES LES 223
BAR KOKHBA (IIe s.) 198
BARRAGES 259
BÊL, *divinité* 84
BEN-HADAD II, roi des Araméens (~VIIIe s.) 124
BIBLE 126, 175
BIBLIOTHÈQUES 31
BIJOUX 217
BISHAPUR 327
BOMILCAR (mort en ~308) 223
BOUQRAS 244, 249
BRAK TELL 50, 244

BUNDAHISHN 293
BYBLOS (auj. DJEBAIL) 207
CALENDRIER 147
CAMBYSE Ier, roi des Perses (~600 env.-env. ~556) 342
CAMBYSE II, roi des Perses (~530-~522) 342
CANAAN 177, 181
CANAUX 259
CÉRAMIQUE 20, 219, 295
CHALDÉENS 70, 85, 124
CHAMITO-SÉMITIQUES LANGUES 110, 125, 213, 267
CHOGA MAMI 20
CHOSROÈS Ier ou XOSRŌ ou XUSRŌ Ier (531-579) 285, 358
CHOSROÈS II ou XOSRŌ ou XUSRŌ II (591-628) 285, 358
CIMMÉRIENS 129
CLOISONNÉ TECHNIQUE DU 217
COUPOLE 327
CRÉATION POÈME DE LA 118, 143
CTÉSIPHON 283, 327
CYAXARE, roi des Mèdes (~VIIe s.) 337
CYRUS LE GRAND, roi des Perses et des Mèdes (~559 env.-env. ~530) 89, 278, 315, 339, 342
DAENA 362
DAKHMĀ 365
DAMAS ROYAUME DE 124
DARIUS Ier LE GRAND, roi des Perses (~522-~486) 131, 278, 316, 342
DARIUS III, roi des Perses (~336-~330) 346
DAVID (~1002 env.-env. ~963) 185
DÉBORA 183
DÉCALOGUE ou DIX COMMANDEMENTS 181
DÉIOCÈS, roi des Mèdes (~VIIIe s. env.) 336
DÉLUGE MYTHES DU 38
DÉMONOLOGIE 106
DENKART LE 366
DIASPORA 199
DIDON ou ELISSA (~IXe s. ?) 221
DIGUES 260
DIVINATION 107, 148
DIX MILLE EXPÉDITION DES 346
DJÉZIREH 19
DOURA EUROPOS 237, 352
DOUZE TRIBUS D'ISRAËL LES 179
DUALISME 360
EBLA ou TELL MARDIKH 240, 242, 251
ECBATANE 336, 340
EL 212, 267
ÉLAM 34, 47, 64, 70, 81, 273, 298, 305
EMAR 172, 242
ENCEINTES 87, 307
ENKIDU 149
ENKI-ÉA 100
ENLIL 100
ENOUMA ELISH 84
ÉPIGRAPHIE 173
ÉPOPÉE 116, 149, 269
ÉRA ou ERRA POÈME D' 117
ERESHKIGAL POÈME D' 117
ERIDU 37
ESCHATOLOGIE 362
ESCLAVAGE 92

ESSÉNIENS 195
EUPHRATE 12, 241, 244, 255, 258
EXIL (~586-~538) 191
EXODE 180
EXORCISME 108, 148
EX-VOTO 40
FĀRS 284, 357
FIRUZABAD 327
FLAVIUS JOSÈPHE (37-env. 100) 202
GĀTHĀ 359
GÉDÉON, juge d'Israël (~XIIe ou ~XIIIe s.) 183
GILGAMESH 116
GLYPTIQUE 25, 172, 216
GOUTI (~XXIIe-~XXIe s.) 47
GRAND PRÊTRE 193
GRAVURE EN CREUX 172
GUDÉA (fin ~XXIIe s.), prince de Lagash 40
HABUBA KABIRA 242, 251
HAFT TÉPÉ 306
HALAF CULTURE DE 20
ḤAMĀ 238
HAMADAN 340
HAMILCAR BARCA (~290 env.-~229) 223
HAMMOURABI (~1728 ?-~1686 ?) 25, 59, 80, 91, 266
HANIGALBAT 60, 163
HANNIBAL (~247-~183) 223
HANNON LES 222
ḤANUKKĀH 194
HAOMA 361, 363
HAPIRU ou HABIRU 177
HARPAGE (mort apr. ~545) 339
HARRAN 73
HASANLU 311
HASDRUBAL ou ASDRUBAL BARCA (~245 env.-~207) 223
HASSUNA CULTURE D' 20
HATTOUSA, HATTOUSHA ou HATTUSHA 155, 172
HATTOUSIL Ier, roi hittite (~XVIIe s.) 158
HATTOUSIL III, roi hittite (~XIIIe s.) 156, 162
HÉBRON 178
HÉRACLÈS 128
HÉRODE LE GRAND (~73-~4), roi des Juifs (~37-~4) 196
HÉRODOTE (~484 ?-~425) 128
HIÉROGAMIE 105, 146
HOURRITES 59, 158
HUMBABA ou HOUMBABA 150
HYPOGÉE 215
INCINÉRATION 309
INCRUSTATION 263
INSHUSHINAK ou IN-ŠUŠINAK 302, 309
IRAK 13
IRRIGATION 13, 259
ISAÏE (~VIIIe s.) 190
ISHMÉ-DAGAN, roi d'Assyrie (~1953 env.-env. ~1935) 59
ISHTAR 100, 150
IVOIRE 217
IWĀN 323, 327, 352
JACOB 178
JARMO ou QALAAT JARMO 18
JEAN DE GISCALA (Ier s.) 197

JEPHTÉ, juge d'Israël (~XIIe s.) 183
JÉRICHO 181
JÉROBOAM Ier (mort en ~910), roi d'Israël (~935 ou ~930) 186
JÉRUSALEM 185
JÉRUSALEM TEMPLE DE 186, 193
JOSUÉ 182
JUDA ROYAUME DE (~930-~586) 140, 188
JUGES LES (~XIIe s.) 183
JUSTE SOUFFRANT POÈME DU 119
KALḤU 62
KAMENSKOÏE 136
KANESH 74
KARKÉMISH ou CARCÉMISH 239
KARTIR (IIe s.) 366
KASSITES 25, 60, 81
KAVĀD ou KAWĀDH Ier, roi des Perses (488-497) 358
KÉRET ÉPOPÉE DE 269
KERMĀN 303
KHORSABAD 15, 26
KIRDĪR ou KARDĪR (IIIe s.) 284, 356
KOURGANE 135
KOWM EL 244, 248
KUH-É KHWADJA PALAIS DU 325
LAGASH 24, 37, 39
LARSA 79
LIBAN 206
LOUVITES ou LOUWITES 155
LURISTĀN 302, 312
LYDIE 140, 338
MACCABÉES LES 194
MAGES 366
MAGHZALIA 19
MAGIE 108, 148
MAGONIDES LES 222
MANICHÉEN ALPHABET 355
MANICHÉISME 356
MANNE 181
MARDUK ou MARDOUK 83, 88, 101, 143
MARI 42, 240, 252
MARLIK 311
MARTĀN FARRUX 292
MASSADA 198
MASSAGÈTES 129
MAZDAK (mort en 529 env.) 358
MAZDÉISME 292, 357, 359
MÈDES 73, 312
MÉDIQUES GUERRES (~Ve s.) 342
MÉGARON 311
MÉRODACH-BALADAN II ou MARDOUK-APAL-IDDIN II, roi de Babylone (~721-~710) 70, 86
MESSIE 190
MÉTAL ARTS DU 51, 217
MITANNI 60, 160
MITHRIDATE Ier, roi des Parthes (~171 env.-~138) 347
MITHRIDATE II, roi des Parthes (~124 env.-~90 ou ~87) 348
MOBILIER 216, 304
MOÏSE (~XIIIe s.) 180
MONOGAMIE 76, 94
MOT, *divinité* 212
MOURSIL II, roi hittite (~XIVe s.) 162
MUREYBET 241, 249
NABONIDE, roi de Babylone (~555-~539) 89

NABOU-APLA-OUTSOUR ou NABOPOLASSAR, roi de Babylone (~626-~605) 87

NABUCHODONOSOR Ier (~1124-~1103) 83, 310

NABUCHODONOSOR II (~605-~562) 26, 87

NARÂM-SIN, roi d'Akkad (~2260 env.-env. ~2225) 24, 47, 50

NARSÈS (mort en 302), roi sassanide de Perse (293-302) 357

NATOUFIEN 248

NÉAPOLIS-LA-SCYTHE 136

NÉCROPOLE 24, 230

NÉOLITHIQUE 19, 248

NESTORIANISME 357

NINIVE 17, 26, 71

OBEID CULTURE D' 21

ORFÈVRERIE 218, 304, 321, 332

PALAIS 42, 50, 262, 264, 305, 315, 323

PALÉOLITHIQUE 248

PALESTINE 175

PALMYRE 239

PÂQUE LA 202

PARSIS 359, 364

PARSOUMASH PAYS DE 341

PARTHES 90, 282, 290, 322

PEHLEVI, *langue* 287, 290, 354

PENTECÔTE 202

PERSÉPOLIS 295, 316

PERSIDE 284

PHARISIENS 195

PHÉNICIEN ALPHABET 213

PHILISTINS 183

PHILON DE BYBLOS (Ier s.) 211

PHRAATE II, roi des Parthes (~138 env.-env. ~128) 348

PHRAORTE-KHCHATRITI, roi des Mèdes (~VIIe s.) 337

POTERIE 219, 231

POURPRE 209

PROPHÈTES D'ISRAËL 190

PROTO-ÉLAMITE 298

PUNIQUES GUERRES 223

PŪRIM 202

PUZUR-INSHUSHINAK (~XXIIe s.), roi d'Awan 302

QUMRĀN RÈGLE DE LA COMMUNAUTÉ DE 195

RAS SHAMRA 238, 266

REPOUSSÉ TECHNIQUE DU 218

RIVĀVAT 368

ROIS LIVRES DES 185

RŌSH HASHĀNĀH 202

SADDUCÉENS 195

SALMANASAR III ou SHOULMAN-ASHARÉDOU III, roi d'Assyrie (~858-~824) 65

SALOMON, roi d'Israël (~970 env.-env. ~931) 185

SAMARIE & SAMARITAINS 187, 126, 187

SAMSOU-ILOUNA, roi de Babylone (~1749 env.-~1712) 80

SAMUEL LIVRES DE 184

SANHÉDRIN 194

SARGON D'AKKAD (~XXIIIe s.) 24, 46, 151

SARGON II ou SHARROU-KEN, roi d'Assyrie (~721-~705) 70, 86, 335

SARMATES ou SAUROMATES 130

SARWISTAN PALAIS DE 327

SASSANIDES 284

SATRAPE 343

SAÜL, roi d'Israël (~1030 env.-env. ~1010) 184

SAWWAN TELL ES- 20

SCEAU ou SCEL 172, 216

SCEAU-CYLINDRE 51, 172, 216, 301, 303, 306

SCRIBES 33, 63, 78, 82, 87, 142

SÉDÉCIAS, roi de Juda (~597-~587) 140

SÉLEUCIDES 90, 193, 319

SÉLEUCOS Ier NICATOR (~356 env.-~281), roi séleucide (~305-~281) 89

SÉMIRAMIS, reine légendaire d'Assyrie 75

SÉMITES 45, 55, 79, 122, 207

SÉNNACHÉRIB ou SIN-AHÉ-ÉRIBA, roi d'Assyrie (~704-~681) 71, 86

SHAHDAD 303

SHĀHPŪR Ier ou SAPOR Ier, roi sassanide de Perse (241-272) 284, 356

SHĀHPŪR II ou SAPOR II, roi sassanide de Perse (309/10-379) 357

SHAKKANAKKU LES, *Mésopotamie* 261, 263

SHAMASH 100

SHAMASH-SHOUM-OUKÎN (mort en ~648), roi de Babylone 87

SHAMI BRONZE DE 325

SHAMSHI-ADAD Ier, roi d'Assyrie (~1826 env.-env. ~1783) 58

SHURUPPAK 38

SIDON (auj. SAYDĀ) 207

SIDURI 101

SIGILLOGRAPHIE 297, 306, 309

SIMASHKI ROYAUME DE 305

SIMÉON BAR GIORA ou BAR GHIORA (Ier s.) 197

SIN 100

SINAÏ 180

SIPPAR 38

SOIE ARTS DE LA 332

SOUPPILOULIOUMA ou ŠUPPILULIUMAŠ Ier, roi hittite (~1371 env.-env. ~1345) 157

STUC 323, 352

SUKKOT ou FÊTE DES TABERNACLES 202

SURÉNA (mort en ~53) 349

SUSE 17, 23, 296, 299, 305, 316

SYNAGOGUE GRANDE 193

TAK-É BOSTAN ou TĀQ-E BOSTAN 329

TAMMUZ 100

TAURUS 256

TCHOGA ZANBIL 307

TÉISPÈS ou TSHAHIPAÏSH, roi des Perses (~675 env.-env. ~645) 341

TÉLÉPINOU, roi hittite (~1525 env.-env. ~1500) 157

TELLO 17, 24, 43

TÉPÉ NUSH-I DJAN 313

TESHUB 160

TIGRE 12

TIMOLÉON (~410 env.-env. ~337) 222

TISSAPHERNE (mort en ~395) 345

TOPHET 214, 230

TOUKOULTI-APIL-ESHARRA Ier ou TÉGLATH-PHALASAR Ier, roi d'Assyrie (~1115-~1076) 64, 123

TOUKOULTI-APIL-ESHARRA III ou TÉGLATH-PHALASAR III, roi d'Assyrie (~746-~727) 69, 86, 125

TOUKOULTI-NINOURTA Ier ou TUKULTI-NINURTA Ier, roi d'Assyrie (~1245 env.-~1208) 61, 83

TOUTHALIYA IV, roi hittite (~XIIIe s.) 163

TUNIS & TUNISIE 233, 221

TYR (auj. SOUR) 141, 207

UGARIT ou OUGARIT 207, 238, 243

UR 15, 24, 39, 55, 151, 178, 302

URARTU 68

URUK 15, 22, 27, 36, 104, 149, 250, 297

VÉDIQUE RELIGION 364

VERRE ART DU 220

VIŠTĀSPA 363

VOLOGÈSE Ier, roi des Parthes (51/52-79/80) 350

XERXÈS Ier ou ASSUÉRUS, roi des Perses (~486-~465) 342

YAM 267

YASNA 359, 363

YAŠT 360

ZARATHUSHTRA ou ZARATHUŠTRA 359

ZÉLOTES 197

ZERVAN, ZUERVAN ou ZURVAN 357, 367

ZIGGOURAT 25, 42, 102, 146, 264, 303, 307

ZIWIYÉ 313

ZOROASTRISME 279, 285, 327, 356

ZOROBABEL (~VIe s.) 192

Le présent volume, achevé d'imprimer en janvier 1999
sur papier Libris 70 g des papeteries Arjo Wiggins
et couché sans bois Périgord contrasté demi-mat 115 g des papeteries Condat,
a été imprimé par Maury à Manchecourt.

Imprimé en France

Édition exclusivement réservée aux adhérents du Club
Le Grand Livre du Mois
15, rue des Sablons
75116 Paris
Réalisée avec l'aimable autorisation des éditions Encyclopædia Universalis

Dépôt légal : janvier 1999
N° d'imprimeur : 68010G
I.S.B.N. 2-7028-3080-3